本书为上海市哲学社会科学规划一般课题"各类教育组织与受教育者之间的法律关系研究"（项目批准号：2016WJW005）、"上海市教育法学人才培养计划"（编号：2016JYFXR011）、"普通高等学校招生中受教育权公平保障问题研究"、"教育领域第三方评估机构培育与第三方评估制度建构研究"的研究成果，特向上海市教育委员会表示感谢。

比较基本权利释论

A Comparative Treatise on the Hermeneutics
of Basic Rights

涂云新 | 著

九州出版社
JIUZHOUPRESS

图书在版编目（CIP）数据

比较基本权利释论 / 涂云新著 . -- 北京：九州出
版社，2025.5. -- ISBN 978-7-5225-3917-1

Ⅰ . D911.04

中国国家版本馆 CIP 数据核字第 2025J8P593 号

A Comparative Treatise on the Fundamental
of Basic Rights

涂云新 著

比较基本权利释论

作　　者	涂云新　著
责任编辑	蒋运华
出版发行	九州出版社
地　　址	北京市西城区阜外大街甲 35 号（100037）
发行电话	（010）68992190/3/5/6
网　　址	www.jiuzhoupress.com
印　　刷	三河市华东印刷有限公司
开　　本	710 毫米×1000 毫米　16 开
印　　张	20
字　　数	360 千字
版　　次	2025 年 5 月第 1 版
印　　次	2025 年 5 月第 1 次印刷
书　　号	ISBN 978-7-5225-3917-1
定　　价	98.00 元

序　言

　　《比较基本权利释论》是一本致力于探究基本权利原理的法理著作，更是一部反思基本权利原理的比较法专著。

　　在汉语学术圈中，鲜有学者以"比较基本权利"为主题撰写专著，大多以国别研究为主或者概括性的人权研究为题。然而，跳出汉语学术圈的范围，西方学术界已经有了若干比较基本权利或者比较人权法研究的专著问世。例如，人权法学者桑德拉·弗雷德曼教授（Sandra Fredman）出版了《比较人权法》（*Comparative Human Rights Law*, Oxford University Press, 2018），妮哈·杰恩教授（Neha Jain）与米拉·维斯特格教授（Mila Versteeg）合作出版了《牛津比较人权法手册》（*The Oxford Handbook of Comparative Human Rights Law*, Oxford University Press, 2022）。上述两本著作应该算是直接以"权利的比较研究"为主旨的最新国际成果。此外，伦敦大学学院、伦敦政治经济学院、华威大学、澳大利亚国立大学、墨尔本大学、密歇根大学还专门开设了以"比较人权法"为名的课程。

　　对于直击法学核心问题的基本权利研究而言，采用体系对比和规范分析的方法，在理论上和智识上面临巨大挑战，需要付出艰辛努力，其耗费的心血也值得人们深刻理解。涂云新是我的同事，同时也是服务于复旦大学人权研究中心（国家基地）的青年学者。他在《比较基本权利释论》一书中不仅关注了传统大陆法系的基本权利法理，也关注了普通法系管辖区基本权利判例，更重要的是，该书还将视野拓展至新兴的后殖民国家中那些具有代表性的判决和法理。环顾全球，西方的学术范式和学术话语仍然拥有相当强大的影响力。但是，即便西方法学家也不能否认的一个事实是，非西方法学思想是广泛存在的。甘地和曼德拉的权利实践同样构成了现代基本权利叙事结构的重要组成部分。

　　涂云新试图将中国基本权利的理论建构问题置于世界法律文明的背景之下，他称其为"从中国看世界"和"从世界看中国"的视域融合。我非常赞同他的这种态度、视角和立场。从中国近现代史的角度来看，鸦片战争以来中国所展开的法律现代化工程无疑受到了西方法治文明的强烈影响。同时，我们也必须看到中国法治发展的内生动力和内在逻辑。无论如何，中国法治是世界法治文明的一部分，我们应该站在人类文明的高度，融通"从中国看世界"和"从世界看中国"这两个不同的视角。

此书的学术观照是中国的，它的理论抱负是世界性的，它的问题旨趣是概括性的，同时也是总论性的。这本书更多地体现了一种"总论"风格，勾勒出了比较基本权利研究的法理轮廓，并在这一法理轮廓下对若干基础性、原理性的法学问题展开了省思。这恰恰也是此书更为可贵之处。囿于篇幅限制，该书未能详细深入诸如生命权、财产权、选举权、社会权等具体而微的权利形态，这倒也是情有可原的。

是为序！

孙笑侠

教育部"长江学者"特聘教授、中国法理学研究会副会长

复旦大学、浙江大学教授、博士生导师

公元二〇二四年初春于上海

前　言

　　这是一本针对当代基本权利的理论框架、一般法理问题进行总括性阐述和分析的比较法学专著。本书的基本思路是将基本权利的理论建构问题置于全球视野中，融通"从中国看世界"和"从世界看中国"两个宏大视角，推进新型的基于多元文化主义的比较法研究。全书共分为六章：第一章是对基本权利渊源的理论追问，回答了作为一门实践性学问的比较基本权利何以可能的问题；第二章构建起基本权利理论轮廓线，阐发了基本权利的语义源流、性质、特征、主体、内容、功能体系；第三章主要论述基本权利的解释原则和方法；第四章分析基本权利的限制、克减以及比例原则的运用；第五章厘定基本权利疆界，分别论述了基本权利的冲突、竞合和滥用问题；第六章定位于基本权利的救济途径和管道，尤其侧重基本权利司法救济中的管辖权问题、案件可受理性问题、当事人起诉资格问题、合宪性审查基准问题以及侵权赔偿问题。全书的写作，建基于以下根本信念：

　　一、权利的历史是一个持续的人类理性实践过程，基本权利的发达史是一部从"天国权利"走向"尘世权利"，从"自然权利"走向"实证权利"，从"规范权利"走向"现实权利"的历史。

　　二、基本权利的普遍性标准根植于多元文化的沃土之中，建立在多元文化基础之上的基本权利的叙事结构和表达形式是丰富多彩的。历史和现实中的中国传统文化、西方传统文化、印度传统文化和马克思主义文化，是深刻影响和推动基本权利体系中国化的宝贵思想资源。

　　三、视域（horizon）的拓展和融合是开拓认识世界新境界的不二法门。比较思维植根于人类认识世界的天性之中，研究探索之道在于比较。举凡事物的探研，皆是本着未知事物与既定前提条件之关系，在比较中判断未知事物。

　　四、基本权利总是在时空旅行中发展和变迁。即使特定时空下的人们仍然会在相当长的时间内生活在社会制度和治理方式迥异的政治共同体中，基本权利不可避免的国际化和全球化融合趋势，必定将人类社会的未来推向一个极具挑战性的人权时代。

五、权利达致自由，基本权利达致最根本的自由。但是，人必须以神圣的态度和审慎的方式去理解和践行基本权利。任何个体或者群体如果不能按照权利法则去深刻反思、控制并小心运用基本权利，则基本权利就会成为其自身最大的破坏者。

六、基本权利凝结了政治和社会共同体的意识形态和核心价值，它的实践过程受制于国家的确权体系和赋权结构。基本权利体系的确立是"以诗歌宣示"（Declare in poetry），但其实现形式却是一个"以散文治理"（Govern in prose）的艰辛历程。

七、正义必须在一定的秩序和法则之中实现，但是，正义不是由规则创制或衍生而来。法律规范极为重要，但是人类永远不能止步于从法律规范中演绎正义，法律规范得以建构的思想渊源全部出自人类关于正义的智慧。

凡　例

1. "夹用"（interpolate）是指"于某一语言的文本中添加或插入其他语言的符号或词语"。本书中的"夹用"参考了《中文出版物夹用英文的编辑规范》（CY/T 154-2017）。在夹用英文的中文文本的标点符号的处理方面，本书参考了教育部语言文字信息管理司发布的《夹用英文的中文文本的标点符号用法》（草案），载《中国语言生活绿皮书》（A003）（国家语言文字工作委员会发布），语文出版社 2014 年版，第 168-176 页。外文文献的语法和标点则参考了 Jane Straus, Lester Kaufman and Tom Stern, *The Blue Book of Grammar and Punctuation: An Easy-to-Use Guide with Clear Rules, Real-World Examples, and Reproducible Quizzes* (11th ed., San Francisco: Jossey-Bass, 2014)。若非直接引用或没有特别说明，本书中英文引证部分的拼写方式，均按照美式英文（American English/AmE）输入法处理。除了英文之外的其他外语的拼写方式，本书一律遵照该种语言的一般惯例，在电子化输入时，采用基于拉丁字母的 ASCII 电脑编码系统的方式处理。

2. 本书中的中文文献引证格式一般遵循中国法学会法学期刊研究会推荐的《法学引注手册》（北京大学出版社 2020 年版）。例如，中文期刊文献的引证采用"作者：《文章标题》，载《期刊名称》某年第几期"的形式，中文著作文献的直接引证采用"作者：《著作标题》，某出版社某年版，第几页"的形式。若涉及间接参考性引用某著作的一般观点和学理背景，本书省略了所引著作的具体页码。若无特别说明，本书中涉及的儒释道古典文献或官修大型典籍采用"书名·篇名"的方式。本书中马列经典文献来自人民出版社出版的《马克思恩格斯全集》《马克思恩格斯文集》《马克思恩格斯选集》并注明相关出版年份。

3. 本书中的外文文献引证格式采用哈佛法律评论协会推荐的第 21 版《蓝皮书：统一注释体系》（*Harvard Law Review Association, The Bluebook: A Uniform System of Citation*, 21st ed., Cambridge MA, 2020）。英文期刊采用"作者，文章标题，卷号+期刊缩写+页码（年份）"的形式，例如 Devon W. Carbado & Cheryl

I. Harris, *Intersectionality at 30：Mapping the Margins of Anti-Essentialism, Ntersectionality, and Dominance Theory*, 132 Harv. L. Rev. 2193（2019）。英文著作采用"作者，著作名称（版本，出版社，版权年份）"的形式。例如 Ilias Bantekas & Lutz Oette, *International Human Rights Law and Practice*（3rd ed., Cambridge University Press, 2020）。本书中的古代文献、历史资料、互联网资料、议会资料、报告的引证参考了国际学术界引用该种文献的一般通行做法。本书在引用柏拉图的作品时采用斯蒂芬努斯页码（Stephanus pagination/ Stephanus-Paginierung），在引用亚里士多德的作品采用了贝克尔页码（Bekker numbering/ Bekker-Zählung），相应的卷和章节分别用罗马数字、阿拉伯数字及其对应的页码表示。

4. 本书在涉及欧盟以及欧盟成员国的案例部分，除了遵循传统的"案件编号+名称+年份+所载案例集+页码"外，还尝试引入了最新版本的欧洲案例标识（European Case Law Identifier/ ECLI），其一般格式是"欧洲案例标识+国家（组织）代码+法院+判决年份+具体序列号"，例如 ECLI：DE：BVerfG：2020：rs20200226. 2bvr234715；ECLI：FR：CC：2021：2021. 817. DC.

5. 本书中单数第三人称在泛指时均使用"他或她"，在复数的第三人称的处理上，遵照引文的原来面貌，仍然按照"他们"处理。

6. 为方便阅读，本书注释一律采用当页的连续脚注，即每页单独编号。本书没有采用"题注"+"交叉引用"的方法。按照《蓝皮书：统一注释体系》（第21版）第1.4条的最新要求，本书在同一脚注中引用多项资料均按照逻辑顺序排列。

主要法律术语缩略词释义对照表

缩略词	法律术语
ACHPR	《非洲人权和民族权利宪章》
ACHR	《美洲人权公约》
IACtHR	美洲人权法院
CCD	人类命运共同体（Community of Common Destiny）
Xianfa	《中华人民共和国宪法》
CLL	《中华人民共和国立法法》（Chinese Legislation Law）
CCC	《中华人民共和国民法典》（Chinese Civil Code）
NPCSC	全国人民代表大会常务委员会（全国人大常委会）
SPC	中华人民共和国最高人民法院
HKCFA	中华人民共和国香港特别行政区终审法院
CC	法国宪法委员会（Conseil Constitutionnel）
DC	法律之合宪性审查（Contrôle de Constitutionnalité）
QPC	合宪性先决问题（Question Prioritaire de Constitutionnalité）
CoE	欧洲委员会（Council of Europe/Conseil de L'Europe）
ECHR	《欧洲保障人权和根本自由公约》（欧洲人权公约）
ECtHR	欧洲人权法院
ESC	《欧洲社会宪章》
EU	欧洲联盟（European Union）
CFR	《欧盟基本权利宪章》
CJEU	欧洲联盟法院
UKHL	联合王国（英国）上议院
UKSC	联合王国（英国）最高法院

缩略词	法律术语
UKPC	联合王国（英国）枢密院
Magna Carta	《自由大宪章》（1215 年）
U. S. CONST.	《美利坚合众国宪法》
USC /U. S. C.	美国法典
SCOTUS	美国联邦最高法院
BVerfG	德国联邦宪法法院（Bundesverfassungsgericht）
GG	《德国基本法》（Grundgesetz）
BGB	《德国民法典》（Bürgerliches Gesetzbuch）
Verf BW	宪法诉愿（Verfassungsbeschwerde）
PA	合比例分析（Proportionality Analysis）
TCE	西班牙宪法法院（Tribunal Constitucional de España）
SACC	南非宪法法院
GPR	黑格尔《法哲学原理》（Grundlinien der Philosophie des Rechts）
KrV	康德《纯粹理性批判》（Kritik der reinen Vernunft）
UN / U. N.	联合国（United Nations/ Nations Unies）
UNGA	联合国大会
RES（Res）	决议（Resolution）
UDHR	《世界人权宣言》
VDPA	《维也纳宣言和行动纲领》
ICCPR	《公民权利和政治权利国际公约》
ICESCR	《经济、社会和文化权利国际公约》
ICJ / I. C. J.	国际法院
UNHRC	联合国人权理事会
CCPR（HRCom.）	人权事务委员会

目 录
CONTENTS

第一章

比较基本权利的叙事语境：权利为何与权利何为

> 道术将为天下裂。
>
> ——庄子①

> 问一位法学家什么是权利就像问一位逻辑学家什么是真理那样会让他感到为难。他们的应对办法往往是不正面解答问者提出来的那个普遍性的问题，而仅仅指出某个国家在某个时期的法律认为唯一正确的东西是什么。
>
> ——伊曼努尔·康德（Immanuel Kant，1724—1804）②

> 语言是存在之寓所。语言破碎处，无物之有。
>
> ——马丁·海德格尔（Martin Heidegger，1889—1976）③

人类理性在其认知的某个门类中有一种奇特的命运，即它被一些它不能抗拒的问题困扰着，因为这些问题是由理性自身的性质提供的；它也无法回答这些问题，因为这些问题已经超越了人类理性的一切能力。④正如康德所提出的那个古老的问题，事实上，权利理论在人类知识的某个领域中也面临着一种同样

---

① 《庄子·杂篇·天下》。

② ［德］康德：《法的形而上学原理——权利的科学》，沈叔平译、林荣远校，商务印书馆1991年版，第39页。

③ 德语原文为"Die Sprache ist das Haus des Seins""Kein Ding ist, wo das Wort fehlt"两句，笔者在此连续引用，特此说明。参见 Martin Heidegger, Über den Humanismus（Klostermann, 1949. S. 5）.

④ Immanuel Kant, Kritik der reinen Vernunft（Riga, 1781, S. 1）; Immanuel Kant, Critique of Pure Reason, trans. by Paul Guyer & Allen W. Wood（Cambridge University Press, 1998），p. 99;《纯粹理性批判》已有以下几个主要的中文译本：一是胡仁源译本，二是蓝公武译本，三是牟宗三译本，四是韦卓民译本，五是邓晓芒译本，六是李秋零译本，七是王玖兴主译本，八是韩林合译本。此处的翻译参考了［德］康德：《纯粹理性批判》，邓晓芒译、杨祖陶校，人民出版社2004年版，第1页。

奇特的命运，权利的根基在一开始的时候被宣称为不证自明的，后来却反复不断地接受着人类理性全方位的拷问。"权利是什么？""权利为了什么？"人类自己也许不知道自己到底是"发现"了权利还是"发明"了权利，人类更是对权利的背后究竟是一种"利益"（interest）还是"意志"（will）的问题难以形成共识①，以至于无论是关于权利的叙事，还是建构在这种叙事结构之上的"权利法则"（regula iuris）都充满了各种争论、质疑、揣测甚至是误用。到头来，人们似乎突然发现，植根于人性中的权利就如圣奥古斯丁（Augustine of Hippo，354—430 AD）所质问的"时间"一样诡异②——当不被问起"什么是权利"时，人们总是知道它是什么；而一旦被问起"什么是权利"时，生活在权利世界中的人反而无法回答这个问题了。

第一节　权利问题与重新回答"何为基本"

一、人类生活中的权利问题以及关于人的本性的追问

（一）古老的权利难题

权利思想实际上凝结了人类社会追求文明与进步的伟大梦想。自美索不达米亚文明、古埃及文明、古印度文明和古中国文明诞生以来，数千年的人类历史向我们展示了这样一种蕴含着无限美好和崇高的理论图景——神明启迪、自然正义和拟制的社会契约构成了能够解释人类行为道德准则和政治原则的基础。

---

① For Interest-Will Theories debates, please generally in Matthew Kramer, Nigel Simmonds and Hillel Steiner, A Debate Over Rights（Oxford University Press, 1998）; Leif Wenar, The Nature of Rights, 33 Philosophy and Public Affairs 223（2005）; David Frydrych, The Architecture of Rights: Models and Theories（Palgrave Macmillan, 2021）; David Frydrych, The Architecture of Rights（PhD thesis, University of Oxford, 2015）. 关于"意志论"和"利益论"的不同理论主张可总结如下：意志论，又可被称为"选择论"，其代表学者是哈特。意志论者认为某人之所以有某种权利，取决于法律承认该人关于某种标的物或某一特定关系的选择优越于他人的选择。利益论的主要代表人物有里昂斯、拉兹、麦考密克，利益论者认为权利不可缺少的要素是，法律保护或促进一个人的利益，使之免受他人或社会的侵犯，办法是为后者设定对权利主体的义务或责任。参见张文显：《二十世纪西方法哲学思潮研究》，法律出版社 2006 年版，第 418-422 页。

② "What then is time? If no one asks me, I know; if I want to explain it to a questioner, I do not know" See Augustine, The Confessions, ed. by Michael P. Foley（Hackett Publishing Company, 2006）, p. 242.

这些理论图景曾激发了伟大的革命，如今它们已然构成了人们政治和法律生活中的一部分。然而，不正是由于那些无限美好和崇高的善良愿望，指引着人类中的一部分人将他们奉为圭臬的权利法则强加到另一部分人类身上，从而造成了极度的苦难吗？对此，启蒙时期意大利近代著名法学家切萨雷·贝卡里亚（Cesare Beccaria，1738—1794）也不得不感慨地说道：

> 在任何一个人类社会中，总是存在着一种持续性的努力，这种努力旨在赋予一部分人高度的权力和幸福，同时减轻另一部分人的极度脆弱和苦难。良法的宗旨就是阻止这种持续性的努力，并且将他们的影响普遍且平等地扩散开来。但是，人们通常会放弃对他们而言那些最重要的关切，把最重要的工作让位给那些平庸的谨慎和个别人的裁量，而这些裁量者的利益就是拒绝最佳的和最明智的制度；直到人们亲身体验到在根本上关系着他们生活和自由的那些最重要的事物中已经充满了成千上万的谬误之后，直到人们被那些极度的灾难折磨得精疲力竭之后，人类才会真正采取补救措施去纠正那些造成他们遭受压迫的邪恶。也正是在此时，人类才开始意识到并且承认那些最显而易见的真理、那些由于简单而被他们庸俗的头脑所忽略的真理。这些庸俗的头脑无力去分析事物之对象，习惯于毫无差别地接受事物之表象，习惯于根据他人的意见而非自身的审慎考察来做出判断。①

人类似乎一直被自己系出的"公正""平等""人道"三大"戈耳狄俄斯之结"（Gordian Knot）困扰。时至今日，美国哲学家蒂莫西·马迪根（Timothy Madigan）仍然有感于这个被认为是无解的"人道主义之谜"，他不得不叹曰："这一问题是无穷争论的源泉。"②其实，权利领域的"戈耳狄俄斯之结"是人们研究最少但又不自觉地深陷其中的根本性难题。本书的写作建基于一种宏大而又现实的背景问题（background questions）之上，这些背景问题不仅是理论导向

① Cesare Bonesana di Beccaria, An Essay on Crimes and Punishments [Dei delitti e delle pene], trans. M. de Voltaire（Originally in Italian 1764, The Lawbook Exchange, Ltd. , 2006）, p. 1. 此段引证由本书作者根据英文版翻译而成，翻译中参考了黄风教授的中文译本。参见［意］切萨雷·贝卡里亚：《论犯罪与刑罚》，黄风译，北京大学出版社 2008 年版，第 5 页。

② 王海明：《公正 平等 人道：社会治理的道德原则体系》，北京大学出版社 2000 年版，第 1 页。另参见大卫·戈伊科奇等编：《人道主义问题》，东方出版社 1997 年版，第 446、434 页。

的，也是实践导向的，它们源于人类社会关于权利的实践困境，又试图从理论的角度切入这种实践困境背后的基础性问题。

人类权利的来源是什么？究竟是什么造成了人类中的一部分人甚至是大部分人在生活世界中承受巨大的苦难？究竟是什么使得人类在处理那些最重要的事情时，时常陷入一种充满矛盾的境遇中？为什么人类历史走到某个阶段之后，权利的凯歌能够响彻寰宇，并且对这种观念的实践深刻形塑了我们所生活的世界？为什么那些以"权利"之名追求正义的人们，反而又在某一个特定时间段成了"权利"最大的破坏者甚至是掘墓人？为什么老子在《道德经》中说"大道废，有仁义；智慧出，有大伪"①？为什么庄子在《逍遥游》中说"至人无己，神人无功，圣人无名"②？为什么托克维尔（Alexis de Tocqueville，1805—1859）说命运的严峻使得法国人"既能忍受一切，又能使一切人痛苦"？为什么在狄更斯（Charles Dickens，1812—1870）的《双城记》中"最好"与"最坏"这两种相互抵牾的概念可以共时性统一？列夫·托尔斯泰（Leo Tolstoy，1828—1910）亦不得不感叹："自从开天辟地以来，人们就知道相互残杀在肉体上和精神上都是坏事，为什么千百万人还要这样做呢？"③一个人不可能迫使千百万人相互残杀，但是人类几千年的历史中总是无可避免地出现了一部分人在镰刀和枪炮之下消亡，是什么原因导致了这种情况的出现呢？

在法律的帝国中，人类理性本身似乎永远没能找到一种唯一正确的答案来解释权利的来源、权利的本质等更为基础的问题。直到人类社会两度身历惨不堪言的战祸④，直到人的权利被无情地侮蔑和践踏的情况已经发展为旷世罕见的野蛮暴行，并且无情地玷污了人类的良心。更形象地说，直到人类再次站在奥斯维辛（Auschwitz）、比尔克瑙（Birkenau）、莫诺维茨（Monowitz）的残迹上审视自己的历史时，《世界人权宣言》才真正以同一种呐喊声直面这个不完美的世界：

> 人类家庭所有成员的固有尊严及其平等的和不移的权利的承认，乃是

---

① [魏] 王弼：《老子道德经注》，楼宇烈校释，中华书局 2011 年版，第 46 页。
② [战国] 庄子：《庄子》，方勇译注，中华书局 2015 年版，第 3 页。
③ [俄] 列夫·托尔斯泰：《战争与和平》，草婴译，上海文艺出版社 2007 年版，第 1243 页。
④ Charter of the United Nations, June 26, 1945, 59 Stat. 1031, T. S. 993, 3 Bevans 1153, entered into force Oct. 24, 1945, Preamble.

世界自由、正义与和平的基础。①

（二）追问人的本性

权利的问题实际上关乎人的本性（human nature/menschheit）。在古印度，哲学家们以自性（svabhāva）一词来说明本性。然而，自性有种种之异名。在古印度的六派哲学中，数论派（Samkhya Philosophy）的智者迦毗罗（Kapila）以原质（prakṛti）来解释"自性本一、体含一切"。原质包含三德，三德者，一曰"萨埵"（Sattva），二曰"罗阇"（Rajas），三曰"多摩"（Tamas）。②通俗来讲，数论派认为，"萨埵"是维持、光明、善性的原动力，"罗阇"是创造、发展、激情的原动力，"多摩"是毁灭、黑暗、懒惰的原动力。古印度智者对人性的理解被置于宏大的宇宙法则的语境之下，人类所有的活动都受到集创造、维持和毁灭于一体的"自性"的束缚，这也正是《薄伽梵歌》（Bhagavad Gita）呈现的深刻哲理之一。

出生在中国云南、后以研究民族主义而饮誉学术界的政治科学家本尼迪克特·安德森（Benedict Anderson，1936—2015）在其代表作《想象的共同体》（Imagined Communities）中曾提出一个发人深省的问题——谁人曾想象到人间的风暴越是远离伊甸园就吹得越是猛烈呢？③如果从美索不达米亚文明和埃及文明开始算起，在长达六七千年的历史长河中，人类社会始终没有放弃过对人性的探索和反思。历史上，人们或诉诸超自然力量（例如神祇），或求诸自然法（例如那些抽象的自然正义法则），为此付出了艰辛的努力。这些探索有的以对古代人类神话传说的美好憧憬为寄托，有的以对现代人类世俗生活的无情鞭挞为基础，有的干脆把目光转向对现代人类社会的崇高赞美、对古代人类社会的野蛮想象。那些支配人们在不同时空条件下、不同政经结构中做出选择的恒久的东西到底是什么呢？其实，历史和现实告诉我们：人性在六七千年的人类文明史中很少有革命性的飞跃和进展。我们很难想象在科技高度发达的 21 世纪还存在各类惨

---

① UDHR provides that "the inherent dignity and of the equal and inalienable rights of all members of the human family is the foundation of freedom, justice and peace in the world". Universal Declaration of Human Rights, G. A. res. 217A（Ⅲ）, U. N. Doc A/810 at 71（1948）, Preamble.

② 参见梁漱溟：《印度哲学概论》（外二种），中华书局 2018 年版，第 75 页。

③ "Who would have thought that the storm blows harder the farther it leaves Paradise behind?" See Benedict Anderson, Imagined Communities：Reflections on the Origin and Spread of Nationalism（Verso, 2006）, Preface to the second edition.

无人道的奴役和压迫，我们也难以想象暴力和恐怖仍然在全世界很多角落肆虐并剥夺一部分人类的生命和尊严，我们更无法想象当人类从单一的地球物种发展到多星球物种（multi-planetary species）① 之时，人性会经历什么样的变迁。到头来，人们只能抛弃幻想，在他们生活的真实世界里找寻答案：人性是史怀哲（Albert Schweitzer）② 与希特勒、耶稣与托尔克马达（Tomás de Torquemada）③、康德与尼采、孔子与波尔布特（Pol Pot）④、曼德拉与本·拉登、对遭受轻蔑者伸出援手的马丁·路德与支持围捕犹太人并使之沦为强制劳动营中的"可悲俘囚"的马丁·路德。人性是激进的穆斯林看到美国人从纽约世贸大楼跳下丧命而高兴地跑到街上跳舞，人性也是其他穆斯林进入清真寺祈祷恐怖主义的受害者能够幸免于难。人性是哈马斯（Hamas）建立的学校与医疗中心中的那些穆斯林儿童，人性也是哈马斯炸死的那些正在上学路上的犹太儿童。⑤如果我们能进一步反思和洞察我们生活的真实世界，我们就会发现人性可谓一个极为复杂的综合体。人性是孟子所说的"人之所以异于禽兽者几希，庶民去之，君子存之"⑥，人性也是荀子所说的"人之性恶，其善者伪也"⑦。人性是始终

---

① See Musk, E, Making humans a multi-planetary species, 5 New Space, 46-61（2017）；Chon-Torres O, Murga-Moreno, C, Conceptual discussion around the notion of the human being as an inter and multiplanetary species, 20 International Journal of Astrobiology, 327-331（2021）.

② 史怀哲（Albert Schweitzer, 1875—1965）又被翻译为施韦泽，他是一名德国哲学家、神学家、医生和人道主义者。自 1913 年来到非洲加蓬后，史怀哲长期致力于为当地建立丛林诊所，从事医疗援助工作，直到去世。史怀哲被誉为"非洲圣人"，他的世界观最核心的部分就是尊重生命（Ehrfurcht vor dem Leben）。1952 年，史怀哲获得诺贝尔和平奖。

③ 托马斯·德·托尔克马达（Tomás de Torquemada, 1420—1498），15 世纪西班牙宗教裁判所（Spanish Inquisition）首任大法官。他被广泛认为是宗教史上最为残酷的迫害者。托尔克马达所主导的宗教裁判所实施了针对犹太人和穆斯林的残酷迫害，致使成千上万的异教徒死亡或遭驱逐。See Henry Kamen, The Spanish Inquisition: A Historical Revision（Yale University Press, 1999）.

④ 波尔布特（Pol Pot, 1925—1998），1963 年至 1997 年期间是红色高棉的实际最高领导人。

⑤ ［美］艾伦·德肖维茨（Alan M. Dershowitz）：《你的权利从哪里来？》（Rights from Wrongs: A Secular Theory of the Origins of Rights），黄煜文译，北京大学出版社 2014 年版，第 28 页。

⑥ 《孟子·离娄章句下》；另参见《孟子·尽心上》："恻隐之心，人皆有之；羞恶之心，人皆有之；恭敬之心，人皆有之；是非之心，人皆有之。恻隐之心，仁也；羞恶之心，义也；恭敬之心，礼也；是非之心，智也。仁义礼智，非由外铄我也，我固有之也，弗思耳矣。"

⑦ 《荀子·性恶篇》；《荀子集解》卷十七。

坚持"非礼勿视，非礼勿听，非礼勿言，非礼勿动"①的精神来维护传统道德但却英年早逝的颜渊，人性亦是"横行天下，侵暴诸侯，穴室枢户，驱人牛马，取人妇女，贪得忘亲"②但却享尽富贵、长命百岁的盗跖。人性是陀思妥耶夫斯基笔下的卡拉马佐夫三兄弟们（Karamazov Brothers），人性也是鲁迅作品中的夏瑜、阿Q、孔乙己、闰土、祥林嫂、涓生和子君。人性是伯特兰·罗素（Bertrand Russell，1872—1970）对爱情的渴望、对知识的追求、对人类苦难不可遏制的同情，人性也是《悲惨世界》里使男子潦倒的贫穷，使妇女堕落的饥饿，使儿童羸弱的黑暗。人性是公元前430年雅典大瘟疫中那些惶恐不安、谣言四起的民众，人性也是"新冠"全球大流行期间那些在全世界各个角落默默献出自己生命的医生和护士们。人性是古希腊医学之父希波克拉底（Hippocrates），人性也是死亡天使约瑟夫·门格勒（Josef Mengele，1911—1979）。人性是虚拟世界中主宰超级算法和巨额资本的"一零一零幺"，人性也是现实世界里匍匐在数据密码前悲苦沉吟的打工人。人性是先发国家在纽约、波恩、京都、巴黎的会场上激烈争辩的政客，人性也是南太平洋所罗门群岛、马绍尔群岛、密克罗尼西亚群岛上被海水环抱的村民。人性是当人类成为多星球物种之后而可能产生的普遍道德同情和惺惺相惜，人性也是当人类仍然是单一地球物种之时在有限资源和无穷欲望的双重逼迫之下的生存竞争⋯⋯

建构在前提假设或经验观察基础之上的对人的本性拷问自古以来就从未停滞过。西人麦迪逊（James Madison，1751—1836）在探讨政治组织的构造原理时，不得不深刻思考人的本性的问题，他曾说：

> 设若人皆为天使，人间何须建政制？
> 若以天使治人间，政制何须受管束？
> 若以此法除政弊，诚为人性大耻辱。
> 设若此辱非彼辱，舍此谁知为何物？③

通观古今中外，人性的图景是如此之恢宏，以至于人类似乎永远无法以语言来描绘完它的全部样貌。古印度二三世纪时的著名哲学家龙树（Nāgārjuna，

---

① 《论语·颜渊》。
② 《庄子·杂篇·盗跖》。
③ James Madison, The Federalist Papers, No. 51, The Independent Journal, February 6, 1788.
　注：此处中文翻译为本书作者翻译。

约 150—250）在《中论》（Mūlamadhyamakakārikā/MMK）中说："诸法不自生，亦不从他生，不共不无因，是故知无生。"① 在中国传统法律文化中，儒释道精神在宋明之后逐渐趋于汇流。心学的集大成者、明朝哲学家王守仁曾以"四句教"来阐发人心的善恶，他说："无善无恶心之体，有善有恶意之动，知善知恶是良知，为善去恶是格物。"②

恩格斯在《反杜林论》（全名《欧根·杜林先生在科学中实行的变革》）中指出："善恶观念从一个民族到另一个民族、从一个时代到另一个时代变更得这样厉害，以致它们常常是互相直接矛盾的。"③当代著名道德哲学家、法学家约瑟夫·拉兹（Joseph Raz，1939—2022）一语揭示了人性是矛盾的综合体：人们对其自身而言既拥有很多善，又保有了很多恶（People have much that is good and much that is bad about them）。然而，我们可以说所有的人都拥有等同的价值和应当得到等量的尊重吗？拉兹在第一个层面上的回答是否定的，他认为人们同时具有善恶，不存在等同的价值，因此，人们只能在善的部分获得应有的尊重，而不能在恶的部分获得那种等量的尊重。然而，拉兹并没有止步，他进一步在第二个层面上给出了回答：所有人都分享了同一个值得尊重的理由（one reason for respect）——所有人都是人类的一部分，在这个意义上，所有人都应该获得

---

① Nāgārjuna, Nagarjuna's Middle Way, Trans. by Mark Siderits & Shoryu Katsura（Wisdom Publications, 2013），p. 18；Nāgārjuna, Fundamental Wisdom of the Middle Way：Nāgārjuna's Mulamadhyamakakarika, Trans. by Gudō Nishijima（Monkfish Book Publishing Company, 2011），p. 1-3；Nāgārjuna, The Fundamental Wisdom of the Middle Way, Trans. by Jay L. Garfield（Oxford University Press, 2005），Chapt. 1. Also See Buddhapalita, Buddhapalita's Commentary on Nagarjuna's Middle Way：Buddhapalita-Mulamadhyamaka-Vrtti（Wisdom Publications, 2021）；Geshe Ngawang Samten & Jay Garfield, Ocean of Reasoning：A Great Commentary on Nāgārjuna's Mūlamadhyamakakārikā by Rje Tshong Khapa（Oxford University Press, 2006）；Chandrakirti, Introduction to the Middle Way：Chandrakirti's Madhyamakavatara with Commentary by Jamgön Ju Mipham Gyatso, Trans. by Padmakara Translation Group（Shambhala, 2005）. 注：此处中文采鸠摩罗什（Kumārajīva, 344—413 年）所译之《中论》。

② 王守仁，1472—1529，字伯安，号阳明。王阳明"四句教"的首句"无善无恶心之体"描述了心体的本然状态，这句话的解释在学术界历来观点不一、聚讼纷纭。从当今学术界的讨论来看，"无善无恶心之体"至少包括三个层面的含义：第一，"无善无恶心之体"即心体（良知本体）的存在是自然的意思；第二，"无善无恶心之体"是指心体（良知本体）明莹无滞的境界；第三，"无善无恶心之体"有心体（良知本体）持平公正、一循于理的含义。马俊：《"无善无恶心之体"义解——王阳明"四句教"首句宗旨新探》，载《中国哲学史》2019 年第 4 期；何静：《论致良知说在阳明心学中的作用和地位》，载《中国哲学史》2009 年第 3 期。

③ 中共中央马克思恩格斯列宁斯大林著作编译局：《马克思恩格斯选集》（第 3 卷），人民出版社 1995 年版，第 433-434 页。

等量的尊重。①在"元价值学"(Meta-axiology)的理论视域中,人性逻辑既不会站在任何非认知立场上抽象地评判人性是善还是恶,也不会站在任何非认知立场上具体地评判某种人性内容是善还是恶,更不会站在任何非认知立场上具体地提出人们"应当"具备哪些人性内容的规范性诉求,而是将所有的非认知需要统统悬置起来,纯粹从好奇心或求知欲出发,描述分析人性本身"是"按照怎样的普遍逻辑关涉到善恶是非的价值内容的。②

经历了工业革命、两次世界大战之后,人类社会面临的挑战不是变小了,而是愈加严峻了。例如,核武器、气候变化、全球性流行病的风险一直都在考验着人性。③在面对史无前例的诸多挑战时,幸好在人的本性中还存在着一种自我批判和自我反思的能力。正如黎巴嫩裔美国诗人纪伯伦(Kahlil Gibran,1883—1931)在《我曾七次鄙视自己的灵魂》(*Seven Times Have I Despised My Soul*)那样,勇于批判和反思自己灵魂深处的弱点。

人性是如此的复杂,它似乎就像古罗马时间之神雅努斯(Janus)一样具有两副面孔:一个在前,一个在后;一副看着过去,一副看着未来。复杂的人性时常陷入到它似乎永远也无法挣脱的两难困境。说实在的,人性面临这种困境古已有之,只不过随着历史的发展、文明的进步,在特定时空下,这些困境呈现出来的具体表现形式大不相同,以至于我们常常忘记或者假装忘记我们所生活的世界中还有一些难以发生革命性变化的东西。第二次世界大战里规模空前的空战、坦克战、潜艇战与古代伯罗奔尼撒战争那些以铠甲、盾牌、长矛为主要武器的军事冲突在外观形态上大相径庭,但是它们都没有改变战争的本质。古希腊历史学家、思想家修昔底德(Thucydides)在《伯罗奔尼撒战争史》中写道:"人性在人类历史中是不变的,它总是在那里。"(Human nature is the one constant through human history. It is always there.)④

---

① Joseph Raz, On Respect, Authority & Neutrality: A Response, 120 Ethics 279, 284-285 (2010).

② 刘清平:《怎样理解人性?——元价值学层面的人性逻辑》,载《兰州学刊》2022年第1期。

③ See Toby Ord, The Precipice: Existential Risk and the Future of Humanity (Hachette, 2020), chapter 4.

④ Thucydides, The Peloponnesian Wars, trans. by Benjamin Jowett, revised and abridged by P. A. Brunt (Washington Square Press, 1963), p. xxix; Elisabeth Young-Bruehl, What Thucydides Saw, 25 History and Theory 1 (1986); C. D. C. Reeve, Thucydides on Human Nature, 27 Political Theory 435-446 (1999).

　　严格说来，"人性"（human nature）和"人的性质"（dature of man）是有所区别的。"人性"就是马克思所谓的"人的一般本性"（die menschliche natur im allgemeinen），它是"一种持续的实体，一套（相对）永恒的人类特征"；相比而言，"人的性质"则是马克思所谓的"在每个时代发生历史变化的人的本性"，是"人类在某个特定脉络下的整体特性"。青年马克思在《1844年经济学哲学手稿》中使用"本质"一词，老年马克思在《资本论》中已经放弃使用"本质"这个词语，因为这个词语是抽象的和非历史性的。①纵观青年马克思到老年马克思的思想蜕变，我们要理解人的本性就必须区分两组极为重要的相关概念。其中一组概念就是贯穿于人类社会的"人的一般本性"和每个历史时代"变化了的人的本性"；另外一组概念就是一般的"人的本性"和每一文化中的"人的本性的特殊的表现"。就前一组概念而言，贯穿于人类社会的"人的一般本性"不会随着每个历史时代"变化了的人的本性"而有所不同。就后一组概念而言，一般的"人的本性"一旦站在特殊文化和意识形态的角度被观测，则立刻呈现出千百种不同的面孔。

　　在马克思看来，人作为人是一个可认识、可确定的实体，人不仅能够从生物学、解剖学和生理学的角度加以规定，而且能够从心理学的角度加以规定。当然，马克思从来不想把"人的本性"与他自己所处社会中所盛行的那种人的本性的特殊表现等同起来。②马克思在反驳功利主义哲学家杰里米·边沁（Jeremy Bentham）时指出："假如我们想知道什么东西对狗有用，我们就必须探究狗的本性。这种本性本身是不能从'效用原则'中虚构出来的。如果我们想把这一原则运用到人身上来，想根据效用原则来评价人的一切行为、运动和关系等等，就首先要研究人的一般本性。"③在马克思看来，从功利或效用原则来解释人性显然犯了"倒果为因"的错误，因为这里的逻辑应当是：只有从"人是人的最高本质"出发，我们才可以解释那些影响人们做出选择的行为动机及其决定这些不同选择的法则，而不是相反。马克思在《〈黑格尔法哲学批判〉导言》中指出："德国唯一实际可能的解放是从宣布人是人的最高本质这个理论出

---

①　参见张一兵：《另一个马克思：一种人本主义化的诠释——弗罗姆〈马克思关于人的概念〉解读》，载《马克思主义研究》2003年第11期。
②　参见［美］弗罗姆：《马克思关于人的概念》，见《西方学者论〈1844年经济学哲学手稿〉》，复旦大学出版社1983年版，第4章。
③　马克思：《资本论》（第一卷），见《马克思恩格斯全集》（第23卷），人民出版社1972年版，第669页。

发的解放。"①马克思对人的本性的深刻洞见，是他得以成功构建气势磅礴、极具革命性的经济学和社会学理论大厦极为重要的思想基础。

在 19 世纪，德国哲学家对"人是人的最高本质"有着不同的解释。例如，机械唯物主义的代表、德国哲学人类学家路德维希·费尔巴哈（Ludwig Feuerbach，1804—1872）在《基督教的本质》（1841 年）中认为，"上帝"观念是人的本质的异化。针对费尔巴哈的这一观点，马克思在《关于费尔巴哈的提纲》第六条中指出："费尔巴哈把宗教的本质归结于人的本质。但是，人的本质不是单个人所固有的抽象物，在其现实性上，它是一切社会关系的总和。"②

德国后黑格尔主义哲学家麦克斯·施蒂纳（Max Stirner，1806—1856）反对将人的概念抽象化，主张"人性"观念是个人的异化，于是，他将批判的矛头指向了路德维希·费尔巴哈。1844 年，麦克斯·施蒂纳发表了《唯一者及其所有物》（Der Einzige und sein Eigentum）一文。此文指出：费尔巴哈所提出的人并不是现实生活中有血有肉的人，只不过是一个超出人的肉体之外的神圣物，因而费尔巴哈仅仅只是用"人"的概念替换了"神"的概念，人已经变成了"神人"。③基于上述对费尔巴哈的批判，麦克斯·施蒂纳提出了"唯一者"（Der Einzige）的概念。"唯一者"既不是抽象的"神人"，也不是一种形而上学的存在，而是具体的、独一无二的自我（Ego）。针对麦克斯·施蒂纳的理论，马克思与恩格斯在《德意志意识形态》（1845 年）中反驳了他的观点。马克思与恩格斯认为，麦克斯·施蒂纳的理论仍然没有逃脱唯心主义的窠臼，颠倒了思维和存在的关系。在《1844 年经济学哲学手稿》中，马克思反复使用了"类本

---

① ［德］马克思：《〈黑格尔法哲学批判〉导言》，见《马克思恩格斯全集》（第 1 卷），人民出版社 2002 年版，第 452-467 页。

② 《马克思恩格斯文集》（第 1 卷），人民出版社 2009 年版，第 501 页；《列宁文集》（第 21 卷），人民出版社 1995 年版，第 34 页。关于马克思主义的"人的本质"的认识和讨论请参见宋惠芳：《马克思关于人的本质的实践生成论及其意义》，载《马克思主义研究》2019 年第 4 期；张奎良：《人的本质：马克思对哲学最高问题的回应》，载《北京大学学报》（哲学社会科学版）2015 年第 9 期；张奎良：《马克思人的本质概念的演绎程序》，载《马克思主义研究》2014 年第 11 期。学者丁立群认为，"在《关于费尔巴哈的提纲》中，马克思在其论断的前面增加了一个限定语：'在其现实性上'。我认为，这一限定语同时还是一种与'理想性'相对立的时间性界定"。参见丁立群：《"人的本质是社会关系的总和"：一个被误解的命题》，载《马克思主义与现实》1993 年第 1 期。

③ 李夕璨：《〈德意志意识形态〉"圣麦克斯"章语境中"现实的个人"概念探析》，载《高校马克思主义理论研究》2020 年第 3 期；梁爽：《"唯一者"批判在唯物史观创立中的作用——基于〈德意志意识形态〉手稿的分析》，载《马克思主义理论学科研究》2019 年第 2 期。

质"（Gattungswesen）这一概念，并将"类本质"归结为人的"自由的有意识的活动"①。马克思说："人的本质是人的真正的社会联系，所以人在积极实现自己本质的过程中创造、生产人的社会联系、社会本质。"②

马克思还提出了异化理论（Entfremdung/Alienation），他说："人同自己的劳动产品、自己的生命活动、自己的类本质相异化这一事实所造成的直接结果就是人同人相异化。"③在马克思那里，异化是一个社会问题和哲学问题。波兰马克思主义者亚当·沙夫（Adam Schaff，1913—2006）认为，个人对于社会的异化是指个人面对社会问题感到与己无关，是指个人不能参与和决定社会事物，也就是说，个人利益与社会利益相对立。问题的实质在于这些社会是"群众性的社会"，这个用语的特定含义就是，随着工业化而造成人口大量集中，社会突出地表现出以下两个特点：（1）个人同他生活的集体（家庭、左邻右舍、手工业行会等）之间的传统联系松弛了或者完全断绝了；（2）个人比以往任何时候都更加依赖于他本身也是其中一员的社会组织。新的组织形式（某些具有保持内部团结的特殊形式的政治团体和宗教团体除外）不能代替旧形式中保持团结的传统联系和集体感情。④

马克思主义关于人的本质的理论包含了三个重要的方法论意义上的启发。首先，应当从人的实践活动来理解人的本质。人的本质不是人的抽象自然本性，而是由人所从事的现实实践活动决定的。人正是在现实的实践活动中确证和体现着自己的本质。其次，应当从现实的社会关系来把握人的本质。人总是处在一定的不以个人意志为转移的社会关系中，其中根本的关系是生产关系。由于每个人在生产关系中所处的地位不同，因而在阶级社会中，人的本质又必然具有一定的阶级性。最后，应当从发展过程中来看待人的本质。由于生产关系和历史条件是不断变化的，因而人的本质也不是固定不变的，而是处在历史变动之中。⑤

---

① 中共中央马克思恩格斯列宁斯大林著作编译局：《马克思恩格斯文集》（第 1 卷），人民出版社 2009 年版，第 162 页。

② ［德］马克思：《1844 年经济学哲学手稿》，人民出版社 2000 年版，第 170 页。

③ 中共中央马克思恩格斯列宁斯大林著作编译局：《马克思恩格斯全集》（第 42 卷），人民出版社 1995 年版，第 97-98 页。

④ ［波兰］亚当·沙夫：《异化是社会问题和哲学问题》，张伯霖摘译，载《哲学译丛》1981 年第 4 期；Adam Schaff, Alienation as a Social Phenomenon (Pergamon Press, 1980)，p. 1.

⑤ 本书编写组：《马克思恩格斯列宁经典著作选读》，高等教育出版社 2018 年版，第 20-21 页。

在真实的生活世界中，人的行为选择复杂多变，影响这些选择的外部环境也各不相同。在追问人性时，这些选择都会发挥巨大作用。但是，如果我们仅仅停留在这一步，那就无异于将对人性最深层次的追问停留在了现象、直觉的边界。因此，人们应该进一步去透析社会和历史中人类的精神世界，去探寻隐藏在社会关系背后的某些恒久而稳定的人的一般本性。

古老的人性问题早已披着令人炫目的现代性外衣，跨越了主权、民族、文化、宗教、传统的界限，展现在我们的生活世界中。当新的战争、瘟疫、气候或地质灾难降临人世间，人类社会中一部分人的尊严和权利仍可能遭到另一部分人无情地漠视和践踏。在线性时间观的视野下，历史是连续且向前发展的。然而，当这种"历史"向着遥远的未来奔去时，人们又似乎不得不像罗贯中在《三国演义》中所感叹的那样——"纷纷世事无穷尽，天数茫茫不可逃"①。这种感慨同样也可以存在于古希腊文化中。诗人荷马（Homer，约前9世纪—前8世纪）在《伊利亚特》中以诗歌的形式描述了人的命运——

> 宙斯大堂上，并立两铜壶。
> 壶中盛命运，吉凶各悬殊。
> 宙斯混吉凶，随意赐凡夫。
> 时而遭灾难，时而得幸福。②
> (On Zeus' floor stand two jars which hold his gifts—
> one has disastrous things, the other blessings.
> When thunder-loving Zeus hands out a mixture,
> that man will, at some point, meet with evil fortune,
> then, some other time, with good.)③

在柏拉图（Plato）的《理想国》中，阿南刻（Ananke）是一位拿着纺锤的命运女神。两千多年后，法国大文豪维克多·雨果（Victor Hugo，1802—1885）

---

① [明] 罗贯中：《三国演义》，人民文学出版社2022年版，第990页。
② 此处的引文与现代史诗原文略有出入，故以中文文献参考了中文版《理想国》对此诗的转引。参见 [古希腊] 柏拉图：《理想国》，郭斌和、张竹明译，商务印书馆2019年版，第75页；See The Republic of Plato, trans. by Allan Bloom（2nd ed., Basic Books, 1991），p. 379 d-e.
③ Homer, ILIAD, trans. by Ian Johnston（3rd ed., Richer Resources Publications, 2006）at Book XXIV, Lines 650 - 654.

在巴黎圣母院晦暗的钟楼上，发现了湮没无闻的神秘文字——"ΑΝΑΓΚΗ"（阿南刻），而写下这个词的作者在几百年前早已消逝。雨果深深感慨这个词也会从大教堂的墙壁上消失，因而从这个词语中获得了创作鸿篇巨著的灵感。"阿南刻"这个词本来源于古希腊语"Ἀνάγκη"，到了罗马神话中，"阿南刻"就变成了"涅刻西塔斯"（Necessitas）。作为名词，"阿南刻"的希腊语含义可简略分为三层：一是强迫的力量（force）；二是约束（constraint）；三是必然（necessity）。在古印度的文化中，各种不同的学派都曾探究"命运"（梵文撰写为：Niyāti）的含义。正命派论师末伽梨·瞿舍罗（Makkhali Gosala）完全否定了世界的因果律，而大乘唯识学派则驳斥了这种因明学上的错误，捍卫了因果关系的存在。《瑜伽师地论》言："或有诸苦唯用宿作为因，犹如有一自业增上力故，生诸恶趣或贫穷家。"① 据许多史学家考证，早在殷周时期的甲骨卜辞中，中国人就有了非常系统的天命观。这个观念传承到易学中，又深深影响了早期的儒家先贤。孔子说："不知命，无以为君子也。"② 孟子还说："夭寿不二，修身以俟之，所以立命也。"③ 北宋理学创始人张载在《横渠语录》中说："为天地立心，为生民立命，为往圣继绝学，为万世开太平。"张载把人的命运分为"德命"与"气命"。他提出："德不胜气，性命于气；德胜其气，性命于德。"（《正蒙·诚明》）④

个人和共同体究竟受到一种什么样的强迫力量的支配呢？个人和共同体以何种方式在多大程度上受到某种强迫力量的约束呢？为何又是无数偶然的行为或者事件就能够成就一种历史的必然呢？更重大的问题在于：人世事务中，人有多大力量并怎样对抗命运的支配呢？许多人因为过去已经看到而且现在每天看到世事的重大变化远在每个人的预料之外，就认为世界上的事情是由命运和某种神秘力量支配的，即使人们运用智虑亦不能加以改变，并且丝毫不能加以补救。这种观点在德文词汇"schicksalsergebenheit"（对命运的服从）中表现得淋漓尽致。针对这种流行的宿命论（fatalism）观点，意大利古典政治思想家尼科洛·马基雅维利（Niccolò Machiavelli, 1469—1527）却认为命运是我们半个行动的主宰，但是它的另一半留给了自由意志支配。为此，马基雅维利把命运比作毁灭性河流，当它怒吼的时候，淹没原野，拔树毁屋，把土地搬家；在洪水面前人人奔逃，屈服于它的暴虐之下，毫无能力抗拒它。事情尽管如此，但是

---

① 《瑜伽师地论》卷七。

② 《论语·尧曰》。

③ 《孟子·尽心上》。

④ 林乐昌：《横渠四句再解读》，载《光明日报》，2020年11月28日，第11版。

我们不能因此得出结论说：当天气好的时候，人们不能够修筑堤坝与水渠做好防备，使将来水涨的时候，顺河道宣泄，水势不致毫无控制而泛滥成灾。①

（三）权利与恶行的辩证关系

《说文解字》中说："善，吉也。""恶，过也。"在人类文明历史上，进步和罪恶通常存在着一种奇妙的相生相克的辩证关系。恩格斯说："自从阶级对立产生以来，正是人的恶劣的情欲——贪欲和权势欲成了历史发展的杠杆，关于这方面，例如封建制度和资产阶级的历史就是一个独一无二的持续不断的证明。"②在历史发展的进程中，人的恶劣的情欲——贪欲和权势欲是不容忽略的一股力量，漠视"人的恶劣的情欲"也就无法真正把握历史辩证法的全部内涵。

黑格尔对于善与恶的辩证关系曾有过深刻的分析，他说："唯有人是善的，只因为他也可能是恶的。善与恶是不可分割的，其所以不可分割就在于概念使自己成为对象，而作为对象，它就直接具有差别这种规定。"③ 否定的东西怎么会进入肯定东西之内？为什么黑格尔说"善与恶是不可分割的"？对这个问题的回答事实上也关涉到本书的立意。第一，善与恶都是观念构造物，人是具有自由意志的，因此必须对自己的行为负责。第二，把自己看作一切东西的基础的那种抽象确信，在自身中既包含着希求概念这种普遍物的可能性，又包含着把某种特殊内容作为原则并加以实现的可能性。④第三，恶的意志希求跟意志的普遍性相对立，而善的意志则是按它的真实概念而行动的。第四，如果我们仅仅停留在肯定的东西上，如果我们死抱住纯善——在它的根源上就是善的，那么，这是理智的空虚规定，而理智是坚持这种抽象和片面的东西的，而它提出问题之后，正好把它推上成为难题。⑤

权利本身意味着正义，权利的对立面就是不义。恶行造成了不义，进而形成了对权利的漠视和侵犯。在谴责和抗拒不义的时候，人们也常常忽视这样一个道理——正义和不义、权利与恶行必定存在着相生相克的辩证关系。如果人们对自身的本性有着深刻的洞见，那么他们就会觉察到权利与恶行之间事实上存在着这种极为复杂的辩证关系。在大千世界中，追求正义是人类恒久且美好的愿望，可是，这种愿望若脱离了辩证法的约束也极容易走向它的反面。造成

---

① ［意］尼科洛·马基雅维利：《君主论》，潘汉典译，商务印书馆 2015 年版，第 118 页。
② 中共中央马克思恩格斯列宁斯大林著作编译局：《马克思恩格斯选集》（第 4 卷），人民出版社 1995 年版，第 237 页。
③ ［德］黑格尔：《法哲学原理》，范扬、张企泰译，商务印书馆 1982 年版，第 144 页。
④ ［德］黑格尔：《法哲学原理》，范扬、张企泰译，商务印书馆 1982 年版，第 144 页。
⑤ ［德］黑格尔：《法哲学原理》，范扬、张企泰译，商务印书馆 1982 年版，第 145 页。

人类苦难的尝试，在很多时候就来自那些伟大的良好愿望。当创造性力量和破坏性力量同时被恩格斯所说的"人的恶劣的情欲"支配的时候，权利和恶行就一起显现出来，充斥于尘世的生活世界。工业革命把人类推进到"人类世"（Anthropocene）的新纪元，第一次工业革命短短70余年所创造的财富，是人类社会几千年创造财富的总和。但是，恰恰是资本主义工业革命最先带来了史无前例的环境污染和气候变化问题。大航海时代的地理大发现开启了全新的全球化时代，但也恰恰借助地理大发现，殖民主义、奴隶贸易和资本原始积累给人类中的一部分群体带来了数不尽的血泪和苦难。无可否认，现实世界中的不公和不义在人类长达几十万年的演化史中都未被根除。可以说，只要现实世界存在，正义和不义作为辩证法上的一对概念就会同时存在。

法国启蒙思想家卢梭（Jean-Jacques Rousseau，1712—1778）说："人生而自由，却无往不在枷锁之中。"①德国古典哲学家叔本华（Arthur Schopenhauer，1788—1860）却说："大家都相信自己先天是完全自由的，甚至在个人行动方面也是如此，而且认为在任何时间他都可以开始另一种生活方式……但后天，从经验上看，他会惊讶地发现自己并不自由，而是受制于各种必然性，而且不顾他的所有决心，他无法改变自己的行为，而这就构成从他生命开始到结束的生活，他必须扮演自己所谴责的角色……"②黑格尔在《法哲学原理》中说："任何定在，只要是自由意志的定在，就叫做法。所以一般说来，法就是作为理念的自由。"③康德却在《仅论理性界限内的宗教》中认为人有三种原始的禀赋，即动物人性（die Tierheit，作为动物）、一般人性（die Menschheit，拥有理性）和品格人性（die Persönlichkeit，有责任心），并给出如下说明："这些禀赋不仅在消极意义（不和道德法则冲突）上是善的，而且它们是向善的禀赋（促进遵守道德法则）。它们是原始的，因为它们和人的本性（或本质）的可能性连接在一起了。"④斯宾诺莎提出"自由是对必然的认识"。在马克思看来，自由和必然之间存在着深刻的辩证关系，必然既是自由的限度，同时也是自由的根据。

---

① ［法］卢梭：《社会契约论》，何兆武译，商务印书馆2003年版，第1页。
② Arthur Schopenhauer, The Wisdom of Life, (Swan Sonnenschein & Co., 1897), p. 147.
③ ［德］黑格尔：《法哲学原理》，范扬、张企泰译，商务印书馆1982年版，第36页。
④ Kant, Religion within the Limits of Reason Alone, trans. by Theodore M. Greene & Hoyt H. Hudson (Harper Torchbooks, 1960), p. 23; 相关中文翻译可参见［德］康德：《单纯理性界限内的宗教》，李秋零译，中国人民大学出版社2003年版，第12页；关于康德自由观的基本概念和翻译争议可参见邓晓芒：《也谈康德宗教哲学的问题意识和基本概念》，载《中国社会科学评价》2019年3期；谢文郁：《意志的主体与对象——康德的自由观分析》，载《哲学动态》2020年第1期。

在"西学东渐"的早期，梁启超深刻体察到了权利背后的人性问题。在《新民说》中，梁启超说："权利思想之强弱，实为其人品格之所关。彼夫为臧获者，虽以穷卑极耻之事廷辱之，其受也泰然；若在高尚之武士，则虽掷头颅以抗雪其名誉，所不辞矣。"① 因此，"无权利者，禽兽也；奴隶者无权利者也，故奴隶即禽兽也。……且禽兽其苗裔以至于无穷，吾故曰：直接以害群也"②。与梁启超区分"人人独善其身者谓之私德，人人相善其群者谓之公德"的思想类似，在严复看来，公域和私域的区分对于权利的存立至关重要。严复将约翰·斯图尔特·密尔（John Stuart Mill，1806—1873）的《论自由》译作《群己权界论》。在他看来，"群"者乃是国群、群体，属于社会公域；"己"者指所谓小己、自己，属于个人私域。"群权"是国群节制小己的公权力（the authority of society over the individual），"己权"是国民自治之权（the individual over himself）。③严复进一步指出，"曰使小己与国群，各事其所有事，则二者权力之分界，亦易明也。总之，凡事吉凶祸福，不出其人之一身，抑关于一己为最切者，宜听其人之自谋；而利害或涉于他人，则其人宜受国家之节制，是亦文明通义而已"④。

自由是人的天性，权利法则建构的意义就在于达致自由。西方文中的"自由"（Freedom/ Freiheit/ Liberté）可溯源至古希伯来语中的"חָפְשָׁה"（罗马转写为 khófesh）、古希腊语中的"Ἐλευθερία"（罗马转写为 Eleutheria）、拉丁语中的"Libertas"。古印度梵语中经常使用一个与"自由"有类似含义的词语——"自在"（ईश्वर，罗马转写为 īśvara，音译"伊湿伐罗"）。梵语中的"自在"最直接意思是"进退无碍"，同时，这个词语在梵语中还代表了非常复杂的概念体系，例如梵语中的"自在"还意味着"无碍、无障碍"（apratihatā）。在汉语文化系统内，先秦虽然没有"自由"一词，但是却有着类似的思想。譬如《论语·为政》中的"从心所欲，不逾矩"，《庄子·逍遥游》中的"无待""无我"。从严格意义上说，中国人现在所使用的"自由"一词是随着"西学东渐"的展开，欧美的"Freedom"概念东传，汉字文化圈内的日中两国，先后以"自由"对译的结果。从语法上看，"自"与"由"组合成"自由"一词，兼纳

---

① 梁启超：《新民说》，宋志明选注，辽宁人民出版社 1994 年版，第 45 页。
② 梁启超：《新民说》，宋志明选注，辽宁人民出版社 1994 年版，第 43 页。
③ 郭萍、徐岳峰：《群己权界：儒家现代群治之方——兼论严复自由理论的儒学根基》，载《东岳论丛》2020 年第 12 期。
④ 严复：《群己权界论》，商务印书馆 1981 年版，第 81 页。

"自"的自我义、"由"的不受限制义，合为"由于自己、不由外力"之义。①严复认为西文中的"Liberty"，音译为"里勃而特"，意译当为"自繇"。在《群己权界论》中，严复说："人得自繇，而必以他人之自繇为界"，同时，他还追溯了"自由"一词的西文含义并写道：

> 里勃而特，原古文作 libertas 里勃而达，乃自繇之神号。其字与常用之 freedom 伏利当同义。伏利当者，无挂碍也。又与 slavery 奴隶、subjection 臣服、bondage 约束、necessity 必须等字为对义。人被囚拘，英语曰 To lose his liberty 失其自繇，不云失其公道也。释系狗，曰 Set the dog at liberty 使狗自繇，不得言使狗公道也。公道，西文自有专字，曰 justice 札思直斯。二者义虽相涉，然必不可混而一之也。②

如果没有"slavery 奴隶、subjection 臣服、bondage 约束、necessity 必须"等与"自由"相对立的概念，人们怎能深刻理解"自由"本身的含义呢？如果没有孔子所说的"不逾矩"，失去礼法约束的"自由"观念是否还能成立呢？进一步说，如果没有严复所说的"人得自繇，而必以他人之自繇为界"，"自由"会不会走向它的反面呢？由此观之，"自由"与"奴役"是一组存在复杂辩证关系的概念。在这个概念体系中，人们不禁要质问：在一个自由的社会共同体中，人到底是否会被奴役呢？《世界人权宣言》宣示"人人生而自由"，时至今日，环顾全球，几乎所有国家的宪法和法律都宣示了自由的理念。但是，《世界人权宣言》以及现代法治文明不是自始就存在，人类是从奴隶制社会一步一步发展到今天的。1772 年的"萨姆塞特诉斯图尔特案"（Somerset v. Stewart）③、1857 年的"斯科特诉桑福德案"④ 均直面了"人到底是否可以被奴役"的问题。在跨越半个多世纪的历史进程中，大西洋两岸那些充满普通法智慧的法官们在奴隶制的合法性问题上却得出了几乎完全相反的结论。

英格兰及威尔士高等法院王座法庭院长曼斯菲尔德伯爵（Lord Mansfield，1705—1793）在"萨姆塞特诉斯图尔特案"（Somerset v. Stewart）中得出了以下

---

① 参见冯天瑜、聂长顺：《三十个关键词的文化史》，中国社会科学出版社 2021 版，第 221-247 页；另参见冯天瑜：《新语探源》，中华书局 2004 年版，第 553-559 页；邓晓芒《什么是自由?》，载《哲学研究》2012 年第 7 期。
② 严复译：《群己权界论》，商务印书局 1906 年第四版，译凡例第 1 页。
③ Somerset v. Steward, 98 Eng. Rep. 499（K. B. 1772）.
④ Dred Scott v. Sandford, 60 U. S.（19 How.）393（1857）.

司法结论：

> 奴隶制是这样一种性质，除了实证法之外，不能以任何道义或政治理由引入奴隶制，在很长一段时间内，它维持其效力有其产生的原因、场合和时间，而这些会被记忆删除。它是如此的丑恶，以至于除了实证法之外，不能容忍任何东西支持它。因此，不管这个判决造成何种不便，我都不能说，这种情况是英格兰法律所允许和肯定的。因此这位黑人必须得以释放。①

美国联邦最高法院首席大法官罗杰·坦尼（Roger B. Taney，1777—1864）却得出了以下司法结论：

> 在我们看来，黑人（一个其祖先系从国外输入我国、并被作为奴隶出卖的黑人）② 不能被包括进来，合众国宪法中"公民"一词的原意也没有将他们包括进来。因此，他们在合众国之中并不享有宪法所保障的公民的一切权利和特权。相反，在合众国成立之初，他们被认为是一种从属的、低等的阶级且屈服于主导性的种族。而且，不论他们是否获得解放，都仍然从属于他们应当服务的权威，他们不享受公民的权利和特权，仅当权威或者政府授予之时，他们才享受一定的权利和特权。③

虽然萨姆塞特（Somerset）和斯科特（Scott）生活的年代、地域、家庭背景和实际境遇有所不同，但是他们都同为黑人，同为人类的一分子。奉行普通法精神的英国和美国法院的判决，造成了萨姆塞特（Somerset）和斯科特（Scott）命运的根本不同：一个获得了自由，另一个却仍然不自由。其实，这些法律争议的实质就是奴隶制存废之争，本质上是人的问题。如果不至于犯下"时代倒置"（Chronological Juxtaposition）的错误，奴隶制的存废问题还可以追溯至古罗马的查士丁尼一世（Justinian I）和法国的孟德斯鸠（Montesquieu）时代。

查士丁尼一世《学说汇纂》第一卷第三题的题目就是"怜悯心促成了奴隶制"。古罗马法学家的解释是——怜悯心以三种方式促成了奴隶制：（1）为防止

---

① Somerset v. Steward, 98 Eng. Rep. 499, 510 (K. B. 1772).
② 圆括号中的内容为作者添加的辅助说明文字，目的在于展现该段判词的语境，便于精准理解原文。
③ Dred Scott v. Sandford, 60 U. S. (19 How.) 393, 404-05 (1857).

滥杀战俘，万民法准许把战俘当作奴隶；（2）罗马法准许债务人卖身，以免遭受债权人的虐待；（3）根据自然法的精神，做奴隶的父亲既然无力抚养子女，子女就应像父亲一样做奴隶。①孟德斯鸠在《论法的精神》中逐一反驳了奴隶制具有正当性的观点：第一，罗马万民法的前提预设"防止滥杀战俘"存在巨大的问题。在战俘的问题上，战争赋予的全部权力就是把战俘看管好，使他们不能继续为害。所以"防止滥杀战俘"的理由不能成立。第二，公民的自由身份是主权的一部分，不允许通过契约减损。为此，孟氏论证道："每个公民的自由是国家全体公民自由的一部分，在平民政体国家里，这种身份甚至是主权的一部分，出卖公民身份是一种极端怪异的行为，我们无法想象居然有人会有这种行径……民法既然允许人们分割财产，那就不能把应该参与分割的一部分人也视为可以分割的财产。"第三，有关奴隶制的法律违背自然法的精神，这种法律自始至终对奴隶不利，也与一切社会的基本原则相悖。②

权利与恶行的关系问题实际也是一个世界观的问题，但是与世界观本身相比，更为重要的是对世界观的反思和批判能力。在西方，古希腊哲学家伊壁鸠鲁（Epicurus）很早就提出了神为什么没能阻止恶的问题。如果说一切的罪恶是由打开潘多拉魔盒（Pandora's box）的那次行为所释放出来的，人们不禁要质问宙斯（Zeus），为什么要给那装满了灾祸的潘多拉魔盒中掺入了那些与邪恶性质完全不同的"希望"（elpis）？对此，德国哲学家尼采（Friedrich Nietzsche，1844—1900）给出的解释是：宙斯就是想要人类受尽各种灾祸折磨后仍抱持虚假的希望，以致于愿意苟延残喘而继续遭受折磨。在东方，如果说古印度的《薄伽梵往世书》记载的梵天（Brahmā）是一位创造三千大千世界的智者，人们也会追问为什么智者创造的世界中存在着这么多苦难。《大悲经》记载的释迦牟尼佛与梵天的一段对话具有深刻的启发意义。佛言："世间所有生老病死、忧悲苦恼、无常法、尽法、变易法，于四姓人无所忌难，能令一切所爱无厌，种种之物败坏离散。梵天，于意云何？是汝所作，是汝所化，是汝所加耶？"梵天言："不也，世尊。"③古中国人相信《中庸》所说"天命之谓性"抑或赞同《三国演义》所说的"天数茫茫不可逃"，可是，当生活在现实世界中的老百姓遭遇他们无法抗拒的灾难时，人们也会质疑"上天"本身是否公平。这些古老

① 参见［法］孟德斯鸠：《论法的精神》（上卷），许明龙译，商务印书馆 2015 年版，第287 页。
② 参见［法］孟德斯鸠：《论法的精神》（上卷），许明龙译，商务印书馆 2015 年版，第287-288 页。
③ 《大悲经卷第一·梵天品第一》（高齐天竺三藏那连提耶舍共法智译）。

的问题并未随着历史的前行而自动消失，相反，在现代生活中，古老的问题借助现代性的触媒（catalyst）被问得更加深沉、更加沉重。

核武器使用的合法性问题也许最能体现人性最深层次的困境和挣扎。1905年，时年26岁的伯尔尼专利局职员爱因斯坦（Albert Einstein，1879—1955）在德国科学期刊《物理年鉴》发表了4篇划时代的论文，重新解释了空间、时间、质量与能量。这4篇论文虽然不能直接解决原子弹的设计和制造难题，但是为现代物理学在核裂变理论方面作出了重大贡献。欧洲"二战"爆发前夕，出于对人类命运的重大关切，爱因斯坦在1939年8月2日签署了一封由芝加哥大学物理学教授利奥·西拉德（Leo Szilard，1898—1964）起草给罗斯福总统的信，建议美国在希特勒拥有原子弹之前率先研发这种威力无比的核武器。之后，在大西洋两岸，德国和美国展开了一场研发核武器的无形竞争。在美籍犹太裔科学家罗伯特·奥本海默（Julius Robert Oppenheimer，1904—1967）的帮助下，美国率先研发出了核武器。1945年7月16日，世界上首个核爆炸在美国新墨西哥州洛斯阿拉莫斯试验成功。1945年8月6日与8月9日，美国军事指挥官命令战斗人员分别向广岛和长崎各投下一枚原子弹。1945年8月15日，日本宣布向同盟国无条件投降，第二次世界大战最终彻底结束。法国社会学家、哲学家雷蒙·阿隆（Raymond Aron，1905—1983）说："核弹的诞生，引入了全新的（战争）概念，改变了原有的（战争）概念。威慑观念成了中心概念……以前在政治战略中占主导地位的力量评估观念被恐怖平衡观念所取代。"[1] 核武器的战略威胁迫使人类重新思考国际地缘政治、实力均衡、国际正义等一系列更深层次的问题。1962年10月爆发的"古巴导弹危机"通常被认为是冷战中人类离核战争最为接近的一次国际事件，这次事件结束后，国际社会深刻认识到控制核武器的必要性。按照1968年《不扩散核武器条约》（NPT）的规定，核武器拥有国系指截止到1967年1月1日已制造并爆炸核武器或其他核爆炸装置的国家，这些国家允许合法地保留核武器。[2]美国、苏联（1991年后为俄罗斯联邦继承）、英国、法国和中国成为仅有的5个被《不扩散核武器条约》承认的"拥核国家"（Nuclear-weapon State）。《不扩散核武器条约》第6条为"拥核国家"设定了自

---

① Raymond Aron, La Société industrielle et la Guerre suivi d'un Tableau de la diplomatie mondiale en 1958（Plon, 1959），p. 112.

② Treaty on the Non-Proliferation of Nuclear Weapons（NPT），21 U. S. T. 483, 729 U. N. T. S. 161, signed on July 1, 1968, entered into force on March 5, 1970, Art. IX（3）. 1970年3月5日，美国加入该公约，1992年3月9日，中华人民共和国加入该公约。印度、巴基斯坦、南苏丹与以色列四国没有签署该公约。

我约束性义务，它要求条约签署国"就及早停止核军备竞赛和核裁军方面的有效措施，以及就一项在严格和有效国际监督下的全面彻底裁军条约，真诚地进行谈判"①。

　　接下来的问题就变得更加具有挑战性，在终极意义上，一个国家究竟是否能够合法地在极端特殊的情况下使用这种威力无比巨大、后果无法想象的致命性武器呢？换而言之，核武器之使用是否可以作为一种正当防卫的最后方式呢？《联合国宪章》第51条明确规定："本宪章不得认为禁止行使单独或集体自卫之自然权利……"（Nothing in the present Charter shall impair the inherent right of individual or collective self-defence…）②宪章虽然对自卫权行使的方式、时间、程序进行了规制，但宪章的起草者毕竟使用了"自然权利"（inherent right）这个词汇。人们可能对"inherent right"的汉语翻译有着不同的解释。一种解释是"inherent right"指的是"与生俱来的权利"或者"固有权利"，另外一种解释是"inherent right"在实质意义上等同于"natural rights"。如果我们再考察宪章的其他语言版本，就可能有更多的收获。宪章的法文版使用的是"droit naturel"，这个法文词汇的意思就是"自然权利"。宪章的西班牙文版本使用的是"derecho inmanente"，而非"derecho natural"。宪章的俄文版使用的是"неотъемлемого права"，阿拉伯文版本使用的是 "الحق الطبيعي"。除了上述五种官方文本外，德文版宪章使用的是"das naturgegebene Recht"，日本版宪章使用的是"固有の権利"。上述初步的语言学考察表明，宪章不是要创设或者抹杀自卫之权利，而是在承认其固有性的基础上对其行使方式进行限定。

　　"二战"结束之后，各国再也没有使用核武器从事战争的行为。据此，有些国家指出，联合国的多项决议以及各国没有使用核武器从事战争行为的事实意

---

① Treaty on the Non-Proliferation of Nuclear Weapons（NPT），21 U. S. T. 483，729 U. N. T. S. 161，Art. Ⅵ："Each of the Parties to the Treaty undertakes to pursue negotiations in good faith on effective measures relating to cessation of the nuclear arms race at an early date and to nuclear disarmament, and on a treaty on general and complete disarmament under strict and effective international control."

② Charter of the United Nations, June 26, 1945, 59 Stat. 1031, T. S. 993, 3 Bevans 1153, entered into force Oct. 24, 1945, Art. 51.

味着国际社会"存在禁止使用这些武器的习惯国际法①规则"（The existence of a rule of customary international law which prohibits recourse to those weapons）。②但是，"禁止使用核武器的习惯国际法规则"尚未形成，理由在于，拥核大国在一些涉及核武器问题的联合国决议中投下了反对票，同时，拥核大国即使公开声称不得使用核武器，但是对这些拥核国家而言，核武器实际上已经作为一种威慑力量（deterrent force）被"使用"了。③1996 年 7 月 8 日，在"以核武器进行威胁或使用核武器的合法性的咨询意见案"（简称"核武器咨询意见案"）中，国际司法机构在禁止宣称"法律不明"（non liquet）④ 原则的约束下必须对该案发表意见。最终，法院在判决书执行部分的 E 段以 7∶7 的司法意见认为："以核武器相威胁或使用核武器一般将违反适用于武装冲突的国际法的要求，特别是国际人道主义法原则和规则。不过，鉴于国际法的现状以及由其所掌握的事实，

---

① 习惯国际法（Customary International Law）的形成通常需要同时满足"物理要素"（国家实践）和"心理要素"（法律确信）。在 1969 年 2 月 20 日德国诉丹麦和荷兰的"北海大陆架案"判决书第 74 段中，国际法院（ICJ）认为，虽然习惯国际法的产生并不必然要求相当长期的实践，但是，国家实践应是广泛的和实际上一致的，这种国家实践足以证明法律规则已经获得一般承认或者法律义务已经产生。法院进一步在判决书第 77 段中指出，"这些行为不仅必须是一种现存的通例，同时还需要作为一种信念的证据，即相信该行为为一项要求它的法律规则的存在所规定"。See North Sea Continental Shelf（Federal Republic of Germany/Netherlands），I. C. J. Reports 1969, pp. 44-45, para. 74, 77. 国际学术界通说认为，习惯国际法的形成是一个所谓的法律规则"结晶"（crystallization）的过程，这一过程分为三个阶段：第一，一些国家开始逐渐遵守某一通例行事，但是在这个阶段，国家遵循通例的原因不是出于法律义务感，而是出于例如政治上的权宜之计、经济利益、礼让等原因；第二，越来越多的国家在实践中根据上述通例行事并逐渐提出了对等性和互惠性要求，他们期望将能继续按照通例行事的基础上建立起一种"互惠和依赖的循环"（loops of reciprocity and reliance）；第三，随着通例的强化，按照通例行事的国家数量越来越多，根据这种通例建立起来的国际关系也越来越复杂，以致于大多数国家都将认为它们遵循通例的动机已经是一种法律义务感，此时，通例连同对该通例的法律确信最终转变为一般性的规则。
② Legality of the Use by a State of Nuclear Weapons in Armed Conflict, 1996 I. C. J. 226（Advisory Opinion of 8 July 1996），General List No. 95（1995-1998），reprinted in 35 I. L. M. 809, para. 68.
③ Legality of the Use by a State of Nuclear Weapons in Armed Conflict, 1996 I. C. J. 226（Advisory Opinion of 8 July 1996），General List No. 95（1995-1998），reprinted in 35 I. L. M. 809, para. 67.
④ non liquet，该语源自罗马法，它指法官在听审案件之后，认为事实不够清楚且不宜作出裁决，则在表决记录上以缩写形式"N. L."注明该短语，将案件留待日后裁决。国际法上，该短句用于指因为解决争端的法律规则不明确而导致未作出裁决。在现代，通常不允许法庭作出此类关于"不明确"的声明。参见《元照英美法词典》对 non liquet 的解释。

国际法院不能断然肯定，在自卫的极端情况下，即在国家生存本身处于危险之中的情况下，以核武器相威胁或使用核武器是合法还是非法。"①对于这一司法结论，法院院长穆罕默德·贝德贾维（Mohamed Bedjaoui）、法官朗热瓦（Ranjeva）、海尔采格（Herczegh）、史久镛（Shi Jiuyong）、弗莱施豪尔（Fleischhauer）、韦列谢京（Vereshchetin）、弗拉里（Ferrari）、布拉沃（Bravo）投了赞成票，法院副院长斯蒂芬·施伟伯（Stephen Schwebel）、法官小田滋（Shigeru Oda）、纪尧姆（Guillaume）、沙布哈丁（Shahabuddeen）、威拉曼特里（Weeramantry）、科罗马（Koroma）、希金斯（Higgins）投下了反对票。权威公法学家们在"核武器咨询意见案"中的司法意见分歧不仅可以从判词的语言修辞层面加以解读，而且也从另一个意义上反映出核武器使用正当性问题本身的极度复杂性。无论如何，人类社会对核武器使用合法性的追问不会停滞，学术界反而应当从更深的法律和道德层面推进相关研究。

2016 年 10 月 27 日，联合国大会第一委员会即裁军与国际安全委员会（Disarmament and International Security Committee，DISEC）以 126 票赞成、38 票反对、16 票弃权的结果通过了《禁止核武器条约》（TPNW），该条约于 2021 年 1 月 22 日正式对缔约国生效。②相比于《不扩散核武器条约》（NPT），《禁止核武器条约》（TPNW）的进步意义是明显的，它的最终目标是在全世界范围内禁止使用核武器。可是，包括美国、英国、法国、俄罗斯等主要拥核国家在内的 38 个国家却明确表达了对该条约的反对立场，就连历史上唯一曾遭核武器攻击的国家日本也表示了反对。

论者大多认为，人类至今为止唯一在武装冲突中使用核武器的行为（1945 年 8 月）是为了捍卫正义，可是问题在于以伸张正义之名的自卫或者抵抗本身是否可以以违背正义的方式进行？核武器使用的道德和法律难题是人类最不情愿面对的，我们只是假设它存在于将来的某种可能性中。很多情况下，法律人

---

① By seven votes to seven, the Court decides："…the threat or use of nuclear weapons would generally be contrary to the rules of international law applicable in armed conflict, and in particular the principles and rules of humanitarian law; However, in view of the current state of international law, and of the elements of fact at its disposal, the Court cannot conclude definitively whether the threat or use of nuclear weapons would be lawful or unlawful in an extreme circumstance of self-defence, in which the very survival of a State would be at stake." See Legality of the Use by a State of Nuclear Weapons in Armed Conflict, 1996 I. C. J. 226 (Advisory Opinion of 8 July 1996) reprinted in 35 I. L. M. 809, para. 105 (E).

② Treaty on the Prohibition of Nuclear Weapons, UN Doc A/CONF. 229/2017/8, opened for signature on September 20, 2017, entered into force on January 21, 2021.

士往往对于单个的生命权案件、财产权案件表现出极富天赋的才能与技术，但是当他们遇到侵权规模不知道要巨大多少倍的系统性剥夺生命权或财产权的法律问题时却只能求助于常识、法感以及未经反思而堆砌起来的道德伦理观念。无论案件的事实是简单的还是高度复杂的，我们都需要质问权利法则是否可以不偏不倚地适用于所有的情况。正义在克服邪恶过程中的军事必要性似乎允许在特定条件下使用非常规武器，而非常规武器史无前例的破坏性又可能违背区分原则、比例原则以及给环境保护带来灾难。即使"二战"结束后的几十甚至上百年后，这些问题仍然是人类社会需要面对的。换言之，尘世生活中的人们需要反思这样一个根本问题——人类是否是坚守了那些具有内在一致性的信念、原则、目的来捍卫基本权利和实现正义？

正义的战争（just war）是对罪大恶极的法西斯主义的自卫和惩治，可是，人们对何为正义的问题却持有非常不同的主张和信念。更重要的问题是，人们不能确定他们是否能够在极度的危机之中仍然坚守正义的出发点，即人类是否真正能够以正义的手段按照一定的法则实现与之相匹配的正义目的？如果说正义不是上帝赋予的，也不是从某个抽象的道德原则或宗教戒律中推衍出来的，如果说人类对正义的认知和理解丧失了上帝、自然这些伟大的参照物，那么关于正义的辩论或探讨就必须回到人本身。就如马克思在《论犹太人问题》中所阐明的那样——"人的本质就是人自身"。

从辩证法上看，极端的"正义"（perfect justice）和极度的"不义"（perfect injustice）是可以相互转化的，这正如绝对的光明和绝对的黑暗之间的关系。海德格尔以"林中空地"（Waldlichtung）为比喻来说明光明和黑暗的关系：

> 林中空地意味着一个地方，清除了树木，给出了道路，看得透彻。照亮（Lichten）就意味着给出自由、造成自由（freigeben, freimachen）。光照明，使自由，给出路径。黑暗阻碍事物展现自身，隐藏他们。黑暗被照亮，意味着，它变成光明，使得黑暗给出自由。①

如果"正义"与"不义"果真存在着"相生相克"的辩证关系，那么生活本

---

① Martin Heidegger, Vom Wesen der Wahrheit. Zu Platons Höhlengleichnis und Theätet, H. Mörchen, ed. (Vittorio Klostermann, 1988), p. 59. 中文翻译参考［德］海德格尔：《林中路》，孙周兴译，上海译文出版社2008年版，第51页；朱清华：《"洞穴喻发微"——海德格尔真理之路的转折点》，载《哲学门》2015年第16卷第2期；李孟国：《无蔽之真：海德格尔真理问题研究》，南开大学出版社2016年版。

身就是永无止境的矛盾综合体。1882年，尼采在《快乐的科学》（Die fröhliche Wissenschaft）中借助恶魔之口，道出了"永恒轮回"（Ewige Wiederkunft）中的正义难题：

> 假如恶魔在某一天或某个夜晚闯入你最难耐的孤寂中，并对你说："你现在和过去的生活，就是你今后的生活。它将周而复始，不断重复，绝无新意，你生活中的每种痛苦、欢乐、思想、叹息，以及一切大大小小、无可言说的事情皆会在你身上重现，会以同样的顺序降临，同样会出现此刻树林丛中的蜘蛛和月光，同样会出现在这样的时刻和我这样的恶魔。存在的永恒沙漏将不停地转动，你在沙漏中，只不过是一粒尘土罢了！"你听了这恶魔的话，是否会瘫倒在地呢？你是否会咬牙切齿，诅咒这个口出狂言的恶魔呢？
>
> 你在以前或许经历过这样的时刻，那时你回答恶魔说："你是神明，我从未听见过比这更神圣的话呢！"倘若这想法压倒了你，恶魔就会改变你，说不定会把你碾得粉碎。
>
> "你是否还要这样回答，并且一直这样回答呢？"这是人人必须回答的问题，也是你行为的着重点！或者，你无论对自己还是对人生，均宁愿安于现状，放弃一切追求？①

对尼采而言，"永恒轮回"的概念是最沉重的负担（das schwerste Gewicht），因为人的一举一动都承受着难以承受的责任。对米兰·昆德拉（Milan Kundera，1929—2023）来说，最沉重的负担同时也成了最强盛的生命力的影像。负担越重，我们的生命越贴近大地，它就越真切实在。相反，当负担完全缺失，人就

---

① [德]尼采：《快乐的科学》，黄明嘉译，漓江出版社2007年版，第340页。英文翻译如下：What if some day or night a demon were to steal after you into your loneliest loneliness and say to you："This life as you now live it and have lived it, you will have to live once more and innumerable times more" ... Would you not throw yourself down and gnash your teeth and curse the demon who spoke thus? Or have you once experienced a tremendous moment when you would have answered him："You are a god and never have I heard anything more divine." If this thought gained possession of you, it would change you as you are or perhaps crush you; the question in each and every thing,"Do you desire this once more, and innumerable times more?" would lie upon your actions as the greatest weight! Or how well disposed would you have to become to yourself and to life to crave nothing more fervently than this ultimate eternal confirmation and seal? See Friedrich Nietzsche, Gay Science, trans. by Walter Kaufmann (Vintage Books, 1974).

会变得比空气还轻，就会飘起来，就会远离大地和地上的生命，人也就只是一个半真的存在，其运动也会变得自由而没有意义。①

在歌德的笔下，恶魔墨菲斯托（Mephisto）"欲求恶却成就了善"（Die stets das Böse will und stets das Gute schafft），而毕生致力于追求生命意义的浮士德（Faust）可谓是"欲求善而导致了恶"。②若是承认了极端的"正义"和极端的"不义"之间的辩证关系，那么，权利来自恶行（rights are from wrongs）的命题就是一种合乎人类经验的论证方式。事实上，在真实的经验世界中，支配人类处理人性中种种错综复杂困境的那些法则其实在数千年的历史中并没有多大的改变。古代人两驾马车相撞引发的侵权责任划分的那些基本原则在汽车电器时代获得了传承，现代人处理网络攻击或者计算机病毒侵权纠纷的方法在另一个维度上"复活"了古代马车相撞中的侵权法智慧。在复杂多变的世界里，虽然不同的权利法则支配了古往今来的人们去处理那些异常棘手的政治和法律问题，但是权利法则背后的原理却很少发生本质性的变化。

二、基本权利的词源、语境与权利法则之构造

（一）权利的西文词源探析

在整个20世纪西方的思想世界里，语言的问题占据着至关重要的位置。虽然语言的范围在很大程度上限定了我们的认识范围，但是，马丁·海德格尔仍然坚持认为，人有一种碰撞语言边界（Grenzen der Sprache）的本能。探索"权利"一词的西语词源毫无疑问是一种"碰撞语言边界"的尝试。

在罗马法中，通常被人们翻译为"法"或"权利"的拉丁字"jus"（或ius）原本有多重意思，其中有四种意思接近于我们今天所理解的权利。一是将"jus"解释为受到法律支持的习惯或道德的权利；二是将"jus"理解为权利，即一种受到法律支持的习惯权利或道德权利；三是将"jus"理解为自由权，即一种受到法律保护的正当自由；四是将"jus"解释为一种法律上的地位，即公民或非公民在法律秩序中的地位与人格。③在上述四种意思中，拉丁字"jus"（或ius）的两种基本含义得到了更广泛的接受和承认，一为法，二为权利。古罗马法学家尤文图斯·塞尔苏斯（Publius Juventius Celsus）的名言"法乃善与

---

① [捷克] 米兰·昆德拉：《不能承受的生命之轻》，许钧译，上海译文出版社2010年版，第5页。

② 胡蔚：《中国，浮士德何为？——当代中国启蒙话语中的歌德〈浮士德〉》，载《国外文学》2015年第2期。

③ 张文显：《二十世纪西方法哲学思潮研究》，法律出版社2006年版，第418-422页。

正义之科学"（Jus est ars boni et aequi）① 取"jus"的这个拉丁字中的"法"的含义。拉丁法谚"错误不能产生权利"（Ex injuria jus non oritur）② 则取"jus"这个拉丁字中的"权利"的含义。③

就继承了罗马法的大陆法系国家或地区而言，"权利"（Recht）一词主要包含两重含义：一为权利本身，二为法。④从康德到费希特直至黑格尔，德国古典哲学家使用"法权"一词指涉 Recht。例如，约翰·费希特（Johann Fichte，1762—1814）就明确使用了自然法权（Naturrechts）这样的概念。马克思则以资产阶级法权（Das Bürgerliche Recht）为对象展开了人类历史上波澜壮阔的权利批判。⑤ 20 世纪 40 年代，美国著名的法理学家罗斯科·庞德（Roscoe Pound，1870—1964）指出了"法即权利，权利即法"这一古典自然法学的谬误，他指出，权利这个词至少在六种意义上被人们使用：一是指应当得到承认和保障的利益；二是指得到法律实际承认和保障的利益，这可以称为广义的法律权利；三是指通过政治社会的强力强加另一个人或所有其他人做出一定行为或抑制一定行为的能力；四是指一种创立、改变或剥夺各种狭义法律权利从而创立或改变各种义务的能力，这最好被称为法律上的权力；五是指某些可以说是法律不过问的情况，也就是某些对自然能力不加法律限制的情况，这就是自由权及特权；六是指纯粹伦理意义上的正当之物。⑥我国学者童之伟从基础法理的角度认为"法权"是权利权力统一体，同时它又包含着权利、权力的区分。简言之，

---

① Jus est ars boni et aequi（Law is the art of the good and the equitable），CELSE，Dig. 1, 1, 1.

② In law, the Latin maxim "Ex injuria jus non oritur" means "illegal acts do not create law" or "law (or right) does not arise from injustice". See Brigitte Stern, Dissolution, Continuation, and Succession in Eastern Europe（Martinus Nijhoff Publishers，1998），p. 21. Also see P. Guggenheim, La validité et la nullité des actes juridiques internationaux, 74 Recueil des cours de l'Académie de droit international de La Haye（Recueil Sirey，1949），p. 226-227，230-231，256；H. Lauterpacht, Recognition in International Law（Cambridge University Press，1947），p. 420-421. "错误不能产生权利"最典型的例证就是"九一八事变"。1931 年 9 月 18 日，军国主义日本公然违背中国的主权完整，悍然入侵中国东北。由于日本是以错误和非法的行为占领了中国之固有领土，尤其违背了 1922 年的《九国公约》和 1928 年的《非战公约》，故，日本不能宣称它能够从这种非法行为中创设任何所谓的"权利"。按照史汀生不承认主义（Stimson Doctrine of Non-Recognition），任何国际社会的成员都负有不承认伪满洲国的义务。See Bin Cheng. General Principles of Law as Applied by International Courts and Tribunals（Cambridge University Press，1994），p. 187.

③ 李龙主编：《法理学》，人民法院出版社 2003 年版，第 40 页。

④ 《新德汉词典》，上海译文出版社 2000 年版，第 932 页。

⑤ 参见渠敬东：《马克思法权思想研究》，载《复旦学报》1996 年第 1 期。

⑥ 张文显：《二十世纪西方法哲学思潮研究》，法律出版社 2006 年版，第 416 页。

"法权"是从法学角度认知的，某一社会或国家中法律承认和保护的全部利益，以及作为其物质承担者的全部归属已定之财产，其现实表现形式是社会生活中的各种权利和权力。①

马克思主义的法学观认为，法是由国家制定或认可并依靠国家强制力保证实施的，反映由特定社会物质生活条件所决定的统治阶级意志，规定权利和义务，以确认、保护和发展对统治阶级有利的社会关系和社会秩序为目的的行为规范体系。②我国学者莫纪宏认为，人权概念的发展分为从原始社会萌芽状态到未来普遍人权的若干发展阶段。人权的最初表现形态就是不同氏族成员间因为氏族身份所享有的特权，人权发展的第二个阶段是资产阶级革命以后从公民特权到资产阶级普遍人权的过渡，人权发展的第三个阶段是以普遍人权为核心的人权保障体系与公民权并行的时期，人权发展的未来意味着人类会充分实现人的"真正的解放"，实现从"必然王国"到"自由王国"的过渡。③

（二）权利的中文词源探析

近代著名史学家陈寅恪在《致沈兼士》中提出："凡解释一字，即是作一部文化史。"④学者冯天瑜、余来明指出，在历史文化的演进中，语词不仅体现为静态的语言结构，还包含了动态的语用实践。近现代流行的诸如"科学""民主""文学""艺术""封建""商品""经济""阶级""政党""权利""革命""共和""解放""劳动""家庭""文化""国家""种族""小说""美学""性别""自由""社会"等术语的确立，都是在古今转换、中外对接的语用实践中体现其"话语"结构特征的。⑤ 21 世纪初期，借助词典编纂学（lexicography）、

---

① 童之伟：《法权中心主义之要点及其法学应用》，载《东方法学》2011 年第 1 期；童之伟：《法权中心的猜想与证明》，载《中国法学》2001 年第 6 期；童之伟：《法权中心说补论》，载《法商研究》2002 年 1 期；童之伟：《法权说对各种"权"的基础性定位——对秦前红教授批评文章的迟到回应》，载《学术界》2021 年第 2 期；童之伟：《再论法理学的更新》，载《法学研究》1999 年第 2 期；童之伟：《中文法学之"权力"源流考论》，载《清华法学》2021 年第 6 期；童之伟：《中文法学中的"权利"概念》，载《中外法学》2021 年第 5 期；Tong Zhiwei, Right Power, and Faquanism：A Practical Legal Theory from Contemporary China, trans. by Xu Ping (Brill Academic Publishers, 2018).

② 本书编写组：《法理学》，高等教育出版社 2010 年版，第 36 页。

③ 莫纪宏：《国际人权公约与中国》，世界知识出版社 2005 年版，第 18-33 页。

④ 沈兼士：《沈兼士学术论文集》，北京：中华书局 1986 年版，第 202 页。

⑤ 余来明：《"历史文化语义学"：理论与实践》，载《光明日报》，2007 年 3 月 30 日，理论版。

历史文化语义学的方法来研究关键人文社科概念逐渐成为一个蔚为大观的学术现象。①上述趋势体现在汉语法学界就表现为诸如"权利""义务""权力"等概念重新激发起了学者们的研究兴趣。早期的西方汉学家和传教士，例如早期来华传教的意大利圣方济各会修士叶尊孝（Basile de Gemona, 1648—1704），苏格兰传教士马礼逊（Robert Morrison, 1782—1834），法兰西公学院第一任汉学主席雷暮沙（Jean-Pierre Abel-Rémusat, 1788—1832），英国浸礼会传教士、汉学家库寿龄（Samuel Couling, 1859—1922）等人的著述和观点再次被人们重视。中国法学界在过去二三十年掀起了一个以法学术语的历史语义和中西源流来探析"权利""人权""权力""义务"等关键法理概念的浪潮。②对权利一词的历史文化语义学研究的意义大体有三：一是廓清权利一词古代中文含义，二是厘定权利一词的古代西文含义，三是在近代中西文化碰撞与交融的大历史观下锁定权利一词的当代含义。

汉语世界很早就有"权利"一词，例如荀子说"权利不能倾也，群众不能

---

① 学术界近年来代表性的研究成果包括：冯天瑜、聂长顺：《三十个关键词的文化史》，中国社会科学出版社 2021 版；［德］李博：《汉语中的马克思主义术语的起源与作用：从词汇—概念角度看日本和中国对马克思主义的接受》，赵倩等译，中国社会科学出版社 2003 年版；冯天瑜：《新语探源——中西日文化互动与近代汉字术语生成》，中华书局 2004 年版；冯天瑜：《"封建"考论》，武汉大学出版社 2006 年版；冯天瑜：《"历史文化语义学"刍议》，载《人文论丛》2007 年卷；叶文宪、聂长顺：《中国"封建"社会再认识》，中国社会科学出版社 2009 年；王齐洲：《中国古代文学观念发生史》，人民文学出版社 2014 年版；冯天瑜：《历史文化语义学与文学观念发生史的建构——读王齐洲〈中国古代文学观念发生史〉》，载《江汉论坛》2014 年第 2 期；余来明：《"文学"概念史》，人民文学出版社 2016 年版。

② 代表性的例子包括下述研究成果，李贵连：《话说"权利"》，见《北大法律评论》第 1 卷第 1 辑，北京大学出版社 1998 年版；赵明：《近代中国对"权利"概念的接纳》，载《现代法学》2002 年第 1 期；申卫星：《溯源求本道"权利"》，载《法制与社会发展》2006 年第 5 期；方新军：《权利概念的历史》，载《法学研究》2007 年第 4 期；李中原：《Ius 和 right 的词义变迁——谈两大法系权利概念的历史演进》，载《中外法学》2008 年第 4 期；韩大元：《基本权利概念在中国的起源与演变》，载《中国法学》2009 年第 6 期；王人博：《民权词义考》，载王人博《法的中国性》，广西师范大学出版社 2015 年版；孙国华、孟强：《权力与权利辨析》，载《法学杂志》2016 年第 1 期；林来梵：《权利概念的移植交流史》，载《中外法学》2020 年第 2 期；苏宇：《权力概念的变迁与反思》，载《北大法律评论》第 19 卷第 1 辑，北京大学出版社 2020 年版；童之伟：《"权"字向中文法学基础性范畴的跨越》，载《法学》2021 年第 11 期；童之伟：《中文法学中的"权利"概念》，载《中外法学》2021 年第 5 期；童之伟：《中文法学之"权力"源流论考》，载《清华法学》2021 年第 6 期；童之伟：《中文法学之"义务"源流论考》，载《政治与法律》2022 年第 4 期。

移也"①。东汉著名的经学家、文字学家许慎在中国现存最早字典《说文解字》中对"权"字的解释是："黄华木。从木雚声。一曰反常。"②清代著名文字音韵训诂学家段玉裁在《说文解字注》中从本意、读音和引申意三个方面解释了"权"字。就本意而言，段玉裁说："黄华木。释木曰。权、黄英。按英华一也。郭云未详。而释草亦云。权、黄华。郭云。今谓牛芸草为黄华。草部英下一曰黄英。然则尔雅木曰黄英、草曰黄华。许则英华字互易。"就读音而言，段玉裁说："从木。雚声。巨员切。十四部。"就引申意而言，段玉裁说："一曰反常。论语曰。可兴立。未可兴权。孟子曰。执中无权。犹执一也。公羊传曰。权者何。权者反于经然后有善者也。"在当代学者宗福邦先生主编的《故训汇纂》一书中，"权"字的训诂资料多达 128 条。③沈湘平教授在解释"权者反于经然后有善者也"这一句话时指出两点：一是这句话点出了"经"与"权"这一对中国哲学的重要范畴。儒家所谓的"经"主要就是纲常名教，"经"的特点是恒常不变，是为"经常"；"权"则是"反于经"的，"权"的特点是变，是为"权变"。二是作为"反于经"的"权"之为"权"及其合法性在于"有善者"。因此，这段话不仅强调了"权"的反常，而且强调了"权"的目的在于善。④童之伟教授认为中文中的"权"字至少包括八个方面的含义：（1）权衡、衡量，如"且人固难全，权而用其长者"（《吕氏春秋·举难》），"权，然后知轻重"（《孟子·梁惠王上》）；（2）秤锤（秤砣）、秤，如"权者，铢两斤钧石也"（《汉书·律历志》），"锤，谓之权"（《广雅·释器》）；（3）权变，如"嫂溺授之以手者，权也"（《孟子·离娄上》）；（4）不拘常规，如"权者何？权者反于经，然后有善者也"（《公羊传·桓公·十一年》）；（5）威势，如"秦以区区之地，致万乘之权，招八州而朝同列，百有余年矣"（《贾谊·过秦论》）；（6）权位，如"权制独断于君则威"，"惟明主爱权重信，而不以私害法"（《商君书·修权》）；（7）权势，如"不肖而能服于贤者，则权重位尊也"（《韩非子·难势》）；（8）姓氏，即后来的"百家姓"之一。⑤

（三）权利概念与权力概念的分离

自近代中国引入西方的权利观念以来，中国人通常将权利和权力当作两种不

---

① 《荀子·劝学篇》，参见方勇、李波译注：《荀子》，中华书局 2011 年版，第 11 页。

② 《说文解字》卷七《木部》。

③ 宗福邦、陈世铙、萧海波主编：《故训汇纂》，商务印书馆 2003 年版，第 1165-1166 页。

④ 沈湘平：《讨论权力与权利问题需要重视的三个维度》，载《社会科学辑刊》2020 年第 6 期。

⑤ 童之伟：《"权"字向中文法学基础性范畴的跨越》，载《法学》2021 年第 11 期。

同的概念。就英语中的权力（Power）而言，它主要有两个前身：一是 potestas，就其作用而言可译为"支配"，指的是法律上能够支配某种对象的能力；二是 potentia，常译"力量"或"潜能"，通常指的是事实上能够影响其他对象的能力。①在古代汉语的语境中，"权利""权力"和"权益"等词语并没有精确的区分。现今中国人所使用的权利概念是随着中西法律文化交融而逐渐定型化的。

英国浸礼会传教士、汉学家库寿龄 1917 年出版了《中国百科全书》（*The Encyclopaedia Sinica*），在这部书中，库寿龄特别提及了叶尊孝的《汉字西译》。②根据我国学者的考证，近现代中文法学权力概念的胚胎，最早可追溯到意大利方济会士叶尊孝 17 世纪 90 年代编写的手抄本《汉字西译》（*Dictionnaire chinois-latin*，又名《汉拉字典》）里的"权"字，但此字典的内容后来被编进了由小德金（Chrétien-Louis-Joseph de Guignes）编纂完成、1813 年在巴黎印刷出版的《汉法拉大辞典》。这本大辞典和马礼逊（Robert Morrison，1782—1834）《华英字典》的相关记载，都是 19 世纪初权字中的权势、权柄含义同拉丁文 dominium、auctoritas、auctoritate（也是法文）以及英文 power、authority 交流互动过程中，当时的学者们就这中西两组文字的含义达成相同或相近的共识后的产物。这个过程的第一阶段在《汉法拉大辞典》和马礼逊《华英字典》系列中是分为四步走的：第一步，在《汉法拉大辞典》中，"权"字的含义之一与拉丁文 dominium、auctoritas 和 auctoritate 形成了对应关系，这可视为包含权力含义的权字及后来出现的汉语名词"权力"与西文形成对应关系的基础。第二步，1815 年马礼逊的《华英字典》间接地将权、权势、势与 power、authority 在同等意义上联系起来，形成解说与被解说的对等关系。第三步，1819 年《五车砠府》依次选用 power、authority 直接解说权字，使它们大体形成了意义对等的互译关系。第四步，1822 年《华英字典》用"权柄"一词直接解说英文 authority，用"权，权柄，权势"直接解释 power，还辅以"威"和"势"的例词。这样，汉语权字中的权势、权柄含义就逐渐实现了与相应拉丁文、法文和英文名词的互译，其结合体表现为权字中出现了近现代法学中"权力"的含义，即后来中文法学中权力概念的胚胎。③

法所规定的权利和义务不仅指个人、组织（法人）及国家（作为普通法律

---

① 苏宇：《权力概念的变迁与反思》，载《北大法律评论》2018 年第 1 期。

② Samuel Couling, The Encyclopedia Sinica（Oxford University Press, 1917），p. 302；杨慧玲：《叶尊孝的〈汉字西译〉与马礼逊的〈汉英词典〉》，载《辞书研究》2007 年第 1 期。

③ 童之伟：《中文法学之"权力"源流考论》，载《清华法学》2021 年第 6 期；童之伟：《"权"字向中文法学基础性范畴的跨越》，载《法学》2021 年第 11 期。

主体）的权利和义务，而且包括国家机关及其公职人员在依法执行公务时所行使的职权和责任。①我国也有学者指出，将国家机关及其公职人员执行公务时所行使的职权也纳入法律权利体系范畴是采取了一种所谓的"外延复合型权利概念"。但是，从法学研究活动运用的"权利"看，现今法律学者主要使用的是不包括国家机关及其公职人员执行公务时所行使的职权的"外延单纯型权利概念"。②

（四）从权利到基本权利的转换

德国哲学家康德曾说，问一位法学家什么是权利就像问一位逻辑学家什么是真理那样会让他感到为难。③古罗马法谚云，"哪里有人，哪里就有社会。哪里有社会，哪里就有法律。哪里有人类，哪里就有法律"（Ubi homo, ibi societas. Ubi societas, ibi jus. Ergo ubi homo, ibi jus.）。亚里士多德在《政治学》中区分了政治动物（zoon politikon）与家庭动物（zoon oikonikon），他认为人天生就是政治动物（zoon politikon），生活在一个政治共同体之中。对生活在政治共同体中的人来说，人应当如何认识自己的权利呢？中国古代法家商鞅说"用善，则民亲其亲；任奸，则民亲其制"，他得出的结论是"以良民治，必乱至削；以奸民治，必治至强"④。商鞅正是从人性的辩证关系中得出"壹民、弱民、疲民、辱民、贫民"的驭民五术。马克思在《论犹太人问题》中论述道：为什么市民社会的成员称作"人"，只称作"人"，为什么他的权利称作人权呢？我们用什么来解释这个事实呢？只有用政治国家对市民社会的关系，用政治解放的本质来解释。⑤事实上，人类社会总是试图摆脱外在和内在的枷锁，通过一定的"合法而又确切的政权原则"来创制一个理想社会秩序。

在西方法律思想史上，比较有代表性的权利观有自然权利观、神学权利观、

---

① 本书编写组：《法理学》，高等教育出版社 2010 年版，第 34 页。

② 童之伟：《中文法学中的"权利"概念》，载《中外法学》2021 年第 5 期。

③ ［德］康德：《法的形而上学原理——权利的科学》，沈叔平译，商务印书馆 1991 年版，第 39 页。

④ 《商君书·说民第五》。

⑤ ［德］马克思：《犹太人问题》，见《马克思恩格斯全集》第 3 卷，人民出版社 2002 年版，第 193 页。关于马克思在《论犹太人问题》中的人权思想，请参看胡兴建《马克思法律思想的批判指向——以〈论犹太人问题〉为分析对象》，载《北方法学》2008年第 5 期；胡兴建：《马克思对市民社会的解剖与人的解放理论——以马克思〈论犹太人问题〉为基准》，载《法治研究》2008 年第 9 期；胡兴建：《马克思与现代自然法思想的内在难题——基于〈论犹太人问题〉的分析》，载《现代法学》2012 年第 3 期；李超群：《启蒙人权理论的悖论与超越——马克思〈论犹太人问题〉人权思想分析》，载《人权》2018 年第 3 期。

法律权利观、社会权利观。①古典的自然权利观对权利概念的演变影响最为深远。按照格劳秀斯（Hugo Grotius，1583—1645）的说法，究竟全人类是属于某一百个人的，抑或那一百个人是属于全人类的，仍然是个疑问。②亚里士多德认为，在我们定义人民的权利或探索"理想政治体制的性质之前……我们必须先定义最可欲的生活方式的性质。若是最可欲的生活方式的性质未能被定义清楚，理想政治体制的性质势必也无法清楚"③。为何权利是如此难以被精确定义呢？按照亚里士多德的观点，权利指向的是理想的生活方式。现代人所使用的权利的词汇以及权利的语法规则是非常丰富的，这些词汇和语法似乎在一方面要避免人类再度遭受惨不堪言的人为灾难（例如20世纪两次世界大战），另一方面又要指示人类最美好的未来生活（例如中国式的"大同社会"或者印度式的"罗摩盛世"）。而什么是理想的生活方式呢？对此，生活在不同政治制度中的人们似乎没有就这目标站在全世界的角度达成某种共识。

按照现行的汉语法学界的通说，所谓的权利是指在一定的法律关系中，法律关系的主体一方对另一方享有的可以要求一定的作为或不作为并为法律规范所认可的一种资格。④这种学术见解实际上采取了"五要素学说"，即权利的定义至少包括利益、主张、资格、力量、自由这五个不可或缺的要素，这样一来，所谓的权利就是为道德、法律或习俗所认定的正当的利益、主张、资格、力量或自由。⑤

权利（recht/right）一词，在欧洲法律传统中兼具"法律"和"权利"的双重意义，它还包括了主观权利和客观权利（或者翻译为"客观法"）的两层意思。著名的意大利法律哲学家、著名的法哲学期刊 *Ritio Juris* 创始人恩里科·帕塔罗（Enrico Pattaro）在《法律与权利：对应然之现实的重新评价》中从比较语言学的角度界定了"权利"一词的法理含义。在帕塔罗看来，主观权利和客观权利具有内在的关联性，二者同时都受到法律规则的支配，同时都存在于

---

① 本书编写组：《宪法学》（第2版），高等教育出版社2020年版，第187页。
② 参见［法］卢梭：《社会契约论》，何兆武译，商务印书馆2014年版，第6页；Jean-Jacques Rousseau, The Social Contract & Discourses, trans. by George Douglas Howard Cole（Devoted Publishing, 2016）, p. 23; Jean-Jacques Rousseau, Rousseau: The Basic Political Writings: Discourse on the Sciences and the Arts, Discourse on the Origin of Inequality, Discourse on Political Economy, On the Social Contract, The State of War, ed. by Donald A. Cress（Hackett Publishing Company, Inc., 2012）, p. 158.
③ Michael J. Sandel, The Politics of Aristotle, in Liberalism and the Limits of Justice（2nd ed., Cambridge Univesity Press, 1998）, p. xi.
④ 本书编写组：《宪法学》（第2版），高等教育出版社2020年版，第186页。
⑤ 夏勇：《权利哲学的基本问题》，载《法学研究》2004年第3期。

应然之现实的世界中。但是，主观权利和客观权利又存在明显的区别：主观权利在指涉实然现实中的人和物时，它是规范的内容。对权利人而言，主观权利是赋予他或她的一项具有规范内容指示的权利；对义务人而言，主观权利是他或她需要承担的具有规范内容指示的义务。而相比主观权利，客观权利是本身具有约束力的规则。①

从法律语言学的角度来看，正义、权利和法律在词源上具有某种同根同源的特质。从广义上说，认识和理解权利就是在认识和理解法律、正义。从学术的角度来看，法律规则是"权利"的语法，有什么样的法律体系和法律制度，生活在这个司法管辖区的人们就必须按照一定的语法来讲述权利的故事，进而实现权利背后的正义。在罗马法和教会法的传统中，理解诸如信仰、真理、经书、法律都必须遵循一定的法则。典型的例子包括信仰的规则（regula fidei）、真理的规则（regula veritatis）、经书的规则（regula scripturarum）、敬虔的规则（regula pietatis）、正义的规则（regula iuris）、辩论的规则（regula loquendi）、文法的规则（regula artis grammaticae）。

接下来的问题就是，我们如何看待法律和权利的关系。对于实证主义者来说，法律原则和法律规则就是他们的"圣经"，实证主义者口中的"权利"一定遵循一种具有规定性的语法规则，这种语法规则不仅指引着法官、检察官、律师、法学家们的思维活动，也影响到了普通老百姓的"法感"和"法意识"。比如，当一个人说"我拥有权利"时，他或她实际上在说"我根据某某法律的某某规定，拥有某某权利"，其言外之意就是"如果某个人，无论是自然人还是法人，无论是公法人还是私法人，侵犯了另一个人权利，则这个人就违反了法律"。

在《学说汇纂》（*Digesta seu Pandectae*）中，古罗马五大法学家之一的尤利乌斯·保罗斯（Julius Paulus Prudentissimus）曾针对规则（regula）和正义（jus）的关系做出过一段深刻的评述：

> 规则（regula）是在探讨事务的过程中，以寥寥数字所做的一种陈述。然而，正义（jus）不是由规则衍生而来的，相反，规则的建立来自正义。（Regula est quae rem quae est breviter enarrat. Non ex regula jus surruntur, sed

---

① ［意］恩里科·帕塔罗：《法律与权利：对应然之现实的重新评价》，腾锐、兰薇、邓珊珊译，武汉大学出版社 2012 年版，第 10—13 页。Also See Enrico Pattaro, The Law and The Right: A Reappraisal of the Reality that Ought to Be (Springer, 2007).

ex jure quod est regula fiat.)①

许多世纪之后，英国政治哲学家和经济学家哈耶克也认为，从法律规则中不能推论出任何所谓的正义。相反，法律规则的渊源是我们关于何谓正义的认识。②总而言之，基本权利并非源于或依赖某一具体文本的主张，基本权利是宪法的基础而非宪法带来的结果。诚如英国法学家阿尔伯特·韦恩·戴雪（Albert Venn Dicey，1835—1922）所言："宪法中所有规则……不但不是个人权利的渊源，而且只是由法院规定与执行个人权利后所产生之效果。"③

三、基本权利的来源及其论证

（一）基本权利的权源问题

英国哲学家和历史学家罗宾·乔治·柯林武德（Robin George Collingwood，1889—1943）说："任何提供有关'科学方法'的理论而不提供这种科学方法的历史语境的哲学家，实际上蒙蔽了他的公共读者，其方式犹若将他的世界放置在一头大象上，但是他希望人们不再追问支撑大象的东西是什么。"④柯林武德在这里批判了那些漠视历史语境而建构科学理论的哲学家的观点。所有运用"科学方法"建构阐释性理论的努力都尝试展示理论家自己所理解的世界。但是，具备反思精神的人们总是会保有一种好奇心和求知欲，去"追问"支撑这些理论背后的基础是什么。如果把柯林武德对历史语境的关注运用到对"思想

---

① English translation can be: "A rule is a statement, in a few words, of the course to be followed in the matter under discussion. The law, however, is not derived from the rule, but the rule is established by the law." See Rudolf Leonhard, Institutionen des Römischen Rechts: Ein Lehrbuch (Walter de Gruyter GmbH & Co KG, 2021), S. 114; Rudolf Stammler, The Theory of Justice (The Lawbook Exchange, Ltd., 2000), p. 198.

② 《格言录》，载《人民法院报》，2013 年 4 月 12 日，第 7 版。

③ ［英］戴雪：《英宪精义》，雷宾南译，中国法制出版社 2001 年版，第 245 页；Also See Mark D. Walters, A. V. Dicey and the Common Law Constitutional Tradition: A Legal Turn of Mind (Cambridge University Press, 2021), p. 135–161.

④ Robin George Collingwood, An Autobiography and Other Writings: With Essays on Collingwood's Life and Work, ed. by David Boucher & Teresa Smith (Oxford University Press, 2013), p. 87; Giuseppina D'Oro, Collingwood and the Metaphysics of Experience (Routledge, 2003), p. 28; 相关中文翻译可参阅 ［英］柯林武德：《柯林武德自传》，陈静译，北京大学出版社 2005 年版。

的根据"的探寻，这个问题立刻就转化为一个"元理论"（Metatheory）问题。①元理论就是指"理论的理论"，它是一切理论的源泉。

　　规范论者脑中的现代权利理论似乎大都为人们描绘了一幅极为精细和复杂的权利的图景，在这幅图景中，人们可以找到那些与他们经验世界相关的各类权利（也包括未列举权利和新兴权利）。以宪法理论为例，近现代意义上的宪法将统治组织的规定和基本权利的规定作为两大核心要素②，由此，现代宪法学形成了统治组织规范体系和基本权利规范体系两大核心系统。法学理论家对现代权利体系研究的核心任务就是基本权利规范体系的解释问题。在这个"解释的帝国"中，大多数法律人对权利的理解要么停留在"基本权利规范是什么"的层面，要么停留在"基本权利规范当作如何解释"的层面上，极少有法律人去追问这样一个问题——"基本权利究竟从哪里来？"即使有法律人触及这个问题，他们大都预设了"天赋人权"的理论假设。然而，如果进一步质问"天赋人权"中"天"的问题，人们似乎就被逼到了无以后退的角落，因为再后退一步，问题的性质旋即转变成了对维系现代法律制度的那些道德哲学、政治哲学或者宗教哲学的追问。在大多数法律人看来，这样的追问已经跃迁出了实证法学的范围，甚至不属于法理学的领地了。

　　可是，越是模糊的预设就越可能支撑不起建立在这种预设基础之上的权利大厦。当一部权利法案被提出的时候，那些制宪者头脑中是怎么想象基本权利的呢？或者说，当一个新的国家即将要制定一部具有某种"永恒性质"的权利法案时，这些制宪者是如何认识和界定基本权利的呢？类似的问题还发生在私法领域，当中国民法典编纂正在学术界和全社会热议的时候，人们总是渴望将那些影响21世纪中国人法律生活的重要权利载入法典之中，法学界人士也时常围绕一些有别于传统大陆法系立法例的权利和权利规则争执不休。这些问题包括但不限于一般人格权的问题、有关民事主体"平等主体关系说"的争议、监护权性质"权利说""义务说""职责说"与"私法上的权力说"的分歧、个人信息权还是个人信息保护的问题。纯粹民法学致力于运用民法方法论区分事实

---

①　在语境上，本书此处所论及的"元理论"（Metatheory）不同于德国法上"基本权利的功能体系"的元研究。此处的"元理论"应当被理解为关于基本权利本源或者根源的研究理论。在德国的公法理论中，对基本权利寻找性质上更为单纯的分析元素的工作可以称作一种"元研究"（Meta-study），最早出现在德国法上的"基本权利的功能体系"就成为这项元研究的理论资源。张翔：《基本权利的规范建构》（增订版），法律出版社2017年版，第68页。

②　［日］三浦隆：《实践宪法学》，李力、白云海译，中国人民公安大学出版社2002年版，第83页。

判断问题、价值判断问题、解释选择问题、立法技术问题来解决私法中权利勘定问题。①这种路径实际上是"体系内解决"的思路，也就是说，如果问题的领域属于一个法律体系，则体系本身拥有优先的决定权。如果问题的领域超越了某一个法律体系，但仍然属于法律问题，则不同部门的法律体系就可以正当地介入这个问题，这是"体系外解决"的思路。最终，民法典编纂以政治决断和立法决断的复合方式呈现了一个全新的民事权利的世界。可以想象，那些伴随着民法典编纂的有关民事权利体系的讨论仍然"深埋"在法理的世界里，它也会在解释的实践（例如司法解释）中反复不断地浮现。其实，民事权利究竟从哪里来的问题是一个更加根本、更具有挑战性的问题，民事权利理论和实践的争议大多可以溯源到权源的问题。

（二）基本权利来源的论证

就"基本权利究竟从哪里来？"这一问题而言，它实际上是要从根本上找寻权利的正当化的源泉。各类传统权利理论和现代权利理论都尝试以特定的方式来解释世界，所不同的是现代权利理论是在一个更大范围的参照系的框架下开展这项工作的。通观那些影响人们法律实践的权利理论，有以下七个主要的理论值得一探究竟，否则我们无法了解权利大厦的根基。

1. 天赋权利论

"天赋权利论"认为权利是天赋的，造物者赋予了人类若干不可被剥夺、不可被侵犯的基本权利。1776年的《独立宣言》声明："我们认为这些真理是自明的，即一切人被创造出来都是平等的，他们被他们的创造主赋予了某些不可转让的权利，其中包括生存权、自由权和追求幸福之权。人们为了保证这些权利，就创立了政府。政府之所以得到它们正当的权力，乃是由于被统治者的同意。任何一种形式的政府只要一旦破坏了这些目的，人民就有权改变它或废除它，并创立新的政府，使之奠基于这样的原则之上并以这样的方式组织它的权力，从而能够最适于促进他们的安全和幸福。"受到美国人的启发，法国1789年《人权宣言》第一条就规定："一切人都生来是而且永远是自由的，并享有平等的权利。"我国学者胡玉鸿认为天赋人权论在人类社会历史进程中的作用是巨大的，但是从现代理论的视角观之，天赋人权论在解释人权正当性、合理性方面已经明显不足，具体表现为：（1）它设定了一个不可证明的"天"的存在，

① 参见王轶：《民法典编纂争议问题的类型区分》，载《清华法学》2020年第3期；王轶：《论民事法律事实的类型区分》，载《中国法学》2013年第1期；王利明：《总分结构理论与我国民法典的编纂》，载《交大法学》2019年第3期；薛军：《中国民法典编纂：观念、愿景与思路》，载《中国法学》2015年第4期。

难以契合现代科学理论所要求的严谨性、精密性；（2）它将人权理解为超越时空的存在，无视人的主观能动性，难以证成人权的正当性与合理性；（3）从权利的关系性特质、权利的应然层次、平等的实际状况方面来看，天赋人权论的解释力已经捉襟见肘。①

2. 自然权利论

"自然权利论"认为权利是按照世界本身的天然本性而被赋予意义的。在"自然法"（jus natural）之下，人类普遍具有的权利不是来自法律、宗教、信仰、神明、神仙、科学、理性、科技、人类、生物、习俗、风俗、习惯、文化或政府的授予，相反，权利来自自然法。美国著名的政治哲学家乔治·霍兰·萨拜因（George Holland Sabine，1880—1961）认为古罗马的斯多葛学派提供了一种世界国家（a world-state）观念："神和人都是这种国家的公民，而且它还有一部宪法（a constitution）——这便是正当理性（right reason）。"②西塞罗（Cicero）的观点被认为是"自然法"精神最集中的体现，他说：

> 事实上有一种真正的法律——正确的理性——与自然法相适应，它适用于所有的人并且是不变而永恒的。通过它的命令，这一法律号召人们履行自己的义务；通过它的禁令，它使人们不去做不正当的事情。它的命令和禁令永远在影响着善良的人们，但是对坏人却不起作用。用人类的立法来抵消这一法律的做法在道义上绝不是正当的，限制这一法律的作用在任何时候都是不能容许的，而要想完全消灭它则是不可能的。无论元老院还是人民都不能解除我们遵守这一法律的义务，它也无须塞克斯图斯·埃利乌斯来加以阐述和解释。它不会在罗马立一项规则，而在雅典立另一项规则，也不会今天是一种规则，而明天又是另一种规则。有的将是一种法律，永恒不变的法律，任何时期任何民族都必须遵守的法律，而且看来人类也只有一个共同的主人和统治者，这就是上帝，他是这一法律的起草人、解释者和监护人。不服从它的人们就是放弃了他的较好的自我，而由于否定一个人的真正本质，他将因此受到最严厉的惩罚，尽管他已经逃脱了人们

---

① 胡玉鸿：《天赋人权论自洽性之商榷》，载《现代法学》2021年4期。
② 张允起：《永久和平的理念与制度：从"万民法"到国际立宪主义》，载《北大政治学评论》2018年第2期，第27-44页。

称之为处罚的一切其他后果。①

在文艺复兴和启蒙运动之后，古罗马时代的自然法的思想在欧洲法学界复兴了，人们将权利的基础建立在经过改良的自然法之上，由此提出了"自然权利"（Natural Rights）的论证。欧洲文艺复兴时期的萨拉曼卡学派（School of Salamanca）复兴了罗马法中的自然权利观念。在弗朗西斯科·维多利亚（Francisco de Vitoria，1480—1546）看来，人类拥有共同的本质，因而也拥有共同的自然权利。②

然而，关于"自然状态"究竟是什么样的，不同的思想家们观点不尽一致。例如卢梭的《社会契约论》中描述了一幅和谐美妙的自然状态，而霍布斯在《利维坦》中描述的自然状态却是"孤独、贫困、污秽、野蛮又短暂的"（solitary，poor，nasty，brutish and short）。

当然，自然权利论者所谓的"自然状态"不是一种可实证的真实状态，它是一种"虚构"。德国历史法学派的"祖师爷"（Altvater）——古斯塔夫·胡果（Gustav Hugo，1764—1844）深受自然法思想的影响，对此，马克思在《历史法学派的哲学宣言》中做了如下批判：

> 18世纪流行过的一种虚构，认为自然状态是人类本性的真实状态。当时有人想用肉眼去看人的思想，因此就创造出自然人——巴巴盖诺，他们纯朴得居然身披羽毛。在18世纪最后几十年间，有人曾经设想，那些原始民族具有非凡的才智，那时到处都听到捕鸟者模仿易洛魁人和印第安人等的鸟鸣术，以为用这种办法就能诱鸟入彀。所有这些离奇的言行都是以这样一种正确的想法为根据的，即原始状态是一幅幅描绘人类真实状态的纯朴的尼德兰图画。③

---

① ［美］乔治·霍兰·萨拜因：《政治学说史》（上册），盛葵阳等译，商务印书馆1986年版，第204页；中文翻译另参见［美］爱德华·S.考文：《美国宪法的"高级法"背景》，强世功译，生活·读书·新知三联书店1996年版。

② See Georg Cavallar, Vitoria, Grotius, Pufendorf, Wolff and Vattel: Accomplices of European Colonialism and Exploitation or True Cosmopolitans?, 10 J. Hist. Int'l L. 181, 189 (2008); Martti Koskenniemi, Vitoria and Us: Thoughts on Critical Histories of International Law, 22. Legal Hist. 119, 121 (2014).

③ 马克思：《历史法学派的哲学宣言》，见《马克思恩格斯全集》，人民出版社2001年版，第229页。

在"自然法"的基础上，普通法系的法官发展出了"自然正义"的两个原则：（1）任何人不能做自己案件的法官（拉丁语：nemo iudex in causa sua）①；（2）任何人在遭受不利对待时都必须拥有申辩权（拉丁语：audi alteram partem）。人类制定的法律（人定法）之上是自然法，自然法是绝对公正的，所以人间的法律必须模仿或者无限接近自然法。荷兰的格劳秀斯和斯宾诺莎，英国的霍布斯和约翰·洛克，法国的伏尔泰、狄德罗、孟德斯鸠，瑞士的卢梭等都可以归结为自然权利论的阵营，他们在探寻人类权利的来源时，大都将"自然法"作为终极依据。

3. 法定权利论

法律权利被认为是以法律义务为基础形成的权利持有者与他人的特定关系。②在"法定权利论"的视野下，许多学者认为，权利来自法律的规定，权利的高级形态就是基本权利，同时，法律的正当性又来自作为根本大法的宪法，所以一个人所享有的基本权利在法律上和宪法上都是不可剥夺的。例如，边沁就曾指出："在一个多少算得上文明的社会里，一个人之所以能够拥有一切权利，他之所以能抱有各种期望享受那认为属于他的东西，其唯一的来由是法律。"边沁还批判非实证权利概念本身是"自我矛盾"的"废话"。③持"法定权利论"的学者对"道德权利"持一定的批判态度，他们将宪法和法律作为基本权利这种实证法的依据，如果权利不是来自实证法的规定，则这种权利还停留在道德或者"愿望"的层面，根本不是真正的权利。进一步推展这种逻辑，持"法定权利论"的人认为如果司法不能救济一项权利抑或是一种权利根本就不具有"可司法性"（可诉性），则这种所谓的"权利"不是真正的权利。

也许有论者指出，法定权利论不能成为解释人类权利来源的一种独立理论，因为权利的来源不能通过它自己的实在法外观和表征来追溯。也有许多论者坚持认为，如果宪法和法律没有通过明示或者默示的方式承认某一项权利，则那种所谓的权利就只能停留在"道德权利"或者"应然权利"的层面上。"法定权利论"把权利的问题交给了政治共同体的立法者，他们所认可的唯一权源就是实证法。除了实证法之外，似乎所有对权利的探讨都是徒劳无益的，只有实

---

① See Bonham's Case, 8 Co. 114a, 118a, 77 Eng. Rep. 646, 652（1610）; Arnett v. Kennedy, 416 U. S. 134, 197（1974）.

② Anne Peters, The Importance of Having Rights, 81 Zeitschrift für ausländisches öffentliches Recht und Völkerrecht 7-22（2021）; Marietta Auer, Subjektive Rechte bei Pufendorf und Kant, 208 Archiv der civilistischen Praxis 584-634（2008）.

③ 张文显：《二十世纪西方法哲学思潮研究》，法律出版社 2006 年版，第 417 页。

证法才能把一项被称为"权利"的东西"现实化"。在持"法定权利论"观点的学者看来，发展权、和平权就很难说是真正的基本权利，因为这种含有极强集体属性的权利，很难通过司法机制加以"现实化"。

4. 交互行为权利论

法兰克福学派的著名当代哲学家尤尔根·哈贝马斯（Jürgen Habermas）以"交互行为理论"（Theorie des kommunikativen Handelns/Theory of Communicative Action）和"后世俗社会民主商谈理论"（Postsecular Deliberative Democracy）闻名于海内外学术界。哈贝马斯在 1981 年出版了《交互行为理论》① 一书，在这部雄心勃勃的哲学著述中，哈贝马斯阐发了当今世界人文社会科学界都耳熟能详的意义与行动的理论、社会行动类型理论、社会本体论以及社会批判理论。事实上，在哈贝马斯的学术视野中，基本权利的来源和论证问题占据了相当大的比重。哈贝马斯正是从"交互行为理论"的立场出发认为，权利的来源既非"天赋"亦非"国家"，而是源于主体间的交互理性和民主商谈。

哈贝马斯何以驳斥"天赋权利论""自然权利论""法定权利论""国家赋权论"等在西方社会已经流行了上百年的传统理论呢？其中一个重要的理由就是主体间在交互行动中必须通过语言和逻辑满足具备某种普遍性和有效性的共识。哈贝马斯重新发掘了公共空间中语言的重要性，如果某种言语行为到达了某种普遍的可理解性，那么只要社会成员存续于此共同体并且希望继续存续下去，他们就势必要相互赋予基本权利。

在哈贝马斯看来，社会成员以法律作为共同的联系纽带和认同符码，在此共同体中，社会成员之间必须承认他们彼此是平等、自由的同伴关系，并应采取主体互动的视角相互赋予以下基本权利：（1）平等的个人自由权；（2）成员身份权；（3）受法律保护权；（4）政治参与权；（5）生存条件权，主要包括社会保障与生态环境权。②从权利的实现方式来看，上述五种基本权利又可以被分为三类：前三项权利构成第一类，属于确保私人自主的权利范畴；第四项权利构成第二类，属于确保公共自主的权利范畴；第五项权利构成第三类。第一类权利基本上属于防范国家权力侵犯和干预的权利，即自由主义所主张的消极自由权；第二类权利属于公民积极的政治参与权，即共和主义所看重的公共自主权；第三类权利主要是社会主义所倡导的社会权利，即公民享有确保获得基本

---

① Jürgen Habermas, Theorie des kommunikativen Handelns, 2 vols. (Suhrkamp, 1981).
② ［德］尤尔根·哈贝马斯：《在事实与规范之间——关于法律和民主法治国的商谈理论》，童世骏译，生活·读书·新知三联书店 2003 年版，第 148-150 页。

生活条件的权利。①

5. 预付权利论

"预付权利"的概念主要由中国学者赵汀阳先生提出，他认为，考虑到人的概念的双重性和过程性（由生理人到道德人），能够充分全面表达公正原则的人权概念只能是预付人权（credit rights）而不是天赋人权（natural rights）。天赋给予人的仅仅是生命和能力，而人类文明把人权预付给每个人，期待他做成一个道德人。人权是一项文明投资，一个人必须"做"成道德人，才"是"完整意义上的人，才能永享人权。②按照赵汀阳先生的论证，预付人权的核心原则是：

（1）由于做人需要一个过程，人权这种资格就只能事先给予并且事后验证，所以人权是预付的。

（2）人权虽然不劳而授，但绝非不劳而享，否则损害公正。因此，预付人权是有偿的，是有条件保有的。所有人权，包括生命权和自由权等，都是有偿的。一个人获得预付人权就意味着承诺了做人的责任，并且将以完成做人的责任来偿还所借贷的权利。

（3）根据"理性知识永远有限"的原理，任何规划出来的人权体系都只能被认为是历史性的或暂时性的，永远都存在改进甚至改写的余地，因此，一个人权体系将给予每个人哪些权利以及什么限度的权利，这要取决于世界在特定时代条件下的支付能力，随便宣布太多有名无实的权利除了增加社会冲突和搞乱世界，并无积极意义。

（4）形式公正不能保证实质公正，这是公正的最根本难题。要确定具体内容上的对称关系确实存在着技术上的困难，因为几乎不存在能够证明两种不同的东西是"等值的"客观标准。最好的主观标准是所有人的一致同意，但这一点几乎做不到。一般的解决方式是以民主去替代一致同意，但以多数否定少数本身就是不公正，而且还可能导致更坏的事情。

（5）如果说权利是资格，那么义务就是代价或者成本。权利和义务关系的公正同样在于对称性，即权利和义务是互相蕴含的：某人 p 拥有某种

---

① 高鸿钧：《走向交往理性的政治哲学和法学理论（下）——哈贝马斯的民主法治思想及对中国的借鉴意义》，载《政法论坛》2008 年第 6 期。

② 刘学伟：《"天赋人权" 2.0——介绍赵汀阳先生的"预付人权"》，https://m. aisixiang. com/data/47861-3. html（访问时间：2023 年 3 月 22 日）；另参见王垚：《"预付人权观"：理论及其批判——兼论人权的法律关系及其制度形态》，载《人权》2019 年第 2 期。

权利 R，当且仅当，R 承诺了与之对称的义务 O。①

与预付人权观的论证相关，汉语学术界也提出了很多不同版本的论证方式，例如何兆武的"人赋人权论"、徐勇的"祖赋人权论"、胡义成的"商赋人权论"、傅松涛的"学赋人权论"、田志娟的"他赋人权论"、宋晋川和朱宝信的"行赋人权论"。②

6. 人本权利论

人本主义者认为基本权利源于人的发展、完善、尊严和自由。一般说来，人本主义包含了三层含义：（1）人本主义指的是 14 世纪下半期发源于意大利并传播到欧洲其他国家的哲学和文学运动，它构成现代西方文化的一个要素；（2）人本主义是指 18 世纪末到 19 世纪初德国古典哲学中费尔巴哈的人本主义哲学；（3）人本主义可以泛指承认人的价值和尊严，或以人性和人的利益为主题的任何哲学。作为现代唯物主义的马克思主义哲学不能够简单地等同于人本主义，当然也不可用人本主义解释马克思主义哲学的全部。③

人类存在的三大历史形态是：前资本主义的自然经济中的人对人的依赖性，资本主义市场经济中的以物的依赖性为基础的人的独立性，未来共产主义社会的产品经济中的以个人全面发展为基础的自由个性。

人本主义将人及人的发展、完善、尊严和自由置于其理论体系的最高位置。马克思认为，独立和自由是以自我创造的行动为基础的。"任何一个存在物只有当它立足于自身的时候，才在自己的眼里是独立的，而只有当它依靠自己而存在的时候，它才算立足于自身。靠别人的恩典为生的人，认为自己是一个从属的存在物。但是，如果我不仅靠别人维持我的生活，而且别人还创造了我的生活，别人还是我的生活的泉源，那么，我就是完全靠别人的恩典为生的；而如

---

① 赵汀阳：《"预付人权"：一种非西方的普遍人权理论》，载《中国社会科学》2006 年第 4 期；赵汀阳：《论可能生活——一种关于幸福和公正的理论》，中国人民大学出版社 2004 年版，第 186 页；赵汀阳：《每个人的政治》，社会科学文献出版社 2010 年版，第 90 页。

② 参见何兆武：《天赋人权与人赋人权》，载《读书》1994 年第 8 期；徐勇：《祖赋人权：源于血缘理性的本体建构原则》，载《中国社会科学》2018 年第 1 期；胡义成：《商赋人权论》，载《陕西师大学报》（哲学社会科学版）1991 年第 2 期；傅松涛：《信息主体、学赋人权与终身学习》，载《学术研究》2003 年第 5 期；田志娟：《他赋人权论》，载《湖北经济学院学报》（人文社会科学版）2006 年第 8 期；宋晋川、朱宝信：《行赋人权论》，载《文史哲》1996 年第 2 期。

③ 参见本书编写组：《马克思主义哲学》（第 2 版），高等教育出版社、人民出版社 2020 年版。

果我的生活不是我自己本身的创造，那么，我的生活就必定在我之外有这样一个根基。"① 或者用马克思的另一个说法来表达，人"仅当他在跟世界所发生的每个关系中，在他看着、听着、嗅着、尝着、感觉着、思考着、愿望着、恋爱着的时候，肯定他的个体是一个完整的人的时候，简言之，仅当他肯定和表现他的个体的一切器官的时候"②，仅当他不仅来而且去都自由的时候，才是独立的。

7. 培养权利论

培养权利论的核心主张是：基本权利不是"自然的"（natural），亦非天赋，而是培养出来的（nurtural）。哈佛大学的著名学者艾伦·德肖维茨（Alan M. Dershowitz）认为，到目前为止，学者们关于权利来源的论证都不脱离四种取向：道德虚构取向、道德推演取向、客观建构取向和经验倡导取向，如下表所示：

表 1-1　艾伦·德肖维茨关于基本权利来源的总结③

进路	核心内容
道德虚构取向	将主观（虚构的）道德的存在进行普遍化并将它作为真实存在之物，然后将这种道德作为基本权利的基础
道德推演取向	从人性（human nature）中推演出普遍的客观道德，然后将这种客观道德作为基本权利的基础
客观建构取向	建构一个在逻辑上具有强大说服力的道德体系，然后以这种道德体系的合理化主张作为基本权利的基础
经验倡导取向	依据历史中的人类经验——尤其是负面经验——以这些经验作为不断变迁且由人类所创造的道德基础，然后倡导基于这些经验而建立的基本权利

受到"二战"中犹太大屠杀悲剧的启发，德肖维茨提出了一个与众不同的解释基本权利来源的论证，在他看来，权利来自它的反面——"恶行"（rights are from wrongs）。正义与它的反面——邪恶存在着非常复杂的辩证关系，正义

---

① ［德］马克思：《1844 年经济学哲学手稿》，人民出版社 1979 年版，第 82—83 页。

② ［德］马克思：《资本论》（第一卷），见《马克思恩格斯全集》第 23 卷，人民出版社 1972 年版，第 669 页。

③ See Alan Dershowitz, Rights from Wrongs: A Secular Theory of the Origins of Rights（Basic Books，2009），chapter 13. 中文翻译参考［美］艾伦·德肖维茨：《你的权利从哪里来?》，黄煜文译，北京大学出版社 2014 年版，第 127 页。

的知识源于人类在经验世界中对极度邪恶的省思，正义是从"不义"的经验法则中生长出来的。理解艾伦·德肖维茨这一论断需要区分形而上学意义上与经验意义上的权源问题，并且避免将权源与权利法则混为一谈。也就是说，古罗马法上的"不法行为不产生权利"（ex injuria jus non oritur）① 是一种权利法则的具体实践，而"权利来自恶行"（rights are from wrongs）这一论点的重心却是权源问题，德肖维茨把权源问题从形而上学的层面拉入到了经验的世界。为此，德肖维茨一方面与罗尔斯的"原初状态"（original position）和"无知之幕"（veil of ignorance）保持了距离，另一方面又拒绝像德沃金那样将权利的终极依据建立在唯一正确的诸如人性尊严、平等与公平那样近乎于定言令式（kate-

---

① "According to a well-established general principle of international law, a wrongful act cannot become a source of advantages, benefits or else rights for the wrongdoer: ex injuria jus non oritur." See Accordance with International Law of the Unilateral Declaration of Independence in Respect of Kosovo, Advisory Opinion, I. C. J. Reports 2010（Ⅱ）, p. 576, para. 132（Separate opinion of Judge Cançado Trindade）; Questions relating to the Seizure and Detention of Certain Documents and Data（Timor-Leste v. Australia）, Provisional Measures, Order of 3 March 2014, I. C. J. Reports 2014, p. 175, para. 22（Separate opinion of Judge Cançado Trindade）. 在学理上，"不法行为不产生权利"与"法律源于事实"是罗马法两个不同的法律原则。罗马法谚云"ex factis jus oritur", 英文意思是"The existence of facts creates law"。See Brigitte Stern, Dissolution, Continuation, and Succession in Eastern Europe（Martinus Nijhoff Publishers, 1998）, p. 21; Also generally see Gérard Kreijen, State, Sovereignty, and International Governance（Oxford University Press, 2002）; Tim Hillier, Sourcebook on public international law（Routledge, 1998）. 巴西籍国际法院法官特林达德（Antônio Augusto Cançado Trindade, 1947—2022）曾在"科索沃咨询意见案"中阐明"不法行为不产生权利"与"法律源于事实"的区别，二者体现了"应然法"与"实然法"的紧张关系。正如特林达德所言："This general principle, well-established as it is, has at times been counterbalanced by the maxim ex factis jus oritur. This does not mean that law can emerge out of grave violations of international humanitarian law, but rather as a response or reaction to these latter. In the conceptual universe of international law, as of law in general, one is in the domain of Sollen, not of Sein, or at least in that of the tension between Sollen and Sein. It is inconceivable that States' rights can arise, or be preserved, by means of a consistent pattern of grave violations of human rights and of international humanitarian law. Thus, the maxim ex factis jus oritur does not amount to a carte blanche, as law plays its role also in the emergence of rights out of the tension between Sollen and Sein." See Accordance with International Law of the Unilateral Declaration of Independence in Respect of Kosovo, Advisory Opinion, I. C. J. Reports 2010（Ⅱ）, pp. 578-579, paras. 136-137（Separate opinion of Judge Cançado Trindade）.

gorischer imperative/categorical imperative)① 的自然法之上，他最终选择了以恶行史来建立权利理论——权利不是自然的（natural）而是培养的（nurtural）。②

第二节　从承认走向实践：基本权利的行动逻辑

一、在蔑视和承认之间的基本权利

德国社会理论家、法兰克福学派第三代核心人物阿克塞尔·霍耐特（Axel Honneth）发展了黑格尔和乔治·贺伯特·米德（George Herbert Mead，1863—1931）的承认理论，霍耐特区分了三种蔑视形式：第一种蔑视形式深深扎根于那些肉体虐待的经验中，摧毁着一个人的基本自信。第二种蔑视形式是一种可能削弱一个人的道德自尊意义上的蔑视，进一步而言，在此蔑视形式下，一个个体在结构意义上如果被一个社会排斥在权利的占有之外，他或她就必然遭受到这种道德自尊意义上的蔑视，其理由就在于权利的拒绝意味着（暗示着）他或她并没有被赋予和其他社会成员相同程度的道德责任。第三种蔑视形式与个体或群体的社会价值有着消极的联系。这种蔑视使得主体无法赋予自我能力以社会意义。对个体而言，这些社会贬值的经验导致了自我重视的失落，即失落了将自己作为能力与特征均得到重视的存在来自我敬重的机会。这种蔑视形式从个人身上剥夺的承认形式，就是对他或她必须在群体团结的鼓励下排斥种种阻碍而发现一种自我实现形式的社会认可。③

发人深省的问题是：蔑视的经验为什么隐含在人类主体的情感生活之中，

---

① 康德在 1785 年出版的《道德形而上学奠基》一书中提出了两种理性命令的程式（简称令式）：如果某种行为无关于任何目的，而出自纯粹客观的必然性，那么这种令式可以被称为"定言令式"（kategorischer imperative/categorical imperative）。如果行为是实现目的的手段，则这种令式可以被称为"假言令式"（hypothetischer imperativ/ hypothetical imperative）。See Kant, Immanuel, Groundwork of the Metaphysic of Morals（Cambridge University Press, 2012），p. 27-31.

② ［美］艾伦·德肖维茨：《你的权利从哪里来？》，黄煜文译，北京大学出版社 2014 年版，第 73 页。

③ ［德］阿克塞尔·霍耐特：《为承认而斗争——论社会冲突的道德语法》，胡继华译、曹卫东校，上海人民出版社 2021 年版，第 185-186 页。Axel Honneth, Kampf um Anerkennung: Zur moralischen Grammatik sozialer Konflikte（11. Auflage, Suhrkamp Verlag, 2021）; Also See Axel Honneth, The Struggle for Recognition: The Moral Grammar of Social Conflicts, trans. by Joel Anderson（Polity Press, 1995; The MIT Press, 1996）.

以至于它可以为社会对抗和社会冲突，即为承认而斗争提供动力呢？对此，阿克塞尔·霍耐特以拷打或者暴力行为隐喻来进行解释。第一，社会蔑视与人类的肉体腐败一样都表现为在一定程度上使主体意识到他们所处的羞耻状况。第二，伴随着蔑视经验而产生的消极情感反应，可能恰好显示了为承认而斗争借以扎根的情感动机的基础。①马克思在《〈黑格尔法哲学批判〉导言》中也提及了霍耐特所说的"耻辱"（die Schmach），马克思更把那种被社会压迫的情感状态推向了"比耻辱更加耻辱"（die Schmach noch schmachvoller）的高度。马克思说："应当让受现实压迫的人意识到压迫，从而使现实的压迫更加沉重；应当公开耻辱，从而使耻辱更加耻辱。"②为什么社会蔑视或者社会压迫所造成的这种耻辱或者屈辱可以产生一种动力，从而改变现实呢？黑格尔和米德都没有给出令人满意的答案。在霍耐特看来，痛苦所造成的消极情感反应把人们引向了行动。马克思认为这种消极的情感反应可以激发起人民的勇气。所以，面对社会压迫带来的沉重的痛苦和心灵上的耻辱，马克思说："应当把德国社会的每个领域作为德国社会的羞耻部分（partie honteuse）加以描述，应当对这些僵化了的关系唱一唱它们自己的曲调，迫使它们跳起舞来！为了激起人民的勇气，必须使他们对自己大吃一惊。这样才能实现德国人民不可抗拒的要求，而各国人民要求的本身则是能使这些要求得以满足的决定性原因。"③

　　在法律生活中，对基本权利的蔑视同样会对人类的心智造成沉重的痛苦和心灵上的"耻辱"。最极端形式的对基本权利的蔑视就是那些意图毁灭全人类或者人类某一部分的骇人听闻、超乎想象力的恶行。纳粹德国政权对犹太人的"最终解决方案"，那些发生在奥斯维辛（Auschwitz）、比尔克瑙（Birkenau）、莫诺维茨（Monowitz）的屠杀就属于对基本权利蔑视的极端形式。这种对基本权利的极端蔑视往往发生在民族国家的战争之中，它的受害者可能是特定的族裔或人群，但是那种心灵上的"耻辱"却是可以被全人类感知的。纳粹德国政权破坏了现代战争法权（jus belli）的根本基础——人道主义，即战争的伦理和法律基础要求对人类设置了一个不可逾越的底线，逾越这道底线的武装冲突抵

---

① ［德］阿克塞尔·霍耐特：《为承认而斗争——论社会冲突的道德语法》，胡继华译、曹卫东校，上海人民出版社 2021 年版，第 187-188 页。Axel Honneth, Kampf um Anerkennung: Zur moralischen Grammatik sozialer Konflikte（11. Auflage, Suhrkamp Verlag, 2021）.

② 中共中央马克思恩格斯列宁斯大林著作编译局：《马克思恩格斯文集》第 1 卷，人民出版社 2009 年版，第 7 页。

③ 中共中央马克思恩格斯列宁斯大林著作编译局：《马克思恩格斯文集》第 1 卷，人民出版社 2009 年版，第 7 页。

触了深藏于人类内心深处的良知和正义。在国家建构的语境下，对基本权利的蔑视往往表现在最基本的政治架构和宪法制度之中，隐含在某种权利文化和传统之中。无论文化的差异如何，对基本权利进行蔑视的法律制度本身就足以造成对特定的主体心灵上的"耻辱"。例如，早期欧洲国家和美洲国家的奴隶制、强制奴役、人口贩运就造成了对非裔黑人群体从肉体到灵魂的"耻辱"。现代国家建构往往是政治斗争和法律斗争的结果，第三世界的国家建构往往比早期工业化国家来得更加艰辛，因为沉重的历史包袱、不公正的国际政治经济秩序、贫困等因素都集中交织在一个极端的时间内，国家治理能力的不足会带来系统性的基本权利蔑视的风险。

受到现实压迫的人在痛苦中产生了强大的消极情感，这种消极情感又进一步把人们引向为承认而斗争的境地。对基本权利的承认本身就需要经历一个艰苦的奋斗过程，首先是人在面对基本权利遭受蔑视时的现实需求和情感反应，如果没有上述二者中的任何一个，那么这种基本权利就没有它赖以生长的现实基础。应当知道，假想的权利可能是一种美好的愿望，但是这种愿望本身还不能构成权利。越是脱离现实基础的那些美好的想象，就越是可能将人类社会带入万劫不复的深渊。尼采和鲁迅不正是要揭开那些美好希望的本质吗？个体或者家庭的生活经验不也昭示了这一点吗？其次，由基本权利的蔑视而走向基本权利的承认是为了重建人作为人的本质。由于基本权利的蔑视摧毁了一个人的基本自尊和自信，所以基本权利的承认就是为了恢复和重建（不是新建）人作为人的尊严和自信；由于基本权利的蔑视拒绝赋予人和人相同程度的道德责任，某一部分人被社会排斥在权利主体之外，所以基本权利的承认也是为了恢复人和人相同程度的道德责任；由于基本权利的蔑视剥夺了人在社会共同体中实现自我价值的社会认可的可能性，所以基本权利的承认就是恢复每个人都能够实现自我价值的可能性，就是要赋予每个人社会意义。

从权利的蔑视到为了权利的承认而斗争也可以解释中国近现代转型过程谋求独立和自强的逻辑。早在先秦时期，孔子就说："不愤不启，不悱不发。"①虽然孔子的这句话是为了从教育方式上克服"举一隅不以三隅反"的问题，代表一位中国古代杰出哲人对教育方式的思考，但是它也适用于探知人类情感对行为影响的更为深广的领域。在面对外国（异族）以坚船利炮为后盾咄咄逼人的态势时，魏源说："凡有血气者所宜愤悱，凡有耳目心知者所宜讲画。"近代史学家章开沅对魏源这句话做出了更为深刻的解读——愤悱属于感情层次，但含

---

① 《论语·述而》，参见［宋］朱熹：《四书章句集注》，中华书局2012年版，第95页。

有理智成分并通向理智层次，而讲画则显然应该完全列入理智层次。魏源的思考与讲画并非始于鸦片战争，早在战前他即已"积感"于社会危机的日趋深重，但是，确实是外来侵略与民族危机促使他做更为全面而深入的思考与讲画。①晚清所面临的局面，从外部环境来讲，西方和日本的侵略战争及殖民野心，让帝国意识到自己已经不再是"天朝上国"，而是"万国之一"，不但"天朝上国"的地位岌岌可危，要保持"万国之一"的成员地位也变成一件非常艰难的事情。面对这种耻辱，哪一个有血气的人不为之愤怒呢？"屹立于世界民族之林"的诉求实际上是中国在遭遇生存权利危机之后的一种呐喊，这种呐喊表现在抵御外族入侵的军事斗争中就是为了获得一种"承认"。从内部环境来讲，先进的中国人已经开眼看世界，对晚清帝国从器物到制度再到文化的审视已经深深影响了中国知识分子对国家和民族命运的看法。从鸦片战争到辛亥革命，在不到100年的时间内，民主共和的观念已经获得了中国大部分老百姓的认可。清朝在20世纪初期的自救努力没有像日本的明治维新那样实质上引入防止人民权利遭受肆意干涉和侵害的立宪政体。虽然《钦定宪法大纲》规定了诸如"臣民于法律范围以内，所有言论、著作、出版及集会、结社等事，均准其自由""臣民非按照法律所定，不加以逮捕、监禁、处罚"，但是，上述所有臣民的基本权利都服务于《钦定宪法大纲》第1条所规定的"大清皇帝统治大清帝国，万世一系，永永尊戴"。可以说，在晚清的立宪尝试中，虽然权利的观念已经被引入古老的帝国，但是人民的基本权利仍然还是服务于帝国的统治，基本权利的实现仍然缺乏现实基础。一旦老百姓从臣民转向了公民，一旦老百姓遭受的痛苦让他们感觉到了"比耻辱更加耻辱"，那么就如魏源所说"凡有耳目心知者所宜讲画"，革命行动的逻辑就会找到它的现实基础。在民主共和观念的感召下，人民就会参加革命，为革命理想而奋斗。

二、基本权利的确认——以诗歌宣示

以各类"宣言""倡议""决议"的形式展示人们对一项基本权利的远大抱负，乃至于在经历一番苦苦挣扎后，宪法以优雅而坚定的语言文字确认一项基本权利，这一过程可以被视为一种"诗歌"般的叙事，而真正兑现和实现这种田园诗歌般基本权利并使之现实化的过程却一定要植根于人民伟大的实践之中。正如美国知名的政治家、前纽约州州长马里奥·科莫（Mario Cuomo，1932—

---

① 章开沅：《愤悱、讲画、变力——对外反应与中国近代化》，载《历史研究》1992年第2期。

2015）所言，"以诗歌宣示，以散文治理"（Campaign in poetry，Govern in prose）。资本主义政治家和政客自己也发觉了这一点，即赢得竞选是一回事，但是要真正治理一个城市或者一个国家却是另外一回事。诗歌的篇幅是简约的，诗节（stanza）和诗句（verse）是它紧凑的骨骼。诗歌的节奏和韵律赋予了其本身一种美妙的适于吟唱的音乐性审美气质。反观散文，它不拘泥于特定的格式，回到了现实的生活中。对散文而言，句子（sentences）和段落（paragraphs）是它的脊梁。散文没有诗歌那样的韵律结构，它以自由的文体真实地记录着生活，直接传达着务实的信息、观念或理念。在这种"以诗歌宣示、以散文治理"的隐喻类比下，基本权利的宣示行为可以被视为一种"权利的诗歌"，基本权利的实现历程可以被视为一种"权利的散文"。于是，每一次将某种权利从普通权利上升为基本权利的誓言都是"权利的诗歌"在吟唱，而每一次将基本权利落实到现实生活中的历程都是"权利的散文"在叹息。人们总是在理想的田园诗中呼吁基本权利，却不得不回归散文般的现实的社会生活中实践基本权利。

　　无可否认，对基本权利的生命而言，无论政治上"承认"还是宪法上"宣誓"，这种认知本身是值得赞叹的，毕竟认识和思想的觉醒是任何行动的先导，换而言之，"知难行易"①。但是，基本权利的生命旅程融合了"知"与"行"，不仅需要"知"，而且需要"深知"，不仅需要"行"，而且需要"广行"。从这个意义上说，基本权利的实现是一个"知难行亦难"的过程。政治家或者立法者的誓言是优美的，但是践行这种誓言的治理努力却是现实的。如果没有文化、制度和实践上的努力，那么基本权利条款就会沦为斯卡利亚大法官（Antonin Gregory Scalia，1936—2016）所说的"羊皮纸保障"（parchment guarantee）。翻看、阅读或者朗诵哪怕是离现代国家治理模式最远的威权国家的权利法案，那些基本权利的语言也必定是生动和令人神往的。与此相对照的是，经历哪怕是处在战争中抑或是战后重建的国家的人民生活，那些基本权利的实践也是残酷的，甚至是充满了生存与毁灭的叹息。处于和平和物质生活丰富的西方世界的人们无法想象在后殖民时代那些经历战火纷飞的人们的基本权利状况。在阿富

---

①　"知难行易"出现在孙中山 1918 年所写的《孙文学说》之中。鲁迅曾经评价了孙中山提倡的"知难行易"学说。在鲁迅看来，"知难行易"学说认为"行先知后"，"不知亦能行"，批判了当时革命党人中的畏难退缩思想；但也夸大了所谓"先知先觉"者的个人作用。后来蒋介石等人利用这一学说，作为他们反革命反人民的哲学论据。《新月》第 2 卷第 4 号（1929 年 6 月）转载了胡适所作的题为《知难，行亦不易》一文，批评"知难行易"学说，提出所谓"专家政治"的主张，要蒋介石政府"充分请教专家"，声言"此说（按指'知难行易'）不修正，专家政治决不会实现"。当时胡适一派人的目的是要参加蒋介石政府。

汗、伊拉克、利比亚、叙利亚、巴勒斯坦、海地、刚果、埃塞俄比亚、缅甸，基本权利的现实往往退回到了生存意义上的最低限度，而文人笔下的基本权利叙事却仍然停留在田园牧歌式的吟唱中……

三、基本权利的实现——以散文治理（Govern in prose）

基本权利的生长实际上发生在一个多重生活交织的世界里。现代人不仅要面对作为"理念"的基本权利，还需要面对作为"制度"的基本权利，更重要的是，人们不得不面对作为"生活"的基本权利。日本法学家森田明彦（Akihiko Morita）曾正确地指出："基于规范的共识不得不选择常态化地寄生于某些公理性的哲学理由（acknowledged philosophical justifications）中。为了延续己身的强制执行力，它们又必须转向法律机制（legal mechanisms）而寻找有力的支持。"①森田明彦此言甚是，基本权利的理念、共识和规范必须借助一整套法律机制甚至是系统的治理体系加以落实。换而言之，基本权利的"树根"扎在了社会、家庭和个人的生活世界之中，它的"枝叶"则是一整套以法治为特征的治理体系。

赵汀阳认为："在生活世界中，人不是一个预先完成的概念，而是一个可选择的概念。人是一种自相关的存在，人的存在即生活，人选择生活就是选择存在方式，选择存在方式就是创作自身。"②齐延平也指出："先验的、本体论的、绝对主义的人权观之革命、反抗、反思功能的发挥是有条件的，也是有限度的。超出其应有的条件和限度，就会陷入谬误百出之境地。由自然权利、天赋人权、（核心意义上的）应有人权推导制度人权、实有人权列表，就是谬误之一……创世性的人权观是社会想象内核中的反思和否定机制，如同添加了生来、自然、天赋等定语的所有事物一样，是"尚未实现"也是不可能实现的面向未来的承诺，是一种具有乌托邦性质的承诺。"③

本书认为，权利的历史是一个持续的人类理性的实践过程，基本权利的发达史是一部从"天国权利"走向"尘世权利"、从"自然权利"走向"实证权利"、从"规范权利"走向"现实权利"的历史。兹分两个层级加以论证。

在第一个层次上，基本权利存在着"天国生活"和"尘世生活"的二分。

---

① ［日］森田明彦：《东亚政治理念型的共同模式：天理、国法与人情》，吴国邦译，载《研究生法学》2017年第3期。

② 赵汀阳：《共在存在论：人际与心际》，载《哲学研究》2009年第8期。

③ 齐延平：《论回归生活世界的人权》，载《人权法学》2022年第2期。

基本权利，尤其是人权的理念是如此地激动人心，它包含着伟大、神圣且令人向往的意蕴。宗教世界里的"天赋人权"观念是把人们现实生活中的苦难折射到天国世界，经由神的启示与主宰人们会过上一种幸福的"天国生活"。然而，这种幸福的生活却是虚幻的。正如《〈黑格尔法哲学批判〉导言》所指出的那样：

> 在政治国家真正形成的地方，人们不仅在思想中，在意识中，而且在现实中，在生活中，都过着双重的生活——天国的生活和尘世的生活。前一种是政治共同体中的生活，在这个共同体中，人们把自己看作社会存在物；后一种是市民社会中的生活，在这个社会中，人作为私人进行活动，把他人看作工具，把自己也降为工具，并成为异己力量的玩物。政治国家对市民社会的关系，正像天国对尘世的关系一样，也是唯灵论的。政治国家与市民社会也处于同样的对立之中，它用以克服后者的方式也同宗教克服尘世局限性的方式相同，即它同样不得不重新承认市民社会，恢复市民社会，服从市民社会的统治。①

在第二个层次上，当基本权利被拉回到"尘世生活"的世界，它存在着"规范权利"与"现实权利"的区分。这种区分意味着人们在"尘世生活"构筑政治共同体的过程中，为了实现类似唯灵论意义上的那种"天赋人权"，政治国家通过制度设施以民主的方式创制"权利法案"来规范和约束它自身与人民的关系。但是，一旦这种"权利法案"仅仅体现为"规范权利"，而没有观照进而落实到人民的现实生活中，这种"规范体系"本身就制造了另外一种幻觉，在这种幻觉中，人们再次将他们在现实生活中的苦难和诉求折射到"规范世界"之中，而仅仅让人们过上一种幸福的"规范生活"。现实必将证明，有的"规范生活"仍然是虚幻的。事实上，人类社会中很多基本权利的争论就是源于"规范权利"与"现实权利"的紧张关系。换而言之，权利的规范性和可实现性之间仍然存在巨大的差异，这是虚幻的权利叙事得以产生的前提。例如，公民的自由权利、政治权利与实现这种权利的条件（conditions of rights）之间的鸿沟不可能仅仅由于权利的确认而加以弥合。再比如，公民的自由权利、政治权利与经济、社会、文化权利同样是人类社会生活中不可分割、不可或缺且相互关联

---

① 中共中央马克思恩格斯列宁斯大林著作编译局：《马克思恩格斯全集》（第 3 卷），人民出版社 2002 年版，第 172-173 页。

的基本权利，但是公民的经济、社会、文化权利在属性、可司法性、救济方式等诸多方面曾经一度存在着巨大的争议。时至今日，公民的经济、社会、文化权利更多的时候仍然被视为一种"抱负"，它更多情况下仰赖立法的裁量。

第三节　迈向作为一门实践性学问的比较基本权利

一、比较研究的必要性和可能性

拉丁语谚语有言"时光飞逝"（tempus fugit），时间似乎成了在所有时代占据人们生命本质的一种先天规定。基于此，比较法学的研究总是在特定的时空框架下进行的。在人们的观念中，时间延续中的人、事、物之不同组合就可能构成历史或历史的一部分。因此，德国的两位著名比较法学家莱因哈德·齐默尔曼（Reinhard Zimmermann）和马蒂亚斯·赖曼（Mathias Reimann）在他们编著的《牛津比较法手册》中对历史因素倾注了极大的兴趣与精力。[1]脱离时空场域的比较法学几乎无有可能，比较法学与法律史学成了几乎完美的"配对"，在极端的情况下，二者的疆界已然被人为地混同。比利时根特大学罗马法和民法教授 Dirk Heirbaut 批判莱因哈德·齐默尔曼的历史比较法学观并说道："比较法学对法律史学几乎毫无施惠，相反却成了后者的消费者。"[2]芬兰赫尔辛基大学法律与全球化教授贾科·胡萨（Jaakko Husa）则尝试重建比较法学的自主性，运用"科际整合"（Interdisciplinary）的方法圆融比较法学与法律史学的关系。[3]

---

[1] See Generally Mathias Reimann & Reinhard Zimmermann, The Oxford Handbook of Comparative Law（2nd ed., Oxford University Press, 2019）; Pär Hallström, Theory and Method of Comparative Constitutional Law, 16 Scandinavian Studies in Law 11-48（2015）.

[2] Dirk Heirbaut, Comparative Law and Zimmermann's New Ius Commune: A Life Line or a Death Sentence for Legal History? Some Reflections on the Use of Legal History for Comparative Law and Vice Versa, in Fundamina, edited by Robert Feenstra, Vol. 2005, South African Society of Legal Historians, 2005, pp. 136, 152.

[3] Jaakko Husa, Interdisciplinary Comparative Law: Rubbing Shoulders with the Neighbours or Standing Alone in a Crowd（Edward Elgar Publishing, 2022）, p. 14; Also see Jaakko Husa, Introduction to Comparative Law（2nd ed., Bloomsbury Academic, 2023）; Mathias Siems, Comparative Law（3rd ed., Cambridge University Press, 2022）.

黑格尔说:"世界历史是一个法院。"（Die Weltgeschichte ist ein Gericht.）①
在黑格尔法哲学中，各种民族精神在绝对的普遍性这一具体理念中，即在世界
精神中，具有它们的真理和规定……在它的解放过程中，世界历史可以从低到
高分为四个王国：（1）东方王国；（2）希腊王国；（3）罗马王国；（4）日耳曼
王国。②虽然德国的国家哲学和法哲学在黑格尔的著作中得到了最系统、最丰富
和最终的阐述，但是马克思仍然一针见血地指出："德国唯一实际可能的解放是
从宣布人是人的最高本质这个理论出发的解放。"③的确，黑格尔法哲学摧毁了
人的本质在幻想中的神权权威，但是，他却又在那个被摧的幻想世界的废墟上
建立了"绝对精神"这样一种新的类似神权的权威。况且，世界历史若真是一
个法院，那么审判者是谁？受审者又是谁呢？黑格尔在《法哲学原理》第353
节建构起了世界历史自我意识形成的四个原则——实体精神（substantielle
Geist）、实体性精神的知识（Das Wissen dieses substantielle Geist）、抽象的普遍
性（abstrakten Allgemeinheit）、思想合乎规律的现实世界（Wahrheit als Gedanke
und als Welt gesetzlicher Wirklichkeit）。黑格尔所谓的世界历史演进中的四种王国
正是按照上述四个原则展开的。这样一来，论者可能认为世界历史作为一个法
院，其审判者就是"绝对的普遍性"（absolute Allgemeinheit），而受审者就是各
种民族精神。也许，有的论者可能进一步推导出，黑格尔的史观就是那种溯源
于古希腊的绝对理性精神来审判东方式的在自然整体中产生、内部还没有分裂
的、实体性的世界观。

事实上，东西方的时空观是不同的。西方文化传统中更多基于时间的"线
性"（Linearity）而探知宇宙甚至狂妄地想要征服宇宙，而东方智慧的伟大则在
于在两千多年前就彻悟了时间的"轮回性"（Cyclicality）而将无限宇宙融入
"法"④中。在东方的智慧中，黑格尔所谓的"世界历史是一个法院"只会令许
多东方人陷于一种恐惧的生死流转之中。毫无疑问，东西方对世界历史本身的
法则有着不同的探索……

---

① Georg Wilhelm Friedrich Hegel, Grundlinien der Philosophie des Rechts（Verlag von Felix
　Meiner, 1911），S. 271. 中文翻译参见［德］黑格尔：《法哲学原理》，范扬、张企泰译，
　商务印书馆 2010 年版，第 351 页。

② Georg Wilhelm Friedrich Hegel, Grundlinien der Philosophie des Rechts,（Verlag von Felix
　Meiner, 1911），S. 275-296. 中文翻译参见［德］黑格尔：《法哲学原理》，范扬、张企
　泰译，商务印书馆 2010 年版，第 356-357 页。

③ 中共中央马克思恩格斯列宁斯大林著作编译局：《马克思恩格斯文集》（第 1 卷），人民
　出版社 2009 年版，第 18 页。

④ 此处的"法"采最广义的用法，源于梵文धर्म（Dharma）。

比较法的语言不仅受制于历史文化结构，而且深受知识范式的影响。德国法兰克福大学的知名比较法学者冈特·弗兰肯伯格（Günter Frankenberg）在《比较宪法研究：魔法与欺骗》一书中提出了"教科书霸主"（Textbook Hegemon）的概念，他指出，主导世界范围内比较宪法研究的教材大多来自费城、巴黎或东京，这事实上反映了一种比较法教育方面的"南北问题"。[①]南非学者弗朗西斯·文特尔（Francois Venter）在《比较宪法之语言》一书中更是提出了"术语霸权"（Terminological Hegemony）的概念，在他看来，北大西洋两岸的法律术语在很长一段历史时期内主导了比较法的语汇结构，现如今，这种词汇背后的"术语霸权"正在接受来自各个方面的挑战。[②]

本书不是遵循黑格尔所谓的"世界历史是一个法院"的观点而展开论证的，而是希望以真实世界历史本身为借鉴来试图对基本权利规范之原理做出某种考察和探索。除了历史资料外，本书所采用的方法则更多将重心置于实证法学中权利规范的比较，换言之，本书所要建构的乃是"基本权利法则"之比较。

所谓比较（Comparison/Vergleich）在直观和初级的层面上指的是人们通过思维把握世界后，对特定的事物或群组进行"异"和"同"两个维度的对比，从而减轻思维在认识复杂现象时的负荷。在理性和高级的层面上说，比较并不能止步于"罗列现象之异同"，而是试图执行"比"—"较"原始力量之"绝对命令"，尽力去应和—维持—看护那种原始的双方争斗—较量—对撑—相属—亲和—嬉戏的局面。[③]当今人文社科界，尤其是法学界在比较研究方面大都侧重于"系统罗列式"的国别比较，要么偏执于比较幅度的广泛周严，举凡比较必定面面俱到，唯恐挂一漏万而不能达致兼容并包，要么偏执于比较论域的细致精微，往往将一国一地某一特定的狭窄领域作为论述的唯一参照系，唯恐面面俱到而不能达致专精高深。随着社科分工的专业化樊篱越筑越高，更多的学人逐步拒斥了以"大词话语"进行包装的那种面面俱到的比较研究，而更加倾心于以"一国一地某一特定的狭窄领域"为参照系的"专业化"比较研究，因为在更多的人看来，在一个学人有限的生涯中，通晓一国尚且十分困难，更何况要在一本不大不小的书中进行多国或者众国之间的比较呢？事实上，不论中文作者还是外文作者，在上述两类比较研究的倾向中都还停留在"罗列现象之异同"的

---

① See Günter Frankenberg, Comparative Constitutional Studies: Between Magic and Deceit (Edward Elgar Publishing, 2019), chapter 1.

② See Francois Venter, The Language of Constitutional Comparison (Edward Elgar Publishing, 2022), chapter 4 (The history of contemporary constitutional language).

③ 李菁：《在一是：海德格尔与维特根斯坦》，商务印书馆 2021 年版，第 7 页。

阶段，没有去探索比较对象之间争斗与亲和、较量与嬉戏的共生性关系，也没有去反思比较对象之间诸多"异"或者"同"背后的"绝对命令"。

从某种意义上说，比较的目标是达到一种"求同存异、格物致知"的智慧境界。求同存异就是要在尊重世界的差异性的基础上，寻求统一性，达到"和而不同"。《礼记》曰："乐者为同，礼者为异。同则相亲，异则相敬，乐胜则流，礼胜则离。合情饰貌者礼乐之事也。"①孔子在《论语》中说："君子和而不同，小人同而不和。"②格物致知就是要探究万千事物而获得知识和真理。朱熹在《大学章句》中说："致，推极也。知，犹识也。推极吾之知识，欲其所知无不尽也。格，至也。物，犹事也。穷至事物之理，欲其极处无不到也。"③按照宋代程朱理学对儒家经典《大学》的解释，格物致知属于"八条目"中的前两目。"物格而后知至，知至而后意诚，意诚而后心正，心正而后身修，身修而后家齐，家齐而后国治，国治而后天下平。"④若无格物致知，何谈诚意正心，更无法达到修齐治平。凡是不能以开阔心灵和眼界去探究真理者，必不能形成对世界的深刻认识。可以说，以追求"求同存异、格物致知"为目的的比较研究奠定了人们认识世界的基础。

比较研究在人类思想史的萌芽可以追溯到古巴比伦、古希腊、古印度和古代中国。亚里士多德对 158 个古希腊城邦政体的比较使得这位古希腊思想巨人为后世留下了《雅典宪制》（*Constitution of the Athenians/ Atheniensium Respublica*）的残篇。"比"在古汉语中意为"紧靠、和顺或者亲近"，"较"字意味着"竞逐、较量或者显明"。⑤中国古代第一部诗歌总集《诗经》就运用了"比"的手法。《周礼·春官》曰："大师教六诗：曰风，曰赋，曰比，曰兴，曰雅，曰颂。"《诗经》的首篇《关雎》以相向合鸣的关雎鸟来比喻相依相恋的男女爱情。⑥

---

① 《礼记·乐记》。

② 《论语·子路》。

③ "右传之五章，盖释格物、致知之义，而今亡矣。此章旧本通下章，误在经文之下。闲尝窃取程子之意以补之曰：所谓致知在格物者：言欲至吾之知，在即物而穷其理也，盖人心之灵莫不有知，而天下之物莫不有理。惟于理有未穷，故其知有不尽也。是以大学始教，必使学者即凡天下之物。莫不因其已知之理而益穷之，以求至乎其极。至于用力之久，而一旦豁然贯通焉。则众物之表里精粗，无不到，而吾心之全体大用，无不明矣。此谓物格。此谓知之至也。"参见朱熹：《四书章句集注》，中华书局 2011 年版，第 4 页。

④ 参见朱熹：《四书章句集注》，中华书局 2011 年版，第 4 页；陈来：《〈大学〉的作者、文本争论与思想诠释》，载《东岳论丛》2020 年第 9 期。

⑤ 参见：《辞海》，商务印书馆 1998 年版，第 916、1643 页。

⑥ "关关雎鸠，在河之洲。窈窕淑女，君子好逑。"《诗经·国风·周南》。

《氓》用桑树从繁茂到凋落的变化来比喻爱情的盛衰。①《鹤鸣》用"他山之石，可以攻玉"来比喻吸纳别国的贤人来治理本国的重要性。②在《硕人》中，"柔荑"喻美人之手，"凝脂"喻美人之肤，"蝤蛴"喻美人的颈项，"瓠犀"喻美人之齿，"蛾首蛾眉"喻美人的眉毛。③《诗经》中"比"主要的功能是借由文学上的隐喻来表达思想情感和伦理教化。大量"赋、比、兴"表现手法的运用对中国古代文学史产生了深远的影响。透过这些美妙运用的文学手法，我们得以一窥古代中国人的思想世界和生活面貌。虽然对比、类比、比喻、比拟这些词语在人文社会科学的诸领域都有着特定的学术内涵和外延，但是它们背后都存在一个认识论上的共通原理，即朱熹（1130—1200）所说的"以彼物比此物"。

德国诗人诺瓦里斯（Novalis，1772—1801）曾说："一切的认知、知识均可溯源于比较。"④诺瓦里斯的这个观点其实可以追溯到神圣罗马帝国神学家库萨的尼古拉（Nicholai de Cusa，1401—1464）。库萨的尼古拉将比较视为人类探求一切真理的认识论基础。公元1440年，在《论有学识的无知》（De Docta Igno-rantia/Of Learned Ignorance）一书中，库萨的尼古拉认为研究探索之道在于比较，为此，他写道：

> 举凡事物的探研，皆是本诸未知事物与既定前提条件之关系，在比较之中判断未知事物；所有的研究探索，皆是借由类比度量工具，透过比较为之……任何的研究均存在于一种或简或繁的比较关系中；基于此理由，

---

① "桑之未落，其叶沃若。于嗟鸠兮，无食桑葚。于嗟女兮，无与士耽。士之耽兮，犹可说也。女之耽兮，不可说也。"《国风·卫风·氓》。

② "鹤鸣于九皋，声闻于天。鱼在于渚，或潜在渊。乐彼之园，爰有树檀，其下维谷。他山之石，可以攻玉。"《诗经·小雅·鹤鸣》。

③ "手如柔荑，肤如凝脂，领如蝤蛴，齿如瓠犀，蛾首蛾眉。巧笑倩兮，美目盼兮。"《诗经·卫风·硕人》。

④ ［德］K. 茨威格特、H. 克茨：《比较法总论》，潘汉典、米健、高鸿钧等译，法律出版社2003年版，序言部分，第1页。

无限之所以为无限乃是出于它不可比较，因而也是未知的。①

　　德国哲学家阿尔弗雷德·布伦瑞格（Alfred Brunswig, 1877—1927）曾言：
"对两个对象的比较意味着，常识性地去观测它们，并且特别留意它们的对向关
系"（Zwei Objekte vergleichen heißt：sie aufmerksam⋯mit spezieller Hinsicht auf ihr
gegenseitiges Verhältnis betrachten）。②尼迪克特·安德森（Benedict Anderson,
1936—2015）进一步指出，比较不单是一种方法或学术技巧，它更是一种商谈
方略（discursive strategy）。③法理研究必须建立在一定的方法和技艺之上，并且
跳脱出方法和技艺的束缚来达到司马迁所谓的"究天人之际，通古今之变，成
一家之言"的境界。

　　在人类的认识旅程中，比较是一种常见方法。但是，人们需留意的是比较
方法的运用本身需遵循一定的法则和规律。通常来说，比较的前提条件是确证
可比较性（Comparability/ Vergleichbarkeit）的存在。可比较性意味着相提并论
的事物或者群组必须隶属于同样的规范系统，换而言之，只有隶属统一规范系
统的两个对象才可能具备可比较性，若对象的规范系属不同，则万万没有比较
的可能性。

　　著名的比较法学家杰弗里·塞缪尔（Geoffrey Samuel）在《比较法的理论与
方法概论》一书中提出了几种主要的比较法研究理论图式：（1）因果图式［如
果 x，那么 y 或 y=f（x）］；（2）功能图式（在一个给定的系统中——从其功能
A→S 的立场，分析一个现象 X 所处地位是 S→X→S）；（3）结构图式（像语言，
X 的位置源于分离性的规则 A 或非 A 所确立的一种系统）；（4）诠释学图式（X
的位置是征兆，通过解释揭示一个潜在含义的符号）；（5）行动图式（在一个特

---

①　"Omnes autem investigantes in comparatione praesuppositi certi, proportionabiliter incertum iu-
dicant. Omnes autem investigantes in comparatione praesuppositi certi proportionabiliter
incertum iudicant；comparativa igitur est omnis inquisitio medio proportionis utens ⋯ Omnis
igitur inquisitio in comparativa proportione facili vel difficili existit；propter quod infinitum ut in-
finitum, cum omnem proportionem aufugiat, ignotum est. " See Nicolai de Cusa, De docta ig-
norantia, Liber primus, Lateinisch–Deutsch, übersetzt von Paul Wilper（3. Aufl. , Meiner,
1979）, S. 6. 部分中文翻译参见李建良：《法学方法与基本权解释方法导论》，载《人文
及社会科学集刊》2018 年第 2 期。

②　Alfred Brunswig, Das Vergleichen und die Relationserkenntnis（B. G. Teubner, 1910）, S. 62;
Joachim Ritter, Karlfried Grunderand Gottfried Gabriel, Historisches Wörterbuch der
Philosophie（Bd. 11, Tinner, 2001）, S. 677–680.

③　Benedict Anderson, Frameworks of Comparison：Benedict Anderson reflects on his intellectual
formation, 38 London Review of Books 15–18（2016）.

定空间，X 的位置是有关意图的行动的结果）；（6）辩证图式（X 的位置必然是在一个系统内具有内在矛盾发展的结果）。①在上述这些理论图式下，比较法研究向着两个方向发展——统一性比较（Universalist Comparison）和差异性比较（Differential Comparison）。例如，德国比较法学家康拉德·茨威格特（Konrad Zweigert）从实证主义立场出发，认为比较法学的任务在于研究"趋同命题或法律协调或寻找更好解决办法"②。法国比较法学家皮埃尔·勒格朗（Pierre Legrand）则从文化多元主义立场出发，强烈批判所谓的比较法领域的"实证主义工程"（Positivist Project），在他看来，比较法学家并不能得出"法律命题的更好解决方案"，而只能"努力进行诠释和理解"，因此，比较法学的任务在于研究被文化所包围的法的差异性。③

就上述西方诸学者的比较法学方法论而言，无论他们采用何种理论图式，也不论他们采取何种比较法的取向（趋同或差异），比较法若要得以顺利开展，则它的操作流程离不开以下两个逻辑步骤：

第一个逻辑步骤是确定比较对象的存在。比较对象就是认识客体，如果认识客体不存在，则意识思维活动失去了其能动作用的对象，比较研究就无法进行下去。第二个逻辑步骤是确证比较对象之间必须既存在某种具有融通性的"共同点"（拉丁语：genus proximum），又存在某种不可化约性的"差异点"（拉丁语：differentia specifica）。接受比较的事物或者群组之间的共性使得比较研究可以找到连接点，而"差异"使得比较研究有借鉴和"拿来"的意义。本书将采用的"比较研究"（Comparative Research/Méthode de Comparaison）立足于不同法律体系之差异而又找到它们在世界共同法律秩序上的共通之处。

（一）比较法与域外法的争论

世间万物虽不同，但却存在联系。跨越时间和地域的比较公法研究（Com-

---

① Geoffrey Samuel, An Introduction to Comparative Law Theory and Method (Hart Publishing, 2014), p. 108；苏彦新：《比较法研究的功能论与诠释论——评〈比较法的理论与方法概论〉》，载《政法论坛》2019 年第 1 期。

② See Konrad Zweigert and Hein Kötz, An Introduction to Comparative Law, trans. by Tony Weir (3rd ed., Oxford University Press, 1998), chapter 1.

③ Pierre Legrand and Roderick Munday, Comparative Legal Studies: Traditions and Transitions (Cambridge University Press, 2003), chapter 1; Pierre Legrand, Negative Comparative Law: A Strong Programme for Weak Thought (Cambridge University Press, 2022), chapter 9.

parative Public Law）不仅是一门学问，而且应当成为一门科学。① 20 世纪的权利革命（Rights Revolution）②，使得基本权利的比较研究变得尤为重要。比较基本权利研究的宗旨是格物致知、求同存异。首先，不同基本权利体系的总体比较有助于人们认识权利的法理构造。本书借鉴了两个大陆法系的代表性国家——德国和法国的基本权利保障理论和两个普通法系的代表性国家——英国和美国的基本权利保障法理，来认识基本权利的属性和实践难题。其次，本书并非仅仅停留在西方法理的引介和分析上面，而是通过一种"理论旅行"将人类文明的有益法理移植到发展中国家和法治后进地区，这种法理旅行并非简单的"拿来"和"套用"，也不试图"毕其功于一役"，而是要将理论旅行置于发展中国家的具体法理语境中，以发展中国家和非西方社会的"本地视角"（Local Perspectives）来和所移植的理论进行一种深度的"对话"和"商谈"，在这种对话和商谈中，发展中国家的理论智识不只是被动地接受，而是一种积极的"给予"，此所谓"通过接受而给予，通过给予而接受"（Giving by Receiving and Receiving by Giving）。

在法学中，运用比较方法来研究文化传统不同、制度构建机理不同但是却有着某种类似法律功能的域外法制度，对于消除不同民族之间法律认知的偏见可谓意义重大。正如著名的比较法学家康拉德·茨威格特和海因·克茨（Hein Kotz）所言："比较法研究和通过比较法研究就法学问题进行活泼的国际交流，还有其他各种功能，在这里只能提纲挈领地提到：它打破那种不加反省的民族偏见；帮助我们认识我们世界不同的社会文化制度和改善国际的相互理解；对于发展中国家的法律改革，比较法研究是极有用的。"③

将比较法运用到法律裁判中遇到的最大问题可以这样表述——依据本国宪法和法律设立的司法机构，是否可以在不丧失民主正当性前提下，通过援引、参照或借鉴域外法来裁判本国的法律纠纷？对此，以斯卡利亚大法官为代表的宪法原旨主义解释派和以奥康纳大法官（Sandra Day O'Connor）、布雷耶大法官

---

① Madhav Khosla, Is a Science of Comparative Constitutionalism Possible?, 135 Harv. L. Rev. 2110 (2022); Mark Tushnet, The Possibilities of Comparative Constitutional Law, 108 Yale L. J. 1225 (1999).

② Rivka Weill, Is It the Right Revolution: On Tushnet's the Rights Revolution in the Twentieth Century, 42 Isr. L. Rev. 483 (2009).

③ ［德］K·茨威格特、H·克茨：《比较法总论》，潘汉典、米健、高鸿钧等译，法律出版社 2003 年版，序言部分，第 1 页；Also See Konrad Zweigert and Hein Kötz, An Introduction to Comparative Law, trans. by Tony Weir (3rd ed., Oxford University Press, 1998).

（Stephen Gerald Breyer）为代表的比较法包容主义解释派有着不同的法理见解。①

首先，斯卡利亚大法官坚持原旨主义的宪法解释方法，他立足于宪法解释的民主正当性，对宪法裁判中的域外法援引持一种强烈的批判态度。其典型体现就是 1997 年的"普林茨诉合众国案"（Printz v. United States）② 中的多数司法意见书。此案的事实梗概如下：美国国会于 1993 年 11 月 30 日通过了《布雷迪手枪暴力预防法案》（*The Brady Handgun Violence Prevention Act*）③，就在同一天，克林顿总统签署了该法案。1994 年 2 月 28 号，《布雷迪手枪暴力预防法案》正式生效，按照规定，贩售枪械原则必须通过为期大约 5 天的背景核实（background check），只有符合法定条件的人士才可合法拥有枪支。同时，美国联邦调查局（FBI）有权追踪全国范围内的枪支销售情况，并公布一份清单，该清单明列在"全国即时犯罪背景调查系统"（National Instant Criminal Background Check System，NICS）。④ 1997 年 6 月 27 日，美国联邦最高法院以 5：4 的多数司法意见书表决判定《布雷迪手枪暴力预防法案》中要求地方警政首长执行联邦枪械买卖背景调查的规定，抵触宪法有关联邦原则的规定而违宪。"普林茨诉合众国案"表面上看是一个关于宪法第二修正案的解释难题，联邦最高法院却从联邦主义的角度推翻了《布雷迪手枪暴力预防法案》中部分条款的合宪性。此外，这个案件还涉及美国法院对待外国法的态度。

斯卡利亚大法官在多数司法意见书中撰写道：

> 布雷耶大法官的不同意见书让我们去考虑其他国家，尤其是欧盟，认为它们已经从联邦制度中获得了利益，并且它们的联邦制度与我们的制度迥异。我们认为，比较法的分析即使在制定宪法的时候是非常必要的，但

---

① See A Conversation Between U. S. Supreme Court Justices, The Relevance of Foreign Legal Materials in U. S. Constitutional Cases: A Conversation Between Justice Antonin Scalia and Justice Stephen Breyer, 3 Int'l J. Const. L. 519 (2005).

② Printz v. United States, 521 U. S. 898 (1997).

③ Brady Handgun Violence Prevention Act (Pub. L. 103 – 159, 107 Stat. 1536, enacted November 30, 1993).

④ 根据《今日美国报》等媒体报道，2020 年，美国的枪支销量高达 3970 万支。截至 2021 年年底，美国售出的枪支数量达到 4.116 亿支，比美国总人口还多出 20% 以上。

是在解释宪法时却是不适当的。①

　　这段话清楚地展示了斯卡利亚大法官在解释美国的联邦主义时对比较法持一种强烈的排斥甚至是批判的态度。他在判词之后以《联邦论》为理论武器阐述了法院在一般情况下拒绝适用比较法分析的原因：（1）制宪者已经对从古典时代到他们所处时代的外国联邦体制非常熟悉了。麦迪逊和汉密尔顿在《联邦论》第 18 至第 20 篇的论述已经充分说明了他们对不同政治体系运行原理的熟悉。（2）《联邦论》第 20 篇对 1579 年建立的乌得勒支同盟（Union of Utrecht）的政治体系进行了充分的批判。（3）《反联邦论》基于 400 多年历史的瑞士邦联共和国（Confederate Republic）来反对新宪法的理由是不能成立的。美国的联邦体系与欧洲有着非常显著的不同，正如法院在 1995 年 "合众国诉洛佩兹案"（United States v. Lopez）中所表明的那样——美国的联邦主义是制宪者对政治科学和政治理论的独特贡献（The unique contribution of the Framers to political science and political theory）。②

　　其次，奥康纳大法官、布雷耶大法官一方面观照宪法本身的民主正当性，另一方面将世界观点纳入其司法意见书中。本书认为，以奥康纳大法官、布雷耶大法官为代表的法学家和大法官可以被称为比较法包容主义宪法解释派。奥康纳大法官在 2005 年的 "罗珀诉西蒙斯案"（Roper v. Simmons）③ 中的反对司法意见书可以很好地说明上述现象。在此案中，来自密苏里州的被告人克里斯多夫·西蒙斯（Christopher Simmons）于 1993 年案发时年仅 17 岁。西蒙斯与一位比他更为年轻的朋友查理斯·本杰明（Charles Benjamin）谋杀了一位名叫 Shirley Crook 的女士。两人的作案方法是西蒙斯和本杰明两人侵入 Crook 女士的家，并且将其双手捆绑，遮住其双眼。杀害了被害人之后，西蒙斯和本杰明将 Crook 女士丢到了国家公园的桥下。在考虑过各种减刑因素（mitigating factor）后，陪审团做出了有罪认定并建议科处死刑，下级法院亦判决对其科处死刑。此时，正好有另外一宗涉及死刑的案件正在联邦最高法院审理中。2002 年 6 月

①　Justice Breyer's dissent would have us consider the benefits that other countries, and the European Union, believe they have derived from federal systems that are different from ours. We think such comparative analysis inappropriate to the task of interpreting a constitution, though it was of course quite relevant to the task of writing one. See Printz v. United States, 521 U. S. 898, 921 (1997). (Majorityled by Scalia, joined by Rehnquist, O'Connor, Kennedy, Thomas).

②　United States v. Lopez, 514 U. S. 549, 575 (1995) (Justice Kennedy , concurring). Citing Friendly, Federalism: A Forward, 86 Yale L. J. 1019 (1977).

③　Roper v. Simmons, 543 U. S. 551 (2005).

20 日，美国联邦最高法院就"阿特金斯诉弗吉尼亚案"（Atkins v. Virginia）①
以 6：3 的多数司法意见书裁定处决智障人士死刑违反宪法第八修正案禁止残忍
和不寻常惩罚的规定。西蒙斯得知这个消息后，向法院提起重审申请（post con-
viction relief），密苏里州最高法院改判西蒙斯终身监禁（不得假释）。密苏里州
的矫正机构管理人罗珀（Donald P. Roper）不服密苏里州最高法院的改判，将
此案进一步上诉到美国联邦最高法院。2005 年 3 月 1 日，联邦最高法院以 5：4
的微弱多数司法意见书宣告对犯罪时未满 18 岁之罪犯科处死刑属于"违宪"。
这样一来，联邦最高法院就推翻了 1989 年的"史丹佛诉肯塔基州案"（Stanford
v. Kentucky）②，该案认可那些对于犯罪时已经年满 16 岁的罪犯科处死刑的
做法。③

在本案的司法意见书撰写中，奥康纳大法官和斯卡利亚大法官分别出具了
反对司法意见书。两人都反对多数意见书的判决结果，但是在是否同意援引外
国法律的问题上，两人的观点又有分歧。奥康纳大法官赞同对外国法律的引用，
她指出：

> 但是，我并不能同意斯卡利亚大法官的观点，即外国法律和国际法在
> 解释第八条修正案时无用武之地。近半个世纪以来，最高法院经常引用外
> 国法和国际法来对发展中的正义标准进行评判。这反映了第八条修正案的
> 特殊性质，正如最高法院早就说过的那样，需要直接从文明社会的成熟价
> 值观中寻找其含义。显然，美国法在诸多方面均独树一帜，不仅仅是我们
> 宪法的一些特殊条款以及历史上对这些条款的解释……但是，我国对人类
> 尊严的理解显然与当今世界各国之普遍的价值观并非完全隔离，也并非与
> 之判若两类。相反，我们会毫不奇怪地发现，在本地价值观和国际价值观
> 之间存在共通之处，特别是在国际社会已经达成明确一致之处——通过国
> 际法或各国国内法所宣示出来的——某种特定形式的刑罚与基本人权不相
> 一致。至少，这种国际共同意见的存在可以有助于加强一种共通的真正的
> 美国共识的合理性。然而，本案却并没有提供这样一种本地共识，而且近

---

① Atkins v. Virginia, 536 U. S. 304 (2002).
② Stanford v. Kentucky, 492 U. S. 361 (1989).
③ Roper v. Simmons, 543 U. S. 551 (2005).

年来出现的其他全球共识也没有改变这一基本事实。①

　　在比较法方面，斯卡利亚大法官和奥康纳大法官司法见解的不同实际上反映了一个更为普遍的法理关切，即宪法裁判中援引域外法的民主正当性问题。本书认为，与奥康纳大法官观点类似的布雷耶大法官的论理更加具有说服力。在《法庭和世界：美国法与新全球现实》一书中，布雷耶大法官阐述了美国联邦最高法院应当援引与参照域外法的五大核心因素：（1）公民权利与国家安全的历史；（2）全球性人权保障；（3）国际条约解释；（4）协调国家与国际组织法律关系的必要；（5）法院判决的世界影响力和国际关切。② 在传统的西方世界中，欧洲联盟法院（Court of Justice of the European Union）是全球范围内规模最大的一个比较法的"熔炉"，美国联邦最高法院事实上已经将国际法和比较法视为其宪法裁判法理宝库中的重要"武器"。环顾全世界的其他地区，印度最高法院、南非宪法法院在其判决推理中不断大量借鉴比较法的智慧来形塑其法理

───────────────

① Nevertheless, I disagree with Justice Scalia's contention, post, at 15-22 (dissenting opinion), that foreign and international law have no place in our Eighth Amendment jurisprudence. Over the course of nearly half a century, the Court has consistently referred to foreign and international law as relevant to its assessment of evolving standards of decency. See Atkins, 536 U. S., at 317, n. 21; Thompson, 487 U. S., at 830-831, and n. 31 (plurality opinion); Enmund, 458 U. S., at 796-797, n. 22; Coker, 433 U. S., at 596, n. 10 (plurality opinion); Trop, 356 U. S., at 102-103 (plurality opinion). This inquiry reflects the special character of the Eighth Amendment, which, as the Court has long held, draws its meaning directly from the maturing values of civilized society. Obviously, American law is distinctive in many respects, not least where the specific provisions of our Constitution and the history of its exposition so dictate. Cf. post, at 18-19 (Scalia, J., dissenting) (discussing distinctively American rules of law related to the Fourth Amendment and the Establishment Clause). But this Nation's evolving understanding of human dignity certainly is neither wholly isolated from, nor inherently at odds with, the values prevailing in other countries. On the contrary, we should not be surprised to find congruence between domestic and international values, especially where the international community has reached clear agreement—expressed in international law or in the domestic laws of individual countries—that a particular form of punishment is inconsistent with fundamental human rights. At least, the existence of an international consensus of this nature can serve to confirm the reasonableness of a consonant and genuine American consensus. The instant case presents no such domestic consensus, however, and the recent emergence of an otherwise global consensus does not alter that basic fact. Roper v. Simmons, 543 U. S. 551, 604-05 (2005). (Connor, J., dissenting). 中文翻译参考杜涛：《美国最高法院关于外国法的大辩论》，载《美国研究》2010 年第 3 期。

② Stephen Breyer, The Court and the World: American Law and the New Global Realities (Alfred A. Knopf, 2015), p. 4-6.

权威和推动转型社会的变迁。毫无疑问，在人权的时代，人类的命运已经高度相互依存，对比较法和域外法的否定和批判不仅在理论上已经破产，而且在实践中亦是不符合变迁社会的新的现实需求。本书认为，比较法和域外法必定会成为主权国家司法裁判法理的重要组成部分，其理由在于：第一，民主正当性的问题必须置于全球语境中加以探讨，不仅存在着主权国家宪法意义上的民主正当性问题，也存在着主权国家之间法律秩序的民主正当性问题。第二，国际法律秩序使得"主体间性"的价值凸显，任何一个法律秩序均不是封闭的，而是开放的。第三，基本权利不仅建构了一种制度，也形塑了一种理念。人权的国际化和全球化已经使得《世界人权宣言》的核心理念深入人心，人权制度建构路径的不同无法抹杀人权的核心价值。第四，比较法和域外法的研究和运用是推动转型社会向前进步的重要动力。第五，在法律技术上，比较法和域外法作为说服理由的援引，与作为判决依据的本国宪法和法律的援引是两个相互关联但含义不同的概念，比较法和域外法的援引有利于强化司法治理中的"理由之治"。

（二）基本权利与国际人权的关系

宪法上的基本权利和国际人权法的关系是一个"二战"之后逐渐登上国际学术界中心舞台的问题。《世界人权宣言》、1966 年"人权两公约"、《欧洲人权公约》、《欧洲社会宪章》、《欧盟基本权利宪章》、《非洲人权和民族权宪章》、《美洲人权公约》的诞生使得任何一个国家的法律学者都不可能在一个封闭的"自足"的体系中研究基本权利问题。

在处理宪法意义上基本权利与国际人权的关系时，人们不得不以一种更加广阔的视角来观察和处理这个重大的法理难题。[①]倾向于国家主义的论者似乎持这样一种传统观点——宪法意义上的基本权利的正当性必须在一个国家的宪制框架、宪制文化和宪制实践中加以论证，任何超越宪法框架的人权法上的论证虽然具有极强的道德说服力，但是比较法、外国法和国际法上的基本权利论证模式不能成为宪法论证的根基。在这里，我们似乎也看到了国家主义论者和国际主义论者在思维模式、认知方式等各个方面的差异。前者更多体现了一种 19、20 世纪那种试图将基本权利建立在主权国家宪法制度之上的传统风格，而后者似乎更多体现了一种 21 世纪甚至 22 世纪的国际宪制主义风格。前者可能批判

---

① See Christian Tomuschat, The Effects of the Judgments of the European Court of Human Rights According the German Constitutional Court, 11 German L. J. 513 (2010); Also generally see Wim Voermans, Maarten Stremler and Paul Cliteur, Constitutional Preambles: A Comparative Analysis (Edward Elgar Publishing, 2017).

后者丧失了对宪法学得以安身立命的传统议题的关注，后者则可能批判前者固守陈旧传统没有看到宪制主义的未来。

在学术研究上，无论国家主义论者还是国际主义论者都不能漠视全球人权治理体系的客观存在。在"人类命运共同体"的理念之下，基本权利的保护已经成为全体人类共同的愿景。如果固守传统研究方法而漠视国际人权法的发展，则会造成学理上的重大缺失。我们可以想象一位 20 世纪初期的保守派法官和一位 21 世纪的先锋派律师走到一起，他们针对一个重大的宪法议题或者基本权利问题的对话总会显得时空错乱。实际上，上述的冲突源于两种不同的视角和思维状态的不同。真正的问题在于，生活在 21 世纪的法律人如何运用 20 世纪以及 20 世纪之前人类古老的法律智慧来走完他/她一生的道路。在国际社会经历了一系列战争、瘟疫的考验后，人们愈加感觉到应该从更加广阔的人类视角来审视基本权利的全球治理问题。

在全面建成社会主义现代化强国、实现中华民族伟大复兴的历史征程上，中国致力于促进世界和平与发展，推动构建人类命运共同体。2023 年通过的《中华人民共和国对外关系法》明确规定："中华人民共和国维护以联合国为核心的国际体系，维护以国际法为基础的国际秩序，维护以联合国宪章宗旨和原则为基础的国际关系基本准则。中华人民共和国坚持共商共建共享的全球治理观，参与国际规则制定，推动国际关系民主化，推动经济全球化朝着开放、包容、普惠、平衡、共赢方向发展。"①在以国际法为基础的国际秩序中，中国是全球人权治理体系的重要参与者、建设者和贡献者。以消除贫困为例，中国创造了人类有史以来规模最大、持续时间最长、惠及人口最多的减贫奇迹。而减贫作为基本权利保障的重要方面，中国在基本权利保障方面的实践有效推动了全球治理体系的进步。

非洲人权体系的构建难题之一就是基本权利解释的多元性和统一性问题。为了在最大程度上尊重非洲文化的多样性，《非洲人权和民族权宪章》允许各国依据其宪制程序来解释公约权利。非洲人权机制中存在一种被称为"回拨条款"（Clawbacks Clauses）的规定。"回拨条款"本来是金融法的一个专业术语，它又被称为"补偿恢复条款"（Compensation Recovery Provisions），通常指在一个非法的庞氏骗局（Ponzi scheme）中，遭受欺诈的投资者可以根据先前的约定收回

---

① 《中华人民共和国对外关系法》（2023 年 6 月 28 日第十四届全国人民代表大会常务委员会第三次会议通过，2023 年 7 月 1 日正式实施），第 19 条。

自己的投资。①在非洲人权体系下，"回拨条款"是指公约或宪章由于缺乏人权克减的规定，而将人权克减正当性与否的问题退回到各缔约国并由各缔约国来决定。《非洲人权和民族权宪章》没有专门规定基本权利的克减条件，这样一来，非洲国家在落实宪章的时候往往需要借助本国宪法的相关规定来正当化基本权利的克减。国际学术界认为，相比欧洲和美洲的人权公约，非洲人权宪章可能由于"回拨条款"的存在而使得其基本权利保障的效果减弱。学者 Ebow Bondzie-Simpson 就曾提出了这样的质疑：《非洲人权和民族权宪章》允许其缔约国，几乎在不受任何限制的情形下，限制其本应受到宪章保障的基本权利。②针对"回拨条款"问题，非洲人权与民族权委员会（African Commission on Human and People's Rights，ACHPR）采取了"宪章优先"（Charter-prevailing）的解释方式。1998 年 10 月，在"Media Rights Agenda 诉尼日利亚"来文申诉案中，非洲人权与民族权委员会（ACHPR）曾明确指出这样一种基本权利保护的理念——在非洲人权体系之下，各国的法律虽然可以对基本权利加以形塑、规范或限制，但是这并不意味着各国基本权利保障方面的法律制度可以无视甚至超越于《非洲人权和民族权宪章》。当非洲国家基本权利保护的法律制度与非洲人权宪章相抵触之时，应当赋予后者以优先效力，否则将会使非洲人权宪章的目的和宗旨落空。③

美洲人权法院（IACtHR）在处理宪法基本权利和国际人权的关系时采用

---

① Miriam A. Cherry and Jarrod Wong, Clawbacks: Prospective Contract Measures in an Era of Excessive Executive Compensation and Ponzi Schemes, 94 Minn. L. Rev. 368 (2009-2010); Patrick Velte, Determinants and Consequences of Clawback Provisions in Management Compensation Contracts: A Structured Literature Review on Empirical Evidence, 13 Business Research 1417-1450 (2020).

② African Charter on Human and People's Rights "permit a state, in its almost unbounded discretion, to restrict its treaty obligations or the rights guaranteed by the African Charter." See Ebow Bondzie-Simpson, A Critique of the African Charter on Human and People's Rights, 31 Howard L. J. 643, 660 (1988).

③ "According to article 9 (2) of the Charter, dissemination of opinions may be restricted by law. This does not mean that national law can set aside the right to express and disseminate one's opinions; this would make the protection of the right to express one's opinions ineffective. To allow national law to have precedent over the international law of the Charter would defeat the purpose of the rights and freedoms enshrined in the Charter. International human rights standards must always prevail over contradictory national law. Any limitation on the rights of the Charter must be in conformity with the provisions of the Charter." Media Rights Agenda and Others v. Nigeria, Communication Nos 105/93, 128/94, 130/94 and 152/96, Decision of the ACHPR, 24th Ordinary Session, October 1998, para. 66.

"合公约性审查"原则，也就是说，当缔约国的基本权利保护与《美洲人权公约》同时适用于一个案件时，美洲人权法院（IACtHR）会对缔约国的基本权利保护立法进行一种"合公约性审查"。美洲人权法院"合公约性审查"方面最重要的司法案件是 2006 年的"阿勒莫纳西诉智利案"①。曾就任美洲人权法院的法官塞尔吉奥·加西亚·拉米雷斯（Sergio García Ramírez）在许多判决的独立意见中最先提及对国内立法的审查，以确保国内立法内容符合《美洲人权公约》的条款。但是，直到 2006 年 9 月，美洲人权法院才决定适用拉米雷斯法官建立的司法原则。本案审查对象是智利大赦法，该立法阻止对皮诺切特独裁统治期间严重的和大规模的侵犯人权行为进行调查和起诉。在"阿勒莫纳西诉智利案"判决中，美洲人权法院宣布：国内法院和相应的法官负有尊重法治的义务。所以，他们必须要适用法律体系内正在生效的法律条文。但是，当一国已经批准了例如《美洲人权公约》等国际条约的时候，作为缔约国一部分的法官也必须受到《美洲人权公约》的约束。这就要求法官注意人权公约条款法律效力不应受到与实施其目的相反的法律的负面影响，并且与其相冲突的法律自始就处于无效的地位。换言之，国内司法机构必须在适用具体案件中的国内法条款和《美洲人权公约》的条款间，坚持"合公约性审查"原则。②

　　葡萄牙裔的欧洲人权法院大法官保罗·平托·德·阿布奎基（Paulo Pinto de Albuquerque）曾在其法官生涯中就宪法意义上基本权利与国际人权的关系发表过十分具有洞察力的司法见解。2013 年 11 月 7 日，阿布奎基法官在一则涉及性别歧视的名为"瓦利安纳托斯等人诉希腊案"（Vallianatos and Others v. Greece）的案件中发表了部分协同及部分反对司法意见书。在阿布奎基法官看来，国内法院的裁判者们如果不充分扩展个体权利的保障来确保平等原则在更大范围内实现，则他们很有可能将自己置于一个与公约权利相背离的尴尬地位。公约权利不仅仅约束了国家的立法机构，司法机构也不应该有例外。不论国内立法机构的改革程序如何，国内法院的裁判必须受制于公约的要求，因为公约所确认的基本权利已然成为一种关切人类尊严和良知的共识。所以，国内法院在对本国法律进行解释的过程中必须采取一种"公约友善式"（Convention-friendly）的方

---

① Case of Almonacid-Arellano et al v. Chile, (Preliminary Objections, Merits, Reparations and Costs), Judgment of September 26, 2006.

② ［美］霍尔吉·孔德西：《最终的决定权：宪法对话与美洲人权法院》，熊卫静、范继增译，载《人权》2021 年第 5 期。

法以避免国家违反公约。①

二、活的基本权利——案例研究法和"案例拣选"的难题

基本权利解释和适用通常发生在日常的司法实践活动中。为了避免司法判决的不一致和自相矛盾从而导致正义实现中的畸轻畸重现象,法院一般会考虑其惯常的司法实践或做法。在普通法中,那些不能做到"同案同判"、判决畸轻畸重的法庭被形象地称为"袋鼠法庭"(Kangaroo Courts)。英文中的"Kangaroo Courts"大体上有两重含义,一是指那些不是通过正式宪制程序而建立的司法机构,二是歪曲法律原则和精神的不以实现正义为皈依的法庭。②

为了最大限度地捍卫司法过程的一致性和正义性,普通法中的遵循先例原则(the doctrine of stare decisis)极具其伟大的历史功绩。遵循先例原则的功用表现为:第一,该原则保护了那些依赖过去先例而获得的既得法律利益(It protects the interests of those who have taken action in reliance on a past decision)。③ 第二,它也减少了"法院和当事人为了挑战已决先例而重复诉讼的成本"(It also reduces incentives for challenging settled precedents, saving parties and courts the expense of endless relitigation.)。④ 第三,它促进了法律原则发展中的平衡性和可预测性,涵养了大众对司法判决的信赖(It promotes the evenhanded, predictable, and consistent development of legal principles, fosters reliance on judicial decisions)。⑤第四,它为司法程序真实的或者被感知的一致性作出了贡献(It contributes to the

---

① Vallianatos and others v. Greece (applications nos. 29381/09 and 32684/09), partly concurring, partly dissenting opinion of Judge Pinto de Albuquerque; Referring Fabris v. France [GC], no. 16574/08, ECHR 2013.
② Desmond Manderson, Kangaroo Courts and the Rule of Law: The Legacy of Modernism (Routledge, 2012); [美] 迈克尔·C. 威廉斯:《袋鼠法庭:美国理论架构之不公正》,于宗洋译,法律出版社 2007 年版。
③ See Planned Parenthood of Southeastern Pennsylvania v. Casey, 505 U. S. at 856, 112 S. Ct. 2791 (joint opinion); also see Payne v. Tennessee, 501 U. S. 808, 828, 111 S.Ct. 2597, 115 L. Ed. 2d 720 (1991).
④ Kimble v. Marvel Entertainment, LLC, 576 U. S. 446, 455, 135 S. Ct. 2401, 2409, 192 L. Ed. 2d 463 (2015).
⑤ Payne v. Tennessee, 501 U. S. 808, 827, 111 S. Ct. 2597, 2609, 115 L. Ed. 2d 720 (1991); also see Vasquez v. Hillery, 474 U. S. 254, 265-266, 106 S. Ct. 617, 624-625, 88 L. Ed. 2d 598 (1986).

actual and perceived integrity of the judicial process)。①第五，它限制了司法狂妄并提醒我们去尊重过去那些为了重大法律问题而奋斗的人们所赢得的司法判决（It restrains judicial hubris and reminds us to respect the judgment of those who have grappled with important questions in the past.）。在 2022 年的"多布斯诉杰克逊女性健康组织案"（Dobbs v. Jackson Women's Health Organization)② 中，法院援引了尼尔·戈萨奇（Neil Gorsuch）大法官在 2019 年出版的《共和制，如果你们能够守住它的话》一书中的一句著名的话，"先例是积累和传承过往历代知识的方式，是一种既定智慧的结晶，比在任何一位或一群法官中所能找到的智慧都要丰富"③。

司法实践是最鲜活的法治教科书，最能够体现司法实践要义的无疑是判决书。虽然遵循先例原则（the doctrine of stare decisis）是普通法语境下的一项制度，但是这项制度已经深深影响了包括大陆法系、混合法系在内的绝大部分法律人的思维。本书认为，对基本权利的研究和实践最佳的方法就是研判和分析大量的案例。

（一）司法判决的"个案意义"与"体系意义"

为何基本权利的案例研究是至关重要的？对这个问题的经典回答可以从欧洲人权法院的一则判例说起。1978 年 1 月 18 日，欧洲人权法院（European Court of Human Rights)④就"爱尔兰诉联合王国案"（Ireland v. United Kingdom）下达

---

① Payne v. Tennessee, 501 U. S. 808, 827, 111 S. Ct. 2597, 2609, 115 L. Ed. 2d 720 (1991); also see Vasquez v. Hillery, 474 U. S. 254, 265-266, 106 S. Ct. 617, 624-625, 88 L. Ed. 2d 598 (1986).

② Dobbs v. Jackson Women's Health Organization, 597 U. S. 215 (2022); No. 19-1392, 2022 WL 2276808, at ＊24 (U. S. Supreme Court, June 24, 2022).

③ "Precedent is a way of accumulating and passing down the learning of past generations, a font of established wisdom richer than what can be found in any single judge or panel of judges." Neil Gorsuch, A Republic, If You Can Keep It (Illustrated edition, Crown Forum, 2019), p. 217.

④ The Court was established pursuant to Protocol 11 to the European Convention for Human Rights. Protocol No. 11 to the Convention for the Protection of Human Rights and Fundamental Freedoms, Restructuring the Control Machinery Established Thereby, pmbl. , May 11, 1994, C. E. T. S. No. 115.

了欧洲司法史上第一份处理国家间指控①的判决书，该案涉及《欧洲人权公约》第 3 条②的解释问题，即英国政府是否违背了禁止使用酷刑或者非人道、有损人格待遇的国家义务。欧洲人权法院在判词第 154 段中明确指出了其判例不仅具有"个案意义"，而且具有"体系意义"：

> 法院的判决书事实上不仅是为了裁决那些提交本法院的案件，而且，在更一般的意义上，可以用于阐明、确保和发展公约所创设的各项规则，由此，它可以促成各缔约国履行公约所规定的应当承担的义务（第 19 条）。
>
> The Court's judgments in fact serve not only to decide those cases brought before the Court but, more generally, to elucidate, safeguard and develop the rules instituted by the Convention, thereby contributing to the observance by the States of the engagements undertaken by them as Contracting Parties (Article 19③).④

《欧洲人权公约》的缔约国从数量上来说大部分都属于传统的大陆法系国家，但令人惊诧不已的是：正是缔约国数量占少数的普通法系国家的判例法思维深深影响了《欧洲人权公约》的解释和适用。判例法思维及其蕴含的一整套法律方法给欧洲人权法院的法官们提供了强大的"司法武器"，这个"司法武器"的秘密就是在人类长时间的法律生活中不断累积大量的兼具继承性和突破性的"经验"，法官在这些"经验"中交互往复地探索和发现那些能够指引良法前行的规则。正是借助判例法思维及其法律方法，欧洲人权法院较为成功地

---

① 国家间指控（Inter-state Complaint），也被称为"国家间投诉程序"或者"国家间来文"（Inter-state Communication）。有国际法学者认为，国际人权条约的国家间程序均称为"来文"。来文，中文直译为通信，意为表达观点、沟通信息。与指控相比，来文相对缓和，减少了对抗色彩，更易为国家接受。从国家间程序的具体设计来看，它也不是审判，而更强调交换意见、沟通、和解，与指控程序确有不同。在《消除种族歧视公约》起草过程中，加纳、毛里塔尼亚和菲律宾提议使用"指控"（Complaint）一词，后来墨西哥建议将"指控"改为"来文"（Communication），获得采纳。参见戴瑞君：《论国际人权条约中的国家间来文》，载《国际法研究》2021 年第 6 期。

② Article 3 of ECHR: No one shall be subjected to torture or to inhuman or degrading treatment or punishment.

③ Article 19 of ECHR: To ensure the observance of the engagements undertaken by the High Contracting Parties in the Convention and the Protocols thereto, there shall be set up a European Court of Human Rights, hereinafter referred to as "the Court". It shall function on a permanent basis.

④ Ireland v. United Kingdom, 5310/71 [1978] ECHR 1 (18 January 1978), para. 154; ECLI: CE: ECHR: 1978: 0118JUD000531071.

完成了一项难度极高的任务——《欧洲人权公约》在解释和适用上的"一致性"和"延续性"。如果将这种判例法的思路引入国内法院，基本权利的案例研究不仅在个案意义上阐明了侵权纠纷的裁判基准，它也在更一般的意义上阐明了体系正义的基本问题。以案例分析法研究比较基本权利面临的最大挑战就是"案例拣选"（Case Selection）的科学性与周全性问题。德国作为大陆法系的典型代表在其司法实践中逐步发展出了一系列的"判例"，当对《德国基本法》进行解释时，不论法官、检察官、律师，还是公法研究者，人们不可避免地要触及西南州重组案（1951）、社会主义帝国党案（1952）、公务员案（1953）、艾尔弗斯案（1957）、吕特案（1958）、药店案（1958）、祈祷治疗案（1971）、梅菲斯特案（1971）、大学招生名额案（1972）、第一次堕胎案（1975）、"Solange"（so long as）案（1970/1986）、人口普查案（1983）、第二次堕胎案（1993）、班尼顿案（2001/2003）、航空安全案（2006）、里斯本条约案（2009）、欧洲稳定机制案（2012）、第二次被遗忘权案（2019）、协助自杀安乐死案（2020）、欧盟公共部门债券购买计划案（2020）、气候保护判决（2021）等非常典型的重大判例。为什么这些判例得以进入公法学人的视野？一个可能的回答就是这些判例触及了重大而且具有广泛影响力的法律论点，以至于法律共同体中的人们根本无法回避它们。

　　（二）对"案例拣选"的质疑及其回应

　　从很大程度上说，案例的拣选、区分、类型化、优劣比较、结论启示、可推广性和可复制性说明都是具有高度挑战性的法律技术难题。论者通常拣选那些对于某一项基本权利的论证和解释具有普遍意义的重大案例（landmark cases）。这种案例拣选的方法面临两个方面的挑战，首先就是逻辑层面的周严问题。在法律实务和法学研究中，论者选取的重大案例往往都是为了支持和说明己方论点的质量上乘的法律素材，通过司法官的"舌头"来说出自己想要说出的"法理"，最终达到说服之目的。一个强有力的反对观点就是来自很多逻辑学家或者逻辑实证主义者的批判——这种"案例拣选"是否在逻辑上犯下了单方论证这种非形式逻辑（informal fallacies）的错误？反对者的批判也不无道理，因为不分青红皂白一律"以我为主"的案例拣选的的确确可能是一种"挑拣樱桃"（Cherry Pick），只拣选出那些能够支持己方论点的案例，而完全忽略相反的案例，其情状犹如采摘那些最适合自己胃口的樱桃。"案例拣选"之后呈现给听者的可能是误导性鲜活个案（misleading vividness），虽然拣选者提供了特殊个案的细节，但是这种方法极容易诱导听者相信其为一般性的现象。第二个挑战是很多东亚国家，特别是中国的比较法研究者最为关注的，那就是缘何在一个继受了欧陆法系传统的国家或地区来特别强调判例的重要性呢？中国学者也可能质疑，社会主义法治理念的建构是基于对资本主义法律体系的扬弃（黑格尔意义上的"奥伏赫变"/德文 aufheben）①，很多被批判的资本主义法权概念如何可以融入中国特色的社会主义法治体系（党的十八届四中全会决议的新提法）之中呢？这些来自东亚的质疑和批判其实向传统法学研究提出了非常重要的理论批判，对这种理论批判的漠视和回避是理论上无能。当然，我们既不能借助"因为德国法上有 M → P，所以中国法就应该是 M1 → P1"或"因为美国法上有 M → P，所以中国法就应该是 M2 → P2"这种简单和粗鄙的类比来说明中国的情况，也不能说中国法是独一无二的，任何外国的借鉴都会造成"南橘北枳"②的反面效果。在比较法系的语境中，除了香港以外，中国绝大部分地区都继受了大陆法系的影响，因而制定法占据着决定性的地位。制定法的精髓和要义在于通过解释法律条文本身找到"大前提"，然后将这种解释适用于那些可以被称之为"小前提"的千变万化的现实情况，最后得出的将是唯一正确的"结论"。确如德国著名的法学家和哲学家冯·基尔希曼（Von Kirchmann，1802—1884）在《作为科学的法学的无价值性》（Die Wertlosigkeit der Jurisprudenz als Wissenschaft）一文中所说道：

> 既然法学只关注偶然，它自己也就变成了一种偶然，立法者的三个更正词就可以让所有的文献变成废纸。③

在这里，我们需要分析判例对于制定法的价值。判例的作用毫无疑问是在

---

① 一般而言，德语词汇"aufheben"的英文翻译是"sublate"，法语为"relever"，中文翻译为"扬弃"。参见王璞：《从"奥伏赫变"到"莱茵的葡萄"——"顿挫"中的革命与修辞》，载《现代中文学刊》2012 年第 5 期。另外，德国古典哲学研究专家邓晓芒先生认为，auf 是"向上"，是一个介词；heben 是动词，抬高、举高之意。所以这个词在德语中有"举起来""放在高处"的意思，表示在高处保存起来，不让其流失。参见邓晓芒：《黑格尔辩证法演讲录》，北京大学出版社 2015 年版。

② 《晏子春秋·内篇杂下》。

③ "Indem die Wissenschaft das Zufällige zu ihrem Gegenstand macht, wird sie selbst zur Zufälligkeit；drei berichtigende Worte des Gesetzgebers und ganze Bibliotheken werden zur Makulatur" cf Von Kirchmann, J. -H., Die Wertlosigkeit der Jurisprudenz als Wissenschaft（Springer, 1848）；英文翻译为"Law is not a science, since it requires no more than 'three words of correction by the legislature' for 'entire libraries to become waste paper'"，参见 ECLI：EU：C：2007：487（Case C-337/06）. 中文参见涂云新：《比较公法总论研究——原理与案例》，武汉大学出版社 2021 年版，第 14 页。

个案意义上对当事人提交法院的争议进行"定分止争"。比较棘手的问题是成文法国家的判例是否具有体系价值呢？欧洲人权法院在 1978 年的"爱尔兰诉联合王国案"（Ireland v. United Kingdom）中明言它的判例在更一般的意义上，可以用于阐明、确保和发展公约所创设的各项规则。许多像中国一样的制定法国家的宪法规则明确了法院的审判职权，那就是法院可以在个案中阐明法律，这种"阐明"如果满足一定条件可以具有一般的指导意义，法院在个案审判工作中必须援引这种"指导性案例"来增强说理。这就是说，制定法传统和判例法传统的区分不仅仅是有无"判例"的问题，而是要具体分析"判例"的法源地位。毫无疑问，宪法规则并不允许人们随意按照自己的偏好增加或者减少法源的种类，但是，即使在"判例"不占据法源地位的司法管辖区，对先例的遵守都得到了附随于人类本性的某种默认。姑且不论"类案""成案""指导性案例"中人们对先例的重视，仅就制定法国家的立法而言，立法活动本身都有一定先例可循。在中国和很多其他亚洲国家的地方立法实务中，当一个省或市立法机关在订立创新性的法律时，立法者首先想到的就是"这件事在历史上是怎么做的"，然后就是"这件事在其他省市（地方）是怎么做的"。我们不由地要思考这样一个问题：立法者为什么要关注以往的实践呢？立法者不是拥有独一无二的创制法律的权力吗？他们是否也受到历史和传统的束缚？立法者可以彻底通过革命性的立法改变一个积习已久的规则吗？立法者革命性立法所付出的代价是什么？人民在心理上的反映是什么？法律的安定性如何得到保障？个人应该如何对未来的生活有一种稳定的期待？就社会主义法治体系和资本主义法律的比较而言，前者既包括了社会主义法律体系又涵盖了党内法规体系，它最鲜明的特征就是阶级分析法的彻底运用。今天资本主义法律体系经历漫长的发展后已经大异于经典放任时期的原始样态了，它曾经对法治文明作出过积极的贡献，但是，资本主义法律体系的"神话"其实是以奴隶制、殖民主义为惨痛代价的，这个"神话"是由一个"法律形式主义"的故事和一个"法律主体性"的问题所构成的。当代美国的法理学家皮埃尔·希莱格（Pierre Schlag）在批判整个美国法律体系时指出：

> 美国法律思想似乎只存在一个故事和一个问题。这个故事就是形式主义的故事，这个问题就是主体的问题。形式主义的故事从未触及主体的问

题，主体的问题也从未成为这个故事的一部分。①

当代中国的法治建构在历史上曾一度受到苏联的影响，苏维埃的法律体系又深受欧陆法系的影响，再加上中国自清末民初修法以来采用了大陆法系的很多概念、术语、结构，所以中国特色的社会主义法治体系在很多方面和欧陆法系的可比较性更加明显，同时在金融贸易、互联网、航天科技等领域，中国又对普通法系持一种开放和包容的姿态，这样一来，当代中国的法治体系必须被置于一个全球化的语境中加以考察。每一种法治理论背后都有一种意识形态，人们不禁要问，比较基本权利研究中，我们应该如何扬弃（aufgeben）资本主义法律体系中那些适合于本土化的东西呢？意识形态的不同是否意味着法律体系不具有"通约性"？权利文化的不同是否意味着两者比较仅仅是一种"浅层的比较"？扬弃不是一味地强调否定，而是要通过否定之否定来达到一种更高的境界，正如黑格尔所言：

> 精神生活不是害怕死亡而幸免于蹂躏的生活，而是敢于承担死亡并在死亡之中得以自存的生活。精神只当它在绝对的支离破碎中能保全自身时才赢得它的真实性。精神是这样的力量，不是因为它作为肯定的东西对否定的东西根本不加理睬，犹如我们平常对某种否定的东西只说这是虚无的或虚假的就算了事而随即转身他向不再询问的那样；相反，精神所以是这种力量，乃是因为它敢于面对面地正视否定的东西并停留在那里。精神在否定的东西那里停留，这就是一种魔力，这种魔力把否定的东西转化为存在。②

---

① Sometimes it seems as if there is only one story in American legal thought and only one problem. The story is the story of formalism and the problem is the problem of the subject. The story of formalism is that it never deals with the problem of the subject. The problem of the subject is that it's never been part of the story. See Pierre Schlag, Pre-Figuration and Evaluation, 80 Calif. L. Rev. 965 (1992)；中文翻译参见李龙主编：《法理学》，人民法院出版社 2003 年版，第 159 页。

② ［德］黑格尔：《精神现象学》上卷，贺麟、王玖兴译，商务印书馆，1979 年版，第 24 页。

第二章

构建比较基本权利的理论轮廓线

今日之研究需回答下述问题：在法学中是否存在一种严格的科学标准并据之建构充分理论的可能性，若是这样，它的图景如何？①

——扬·C. 舒尔（Jan C. Schuhr）

任何提供有关"科学方法"的理论而不提供这种科学方法的历史语境的哲学家，实际上蒙蔽了他的公共读者，其方式犹若将他的世界放置在一头大象上，但是他希望人们不再追问支撑大象的东西是什么。

——罗宾·乔治·柯林武德

人们对理论的渴望和冲动往往验证了亚里士多德在《形而上学》开篇的第一句话——"每个人从本性上来说都有知的欲望"。理论的发掘和建构是人类精神活动的产物，它提供了指引人们行为的原则和依据。植根于欧洲大陆的学术传统可以将法的一般理论追溯到德语的"allgemeine Rechtslehre"或者瑞典语的"allmän rättslära"一词，这个德语表述可以恰当地译为"法律的一般学说"，尽管其中的 Lehre（学说）一词常被译为"理论"（Theory）。在大陆法系国家中，分别有西班牙语 teoría、法语 théorie、意大利语 teoria 与之相对应。②基本权利总论可以被恰当地认为是关于权利的"一般学说"（General Jurisprudence/allgemeine Rechtslehre）。

---

① Die vorliegende Untersuchung zielt auf die Beantwortung der Frage: Ist in der Rechtswissenschaft eine strengen wissenschaftlichen Maßstäben genügende Theoriebildung möglich, und, falls ja, wie kann sie aussehen? Jan C. Schuhr, Rechtsdogmatik als Wissenschaft: Rechtliche Theorien und Modelle, Schriften zur Rechtstheorie (RT), Volume 230, （Duncker & Humblot, 2006）, S. 13.

② ［意］恩里科·帕塔罗：《法律与权利：对应然之现实的重新评价》，腾锐、兰薇、邓珊珊译，武汉大学出版社 2012 年版，第 1 页。

权利问题涉及的法理极为广博丰富。权利是人类精神生活中最重要的组成部分，它不像物理世界中的有体物那样，具有可供人们精确测量长、宽、高的几何特性。权利毋宁是一种存在于时间秩序之中的观念构造物。世界上本来不存在任何关于这个观念构造物的现成的"施工图纸"，它更多是人们在实践和思索的历史长河中形成的一种文化传统。如果要比照物理世界中的建筑，人们一直在寻找一种构建权利大厦的方法，这种建构主义的初心和冲动使得全世界无数优秀的法律头脑一度感到为难。从另一个方面来看，一旦人们有了关于权利的观念、制度和实践之后，如何讲述这个权利的故事也呈现出众说纷纭的景象。

从理想状态来看，对于任何有志于探讨权利问题并且试图构建一座权利大厦的人们来说，首先，要找到这座权利大厦的时空经纬，因为人们不可能脱离时间和空间来构建一个纯粹的无法证实的东西。对很多法律人来说，权利大厦的时空经纬就是人文历史和不同的司法管辖区，两者通常都和国家建构（state-building）的途径以及国家治理（state governance）的方式密切相关。其次，构建一座权利大厦必须要找到那些始于这座大厦本身特性的原料。建设权利大厦的材料是丰富甚至是繁杂的，它最初表现为人们林林总总的实践经验，后来又表现为那些深入人们实践的文化传统，在当下，这些原料就是我们生活的这个世界。我们的生活世界不是与历史割裂的，而是历史长河中的一个片段。在这个生活世界中，人们既拥有法律已经是什么（存在）的实践，也拥有法律应当是什么（当为）的实践。人们找到原料后可能会惊奇地发现，那些原料中已经"暗藏"了一座座或大或小的权利构筑物。再次，在找到原料之后，人们就可以根据原料的质地、成本和实用性来设计他们的"施工图"。这就是说，人们已经进入"施工图"阶段了，它是指人们（主要是政治家和法律家）对"施工图"的构思、草拟和反复论证。有时候，人们会为了这张"施工图"争吵得面红耳赤（比如代际权利方面的争议），有时候人们甚至会否定"施工图"本身的必要性和可能性（例如1787年美国联邦宪法的原文没有写入"权利法案"，1900年澳大利亚联邦宪法至今也没有补充"权利法案"）。最后，人们在"施工图"的指引下开始进行长期而艰辛的建设活动。构建一座"权利大厦"的想法也可能类似于古巴比伦王国想要建设的"巴别塔"（Babel Tower），即使历经数千年，那个工期都显得遥不可及。

本书试图要建构的并非一座完整无缺的权利大厦，笔者更倾向于将这些对基本权利的法理思索看作是寻找基本权利大厦轮廓线的过程。对笔者来说，基本权利大厦的轮廓线必定存在一个时空经纬。从时间维度上看，本书论域主要集中于"二战"之后的历史，当然，这些都是从"二战"之前的历史流淌而来。因此，从 1215 年"自由大宪章"以来，用更广泛的时间维度来考察基本权利也是必要的。在空间上，本书所谓的基本权利大厦轮廓线的勾勒工作跨越了多个司法管辖区，它不仅涵盖了古老的欧洲以及北美洲、大洋洲等地，也包括了非洲、南美洲以及亚洲部分国家和地区，也就是说，本书的主旨是对不同的司法管辖区上的基本权利体系进行比较研究。本书选取的那些能够有助于建构基本权利大厦的材料主要是案例以及浸润在这些案例中的法理，这意味着，本书主要是通过梳理那些被"拣选"的已决案例来探知法律人世界中的权利观是什么。在所谓的基本权利大厦"施工图"的问题上，本书坚定地认为各类不同权利法案的最初草稿是起草者通过政治（包括革命）和法律途径形成的至少满足于当时他们所在那个时代的一种权衡或者妥协。即使严格按照"施工图"所呈现出来的基本权利大厦也必须不断接受当代人和后代人的检验。实际上，并不存在一个包罗万象的已经建成的基本权利大厦，或者说，基本权利大厦就是法治社会的"巴别塔"（Babel Tower），它一直存在于一个被建造的过程中。而且，笔者倾向于赞同英国法学家阿尔伯特·韦恩·戴雪（Albert Venn Dicey，1835—1922）所说的那句话："宪法中所有规则……不但不是个人权利的渊源，而且只是由法院规定与执行个人权利后所产生之效果。"①换而言之，宪法和法律中的"权利清单"只是一种"确认""承认"或者"发现"，它没有"发明"基本权利本身。某项普通权利宪法化的过程实际上是权利的制度化，即经过制度设施将其实现的过程。

第一节　权利的"语言万花筒"：关联概念的澄清

马丁·海德格尔（Martin Heidegger）说："语言是存在之寓所。语言破碎处，无物之有。"②现代世界的语言问题是极为繁复的，部分由于语言本身的问题，部分由于"权利观念"的泛化，"基本权利"这个词已经变成了一个"语言万花筒"（Kaleidoscope）。除了"基本权利"一词外，人们还广泛使用了"公

---

① ［英］戴雪：《英宪精义》，雷宾南译，中国法制出版社 2001 年版，第 245 页；Also see Mark D. Walters and A. V. Dicey, The Common Law Constitutional Tradition: A Legal Turn of Mind (Cambridge University Press, 2021), pp. 135–161.

② 德语原文为"Die Sprache ist das Haus des Seins""Kein Ding ist, wo das Wort fehlt"两句，笔者在此连续引用，特此说明。参见 Martin Heidegger, Über den Humanismus (Klostermann, 1949), S. 5.

法权利""宪法权利""人权""核心权利"等词汇指代相同或者类似的概念。为此，本书认为从"基本权利"与类似法律概念的比较中廓清语言的真实含义不仅是及时的，也是极有必要的。

一、"公法权利"与"私法权利"之辩

公法权利（public law rights）是由公法肯认或创制的，产生公法意义上垂直法律效力的权利，其本旨在于承认或赋予公民权利的同时，又按照一定的法则规范公共权力的运用。私法权利（private law right）则是基于意思自治原则而形成的具有水平法律效力且以财产利益或人身利益为主要内容的权利。私法权利的本旨是维护个人凭借自由意志和理性自决法则而形成的一种理想生活秩序。

公法权利与私法权利均受到那些能够维护它们存续的法则的约束。公法规范是政治共同体为追求良善公共生活而达成的根本契约，私法规范则是承认、创设或维系了私人基于意思自治而达成的不违反强行法规范的一切契约。在罗马法的《学说汇纂》中，帕比尼安曾说："公法的规范不得由私人之间的协议而变更。"（Ius publicum privatorum pactis mutari non potest）①在 1901 年的"米切尔诉第一芝加哥银行②案"（Mitchell v. First Nat. Bank of Chicago）中，哈兰大法官引用了这句著名的拉丁法谚来进一步说明私人间的民事约定不能改变公法的规则。③

私权保护问题形成和发展的历史可以追溯到古罗马法，甚至是更早的古代人类文明的法律制度。私权在很多时候被用来指代诸如物权、债权、继承权、人格权、身份权等体现意思自治原则和精神的权利。事实上，广义的私权既包含一般意义上的私权，又包括特殊意义上的私权。日常生活和民商法实务中常见的诸如物权、债权、人格权等权利属于特殊意义上的私权。理论和实务界在探讨一般意义上的私权时，常常越过私法领域而进入公法甚至是法哲学领域，典型的体现在人格权领域，民法上的特殊人格权、一般人格权均是意思自治、公序良俗、信赖保护等核心私法价值的体现，但是民法上的一般人格权与宪法意义上的人格权，乃至与宪法上的"人性尊严"的区分确实是含混不清的。职

---

① See Papinianus, D. 2, 14, 38.

② 第一芝加哥银行的历史可以追溯到 1863 年。1998 年，俄亥俄州第一银行（Bank one of Ohio）和第一芝加哥银行合并成立芝加哥第一银行（Bank One Corporation）。现在，芝加哥第一银行是大通银行（Chase Bank）的子公司。

③ Mitchell v. First Nat. Bank of Chicago, 180 U. S. 471, 476, 21 S. Ct. 418, 420, 45 L. Ed. 627（1901）.

是之故，理论和实务界均有必要深刻观察究竟什么才是私法上的权利。

　　欧洲民法研究专家试图对欧盟范围内的民事法律制度进行统一化和一体化。在《欧洲示范民法典草案》（*Draft Common Frame of Reference*，DCFR）的编纂过程中，欧洲比较民法的专家要面临的首要问题之一就是对私法中的"权利"一词找到一个共通的定义。根据《欧洲示范民法典草案》的定义，所谓的权利是指：（1）与债权或责任存在相互关系者（如在"当事人根据合同产生的权利与义务严重失衡"中）；（2）一项物权（如所有权）；（3）一项人格权利（如维护人格尊严的权利或自由权与隐私权）；（4）依法授予的并产生特定后果的权利（如合同撤销权）；（5）采取特定救济措施的权利（如请求司法裁定强制履行合同债务的权利）；（6）为或不为影响他人法律地位的一定行为以免产生不利后果的权利（如在"拒绝履行对待债务的权利"）。①

　　德国民法学者汉斯·布洛克斯（Hans Brox）和沃尔夫·迪特里希·瓦尔克（Wolf-Dietrich Walker）则这样对私法上的权利进行定义："权利指法律规范所授予人的、旨在满足其利益的意思力（Willensmacht）。"按照这种定义，私法上权利的核心要点是：（1）权利须存在于客观意义上的法律中，若"权限"并非来自法律，而源于习惯或道德，则不存在权利；（2）权利须归属于某人（包括自然人和法人）；（3）权利是一种意思力，它赋予权利人决定权，为其提供意思自治的空间，因此，权利保障了个人自由；（4）权利旨在满足人的利益，各权利所保护的是何种权益要根据权利的内容来确定。②

　　21世纪初期的前10年，中文学术界对公法权利与私法权利关系曾产生了持续且热烈的辩论，最大的动因源于一起涉及人格权与公民受教育权的司法案件——"齐玉苓与陈晓琪、陈克政、山东省济宁市商业学校、山东省滕州市第八中学、山东省滕州市教育委员会姓名权纠纷案"（简称"齐玉苓案"）。2001年6月28日，最高人民法院审判委员会第1183次会议通过了《最高人民法院关于以侵犯姓名权的手段侵犯宪法保护的公民受教育的基本权利是否应承担民事责任的批复》，该批复指出："陈晓琪等以侵犯姓名权的手段，侵犯了齐玉苓依据宪法规定所享有的受教育的基本权利，并造成了具体的损害后果，应承担

---

① ［德］克里斯蒂安·冯·巴尔、［英］埃里克·克莱夫主编：《欧洲私法的原则、定义与示范规则：欧洲示范民法典草案》，高圣平、付俊伟、梅夏英等译，法律出版社2014年版，第95页。

② ［德］汉斯·布洛克斯、［德］沃尔夫·迪特里希·瓦尔克：《德国民法总论》（第41版），张艳译、杨大可校，冯楚奇补译，中国人民大学出版社2019年版，第276页。

相应的民事责任。"① 2008 年，最高人民法院审判委员会通过了《最高人民法院关于废止 2007 年底以前发布的有关司法解释（第七批）的决定》，废止了《最高人民法院关于以侵犯姓名权的手段侵犯宪法保护的公民受教育的基本权利是否应承担民事责任的批复》。中国的多数学者认为，"齐玉苓案"中的司法批复在性质上属于司法解释，而不是严格意义的宪法解释，最大的理由是宪法解释权限已经由《中华人民共和国宪法》第 67 条第 1 款授予给了全国人大常委会。自"齐玉苓案"司法批复被废止后，宪法司法化（Judicialization of the Chinese Constitution）的呼声日渐式微。虽然"齐玉苓案"不是中国版本的"马伯里诉麦迪逊案"（Marbury v. Madison）②，但是该案所引发的公法权利与私法权利的关系问题仍然值得学术界深入探讨。在 2016 年到 2020 年民法典编纂的过程中，公法权利与私法权利的界分问题实际上仍然是中文学术界关注的焦点之一。尤其是民法意义上一般人格权、具体人格权（有的称特别人格权）与宪法上作为基本权利的人格权、人性尊严的关系问题至今仍无定论，其中民法一般人格权与宪法人格权的区分最为微妙。

中文学术界往往从权利主体、权利所指向的法益、国家与公民的关系、权利的法源基础四个角度认识公法权利（或曰公权利）与私法权利（私权利）的区分。③就权利主体而言，公法权利和私法权利都可以被公民个人或者法人所享有，所不同的是，公法权利还可以是一种更为宽泛意义上的集体权利，例如发展权、自决权。就权利所指向的法益而言，公法权利所保护的法益既包括个人法益、集体法益，还包括社会法益；私法权利所保护的法益主要是个体法益，同时通过对个体法益的保护而间接保护集体法益和社会法益。就国家权力与公民权利的关系而言，公法权利集中体现了国家和人民之间根本的社会契约关系，而私法权利则集中体现了以意思表示（Willenserklärung）为核心的私法自治

---

① 《最高人民法院关于以侵犯姓名权的手段侵犯宪法保护的公民受教育的基本权利是否应承担民事责任的批复》，法释〔2001〕25 号。

② Robert J. Morris, China's Marbury：Qi Yuling v. Chen Xiaoqi：The Once and Future Trial of Both Education & Constitutionalization, 2 Tsinghua China L. Rev. 273（2009−2010）；Daniel Sprick, Judicialization of the Chinese Constitution Revisited：Empirical Evidence from Court Data, 19 China Review 41−68（2019）.

③ 参见史尚宽：《民法总论》，中国政法大学出版社 2000 年版，第 19、22−25 页；韩忠谟：《法学绪论》，中国政法大学出版社 2002 年版，第 178、179 页；王涌：《私权的概念》，见夏勇主编：《公法》（第一卷），法律出版社 1999 年版，第 401 页；曹治国：《宪法权利与民事权利关系辨》，载《河北法学》2008 年第 5 期；刘志刚：《基本权利与私法权利的界限》，载《法学评论》2010 年第 1 期。

（Privatautonomie）① 秩序。就权利的法源基础而言，公法权利的法源是宪法以及宪法性法律，而私法权利的法源则主要源于民商事法律规范。虽然公法权利与私法权利的法源不同，但二者亦存在关联。一般说来，私法权利体现的是法律判决做出之前公民和公民之间基于私法自治而形成的一种水平的法律关系。法院判决做出之时和之后的公民和公民的法律关系实际上已经经过公共权力机构的确认或者调整，例如法院裁定后的权利（Court-ordered Right）就有了公法的因素。②

公法权利不因私法权利的产生而产生，亦不因私法权利的消灭而消灭。一项物权和债权的生灭并不影响一个人受到宪法所保障的人格尊严、生命权、诉权等基本权利。不仅公法的规范不得由私人之间的协议而变更，而且公法权利也不能够由私人契约处置或者抛弃。较为具有争议性的问题是私法权利可以依据公法权利而产生或消灭吗？许多学者认为意思自治源于一个根本道德律令——"成为一个人，并尊敬他人为人"③，在这个道德律令之下，私法捍卫了意思自治这一核心理念，因此，公法权利不应该成为私法权利的依据。本书认为，意思自治这一核心理念的捍卫不仅直接体现在私法规范中，也必定应当受到公法规范的承认和尊重；同时，公法规范中的基本权利也可以通过民法进行私法保护。

《中华人民共和国宪法》虽无直接的条文肯定私法中的意思自治原则，但是却可透过财产权条款和人身权利条款的解释而默认意思自治原则。宪法对生命、人格、人身自由和财产权提供了"高级法"意义上的保护，这些基本权利对私法秩序的存立有着根本性影响。基于此，民法规范可以以特定化的方式对生命、人格、人身自由和财产权等基本权利实施普通法意义上的保护。例如中国民法典第 109 条规定："自然人的人身自由、人格尊严受法律保护。"第 110 条规定："自然人享有生命权、身体权、健康权、姓名权、肖像权、名誉权、荣誉权、隐私权、婚姻自主权等权利。法人、非法人组织享有名称权、名誉权和荣誉权。"

---

① Vgl. Rudolf von Jhering: Geist des römischen Rechts，Ⅱ 1, S. 153. 所谓的"私法自治"也被称为"意思自治"，它是指民事主体在不违反强行法和公序良俗的前提下，有权自由地决定或处分自己的事务，有权根据自己的意志设立、变更、消灭民事法律关系或者发生私法上的其他效果。中国民法典第 5 条规定的自愿原则实际上就是私法自治的核心内涵。参见杨代雄：《法律行为论》，北京大学出版社 2021 年版，第 2 页。

② Stephen A. Smith, Rights and Remedies: A Complex Relationship, in Kent Roach & Robert J. Sharpe eds., Taking Remedies Seriously (Canadian Institute for the Administration of Justice), p. 40-42（2010）.

③ ［德］黑格尔：《法哲学原理》，范扬、张企泰译，商务印书馆 1996 年版，第 46 页。

第 1002 条规定:"自然人享有生命权。自然人的生命安全和生命尊严受法律保护。任何组织或者个人不得侵害他人的生命权。"

基本权利无疑是一种公法权利,私法权利是法律权利的一种。基本权利与法律权利的区别在于:(1)基本权利对应的是国家权力,法律权利对应的有国家权力,也有个人权利;(2)基本权利的主体是整体的个人,法律权利的主体是个体化的个人或部分个人的集合体(法人);(3)基本权利是母权利,法律权利是子权利;(4)基本权利是抽象权利,法律权利是具体权利。[①]

二、"基本权利"与"宪法权利"之辩

"基本权利"的用语在一般意义上已经成为中国法学界最为广泛的共识之一。与此同时,我国也有很多学者长期致力于厘定"基本权利"与"宪法权利"的关系,部分学者似乎更倾向于采用"宪法权利"一词,而非"基本权利"。在学理和实践意义上,"基本权利"与"宪法权利"存在区别吗?如果这种区别仅仅是语言的选择,那么其背后的法理依据是什么呢?如果这种区别是本质上的,那么在比较法的研究中,到底应该采用"基本权利"还是"宪法权利"呢?

根据 2019 版《布莱克法律词典》,"宪法权利"一词是指"一部宪法所保障的权利","宪法基本权利"(Fundamental Constitutional Right)是指一部宪法所具体确认的受到正当法律程序条款或平等条款所保护的权利。[②]当然,普通法系国家或地区的宪法权利包括两类,一类是宪法明确罗列的权利清单,另一类是未列举的宪法权利(Unenumerated Rights)。夏正林教授在《从基本权利到宪法权利》一书中认为我国法学界存在两种宪法权利观,并由此对宪法上的权利现象形成两种不同但又相互联系的理解:一种是公法的宪法权利观,另一种是根本法的宪法权利观。[③]马玲教授在《宪法权利解读》中也采用了"宪法权利"一词来建构其理论体系。[④]

值得注意的是,在普通法系的权利语境下,"基本权利"(Fundamental Law)一词的使用也是非常普遍的。《韦氏法律辞典》将基本权利定义为那些"通过法院来衡量的,并由宪法默示或明示规定的权利"。在美国宪法中,所谓的"基本

[①] 马玲:《宪法权利解读》,中国人民公安大学出版社 2010 年版,第 44-68 页。

[②] Bryan A. Garner, Constitutional Right, in Black's Law Dictionary (11th ed., Thomsom Reuters, 2019).

[③] 夏正林:《从基本权利到宪法权利》,法律出版社 2018 年版。

[④] 马玲:《宪法权利解读》,中国人民公安大学出版社 2010 年版。

权利"是指：（1）源于宪法的权利；（2）源于自然法的权利。①由此可见，"基本权利"一词可以被视为"宪法权利"的对等术语（Terminological Equivalent）②。

本书认为，"基本权利"和"宪法权利"两个法律术语的"所指"（signified/signifié）③ 在很大程度上是重合的，它们实际上指涉的是同一对象，只不过采用了两种不同的称谓。如果从语言学上的"能指"（signifier/signifiant）视角来观测，应当承认，"基本权利"的指涉范围较"宪法权利"更广泛一些。从2019版《布莱克法律词典》对"Fundamental Right"（基本权利）一词的解释来看，它还能够指除了宪法权利之外的自然权利。《楞严经》中的"指月之喻"形象而又深刻地道出了"能指"与"所指"的关系，"手能指月"，这相当于"能指"，而"指月示人"为的是引导人们"看月"，如果将"指月之手"当作月体本身，则是"不识明之与暗"。④在长期形成的学术话语范式的建构方面，人们似乎一方面在努力穷尽语言的"所指"来汇聚共识，另一方面，人们也不得不面对日益国际化的学术共同体的对外交流挑战。语言的不清晰往往来自一个词语的"能指"是大于"所指"的现实，同时，即使在语言"所指"的范围内，一个词语的核心含义（当然含义）、外围含义（扩充含义）都可能随着语境的变化而不同。

大陆法系国家和地区中广泛使用的"Grundrechte"在一般情况下均被翻译为"基本权利"（基本权），它指代的主要是宪法（基本法）所确认的对于一个政治共同体的存立具有根本重要作用的权利，在这个意义上说，"基本权利"（Grundrechte）和"宪法权利"两个词语的"所指"是重合的，它们的核心内容都是指那些具有法律拘束力的根本性的权利。在普通法系国家或地区，似乎"宪法权利"（Constitutional Rights）一词的使用是更为普遍的现象，这更多得益于英国、美国等普通法国家的司法实践。同时，在这些普通法地区，有的法学家或者法官也使用了诸如"Fundamental Rights""Core Rights""Basic Rights"

---

① Bryan A. Garner, Constitutional Right, in Black's Law Dictionary（11th ed. , Thomsom Reuters, 2019）.

② See Paulina E Wilson, Comparative Law Outside the Ivory Tower: An Interdisciplinary Perspective, 43 Legal Studies 641-657（2023）.

③ 能指和所指是语言学上的一对概念，能指意为语言文字的声音，形象；所指则是语言的意义本身。按照诸如瑞士语言学家弗迪南·德·索绪尔（Ferdinand de Saussure, 1857—1913）和法国文艺理论评判家罗兰·巴特（Roland Barthes, 1915—1980）的划分，人们试图通过语言表达出来的东西叫"能指"，而语言实际传达出来的东西叫"所指"。

④ 《大佛顶如来密因修证了义诸菩萨万行首楞严经》（般刺蜜帝译、房融笔授）卷二。

甚至是"Human Rights"等词汇来描述那些对于个人生存和发展具有本质重要意义的权利，这些权利显而易见是在宪法的语境下加以使用的，因而英文中的"Fundamental Rights"在很多时候就是我们所谓的"宪法权利"。如果我们能够将视野拉到超越大陆法系和普通法系的更为广泛的领域，则我们可以发现"人权"一词的使用是更为普遍的现象。似乎只有"人权"这个神圣而伟大的词汇所焕发的力量才能凝结操着不同语言、生活在不同司法管辖区下人们的共识。不过，就目前而言，我们的主要重心还是辨别和比较"基本权利"与"宪法权利"之异同。

欧盟仍然是迄今为止人类最大规模的政治、经济和法律一体化的实验室。欧盟 2000 年通过的《欧洲联盟基本权利宪章》（*Charter of Fundamental Rights of the European Union/ Charte des droits fondamentaux de l'Union européenne*）①采用的词语非常值得法律人思考，那就是英语中的"Fundamental Rights"和法语中的"droits fondamentaux"。在选择一个法律词汇时，立法者通常已经将他（她）们所认知和理解的概念和价值凝固在法律文本中了。同样地，对欧盟而言，欧盟各国以及欧盟的诸多机构（尤其是欧洲议会）在拟定《欧盟基本权利宪章》时，他（她）们已经将基本权利的概念和价值锁定在条约文本中了。

在欧盟现有的 20 多种官方语言②中，"基本权利"是一个能够凝聚所有欧盟成员国共识的一个法律表达。基本权利在条约文本中就被表达为 Fundamental Rights（英语）、droits fondamentaux（法语）、Grundrechte（德语）、Grondrechten（荷兰语）、Derechos constitucionales（西班牙语）、Direitos Fundamentais（葡萄牙语）、Libertà e diritti fondamentali（意大利语）、Grundlæggende rettigheder（丹麦语）、praw podstawowych（波兰语）、grundläggande rättigheterna（瑞典语）、Peru-soikeudet（芬兰语）、θεμελιωδών δικαιωμάτων（希腊语）、Chearta Bunúsacha（爱尔兰语）、основните права（保加利亚语）、Základních Práv（捷克语）、Základných Práv（斯洛伐克语）、Põhiõiguste（爱沙尼亚语）、Alapjogi（匈牙利语）、drepturilor fundamentale（罗马尼亚语）、temeljnih pravicah（斯洛文尼亚语）。值得注意的是，西班牙语中的"Derechos constitucionales"通常被翻译为

---

① Charter of Fundamental Rights of the European Union, OJ C 326, 26. 10. 2012, pp. 391–407.

② 欧盟的 24 种官方语言分别是保加利亚语、克罗地亚语、捷克语、丹麦语、荷兰语、德语、英语、爱沙尼亚语、芬兰语、法语、希腊语、匈牙利语、爱尔兰语、意大利语、拉脱维亚语、立陶宛语、马耳他语、波兰语、葡萄牙语、罗马尼亚语、斯洛伐克语、斯洛文尼亚语、西班牙语和瑞典语，随着欧盟未来的可能扩张，欧盟的官方语言还可能继续增多。

"Constitutional Right"（宪法权利）。基于欧盟在权利保障方面的趋同化和一体化尝试，本书认为中国法律学人和法律实务工作者也可采取较为开放的姿态使用"基本权利"这一法律术语，这不仅是基于国际交流便利的权宜化考虑，也是基于比较法学上的"可通约性"研究的考虑，而且，在中国的司法实务中，法官、检察官和律师也习惯使用"基本权利"一词。

　　针对上述观点，或许有学者会提出不同意见，认为作为超国家组织的欧盟本身并没有一部类似许多主权国家那样的成文宪法典，欧盟的法律定性仍然是一个介于主权国家和传统国际组织之间的超国家政治实体，基于此，欧盟在2000年制定其基本权利宪章时必须采用"基本权利"这样一个较为稳妥和中性的表达。持该种观点的学者很有可能进一步推论，欧盟不存在"宪法权利"，它的基本权利宪章仍然是一个类似区域人权公约性质的法律文件。本书认为，上述观点似乎观照到了欧盟不同于主权国家的法律特性，但是并未在本质意义上提出"基本权利"区别于"宪法权利"的理据。即使《欧盟宪法条约》因2005年荷兰、法国的全民公投并未通过，2007年之后，它已被《里斯本条约》取代，但是在欧盟已有的法律框架下，欧洲公民仍然必须享有政治共同体意义上的一些基本权利才能圆满解释这个政治共同体构建的法理基础。换而言之，虽然《欧盟宪法条约》似乎仍然是一个遥远的理想，欧盟本身也确实经历着种种"民主赤字"（Democratic Deficit）、"人权赤字"（Human Rights Deficit）的指摘和批判，但是作为一个政治共同体的欧盟必须通过某种最低限度的"宪制理论"才可以加以解释，这种"宪制理论"曾经一度在解释主权国家的产生和发展方面取得了光辉的理论胜利，现在，它面临的最新挑战就是要去解释超国家政治实体的合法性和正当性问题。从这个意义上说，欧盟没有严格意义上的"宪法"（Constitution）却存在一种宽泛意义上的"宪制结构"（Constitutional Structure）。《欧盟基本权利宪章》中所罗列的权利虽然不能被称作是欧盟的"宪法权利"（即使海内外学者的研究文献中有这样的称呼），但是这些权利毫无疑问应该被视为欧盟"宪制结构"中的基本权利。更进一步而言，能够赋予欧盟这样的超国家组织以宪制意义上合法性的终极源泉是奠基于民主的基本权利保障。第2021/692号欧盟条例设立了"公民、平等、权利与价值项目"（Citizens, Equality, Rights and Values Programme），进一步培育和增进欧盟范围内基于权利平等保障的多元、开放和包容的民主社会。①

三、"基本权利"与"人权"之辩

人权（Human Rights/ Droits de l'homme/Menschenrechte）一词的使用已经遍及全世界各个角落。国际和国内的公法学家们在很多时候使用"人权"一词来指示"基本权利"。当代人关于人权的词源有两种学术观点：一说认为人权最早出现在古希腊悲剧作家索福克勒斯（Sophocles）的作品中，另一说则认为是意大利诗人但丁在其著作《神曲》中首度使用该词。②

康有为在 1902 年刊行的《大同书》中大量出现"人权"语词（主要在戊部之后）。如："各有自立自主自由之人权""此其侵天界而夺人权，不公不平莫甚矣""反目人权为谬妄，是失天职而不知""何事背天心而夺人权哉""禁人者，谓之夺人权、背天理矣""夫以人权平等之义，则不当为男子苦守""欲去家乎，但使大明天赋人权之义""其惟天予人权，平等独立哉"等。康有为在论述"人权"时，提及了"天界""天职""天理""天赋"等概念。③

梁启超 1898 年的《论湖南应办之事》指出："今之策中国者必曰兴民权……今日欲伸民权必以广民智为第一义……欲兴民权，宜先伸绅权，欲兴绅权，宜以学会为之起点。"④1899 年他在《论中国人种之将来》中云："泰西所谓文明自由之国，其所以保全人权，使之发达者，有二端：曰参政权，曰自治权。"⑤至 1900 年，梁启超在《新民说三：第十一节，论进步》中，对"天赋人权"思想有了准确的表达，他说："天生人而赋之以权利，且赋之以扩充此权利之智识，保护此权利之能力，故听民之自由焉，自治焉。"⑥

根据中国法学家徐显明对日语中"人权"一词的历史渊源考证，日本人加

---

① Regulation（EU）2021/692 of the European Parliament and of the Council of 28 April 2021 establishing the Citizens, Equality, Rights and Values Programme and repealing Regulation（EU）No 1381/2013 of the European Parliament and of the Council and Council Regulation（EU）No 390/2014, PE/23/2021/INIT, OJ L 156, 5. 5. 2021, pp. 1–20.

② 刘文彬：《西洋人权史——从英国大宪章到联合国科索沃决议案》，五南图书出版社股份有限公司 2005 年版，第 1 页。

③ 参见康有为：《大同书》，古籍出版社 1956 年版；转引自孙笑侠：《汉语"人权"及其舶来后的最初三十年》，载《法学》2022 年第 3 期。

④ 梁启超：《梁启超全集》，北京出版社 1999 年版，第 178 页。

⑤ 梁启超：《梁启超全集》，北京出版社 1999 年版，第 259 页。

⑥ 梁启超：《新民说三：第十一节，论进步》，载《新民丛报》1900 年汇编 2，第 1 期。转引自孙笑侠：《汉语"人权"及其舶来后的最初三十年》，载《法学》2022 年第 3 期。

藤弘之（Katō Hiroyuki，1836—1916））是日本"天赋人权"说的首倡者。1875年，加藤弘之在《国体新论》中首次把"Natural Right"（自然权利）译为"天赋人权"。据现代著名日本宪法学家佐藤幸治（Koji Sato）考证，最早表达"天赋人权"思想的日本法律性文献，是 1873 年由留学德国的青木周藏（Aoki Shūzō，1844—1914）依据"明治维新三杰"木户孝允（Kido Takayoshi，1833—1877）嘱托执笔写成的《大日本政规》，其中有"保护各人固有的天赋的权利"的内容。①

所谓人权是指在一定的社会历史条件下每个人按其本质和尊严而自由、平等地生存和发展的基本权利，人权的实质内容和目标是人的生存和发展。②也有学者认为，人权是个体及其集合体自由地主张自己正当利益的资格，从内涵上讲，人权至少包括五个方面的内容：（1）资格，资格乃指人权是个人通向社会的凭证。（2）自由，人权意味着人对自身的身体和财产两个方面可以按照自由意志进行支配。（3）利益，人权的内容是一种可得的利益。（4）正当或正义，人权是一种正当或者正义的要求。（5）主张或要求，人权是人们通过特定方式对权利提出的一种要求。③人权是人作为人所享有的或应当享有的那些权利。人权一方面表达了所有人在人格上的普遍平等观念，另一方面也表达了所有人在人格上享有绝对尊严的观念。④

马玲教授在《宪法权利解读》中认为，虽然宪法权利在本质上看就是人权，但是我们既不能将宪法权利简单地等同于"人权"，也不能将宪法权利与"公民权"完全画等号。其核心理由在于：第一，在一个国家中，不是非公民只享有人权不享有公民权，公民既享有人权又享有公民权，而是所有人作为人都首先享有人权，其次才是部分人作为公民还享有公民权，作为既是人又是公民的那部分人所享有的人权是因为其人的身份而不是因为其公民身份享有的，这种区分的意义在于，公民权是人为商议的结果，具有世俗权利的特征；而人权是天赋的，具有自然法的神圣。第二，公民权的主体要比人权的主体狭窄，公民权是作为公民共同体（国家）成员的一分子而享有的权利，是特定的、具备一定身份的人（公民资格）才享有的权利。人权先于公民权而存在，人权在国家成立之前就存在，公民权责产生于国家成立之后。第三，保障人权是国家权力机器的目的，公民权是实现这一目的的手段，因此公民权实际上也是为保障人权服务的。第四，公民权的存在不仅对界定国家的性质有重要意义，而且它在一定程

① 徐显明：《制度性人权研究》，武汉大学博士学位论文，1999 年 9 月，第 13-14 页。
② 本书编写组：《宪法学》（第 2 版），高等教育出版社 2020 年版，第 185 页。
③ 李龙、汪习根主编：《法理学》，武汉大学出版社 2011 年版，第 432 页。
④ 本书编写组：《法理学》，高等教育出版社 2010 年版，第 36 页。

度上改变了原有法律意义上的人权。通过公民权的制度设计，人权被注入了新的活力，具有了新的含义。第五，宪法中的人权和公民权并不是截然分开的，如思想自由和信仰自由、表达自由等可能既是人权，也是公民权。① 总结上述核心观点，宪法权利和人权的区分实际上体现在三个方面，首先是范围大小方面的区分，其次是法学概念的构造机理方面的区分，最后是权利内容方面区分。

在亨利·舒（Henry Shue）看来，人权（Human Rights）意味着至少三个层面的含义。在第一个层面上，人权是免于政府侵犯的那种为了确保人格完整性的权利。在这个意义上，酷刑以及其他残忍、不人道或有辱人格的待遇，不受法律控制的肆意逮捕或者监禁都属于对人权的侵犯。在第二个层面上，人权是为了满足基本生存需要的权利，人的生存需要必须包括最基本的食物、住所、医疗和教育。在第三个层面上，人权意味着人人享有公民权利和参与政治的权利。②

"人权"与"基本权利"这两个词语对许多当代法律人来说，似乎存在着一种"日用而不知"的区别，因为许多国家（包括中国）都在宪法的基本权利的相关规范中明确载入了"人权"这个神圣而伟大的词语。但是，人权具有普遍性、抽象性、道德性、基础性和优先性，在很多时候，人权都包括了那种未经宪法程序所确认的"道德权利"（Moral Rights）。而奠基于人权理念之上的基本权利规范显然已经通过国家的立宪程序进入了一个可实证化的规范体系之中。这样一来，理论家和法律实务家就必须解释人权是如何转化为基本权利的。

德国哲学家奥特弗利德·赫费（Otfried Höffe）指出："为了突出人权新的、实证的法意义，人们也讲到基本权利。按照这种语言规则，基本权利正像人权一样，表示前实证和超实证的适用于法的要求。只是，'纯粹人权'缺乏那种它作为基本权利所具有的的实证的法效力。如果说人权和基本权利从内容上看是一样的，那么它们的存在方式却不相同。人权是法制度应遵守的道德准则，基本权利则相反，只有当它得到现存法制度和实际承认时才是人权。作为道德准则的人权涉及道德政治的假设，从时间上空间上看是普遍的，作为基本权利的人权则涉及法规范，它实证地与当时的集体有关。"③

---

① 马玲：《宪法权利解读》，中国人民公安大学出版社 2010 年版，第 36-43 页。

② Henry Shue, Basic Rights：Subsistence, Affluence, and U. S. Foreign Policy（3rd ed., Princeton University Press, 2020），pp. 2-3.

③ ［德］奥特弗利德·赫费：《政治的正义性：法和国家的批判哲学之基础》，庞学铨、李张林译，上海译文出版社 1998 年版，第 402 页；另参见 ［德］奥特弗利德·赫费：《政治的正义性：法和国家的批判哲学之基础》，庞学铨、李张林译，商务印书馆 2021 年版。

人权存在于"一切最私密的特性中：与生命的关系、死亡、性、年龄、其他人、水、沙子、树木……知识、亲子关系"①，普遍性既是一个关于人权的总括概念，又是构成权利框架的骨干。它既侧重于"适用上的普遍性又侧重于义务上的普遍性"。普遍性是衡量是否尊重权利、享有权利及其不可分割性的一个检验标准。②普遍性意味着，生而为人，人人都拥有平等人权，无论生活在何处、身份如何、地位如何或是否具备任何独特特点，必须将普遍性理解为与相互依存、不可分割、平等和尊严等其他核心人权原则密切相关。③ 1993 年《维也纳宣言和行动纲领》（Vienna Declaration and Programme of Action，VDPA）申明："所有国家庄严承诺依照《联合国宪章》、有关人权的其他国际文书和国际法履行其促进普遍尊重、遵守和保护所有人的一切人权和基本自由的义务。这些权利和自由的普遍性质不容置疑。"④

现代学界关于人权的探讨大多以"世代"（Generation）的观点来理解。"世代人权理论"由联合国教科文组织前法律顾问卡雷尔·瓦萨克（Karel Vasak）于 20 世纪 70 年代末期在法国斯特拉斯堡的国际人权研究院（The International Institute of Human Rights）提出。⑤瓦氏的"世代人权观"从学理渊源上看与法国大革命时期的三大核心口号和理念即"自由、平等、博爱"密切相关。约略述之，瓦氏所谓的"第一代人权"指代"自由"时期的权利，它是以公民的自由和政治参与为重心的根本性权利，例如生命权、人生自由权、言论自由权、宗教自由权、公正审判权、选举权，此类权利也被称为"蓝色"权利（"blue" rights）；瓦氏所谓的"第二代人权"指代"平等"时期的权利，它是以经济、社会、文化权利为重心的根本性权利，例如劳动权（工作权）、住房权、健康

① Patrice Meyer-Bisch, "Les droits culturels, un principe éthique de coopération et un levier de développement", keynote address for the panel "Cultural rights under pressure: a contemporary arts perspective" at the Crossroads conference organized by Pro Helvetia, Basel, 8 February 2018.

② Universality, Cultural Diversity and Cultural Right: Report of the Special Rapporteur in the Field of Cultural Rights, UN Doc. A/73/227 (25 July 2018), para. 30.

③ Universality, Cultural Diversity and Cultural Right: Report of the Special Rapporteur in the Field of Cultural Rights, UN Doc. A/73/227 (25 July 2018), para. 2.

④ Vienna Declaration and Programme of Action, U. N. Doc. A/CONF. 157/23 (25 June 1993) (Part I), para. 1.

⑤ 瓦氏关于"世代人权理论"的观点最早可追溯到 1977 年，中文学界多认为其论点的提出始于瓦氏于 1979 年在国际人权研究院的演讲，此应为讹误。详见 Karel. Vasak, Human Rights: A Thirty-Year Struggle: the Sustained Efforts to give Force of law to the Universal Declaration of Human Rights, 11 UNESCO Courier 30 (1977).

权、社会保障权（最低生活保障权）、受教育权等对公民身心发展具有根本重要性的权利，此类权利也被称为"红色"权利（"red"rights）；瓦氏所谓的"第三代人权"是指代"博爱"时期的权利，它同时也与二战后开始的非殖民化民族解放运动相对应，它是指涉的是那些以"社会连带"或"社会团结"为特征的关系人类社会生存和发展的一系列集体权利①，反映的是第二次世界大战后第三世界国家对于全球资源重新分配的要求，它包括自决权、发展权、和平权、环境权（包括自然资源权）以及代际公平权和可持续发展②（rights to intergenerational equity and sustainability），这类权利也被称为"绿色"权利（"green"rights），从传统法学观点来看，它们被视为"软法"所保障的权利。

第二节　基本权利的理论化论证

基本权利研究要解决的最重大的理论任务无疑在于探明什么是基本权利。③基本权利作为一个名词而言，被认为是一个名相。基本权利作为一个概念而言，被认为是一个总相。基本权利作为一种实践而言，被认为是一种人民的生活方式。基本权利作为一种治理要素时，被认为是国家治理的一种目的和价值。毫

---

① Karel Vasak, For the third Generation of Human Rights: The Rights of Solidarity, Inaugural Lecture to the Tenth Study Session of the International Institute of Human Rights（Strasbourg Ⅱ, 1979）; Philip Alston, A Third Generation of Solidarity Rights: Progressive Development or Obfuscation of International Human Rights Law? 29 Netherlands International Law Review 307–322（1982）；沈宗灵：《人权思想历史发展的几个理论问题》，载《北京大学学报》1992年第2期；岳海涌：《人权代际观在当代的发展与创新》，载《兰州交通大学学报》2011年第2期；胡欣诣：《三代人权观念：源流、争论与评价》，载《泰山学院学报》2011年第4期；贺鉴：《论中国宪法与国际人权法对三代人权的保护》，载《法律科学》2010年第2期。

② Edith Brown Weiss, In Fairness to Future Generations, Resources（Transnational Publishers, 1989）, p. 83; Edith Brown Weiss, The Plantetary Trust: Conservation and Intergenerational Equity, 11 Ecology L. Q. 495（1983–1984）；谷德近：《代际环境权的宪法保障》，载《当代法学》2001年第8期。

③ 关于基本权利和人权根本理念方面的争议，请看 Eric Posner, The Twilight of Human Rights Law（Oxford University Press, 2014）; Samuel Moyn, Not Enough: Human Rights in an Unequal World（Belknap Press, 2018）; David Kennedy, The Dark Sides of Virtue（Princeton University Press, 2004）; Conor Gearty, Can Human Rights Survive?（Cambridge University Press, 2006）; Stephen Hopgood, The Endtimes of Human Rights（Cornell University Press, 2015）; Christof Heyns and Frans Viljoen, The Impact of the United Nations Human Rights Treaties on the Domestic Level（Kluwer Law International/Brill, 2002）.

无疑问，基本权利是一种权利，从概念的"所指"和"能指"角度来观察，我们必须质问这样一个问题——什么样的权利可以被冠以"基本"的头衔呢？易言之，什么是对人民生活（甚至人类生活）至关重要的权利？新伦理学的代表学者王海明试图从哲学角度区分基本权利和非基本权利，在他看来，所谓基本权利，也就是人们生存和发展的必要的、起码的、最低的权利，是满足人们政治、经济、思想等方面基本的、起码的、最低的需要的权利；而非基本权利则是人们生存和发展的比较高级的权利，是满足人们政治、经济、思想等方面比较高级需要的权利。王海明进一步引证了汤姆·L. 彼彻姆（Tom L. Beauchamp）的观点，认为基本权利又被叫作"人类权利""人权""自然权利"。彼彻姆说："'人类权利'一语是现代的表述，在传统上一直称为'自然权利'，或者在较早的美国称为'人权'……人类权利被假定为作为一个人所必需享有的那些权利。"① "存在着与人的价值和才能无关的一些基本权利，我们享有这些权利，正因为我们都是人。"② 反之，非基本权利、人们生存和发展比较高级的权利，则与人们的具体工作、具体贡献有关，是人们因其不同的具体贡献而应享有的权利。③

在解释"基本"二字时，人们不可避免地要通过一种理论化的论证来证明某种权利是"至关重要的""不可或缺的"。这样一来，"什么是对人民生活（甚至人类生活）至关重要的权利？"的问题进而就转变为"依据何种理论可以将至关重要的权利基本化？"对此，人权学者李海星教授在《人权哲学导论》一书中较为系统地介绍和总结了四种较为主导性的人权概念的研究理论——格维尔茨的主张权理论、亨金的个人权利理论、米尔恩的"最低限度标准的人权"、罗尔斯的"作为社会合作体系必要条件的人权"。④本书认为，上述四种理论主要植根于普通法（英美法）传统，并未展示现代权利理论的概貌，为此，我们有必要添加大陆法系代表性的权利理论以及马克思主义的权利理论以达致思维的周全化。兹分述如下：

---

① ［美］汤姆·L. 彼彻姆：《哲学的伦理学》，雷克勤等译，中国社会科学出版社 1990 年版，第 306 页。

② ［美］汤姆·L. 彼彻姆：《哲学的伦理学》，雷克勤等译，中国社会科学出版社 1990 年版，第 320 页。

③ 王海明：《公正 平等 人道：社会治理的道德原则体系》，北京大学出版社 2000 年版，第 31-32 页。

④ 参见李海星：《人权哲学导论》，社会科学文献出版社 2012 年版，第 13-18 页。

一、阿列克西的基本权利理论

约略从20世纪七八十年代算起，德国基尔大学法哲学与公法学教授罗伯特·阿列克西（Robert Alexy）逐渐成为当今欧陆法学界最具影响的法学家之一。阿列克西的著作在英文世界、德语世界、西班牙语世界和汉语学术界都有着比较广泛的影响力，他的代表作有三本：一是他1978年提交的博士论文《法律论证理论》①，二是他于1985年出版的教授资格论文《基本权利理论》（*Theorie der Grundrechte*）②，三是他在1992年出版的《法的概念与效力》③一书。阿列克西《基本权利理论》一书的研究对象为"（德国）基本法基本权利的一般性法律理论"。

（一）从人权到宪法基本权利的转化理论

正如黑格尔所言，法的命令是："成为一个人，并尊重他人为人。"法一般来说是实定的，其理由可以从两个层面加以阐述。首先，法必须采取在某个国家有效的形式，这种法律权威，也就是实定法知识即实定法学的指导原理。其次，从内容上说，实定法由于下列三点而取得了实定要素：（1）一国人民的特殊民族性及其历史发展阶段；（2）一个法律体系在适用上的必然性，即它必然要把普遍概念适用于各种对象和事件的特殊性；（3）实际裁判所需要的各种最后规定。④

受到德国古典法哲学的影响，阿列克西是在实证的意义上来运用"基本权利"这个概念的。在阿列克西的"基本权利理论"的视域中，基本权利是人权在一国的理性科学化、习俗化和制度化。中国学者引入了阿列克西的这种理论并尝试总结了人权到基本权利的四种"限缩"形式：一是从普适道德权"限缩"为民族国家内部的权利；二是从具有普遍道德效力的权利"限缩"为法律秩序内的制度化权利；三是从内涵各种现实可能性的权利"转变"成具有科学知识品质的权利；四是从抽象的普适价值"限缩"为具有特定文化背景的价值

---

① ［德］黑格尔：《法哲学原理》，范扬、张企泰译，商务印书馆1982年版，第4页。

② Robert Alexy, Theorie der Grundrechte（2nd ed., Suhrkamp, 1994）; Robert Alexy, A Theory of Constitutional Rights, translated by Julian Rivers（Oxford University Press, 2002）.

③ Robert Alexy, Begriff und Geltung des Rechts（Verlag Karl Alber, 1992）; Robert Alexy, The Argument from Injustice: A Reply to Legal Positivism, trans. by Stanley Paulson and Bonnie Litschewski Paulson（Oxford University Press, 2002）.

④ Robert Alexy, Theorie der Grundrechte（2nd ed., Suhrkamp, 1994）; Robert Alexy, A Theory of Constitutional Rights, translated by Julian Rivers（Oxford University Press, 2002）.

相关的实证权利。①

（二）原则和规则的二分理论②

阿列克西的基本权利理论的起点是原则和规则的二分，这种区分借鉴了罗纳德·德沃金（Ronald Dworkin，1931—2013）对规则和原则的概念后重构了宪法权利的属性分类。③

美国著名法理学家德沃金以"里格斯诉帕尔默案"④和"亨宁森诉布洛姆菲尔德汽车制造厂案"⑤为典型案例总结了法律规则和法律原则的三大主要区分：（1）法律规则包含了一定的构成要件；相比而言，法律原则中没有明确的构成要件。（2）法律规则具有"一般—例外"的结构，规则的例外需要被穷尽列举，同时，规则的确定性要求其本身必须以"全有或全无"（all-or-nothing）的方式被适用；相比而言，法律原则是核心法理的一般凝练和概括，原则虽然也有例外，但这些例外只能强化原则本身的权威地位，更进一步说，法律原则不能以"全有或全无"的方式被适用。⑥（3）法律原则具有法律规则所没有的

---

① 张龑：《论人权与基本权利的关系——以德国法和一般法学理论为背景》，载《法学家》2010 年第 6 期。

② 参见涂云新：《比较公法总论研究——原理与案例》，武汉大学出版社 2021 年版，第 172-175 页。

③ 范继增：《迈向保障基本权利和确定性并存的权衡法则：阿列克西权重公式的解构与重建》，载《东南法学》2022 年第 1 期。

④ Riggs v. Palmer, 115 N. Y. 506 (1889). 在此案中，弗朗克·帕尔默（Frank Palmer）是埃尔默·帕尔默（Elmer Palmer）的祖父，里格斯（Riggs）是弗朗克的儿子。1880 年 8 月 13 日，弗朗克立了一份遗嘱将农庄留给埃尔默。然而，埃尔默因为惧怕弗朗克会改变这一遗嘱遂杀死了祖父。纽约上诉法院根据"无人可从自己错误获利"（No man may profit from his own wrong）这一原则出发，最终判定埃尔默无权继承遗产。

⑤ Henningsen v. Bloomfield Motors, Inc. , 32 N. J. 358, 161 A. 2d 69 (N. J. 1960). 在此案中，1955 年 5 月 7 日，原告亨宁森购买了一辆汽车并同汽车公司签订了一个合同，合同限定了汽车制造厂的责任，即制造厂只负责修好有毛病的部件，对其他一切问题则概不负责。1955 年 5 月 19 日，亨宁森在驾车时，听到一声巨响，他由于汽车零部件出现瑕疵而在这次事故中受伤。新泽西州最高法院从"无人可从自己错误获利"（No man may profit from his own wrong）这一原则出发判定汽车生产商的免责条款无效，从而发展了侵权法中的商销性默示担保（Implied Warranty of Merchantability）理论。

⑥ The difference between legal principles and legal rules is a logical distinction. Both sets of standards point to particular decisions about legal obligation in particular circumstances, but they differ in the character of the direction they give. Rules are applicable in an all-or-nothing fashion. If the facts a rule stipulates are given, then either the rule is valid, in which case the answer it supplies must be accepted, or it is not, in which case it contributes nothing to the decision. See Ronald Dowrkin, The Model of Rules, in Taking Rights Seriously (Duckworth, 1977), p. 14-45.

力量上和程度上的重要性。当若干个原则互相冲突时，要解决这一冲突，就要考虑有关原则分量上的强弱，"权衡"是原则的特定属性，这一属性允许我们在互相冲突的原则中协调。①

受到德沃金的启发，阿列克西也区分了法律规则和法律原则的不同。阿列克西赞同德沃金的第二点，但对第一点与第三点提出了不同的意见。阿列克西的基本观点如下：（1）根据逻辑学上的排他性定理（Exklusionstheorem），每一条规范要么是一项规则，要么是一个原则。②（2）原则是一种"优化要求"（Optimization Requirements/Optimierungsgebote），即法律原则是一种要求事物在相对于事实上与法律上的可能范围之内，以尽可能高的程度被实现的规范。规则是一种"确定的要求"（definitive requirements/definitive Gebote），即法律规则必须在法律与事实的可能范围内已有明确的设定，它是一种只能实现或者不被实现的规范。规则的典型适用方式是涵摄，若个案的事实符合规则的构成要件，即应适用其法律效果；若例外状况出现，则法律效果即应撤回。（3）规则与原则具有不同的冲突解决机制。法律原则之间并无等级秩序，原则之间的冲突必须通过"权衡法则"来决定优先适用顺序。换而言之，原则之间的碰撞是通过察看个案情形，借由确定原则之间的"条件式优先关系"来解决的。③和德沃金的观点一致，阿列克西认为法律规则的冲突是借助规范的等级秩序加以解决的，其主要的法则包括"上位法优于下位法""特别法优于一般法""后法优于前法"。阿列克西进一步认为，在涉及规则的原则碰撞中，一般必须遵循"禁止向

① ［美］德沃金：《认真对待权利》，信春鹰、吴玉章译，中国大百科全书出版社 1998 年版，序言第 19 页。
② ［德］卡斯滕·贝克尔：《规则、原则与可废止性》，宋旭光译，载《法理——法哲学、法学方法论与人工智能》2015 年第 3 卷。
③ 根据学者王鹏翔的研究，阿列克西的原则理论包括三个子命题：（1）安置命题（the incorporation thesis）：每个最低限度发展的法律体系必然会包含原则。（2）道德性命题（the morality thesis）：法律体系所包含的原则必然具有某种道德关联性。（3）正确性命题（the correctness thesis）：法律体系必然包含道德原则使得法律和正确的道德之间具有必然联结。阿列克西进一步将根据原则冲突的解决结果所形成的规则称为碰撞法则（K）。其具体含义是：（K）若原则 P_1 在条件 C 之下优先于原则 P_2：$(P_1 P P_2)$，且 P_1 在 C 的情形下产生法律效果 R，则成立一条以 C 作为构成要件，R 作为法律效果的规则即：C→R。同时，阿列克西认为，原则 P_i 与 P_j 相冲突时，若 P_i 不被实现或被侵害的程度越高，则 P_j 实现的重要性就必须随之越高。See Robert Alexy, A Theory of Constitutional Rights：Ch. 3（Oxford University Press，2002）. 巴西联邦最高法院（Supreme Federal Court of Brazil）曾经在其判例中就适用了阿列克西的原则理论。See João Andrade Neto，A System of Rules and Principles，in Mortimer Sellers and James Maxeiner，Ius Gentium：Comparative Perspectives on Law and Justice，vol. 72（Springer，2018）.

一般条款逃逸"的法治思维。[1]

（三）基本权利适用的权衡理论

阿列克西要解决的中心问题是基本权利规范结构以及如何适用权衡理论解决基本权利的冲突。在阿列克西看来，基本权利规范体系是一个由规则与原则两个层面构成的体系。就原则层面而言，阿列克西提出了一个总体性的识别准则，即与基本法中基本权利之司法地位相关的原则是那些可以被正确地引用来支持或反对一项决定的原则。"宪法原则是最佳化命令"这一命题要求原则在事实与法律上可能的范围内尽最大可能被实现。就法律上的最大可能而言，它意味着需要与别的原则进行权衡。[2]

在德国联邦宪法法院一系列判例的基础上，阿列克西认为应当适用"比例原则"对目标和达成目标的手段进行权衡。这种权衡遵循"广义比例原则"，它由三个层级递进的子原则组成，第一个子原则是适当性原则（Suitability/Geeignetheit），第二个子原则是必要性原则（Necessity/Erforderlichkeit）、狭义比例原则（Proportionality stricto sensu[3]/Verhältnismäßigkeit im engeren Sinne）。

阿列克西将权衡理论表达为一个被广为人知的权衡公式（Weight Formula），其适用步骤如下：首先，法官需要确认特定的措施未满足或者损害第一个宪法原则的程度；其次，应该确认该措施对满足第二个宪法原则的重要性；最后，判断满足第二个原则的程度是否高于损害第一个宪法原则的受伤害程度。借用数学公式来展现阿列克西权重公式所表述的权衡法则的内容，即在以原则为导向的宪法权利框架下，当存在两个宪法原则相冲突的情景时（表述为 P_1 和 P_2 间的冲突关系）。W_1 是受到损害的宪法权利权重，另一个受到保护的宪法权利 P_2 的权重值表达为 W_2，两者之间的权重比值为：[4]

$$W_{1,2} = \frac{W_1}{W_2}$$

如果权重比值的结果大于 1 意味着实现获得保护的宪法权利的程度小于受

---

[1] 参见王琳：《论法律原则的性质及其适用》，载《法制与社会发展》2017 年第 2 期；杨建、庞正：《法律原则与法律规则的界限——以德沃金与阿列克西的原则理论为主线》，载《河北法学》2009 年第 11 期。

[2] 雷磊：《基本权利、原则与原则权衡——读阿列克西〈基本权利论〉》，载《法律方法》2011 年第 1 期。

[3] 注意：stricto sensu 在拉丁语中的意思是"狭义的"。

[4] 范继增：《迈向保障基本权利和确定性并存的权衡法则：阿列克西权重公式的解构与重建》，载《东南法学》2022 年第 1 期。

到损害的宪法权利的程度，未能通过司法审查门槛；比较的数值等于 1 时，意味着两者之间处于等重的状态，法官或立法者具有自由裁量权。只有小于 1 的情形，才意味着维护权利的重量值 W_2 比损害另一权利的重量值 W_1 更大。①

阿列克西的基本权利权衡公式（Weight Formula）一经提出就立刻在德国和欧陆法学界引起了极大的关注。随着阿列克西不断撰写英文文章宣说比例原则和权衡公式，同时伴随着阿列克西的著作被翻译为英文等其他版本，普通法系学者和非德语世界的大陆法系学者逐步加入对权衡公式的讨论大潮中。纵观比例原则研究半个多世纪的研究，论者对阿列克西的基本权利权衡公式的批判主要集中在以下几个方面：（1）阿列克西的基本权利权衡公式是一种抽象的宪法原则类比，缺乏实践操作性；（2）阿列克西的基本权利权衡公式在本质上是边沁式功利论在法律中的应用，漠视了康德式道义论的法律应用；（3）阿列克西的基本权利权衡公式缺乏实质内容，容易造成宪法道德相对主义；（4）阿列克西的基本权利权衡公式缺乏严格的限缩条件和可控变量，在司法实务中容易流为恣意；（5）基本权利权衡公式的司法运用仍然最终取决于法官对重要性的判断。

面对欧陆法学界和英美法学界的批判，阿列克西不断充实和修正了他在 20 世纪 80 年代构建的权衡公式。为此，阿列克西提出了实质性权衡公式。他的基本做法是引入了以下变量和概念：

（1）基本权利的受损害程度或者保障公共利益的重要程度（In）；

（2）被审查对象出现的事实认知的可信度（Re）；

（3）对特定事实行为的规范评价的可信度（Rn）。

首先，对基本权利的受损害程度而言，阿列克西认为，法官可将基本权利的受损害程度或者保障公共利益的重要程度分为极端轻微（ll）、轻微中等（lm）、轻微严重（ls）、中等轻微（ml）、中等普通（mm）、中等严重（ms）、严重轻微（sl）、严重中等（sm）、极端严重（ss）九种影响标准。②

其次，阿列克西还纳入了可信度变量的"认识论权衡法则"，在措施对宪法原则的影响程度和对其判断结果的可信度之间进行权衡。阿列克西将"认识论权衡法则"表述为"对一个宪法原则影响的程度越严重，那么这个影响的确定程度也就越高"，用数学公式表达为 $I \times R$。进一步细分，阿列克西认为，经验事

---

① 范继增：《迈向保障基本权利和确定性并存的权衡法则：阿列克西权重公式的解构与重建》，载《东南法学》2022 年第 1 期。

② 范继增：《迈向保障基本权利和确定性并存的权衡法则：阿列克西权重公式的解构与重建》，载《东南法学》2022 年第 1 期。

实认识的可信度与规范评价的可信度共同构成了可信度的全部要素。阿列克西将其完整的可信度公式表达为 $R = Re \times Rn$。

最后，阿列克西得出了一个融合了客观判断变量和主观判断变量的综合性的权衡公式，这个权衡公式被认为是实质性权衡公式。

$$W_{1,2} = \frac{W_1 \times I_1 \times R_1^e \times R_1^n}{W_2 \times I_2 \times R_2^e \times R_2^n} \text{ ①}$$

总观阿列克西的权衡法则，我们可以发现他试图将权利的理性法则和现实法则加以融合，提供一个能够普遍适用于大陆法系和普通法系的基本权利权衡法则。其理论抱负不可谓不大，其理论勇气不可谓不佳。理解阿列克西实质性权衡公式，必须深刻了解以下要点：首先，原则和规则是二分的。基本权利体系是一个由规则与原则两个层面构成的体系。当基本权利作为一种原则时，基本权利实际上表现为一种"优化要求"（Optimization Requirements/Optimierungs-gebote）。其次，权衡公式试图提供一个理想化的基本权利冲突的解决思路，换而言之，权衡公式是理想化的理论模型。譬如经典物理学中的牛顿三大运动定律就是理论模式的经典例子。那种以实践分殊而一概否定理论模型的推理实际上在逻辑上站不住脚。因此，理解权衡公式的理论构造极为必要。再次，权衡公式中引入了"认识论权衡法则"，尤其是公式中的经验事实认识的可信度与规范评价的可信度两个变量是非常关键的，同时也是具有争议的。最后，"人文社会科学能否模仿自然科学建立起一套具有普遍解释力和适用性的理论？"这是一个长期争论的问题。

二、米尔恩的"最低限度权利论证"

米尔恩（A. J. M. Milne）是英国杜兰大学的一位法哲学教授。他最重要的作品就是 1986 年出版的《人的权利与人的多样性》（*Human Rights and Human Diversity*）。随着这本书在 20 世纪 90 年代被翻译为汉语，米尔恩的人权哲学在中国学术界具有一定的影响力。米尔恩说："权利的要义就是资格（Entitlment），霍菲尔德宣称'权利'一词包含要求、特权或自由、权利以及豁免这四种情形，它们都是法律上的'优势'。虽然他没有这样说，但是，它们有一个共同之处，

---

① Robert Alexy, A Theory of Constitutional Rights, trans. by Julian Rivers (Oxford University Press, 2002), pp. 51-52.

这就是，它们都是资格。"①格劳秀斯在《战争与和平法》中从自然权利的理论出发，把权利作为理性动物的人所固有的"道德品质"，"由于它，一个人有资格正当地占有某种东西或正当地做出某种事情"②。米尔恩进一步阐述道："如果你有资格享有某物，那么，因他人的作为或不作为而否认你享有它，就是不正当的。他人因你享有它而使你陷于不利或使你受难，也是不正当的。此乃资格应有之义。如果别人可以正当地否认你有资格享有某物，别人因你享有它而可以正当地使你陷于不利或使你遭受困扰，那么，该物就不可能是你资格享有的东西。因此，将'资格'，称作'权利'是恰如其分的。如果你有资格享有某物，那么，对你来说，享有它就是正当的。"③

在米尔恩看来，权利的来源有三：法律、习俗和道德。如果某项权利的享有"对于其他所有权利的享有而言是必需的"，那么该项权利就是基本权利。他承认无法给出完整的基本权利一览表，但是认为至少存在三项基本权利，即安全权、生存权和自由权。为确保这些权利，其他权利如果必需的话可以被违反，但为了确保其他权利，基本权利是不能被侵犯的。米尔恩提出了"最低限度人权观"。他认为，虽然人及其文化具有多样性，但却存在为所有人类社会普遍接受的道德要素以及与这些最低道德相匹配的最低限度的七项人权：生命权、要求正义权、受帮助权、自由权、被诚实对待权、礼仪权以及儿童的受抚养权。米尔恩指出，虽然不同社会对生命权的理解存在明显差异，如死刑的存废和堕胎的许可与否，但不应为满足个人一时之兴而展开大规模屠杀，这一点得到了普遍认同。总而言之，人权这一观念若要既易于理解又经得起推敲，它就只能是一种最低限度标准的观念。④

三、亨利·舒的"个人权利论证"

美籍哲学家、牛津大学教授亨利·舒是个人权利的坚定捍卫者，他一生中最重要的著作之一就是《基本权利：生存、富足和美国的外交政策》，该书于

---

① [英] A. J. M. 米尔恩：《人的权利与人的多样性——人权哲学》，夏勇、张志铭译，中国大百科全书出版社1995年版，第118页。
② 张文显：《法学基本范涛研究》，中国政法大学出版社1993年版，第74页。张文显先生在此书中则把中外法学中主要的权利释义概括为资格说、主张说、自由说、利益说、法力说、可能说、规范说、选择说八种。参见张文显：《法学基本范畴研究》，中国政法大学出版社1993年版，第74-81页。
③ [英] A. J. M. 米尔恩：《人的权利与人的多样性——人权哲学》，夏勇、张志铭译，中国大百科全书出版社1995年版，第111页。
④ A. J. M. Milne, Human Rights and Human Diversity (Palgrave Macmillan, 1986), p. 1.

1980 年在普林斯顿大学出版社首次出版，1996 年推出第二版，2020 年普林斯顿大学出版社推出了 40 周年纪念版。

亨利·舒认为基本权利从本质上说应该被视为一种"个人权利"，他的论证思路大体如下[①]：

1. 每个人都对某些事务拥有一项权利。（Everyone has a right to something.）

2. 一些其他的事务对于作为权利的第一事务是必要的，无论第一事务是什么。（Some other things are necessary for enjoying the first thing as a right, whatever the first thing is.）

3. 每个人对其他事务也享有权利，因为其他事务对于作为权利的第一事务的享有是必要的。（Everyone also has rights to the other things that are necessary for enjoying the first as a right.）

亨利·舒认为安全权、生存权和自由权的保障是每个人享有其他任何权利的必要基础，因而，基本权利应被划分为安全权、生存权和自由权三大类别。亨利·舒进一步认为，安全权、生存权本身就意味着国家同时存在积极义务与消极义务，所以，区分积极与消极义务不能构成国家承担义务的道德依据。受到亨利·舒的启发，澳大利亚哲学家彼得·辛格（Peter Singer）在《饥荒、富裕和道德》（Famine, Affluence, and Morality）一文中，不再采用积极与消极义务的框架，而是诉诸道德直觉证成富裕国家应援助生活在贫穷国家的人民。[②]

四、艾伦·格维尔茨的"主张权利理论"

芝加哥大学哲学家艾伦·格维尔茨（Alan Gewirth，1912—2004）把人权视为"所有的人因为他们是人就平等地具有的权利"，他进一步把人权解释为一种

[①] Henry Shue, Basic Rights: Subsistence, Affluence, and U. S. Foreign Policy (3rd ed. , Princeton University Press, 2020).

[②] Joseph S. Spoerl, Peter Singer, Famine, Affluence, and Morality: A Christian Response, 37 Am. J. Juris. 113 (1992).

主张权（Claim-rights），并且对这种主张做了结构性的理论分析。①在《人权的认识论》（*The Epistemology of Human Rights*）一文中，格维尔茨认为人权可以被化约为以下的主张：

- A 由于 Y 而对 B 有 X 的权利（A has a right to X against B by virtue of Y）

在艾伦·格维尔茨看来，人权包括五个要素：（1）权利主体（A）；（2）权利的性质；（3）权利的客体（X）；（4）权利的回答人（B）；（5）权利的论证基础或根据（Y）。人权因而成为"权利资格或可论证的主张或者道德属性"②。

在艾伦·格维尔茨的基础上，学者黄建武提出，法权的构成比人权的构成更为复杂，从关系的完整性来看，法权的因素应当包括：（1）权利主体；（2）权利的内容；（3）权利客体；（4）权利依据；（5）法的强制力；（6）义务人；（7）义务人的义务。③

五、罗尔斯"作为社会合作体系必要条件的权利"

美国当代著名学者约翰·罗尔斯（John Bordley Rawls，1921—2002）认为，人权不同于宪法赋予的权利，也有别于"自由民主制公民的权利"，也不同于"属于某种政治机构——包括个人主义式和联合式机构——的权利"，人权作为"任何社会合作体系的必要条件"，本身"不依系于任何特定的完备性宗教学说以及有关人性的哲学学说"，它是内在于"万民法"的具有普遍性的权利。④

罗尔斯将人权视为"任何社会合作体系的必要条件"的观点直接批判了古典功利主义的人权观。在古典功利主义看来，人类总是在"避苦求乐"中追求最大多数人的最大利益。按照这一信条，我们至少可以从以下四个方面对古典功利主义的人权观加以理解⑤：

第一，人类总体上处于"苦""乐"两种心理状态的支配下，并且这种状

---

① Alan Gewirth, The Basis and Content of Human Rights, 13 Ga. L. Rev. 1143 (1979)；Alan Gewirth, The Ontological Basis of Natural Law: A Critique and an Alternative, 29 AM. J. Juris. 95 (1984)；Alan Gewirth, The Epistemology of Human Rights, /Soc. Philos. Policy 1–24 (1984)．

② 参见李海星：《人权哲学导论》，社会科学文献出版社 2012 年版，第 13 页；沈宗灵、黄楠森：《西方人权学说》（下），四川人民出版社 1994 年版，第 116–117 页。

③ 黄建武：《法权的构成及人权的法律保护》，载《现代法学》2008 年第 4 期。

④ 参见李海星：《人权哲学导论》，社会科学文献出版社 2012 年版，第 17 页；［美］约翰·罗尔斯：《万民法》，张晓辉等译，吉林人民出版社 2001 年版，第 85–86 页。

⑤ 董骏：《罗尔斯契约主义人权观：逻辑起点、内涵意蕴与实践向度》，载《河北法学》2021 年第 9 期。

态可以通过"快乐的强度、持续性、确定性、远近性、繁殖性、纯洁性、广延性"七个影响变量加以比较、计算。

第二，根据经典的功利主义基本信条，如果能够追求社会的"最大多数人的最大快乐"，使快乐的总量大于痛苦，那么，在功利主义的框架内就可接受部分人的利益以他人利益为代价而带来的不平等的社会结构安排。

第三，如果对自由和权利的限制能够最大程度增进社会福利，那么，这在一个功利主义者的眼里是可以容忍的。

第四，权利只能存在于制度之内，离开制度也就无所谓权利。就法律而言，权利是法律的产物，而非相反。造就权利的法律必须按照功利主义原则创立，在功利主义框架中得到解释。换句话说，法律权利只有在最终诉诸功利原则（致力于政府追求的最大多数人的最大幸福）时才是正当的。

在《正义论》这本巨著中，罗尔斯开篇就说："正义否认为了一些人分享更大利益而剥夺另一些人的自由是正当的，不承认许多人享受的较大利益能绰绰有余地补偿强加于少数人的牺牲。所以，在一个正义的社会里，平等公民的各种自由是确定不移的，由正义所保障的权利决不受制于政治的交易或社会利益的权衡。"① 为了克服功利主义人权的理论缺陷，罗尔斯通过"原初状态"（original position）、"无知之幕"（veil of ignorance）等概念构建了一个人权价值体系的逻辑起点。罗尔斯认为这种原始状态就是合适的初始状态，因而在这种状态中达成的协议也是公平的。

在上述理论铺垫的基础上，罗尔斯提出了互惠合作的正义原则，如下：

第一，自由原则（liberty principle），即每个社会成员在制度上都应该享有充分、合适而且彼此相当的基本自由与权利。

第二，平等原则（equality principle），即任何社会地位和经济利益不均的分配，都应要求：（a）机会公平原则（fair equality of opportunity），不均的分配系依工作职位而定，而职位和工作机会都必须实质公平地开放给每位成员；（b）差异原则（difference principle），不均的分配必须对受益最少的成员有最大利益。②

关于两个原则之间的关系，罗尔斯强调，第一原则优先于第二原则，也就是说自由平等原则是处于第一位的、绝对的，正义的社会必须无条件地确保每

① ［美］约翰·罗尔斯：《正义论》（修订版），何怀宏等译，中国社会科学出版社 2009 年版，第 3 页。
② John Rawls, A Theory of Justice: Revised Edition (Harvard University Press, 1999), p. 266; John Rawls, Political Liberalism (Columbia University Press, 1996), p. 291.

一个社会成员的自由平等，每一个人都必须尊重他人同样的自由平等权。20 世纪 80 年代以后，罗尔斯从政治哲学的角度阐释社会正义理论，探讨自由宪政民主国家的公民享有的平等的基本自由权，这些权利包括："思想自由和宗教信仰自由；由个人的自由权与个人的尊严所具体规定的那些自由，以及政治自由权和结社自由；法治所含盖的权利与自由。"①

六、马克思辩证唯物主义的权利观

从欧洲启蒙运动中孕育出自然权利论到马克思主义创立辩证唯物主义权利观的几百年间，西方的学者们在使用权利一词的时候都是建立在"civil society"或是"bürgerliche Gesellschaft"这一概念的基础之上。霍布斯、洛克、卢梭、康德和黑格尔都使用过这个概念，英语和德语中公民和市民是同一个词，但在法语中它们可以被区分为"citoyen"和"bourgeois"。公民（citoyen）这个概念所强调的是人在共同体之中所获得的政治属性，而市民（bourgeois）所指的是处于政治领域之外以私人利益为目的的人。②在黑格尔看来，市民社会的基本原则包含两部分："具体的人，他自己作为特殊的目的，作为需求的总体和自然必然性和任性的混合体，是市民社会的一个原则。但特殊的人在本质上是处在与其他特殊性的关系之中的，以至于每个人都要通过他人的中介，并且全然只能通过普遍性的形式的中介——这是市民社会的另一个原则，才能肯定自己和满足自己。"③黑格尔对市民社会的观察和思考最终都与他所主张的"绝对精神"有关。然而，针对黑格尔的唯心主义学说，路德维希·安德列斯·费尔巴哈（Ludwig Andreas von Feuerbach，1804—1872）于 1839 年出版了《黑格尔哲学的批判》（*Zur Kritik der Hegelschen Philosophie*）一书。在此书中，费尔巴哈认为"黑格尔哲学是将思维……当成了神圣的绝对的本质，'绝对'哲学的秘密，因此就是神学的秘密"。费尔巴哈虽然从唯物主义的角度批判了黑格尔的法哲学，但是，这种旧唯物主义对对象、现实、感性，只是从客体的或者直观的形式去理解，而不是把它们当作感性的人的活动，当作实践去理解，也不是从主体方面去理解。直到马克思的出现，欧洲的学术界才真正从辩证唯物主义的立场重新严肃认真地思考"civil society"或是"bürgerliche Gesellschaft"的问题。

---

① 刘贺青：《罗尔斯基本人权思想述评》，载《河北法学》2009 年第 6 期。
② 方博：《去政治的政治哲学方案——马克思的"真正的民主制"》，载《学术月刊》2018 年第 3 期。
③ Hegel, Hauptwerke in sechs Bänden（Felix Meiner Verlag, 1999）, Bd. 5, S. 165.

1845 年，马克思在布鲁塞尔写成了被恩格斯称为"包含新世界观的天才萌芽的第一个文件"——《关于费尔巴哈的提纲》。在该提纲的第 10 条中，马克思深刻地指出："旧唯物主义的立脚点是市民社会，新唯物主义的立脚点则是人的社会或是社会的人。"①

　　在人类思想史上，没有一种思想理论像马克思主义那样对人类产生了如此广泛而深刻的影响。②马克思和恩格斯在创立马克思主义的过程中，也创立了马克思主义的权利理论。按照万其刚先生的研究，马克思主义人权理论，有一个逐步产生、发展的过程。这一过程大体上可以分为三个阶段。第一阶段，从 1835 年到 1848 年，是马克思主义人权思想产生时期；第二阶段，从 1848 年到 1883 年，是马克思主义人权思想成熟时期；第三阶段，从 1883 年到 1895 年，是在马克思逝世以后，恩格斯捍卫和发展马克思主义人权思想时期。③

　　哪里有人的存在，哪里就有人的社会，哪里就有人权问题。④从马克思主义的视角来看，人权是涉及社会生活各个方面的广泛、全面、有机的权利体系。⑤在马克思撰写的著名的《论犹太人问题》一文中，针对德国哲学家布鲁诺·鲍威尔所认为的"人要获得一般人权，就必须牺牲'信仰的特权'"这一观点，马克思认为，在人权这一概念中并没有宗教和人权互不相容的含义。相反，信奉宗教、用任何方式信奉宗教、履行自己特殊宗教的礼拜的权利，都被明确列入人权。信仰的特权是普遍的人权。为了论证这一观点，马克思深刻地阐述了人权与公民权的区别：

　　　　Droits de l'homme，人权，它本身不同于 droits du citoyen，公民权。与 citoyen［公民］不同的这个 homme［人］究竟是什么人呢？不是别人，就是市民社会的成员。为什么市民社会的成员称作"人"，只称作"人"？为什么他的权利称作人权呢？我们用什么来解释这个事实呢？只有用政治国

---

①　朱光潜：《对〈关于费尔巴哈提纲〉译文的商榷》，载《社会科学战线》1980 年第 3 期；舒远招：《马克思〈关于费尔巴哈的提纲〉中几个德文词的理解和翻译——"nicht""die menschliche Wirklichkeit""die menschliche Gesellschaft"》，载《湖南师范大学社会科学学报》2009 年第 3 期。

②　习近平：《在纪念马克思诞辰 200 周年大会上的讲话》（2018 年 5 月 4 日），载《人民日报》，2018 年 5 月 5 日第 2 版。

③　万其刚：《马克思、恩格斯人权思想研究》，载《政法论坛（中国政法大学学报）》1998 年第 4 期。

④　本书编写组：《宪法学》（第 2 版），高等教育出版社 2020 年版，第 185 页。

⑤　本书编写组：《宪法学》（第 2 版），高等教育出版社 2020 年版，第 185-186 页。

家对市民社会的关系，用政治解放的本质来解释。

……

政治国家的建立和市民社会分解为独立的个体——这些个体的关系通过法制表现出来，正像等级制度中和行帮制度中的人的关系通过特权表现出来一样——是通过同一种行为实现的。但是，人，作为市民社会的成员，即非政治的人，必然表现为自然人。Droits de l'homme［人权］表现为droits naturels［自然权利］，因为有自我意识的活动集中于政治行为。利己的人是已经解体的社会的消极的、现成的结果，是有直接确定性的对象，因而也是自然的对象。政治革命把市民生活分解成几个组成部分，但没有变革这些组成部分本身，没有加以批判。它把市民社会，也就是把需要、劳动、私人利益和私人权利等领域看作自己持续存在的基础，看作无须进一步论证的前提，从而看作自己的自然基础。最后，人，正像他是市民社会的成员一样，被认为是本来意义上的人，与 citoyen［公民］不同的 homme［人］，因为他是具有感性的、单个的、直接存在的人，而政治人只是抽象的、人为的人，寓意的人，法人。现实的人只有以利己的个体形式出现才可予以承认，真正的人只有以抽象的 citoyen［公民］形式出现才可予以承认。①

《论犹太人问题》虽然是针对布鲁诺·鲍威尔的观点而创作的一篇论文，但是在这篇文章中，马克思却将这个问题转化为一个真正意义上的"当代的普遍问题"。马克思在这里提出了"人的解放"的问题，他写道：

只有当现实的个人把抽象的公民复归于自身，并且作为个人，在自己的经验生活、自己的个体劳动、自己的个体关系中间，成为类存在物的时候，只有当人认识到自身"固有的力量"是社会力量，并把这种力量组织起来因而不再把社会力量以政治力量的形式同自身分离的时候，只有到了那个时候，人的解放才能完成。②

在《论犹太人问题》中，马克思深刻地指出，基督徒基于天堂幸福的利己

---

① 中共中央马克思恩格斯列宁斯大林著作编译局：《马克思恩格斯文集》（第1卷），人民出版社2009年版，第45-46页。

② 中共中央马克思恩格斯列宁斯大林著作编译局：《马克思恩格斯文集》（第1卷），人民出版社2009年版，第46页。

主义，经过自身完成的实践，必然会转变成为犹太人基于肉体的利己主义，天国的需要必然会转化为尘世的需要，主观主义必然会演变成自私自利。我们不是用犹太人的宗教来说明犹太人的顽强性，而是相反，用犹太人的宗教的人的基础、实际需要、利己主义来说明这种顽强性。①马克思所谓的"天国的需要"就是资产阶级所宣扬的那种不以现实条件为依据的纯粹的权利需求，而所谓"尘世的需要"就是他所极力主张的符合辩证唯物主义的真正权利的需求。在这里，马克思的《论犹太人问题》已经不单单是指向"犹太人"，而是指向了以"犹太人"作为象征的一切"现代人"。

任何一个现代人都过着双重的生活——天国的生活和尘世的生活。前者是宗教性质的，后者是唯物主义性质的。在这两种生活中，人们享有着两种人权——一种是天国的人权，一种是尘世的人权。天国中的人权是虚假的，因为它是唯灵论特性，只有尘世的人权才是真实的，在这种真正的权利关系中，人得以复归为社会类存在物的一员。对此，马克思这样写道：

> 在政治国家真正形成的地方，人们不仅在思想中，在意识中，而且在现实中，在生活中，都过着双重的生活——天国的生活和尘世的生活。前一种是政治共同体中的生活，在这个共同体中，人们把自己看作社会存在物；后一种是市民社会中的生活，在这个社会中，人作为私人进行活动，把他人看作工具，把自己也降为工具，并成为异己力量的玩物。政治国家对市民社会的关系，正像天国对尘世的关系一样，也是唯灵论的。政治国家与市民社会也处于同样的对立之中，它用以克服后者的方式也同宗教克服尘世局限性的方式相同，即它同样不得不重新承认市民社会，恢复市民社会，服从市民社会的统治。②

马克思认为私有财产是"自私自利的权利"，"这种自由使每个人不是把他人看作自己自由的实现，而是看作自己自由的限制"。在这种情形下，平等仅仅是保证"每个人都同样被看成那种独立自主的单一体"。而安全则是对每个自私的和孤立的个人财产的保障。据此，马克思得出了以下结论：

---

① 中共中央马克思恩格斯列宁斯大林著作编译局：《马克思恩格斯文集》（第 1 卷），人民出版社 2009 年版，第 54-55 页。

② 中共中央马克思恩格斯列宁斯大林著作编译局：《马克思恩格斯全集》（第 3 卷），人民出版社 2002 年版，第 172-173 页。

因此，没有任何一种所谓的人的权利超越了以自我为中心的人，超越了作为市民社会成员的人；也就是说，一个人脱离了社会，闭门不出，完全专注于他的个人利益，按照他个人的喜好行事。在这些权利中，人绝对不是类存在；相反，类生活本身——社会——表现为一种外在于个体的系统，也表现为对个体原有独立性的限制。人与人之间的唯一纽带是自然的需要、需求和私人利益，是对他们财产和他们利己的人身保护。①

在马克思看来，人的本质是一切社会关系的总和，人权只有在社会中才能实现，人权是社会的产物。人类社会内部主要存在五大异己力量：私有财富、剥削制度、剥削阶级、专制政治、宗教。它们正是人类遭受奴役或压迫的主要根源，其长期存在和持续作用是人类社会绝大多数成员长期以来遭受奴役、压迫的主要原因。人类要摆脱奴役、获得解放，必须彻底战胜这些异己力量。②

通过对马克思主义若干具有代表性的经典文献的解读，马克思主义的人权理论可以被归结为一种辩证唯物主义的权利观，它具体表现出以下特点：（1）权利和义务的人民性，即权利的持有者和义务的承担者都是以人民为中心的。（2）权利和义务表现为相互统一、相辅相成的关系。"没有无义务的权利，也没有无权利的义务。"③（3）马克思主义权利观既肯定个人权利又注重保障集体权利。（4）权利和义务不是抽象的，而是具体地存在于社会生活和实践之中，同时又受到一定经济、社会和文化发展水平的制约。正如马克思在《哥达纲领批判》中所言："权利永远不能超过社会的经济结构以及由经济结构所制约的社会文化发展。"④（5）马克思主义人权理论承认了权利的普遍性，同时又认为普遍人权标准必须落实在具体的经济、社会和文化条件之下。马克思主义否认了"天国权利"的真实性，而将"尘世权利"作为人民真正可以享有的权利。（6）马克思主义人权理论认为各类人权都是不可分割、相互依存的，它不仅承认公民权利和政治权利，同时保障公民的经济、社会和文化权利。（7）马克思主义人权理论认为，权利不是静止不变的，而是随着时代的发展与时俱进，权利永远存

---

① ［爱尔兰］保罗·奥康奈尔：《人权与马克思主义传统》，张伟、郑学易译，载《人权》2021年第4期。

② 林锋：《马克思〈问题〉与〈导言〉人类解放理论新探——兼评所谓"〈问题〉〈导言〉不成熟论"》，载《东岳论丛》2011年第4期。

③ 中共中央马克思恩格斯列宁斯大林著作编译局：《马克思恩格斯选集》（第2卷），人民出版社1972年版，第137页。

④ 中共中央马克思恩格斯列宁斯大林著作编译局：《马克思恩格斯选集》（第3卷），人民出版社1972年版，第12页。

在于生生不息的历史发展之中。①

第三节 基本权利的结构：核心与外围

宪法作为近代社会的自由大宪章（The great charter of our liberties）②，不可避免地是以一般化的语言来加以规定的。③宪法中规范基本权利的语言同样具有一般性。当普通大众甚至是专业人士阅读基本权利的规范文字时，他们更多地感觉这些文字的表述是相当抽象、相当原则，以至于相当笼统。基本权利规范语言的这种印象，似乎使人们怀疑它可能没有达到法律的明确性原则（the doctrine of clarity）④。面对这种感性认识上的质疑，本书认为基本权利规范语言的一般性并未违反法律的明确性要求，理由有三：第一，法律的明确性（clarity of law）不同于明确性的规则（law of clarity）。⑤明确性规则可能存在很多的版本，具体在何种情况下达到了法律的明确性，取决于不同法律体系本身对正义的要求。第二，法律的明确性不同于法律的具体性（specification）。规范具体性在很多时候表现为一种规范密度和规范程度，法律的明确性原则并没有设定刚性的规范密度和规范程度。第三，法律规范的形塑严重依赖立法者，当立法者决定将某一种宪法上的基本权利规范具体化的时候，立法者必须明确指示某种行为到底是"合法的"还是"非法的"，而不能在某种行为的合法性上模棱两可，甚至自相矛盾。在1816年的"马丁诉亨特之承租人案"（Martin v. Hunter's Lessee）中，法院针对宪法语言的一般性做出了如下精彩评论：

> 宪法是以一般性语言加以表达的，它为立法机关留下了空间，立法机
> 关可根据公共利益的要求，不时采取其认为恰当的措施来达成正当的立法

---

① 涂云新：《比较人权文化中的权利与义务——以西方、中华传统和马克思主义文化范式为样本的分析》，载《人权法学》2022年第2期。

② Dobbs v. Jackson Women's Health Organization, 597 U. S. 215（2022）.

③ "The constitution unavoidably deals in general language." See Martin v. Hunter's Lessee, 14 U. S. 304, 326, 4 L. Ed. 97（1816）.

④ Krisztina Ficsor, Certainty and Uncertainty in Criminal Law and the Clarity of Norms Doctrine, 59 Hung. J. Legal Stud. 271（2018）; Calli Ferreira, The Quest for Clarity: An Examination of the Law Governing Public Contracts, 128 S. African L. J. 172（2011）;

⑤ Michael A. Francus, The Law of Clarity and the Clarity of Law, 2020 U. Chi. L. Rev. Online 1（2020）.

目的，立法机关能够依据自身智慧去塑造和设计立法权威。①

一、基本权利的核心

在分析基本权利的结构时，德国法学界提出了基本权利的核心（The Essence of Basic Rights/Wesensgehalt der Grundrechte）的概念。②基本权利核心这个概念的规范依据是《德国基本法》第 19 条第 2 款规定的"本质内容保障"，即任何对基本权利的限制不得损害该权利的本质。除德国法外，"基本权利核心"这一概念在比较宪法上可以找到很多支撑性证据。1978 年《西班牙宪法》第 53 条规定，关于行使基本权利的立法必须尊重"其基本内容"。1987 年《大韩民国宪法》第 37 条第 2 款规定："国民的所有自由和权利，在为保障国家安全、维持秩序或为公共福利所需时可由法律做出限制，但不得侵犯自由和权利的本质内容。"1999 年《瑞士宪法》第 36 条规定，基本权利的"实质"不可侵犯。《欧盟基本权利宪章》第 52 条第 1 款规定了基本权利限制条款，即"要尊重权利或者自由的内核部分"和"符合比例原则"。

"基本权利的核心"似乎是一个不确定的法律概念，西班牙宪法法院对此做出了一定的概念化努力，获得法国学界的关注和吸收，并延续了"平等"价值的注入与论证。西班牙宪法法院在 1981 年 4 月 8 日第 11/1981 号决定中规定，"权利内核"概念可有两种含义：其一，"核心要素"需要学术界和法官对该项权利的结构、范围形成共识。如果立法者不能依据此共识准确定义核心要素，那么相关立法可能会侵蚀权利的基本内容，存在违宪风险。其二，对基本权利的核心要素进行界定，意味着要考虑该项权利保护的核心法益。若立法架空了核心内容，或者阻碍了该项权利的有效实施，即构成过度限制。在法国法中，基本权利核心内容不受侵犯的术语表达为基本权利"不得被改变性质"（non-dénaturation）。③

---

① "Hence its powers are expressed in genetal terms, leaving to the legislature, from time to time, to adopt its own means to effectuate legitimate objects, and to mould and model the exercise of its powers, as its own wisdom, and the public interests, should require." See Martin v. Hunter's Lessee, 14 U. S. 304, 326-27, 4 L. Ed. 97 (1816).

② Takis Tridimas and Giulia Gentile, The Essence of Rights: An Unreliable Boundary? 20 German L. J. 794 (2019).

③ 王蔚：《基本权利之"基本"的内涵——以法国法为中心》，载《比较法研究》2021 年第 6 期；另参见王蔚：《法兰西第五共和国宪法：制度与变迁》，法律出版社 2022 年版，第 8 章。

在 2005 年的"航空安全案"（Luftsicherheitsgesetz）中，德国联邦宪法法院判定生命权作为一项基本权利可以经由议会的正式立法进行一定的合理限制，但是限制这项至关重要的基本权利必须满足严格的条件：首先，立法机关的行使职权的权限必须是合法的；其次，该种限制不得损害《德国基本法》所保障的基本权利的核心内涵（The Core of Basic Rights/Wesensgehalt der Grundrechte）；最后，该种限制性立法不得在任何方面抵触宪法的根本决定（Fundamental decisions of the constitution/Grundentscheidungen der Verfassung）。①

接下来一个比较重要的区分就是"基本权利的核心"与"绝对权利"的问题。众所周知，对绝对权利而言，由于这项权利本身的不可限制和不可克减的特征，国家被要求提供一种所谓的"绝对保障方式"，且国家公共机构在任何时候、任何方面都不得侵入绝对权利的保护范围。但是，大多数的权利并非绝对，宪法和法律一般将之视为"相对权利"（Qualified Rights）。相对权利的核心领域和边缘领域的区分就显得尤为关键。在 2007 年的"欧哈兰和弗朗斯西诉联合王国案"（O'Halloran and Francis v. the United Kingdom）中，欧洲人权法院发展出了基本权利的核心测试（essence of the right test）理论，即法院在多大程度上可以界定一项相对权利的核心保障范围。②例如"获得公正审判权"通常被认为是一项相对权利，为了判断《欧洲人权公约》第 6 条③所保障的核心领域，欧洲人权法院以"禁止自证其罪"为例进行了说明。有时，欧洲国家在行政处罚案件中也会确保相对人拥有获得公正审判的权利，但更多时候，欧洲国家将"禁止自证其罪"的保护适用于刑事案件，而非行政处罚案件。这说明国家在基本

---

① BVerfGE 115, 118［85］.

② O'Halloran and Francis v. the United Kingdom, 15809/02［2007］ECHR 545（29 June 2007）, paras. 43-63.

③ 《欧洲人权公约》第 6 条规定：1. 在决定某人的公民权利和义务或者在决定对某人确定任何刑事罪名时，任何人有理由在合理的时间内受到依法设立的独立而公正的法院的公平且公开的审讯。判决应当公开宣布。但是，基于对民主社会中的道德、公共秩序或者国家安全的利益，以及对民主社会中的少年的利益或者是保护当事人的私生活权利的考虑，或者是法院认为，在特殊情况下，如果公开审讯将损害公平利益的话，可以拒绝记者和公众参与旁听全部或者部分审讯。2. 凡受刑事罪指控者在未经依法证明为有罪之前，应当推定为无罪。3. 凡受刑事罪指控者具有下列最低限度的权利：（a）以他所了解的语言立即详细地通知他被指控罪名的性质以及被指控的原因；（b）应当有适当的时间和便利条件为辩护做准备；（c）由他本人或者由他自己选择的律师协助替自己辩护，或者如果他无力支付法律协助费用的，则基于公平利益考虑，应当免除他的有关费用；（d）询问不利于他的证人，并在与不利于他的证人具有相同的条件下，让有利于他的证人出庭接受询问；（e）如果他不懂或者不会讲法院所使用的工作语言，可以请求免费的译员协助翻译。

权利的保障方面存在着不同的保护水准（degree of protection）。如此一来，任何人都不得"自证其罪"就属于"获得公正审判权"的核心保障领域。相比之下，《欧洲人权公约》第6条第3款所规定的诸如审判中的语言、翻译以及法律协助费用问题就不能够被认定为是基本权利的核心。从另一方面来看，《欧洲人权公约》第6条中的某些非核心的权利也可以被抛弃或者放弃，如果一项权利可以以明示或者默示的方式抛弃，那么这项权利就不能被认定为是基本权利的核心。①

欧洲人权法院通常将界定基本权利的内核作为适用比例原则的一部分。然而，欧洲人权法院不会采用权衡方法决定基本权利的内核范围。欧洲人权法院在 Ashingdane 案的判决中首次适用了该司法原则，告诫缔约国"对权利限制的程度不能约束或者削减公约权利的内核部分"。该判决理由反映出欧洲人权法院在审查限制措施的目的正当性和适用比例原则前，会优先审查该措施是否侵犯了基本权利的内核。部分欧洲人权法院的法官虽然相信比例原则是限制权利最普遍的方法，但是该司法审查范式无法"完全与基本权利最低保障标准重合"。这就是欧洲人权法院在司法审查过程中经常提及对基本权利的限制程度不能伤及基本权利内核的原因。例如，欧洲人权法院在 Lingens 案和 Orban 案的判决中虽然经常提及比例原则，但是依据民主社会的价值界定，相关权利的最低保障标准才是判决的决定性因素。②

二、基本权利的外围

与基本权利的内核相应的一个法律概念是所谓的"基本权利的外围"。所谓基本权利的外围，是指围绕着某一基本权利之本质而产生的外围功能区。从逻辑上看，如果基本权利中含有一个内核，那么基本权利的概念中必定存在一个与内核相应的"外围"。理论和实务界较易混淆的概念是"基本权利的外围"（The Peripheral of Basic Rights）和"边缘性基本权利"（Peripheral Basic Rights）。基本权利的外围是一个功能区的概念，而边缘性基本权利是指那些由核心权利衍生而出的辅助性基本权利。

在分析阿列克西权重公式时，范继增博士曾提出"基本权利功能层级"的

---

① Dovydas Vitkauskas and Grigoriy Dikov, Protecting the Right to a Fair Trial under the European Convention on Human Rights: A Handbook for Legal Practitioners (2nd ed., Council of Europe, 2017), p. 15.

② 范继增:《迈向保障基本权利和确定性并存的权衡法则：阿列克西权重公式的解构与重建》，载《东南法学》2022年第1期。

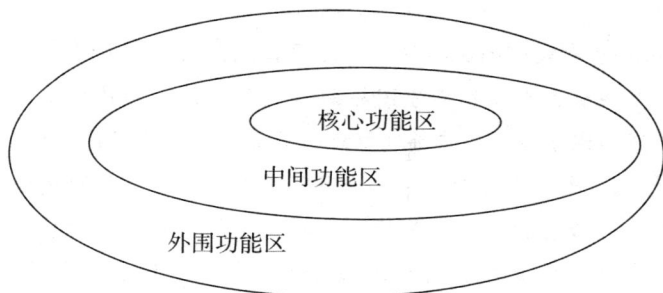

图 2-1　基本权利功能层级分析图①

概念，将基本权利的功能区分为核心功能区、中间功能区和外围功能区三个层级。对基本权利而言，并非所有的功能都具有同等重要性。例如，在以自由民主为根基的立宪政体中，维护个人尊严和民主社会精神的基本权利，更贴近该政体的核心价值，因而更靠近宪法权利价值的核心功能区。而商业利益、娱乐新闻、传播和表达低俗观点的自由，虽也受宪法权利保障，但这些目的与民主自由政体的核心价值距离较远。所以，依据"基本权利功能层级"理论得出的一个必然结论就是：核心功能区的效力等级高于中间功能区和外围功能区。②这一结论在逻辑上显然成立，然而范继增博士在引用"阿什贝·唐纳德等人诉法国政府案"（Ashby Donald & Others vs. France）③ 来说明核心功能区的效力高于外围功能区时，存在一定问题。我们很难依据此案笼统地得出这样的结论：欧洲人权法院的判决就呈现出保障政治表达自由的力度高于商业性表达自由的特点。《欧洲人权公约》第 10 条所保护的表达自由，毫无疑问属于一种基本权利，而且是一种"核心基本权利"。然而什么构成表达自由的核心，哪些属于表达自由的外围呢？是否可以直接认为，知识产权保护属于表达自由的外围呢？对于这个问题，本书认为表达自由的核心包括了思想的传播和再造两个方面，知识产权的终极目的恰好在于思想的传播和再造。因此，不能认为知识产权保护落入了表达自由的"外围功能区"。

　　《欧洲人权公约》第 10 条所规定的"表达自由"条文如下：

---

① 范继增：《迈向保障基本权利和确定性并存的权衡法则：阿列克西权重公式的解构与重建》，载《东南法学》2022 年第 1 期。

② 范继增：《迈向保障基本权利和确定性并存的权衡法则：阿列克西权重公式的解构与重建》，载《东南法学》2022 年第 1 期。

③ Ashby Donald & Others vs. France（Affaire Ashby Donald et Autres c. France），Appl no. 36769/08，judgment 10 January 2013.

1. 人人享有表达自由的权利。此项权利应当包括持有主张的自由，以及在不受公共机构干预和不分国界的情况下，接受和传播信息和思想的自由。本条不得阻止各国对广播、电视、电影等企业规定许可证制度。

2. 行使上述各项自由，人人负有义务和责任，必须接受法律所规定的和民主社会所必需的程式、条件、限制或者是惩罚的约束。这些约束是基于对国家安全、领土完整或者公共安全的利益，为了防止混乱或者犯罪，为了保护健康或者道德，为了保护他人的名誉或者权利，为了防止秘密收到的情报的泄漏，或者为了维护司法官员的权威与公正的因素的考虑。

"阿什贝·唐纳德等人诉法国政府案"（2013）

在 2013 年的"阿什贝·唐纳德等人诉法国政府案"中，申诉人是法国高级定制时装联合会（Fédération Française de la Couture）所认可的时装摄影师。2003 年 3 月，阿什贝·唐纳德（Ashby Donald）等人受邀参加了法国巴黎 2003—2004 秋冬高级女装展。就在这次时装展结束后的数小时之内，阿什贝·唐纳德等人把他们在展会上拍摄的照片和视频上传到了公司的网站上。法国高级定制时装联合会在知悉实情后，决定对阿什贝·唐纳德等人提起知识产权侵权诉讼。经过法国国内一系列复杂的诉讼程序，摄影师们在法国最高法院（Cour de cassation）败诉，法院判处摄影师们必须对其侵权行为承担法律责任。阿什贝·唐纳德等人认为他们依据《欧洲人权公约》第 10 条的规定享有表达自由，于是他们将此案提交至欧洲人权法院。欧洲人权法院在这个案件中要处理的核心问题，就是知识产权和表达自由的边界问题。欧洲人权法院认为，言论表达自由是民主社会的构成基石，是社会发展和个人进步的基本条件之一，任何缔约国对言论和表达自由的限制都必须满足两个条件：一是依据法律进行限制，二是该限制必须是一个民主社会所必需且适当的。接下来，欧洲人权法院需要考察的问题是《法国版权法》第 122 条所保护的著作权①与《欧洲人权公约》第 10 条所保护的表达自由之间的关系。欧洲人权法院认为基本权利的限制必须遵循广义的比例原则，包括适当性原则、必要性原则和权衡原则。结合本案的案情和《欧洲人权公约》第 10 条的规定，法院判定：法国基于知识产权的保护而限制阿什贝·唐纳德等人的表达自由构成了基本权利的限制；同时，阿什贝·唐

---

① Article L122-9 of the French Copyright Act（Code de la Propriété Intellectuele）.

纳德等人确实是以违反知识产权的方式行使表达自由权利。在"国别裁量余地理论"（Margin of Appreciation）之下，法国政府可以在符合广义比例原则的前提下以立法的方式限制公民的表达自由。纵观本案事实，《法国版权法》适用于阿什贝·唐纳德等人的侵权行为，虽然限制了他们的表达自由，但是这种限制符合适当性原则、必要性原则和权衡原则。2013 年 1 月 10 日，欧洲人权法院下达判决书，驳回了阿什贝·唐纳德等人的诉讼请求。①

"阿什贝·唐纳德等人诉法国政府案"是欧洲人权法院首次就知识产权与表达自由的关系进行的权威性裁判。虽然欧洲人权法院认为法国政府在本案中不存在对《欧洲人权公约》第 10 条的违反，但是法院间接地厘清了知识产权和表达自由的关系问题。

根据著名宪法学家托马斯·爱默生（Thomas I. Emerson）的观点，表达自由（言论自由）实际上是自由政治的产物②，它从根本意义上具有四种无可替代的重大价值：（1）确保个人的自我实现（Assuring individual self-fulfillment）；（2）促进知识和发现真理（Advancing knowledge and discovering truth）；（3）为全体社会成员参与政治决策过程提供通道（Providing for participation in decision-making by all members of society）；（4）维持社会稳定和变迁之间的平衡（Achieving a more adaptable and hence a more stable community）。③ 如果对知识产权与表达自由的关系进行更深层次的挖掘，我们就可以看到知识产权的终极目的也是为了促进上述四种价值。

"奥利亚里诉意大利案"（2015）

在 2015 年 7 月的"奥利亚里诉意大利案"中，恩里科·奥里亚里（Enrico Oliari）等六人基于《欧洲人权公约》第 8、12、14 条之规定向欧洲人权法院起诉意大利政府。其核心理由是意大利的做法侵犯了他们受《欧洲人权公约》保护的"私人和家庭生活受到尊重的权利"（第 8 条）、"婚姻与组建家庭的权利"

---

① Ashby Donald & Others vs. France（Affaire Ashby Donald et Autres c. France），Appl no. 36769/08，judgment 10 January 2013，paras. 38-45.

② Thomas I Emerson, Toward a General Theory of The First Amendment（Random House, 1966），p. 72-97；Thomas I Emerson, The System of Freedom of Expression（Random House, 1970），p. 6-7.

③ Thomas I Emerson, Toward a General Theory of the First Amendment, 72Yale L. J. 877-956（1962-1963）；中文参考侯健：《言论自由及其限度》，载《北大法律评论》2000 年第 1 期；林子仪：《言论自由之理论基础》，见林氏：《言论自由与新闻自由》，月旦出版社 1994 年版。

（第 12 条）以及"免于禁止歧视的权利"（第 14 条）。欧洲人权法院在推理中认为有必要区分"核心权利"（core rights）和"辅助性权利"（supplementary rights），而本案所涉及的问题已经触及个人的存续和身份认同（individual's existence and identity），因而属于"核心权利"（core rights）。①

　　然而什么是基本权利的"外围功能区"呢？本书认为它至少包括以下领域：首先，它可以包括某一基本权利还未完全成熟时所保护的价值。初步权利（Inchoate Right）是指还没有完全形成或者成熟的权利。其次，它可以包括某一基本权利虽然已经萌芽但是还没有完全现实化那个阶段所保护的价值。期待性权利（Contingent Right）是指取决于一定条件还未现实化的权利。最后，它可以包含某一基本权利所派生的那些辅助性权利所保护的价值。从属性权利（Accessory Right）是指由主权利派生出来的具有从属性或依附性的权利。

　　真正难以处理的基本权利的冲突是这样一种冲突，即两组基本权利的核心价值几乎处在同一位阶上。典型的例子是美国联邦最高法院于 2018 年判决的"杰作蛋糕店诉科罗拉多民权委员会案"（Masterpiece Cakeshop v. Colorado Civil Rights Commission）②。

第四节　基本权利的结构性功能：从双重功能体系到多功能体系

一、基本权利结构性功能的思考

　　结构功能主义（Structural Functionalism）又被称作是功能主义（Functionalism）或功能学派（Functional School），其基本观点是将社会看成一个具有一定结构和组织化手段的系统，各社会组织有序地关联并对社会整体发挥有效功能。英国社会学家安东尼·吉登斯（Anthony Giddens）在 1984 年《社会的构成》一书中这样描述了"功能主义"：

　　　　自孔德（Comte，1798—1857）以来的社会学家将生命科学看作是社会科学最近似和最兼容的一个模型。生命科学被视为构建所有社会系统功能

---

① Oliari and Others v. Italy, Applications nos. 18766/11 and 36030/11, 21 July 2015, paras. 165-187.

② Masterpiece Cakeshop v. Colorado Civil Rights Commission, 584 U. S. 617 (2018).

和结构、分析社会进化机制的一个典范……功能主义强调的是社会系统作为一个整体对其组成个体的优先性。①

美国著名社会学家帕森斯（Talcott Parsons，1902—1979）提出一个所谓的"AGIL 图式"来解释社会系统的运行，该理论也被视为系统功能学派阐释力最强的理论之一。"AGIL 图式"中每个英文字母代表一个词语，每个词语都有丰富的内涵。其中 A 代表"适应"（Adaption），它是指一个系统必须适应环境，并从环境中获得可支配的资源，以求得自身的生存和发展；G 代表"目标实现"（Goal-attainment），指系统必须确立自身的目标，以及达到目标的手段；I 代表"整合"（Integration），指系统必须协调内部各部分的关系，以维持一定的和谐；L 代表"维模"功能，即潜在的模式维持功能（Latent pattern-maintenance），指系统必须使各部分具有动力和动机，并按一定的规范和秩序参与系统内部的过程，以维护和复制原有模式。②帕森斯将社会系统适应、目标达成、整合、潜在模式维系的四种功能看作是可以保持社会系统稳定的主要要素。美国社会学家罗伯特·金·默顿（Robert King Merton，1910—2003）发展了帕森斯的结构功能主义学说，提出了外显功能、潜在功能的理论。默顿把功能主义的主要观点概括为：（1）一个社会是由相互关联的各个部分组成的系统；（2）这样的社会自然会趋向一种动态平衡的状态，一旦出现不平衡，各种趋于稳定的力量将会出现；（3）一个社会的各种重复活动具有维持社会稳定的作用；（4）一个社会中至少有一些规范和重复的行动有着满足该系统关键需求的功能，否则此系统无法生存。

如果用结构功能主义（Structural Functionalism）的观点来检讨今天学界关于"基本权利功能体系"的建构努力，基本权利双重功能（主观权利功能和客观法功能）的发掘至少在某种程度上体现为一种"整体观"视野下对基本权利本身的"解构"（De-construction）与"重组"（Re-organization）。无论是德国公法上所构建的一个金瓯无缺的完整体系的基本权利学说，还是日本和我国（台湾和大陆）继受的基本权利体系化的思维，论者都无一例外地主张对基本权利"元概念"（Meta-concept）的研究，即从知识论和本体论的角度鸟瞰那些不同

---

① Anthony Giddens, The Constitution of Society（MacMillan Press, 1984），p. 88.

② Talcott Parsons and Neil J. Smelser, Economy and Society（Routledge & Kegan Paul, 1956）. 中文翻译参考郑杭生：《社会学概论新修（第三版）》，中国人民大学出版社 2003 年版，第 544-545 页；邱比力、赵泽洪：《结构功能主义视角下重庆"后打黑时期"黑恶组织现状分析及其长效治理》，载《犯罪研究》2011 年第 3 期。

类型的具有丰富内涵的基本权利。本书认为在功能结构主义的学理观照下，基本权利的传统功能体系构建仍然需要打通功能内外之间的鸿沟和区隔，防止出现以静态的"权利观"来寻求权利保障，导致在真实世界的"阐释力"不足的问题。

第一，基本权利的"权源"在于人民的意志，换作人权法上的说法，人权之根本权威来源在于人类对于主宰自己命运和行为的自我决定和自我展开。人民关于基本权利的观念大多源于宪法的实在规定，并通过宪法权利的"阐释学"和"教义学"认为基本权利是宪法授予或恩赐人民的。笔者认为这种观点其实存在"权源"认识上的本末倒置，我们不禁要问——宪法的目的为何？宪法的终极目的为何？一言以蔽之，宪法的根本目的在于保护人民。即使"二战"后《德国基本法》吸取了《魏玛宪法》倚重庞大的基本权利条款而使之吞噬了"国家权力结构"规范空间的惨痛教训，现行《德国基本法》第1条还是构建了一个以"人性尊严"为核心体系的宪法结构。以美国宪法为例，美宪制定之初，国父们就是否需要一个"权力清单"而争执不下，最终美国宪法的正文以精巧的国家结构设置的姿态展现出来，然而旋即，美国国父们还是发现："人权法案"对于一个自由世界的存立必不可少。诸如纽约州和宾夕法尼亚州等州宪法无一例外将"人权法案"置于宪法之首。以言论自由（Free Speech）为例，人类的良心自由和言论自由是比宪法更古老的权利，近世立宪主义出现后，只不过是由宪法确认（confirm）了该古老的权利。

第二，基本权利的功能体系是一个由相互关联的各个部分组成的系统。对基本权利的类型化需要以系统的"差异"作为区分（Unterscheidung）标准。无论是帕森斯所谓的系统的"整合（Integration）功能"（指系统必须协调内部各部分的关系，以维持一定的和谐）还是默顿所说的"一个社会是由相互关联的各个部分组成的系统"，结构功能主义均强调系统之内部各个组成要素的互动和融合关系。基本权利的防御权功能、受益权功能和客观法功能三者在整个体系中是相互结构和相互促进的。例如，曾经试图区隔基本权利的"防御权"功能和"受益权"功能的观点在系统功能理论下失去了有效性，"权利一体化"理论才能够解释"自由权的受益权功能"和"社会权的防御权功能"。同时，由于基本权利保障人民生活的各个领域，人们对基本权利类型化的区分需要以人民生活领域之"差异"作为区分标准。卢曼（Niklas Luhman）的系统（差异）理论最重要一点即在于提供观察者一个绝佳的观察角度：正视社会差异。特别是在现代社会的演化之下，社会演化不断地制造分殊性与多元性的发展，社会即成为可能。由于宪法规范的保障领域可以涵盖人民生活的各个领域，所以，区分社会各个次系统，并且探讨次系统应有的功能，并将之作为基本权利保障及衡量的基准，应具有正面的意义。①

汉语学术界关于德国法学中的基本权利功能体系理论的译介已经有相当长的历史。在 20 世纪 90 年代，比较系统地厘清该理论脉络的学者当属李建良教授。李建良教授在 1997 年发表的《基本权利理论体系之构成及其思考层次》一文中系统地对德国基本权利理论体系进行了勾勒和阐发。之后，大概在 21 世纪初期的几年中，我国学者张翔等人又结合台湾法学界和德语法学界的资料较为完整地建构起了基本权利的功能体系，2008 年的《基本权利的规范建构》是这一时期的代表性成果。

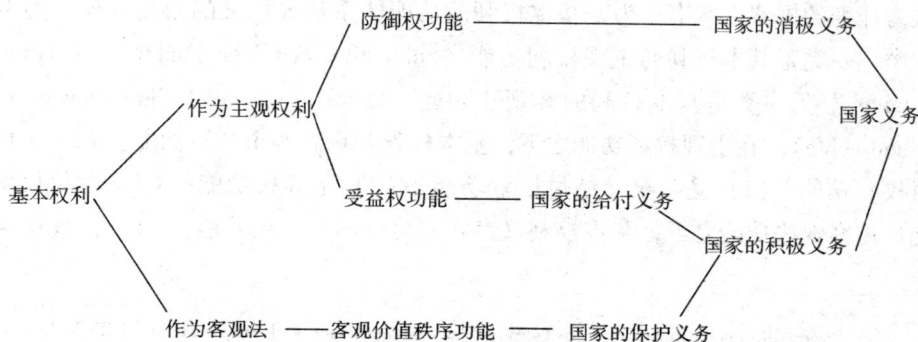

防御权功能 ———————— 国家的消极义务

作为主观权利

国家义务

受益权功能 ——— 国家的给付义务

基本权利

国家的积极义务

作为客观法 ——— 客观价值秩序功能 ——— 国家的保护义务

图 2-2　基本权利的功能体系示意图②

21 世纪初期以来，随着中外学术交流的频繁，大量中国学者对德国法中的"基本权利功能体系"进行了更加深入和细致的研究。诸如罗伯特·阿列克西、卡纳里斯（Claus-Wilhelm Canaris）、巴霍夫（Otto Bachof）、雷尔歇（Peter Lerche）、康拉德·黑塞（Konrad Hesse）、波多·皮罗特（Bodo Pieroth）、本哈德·施林克（Bernhard Schlink）、马丁·盖勒曼（Martin Gellermann）、迪特·格林（Dieter Grimm）、斯塔克（Christian Starck）、杰拉德·罗伯斯（Gerhard Robbers）、克劳斯·斯坦恩（Klaus Stern）、福尔克尔·埃平（Volker Epping）等一

① 程项华：《"系统理论"作为宪法基本权利的解释方法——以"受教权"与"学术自由"之区分为例》，http：//www2.nsysu.edu.tw/sis/discuss/1A-2.pdf.（访问时间：2022年 12 月 2 日）。

② 张翔：《基本权利的受益权功能与国家的给付义务——从基本权利分析框架的革新开始》，载《中国法学》2006 年第 1 期；张翔：《基本权利的体系思维》，载《清华法学》2012 年第 4 期；张翔：《基本权利的规范建构》（增订版），法律出版社 2017 版，第 91页；李建良：《基本权利理论体系之构成及其思考层次》，载《人文及社会科学集刊》1997 年第 9 卷第 1 期。

大批德国学者的观点纷纷引入汉语学术圈。

历经 30 多年的翻译和引介，当前比较法学界越来越认识到更新和细化基本权利功能体系的必要性，这并不意味着推翻前人的理论框架，而是要在前人的基础上推进基本权利功能体系的研究。学者于尔根·布罗莫（Jürgen Bröhmer）是一位生活在普通法世界的德国法学家，他认为《德国基本法》中的基本权利蕴含着四大核心功能——传统的防御权功能（Traditional "Defence-Function"）、客观法秩序功能（The Objective Function）、国家保护义务功能（The Duty to Protect）、参享功能（Participatory Function and Entitlements）。①

总结海内外学术界关于基本权利功能体系的研究②，本书在此试图提供一个较为详细的框架。本书认为，基本权利的功能体系从最广义的角度来说分为两大类，一类是基本权利的主观权利功能（Subjektiv-rechtliche Funktion der Grundrechte），另一类是基本权利的客观法功能（Objektiv-rechtliche Funktionen der Grundrechte）。在主观权利功能之下，基本权利存在着四个二级功能：（1）（自由权）功能；（2）受益权（结付权）功能；（3）平等权功能；（4）参与权功能。在客观法功能之下，基本权利又存在着另外四个二级功能：（1）制度性保

---

① Jürgen Bröhmer, Introduction to German Constitutional Law and The Doctrine of Basic Rights, in Jürgen Bröhmer, Gisela Elsner, Clauspeter Hill et al, 70 Years German Basic Law: The German Constitution and its Court, Landmark Decisions of the Federal Constitutional Court of Germany in the Area of Fundamental Rights (Konrad-Adenauer-Stiftung e. V. , 2019), p. 71-101.

② See Robert Alexy, Theorie der Grundrechte (4. Auflage, Suhrkamp Verlag, 1994); Robert Alexy, Grundrechte, in H. J. Sandkühler (Hg.), Enzyklopädie Philosophie (Felix Meiner Verlag, 1999); Volker Epping, Grundrechte, in Zusammenarbeit mit Sebastian Lenz und Philipp Leydecker (3. Auflage, Springer-Verlag GmbH, 2007); Ralph Schrader, Grundrechte, in Historisch-kritisches Wörterbuch des Marxismus (Bd. 5, Argument Verlag, 2001); Jan Schapp, Grundrechte als Wertordnung, in Über Freiheit und Recht – Rechtsphilosophische Aufsätze 1992-2007 (Mohr Siebeck, 2008); Selina Thal, Die Doppelnatur der Grundrechte: Sind Grundrechte grundsätzlich demokratiefeindlich? (GRIN Verlag, 2016); 张嘉尹：《宪法学的新视野（三）：基本权利》，五南图书出版股份有限公司 2022 年版，第 25-33 页；[德] 克劳斯-威尔海姆·卡纳里斯：《基本权利与私法》，曾韬、曹昱晨译，载《比较法研究》2015 年第 1 期。陈新民：《宪法基本权利及对第三者效力之理论》，见陈新民：《德国公法学基础理论》（上卷），法律出版社 2010 年版，第 336-383 页；张巍：《德国基本权第三人效力问题》，载《浙江社会科学》2007 年第 1 期；许瑞超：《基本权利第三人效力的范畴与本质》，载《交大法学》2021 年第 1 期；黄宇骁：《论宪法基本权利对第三人无效力》，载《清华法学》2018 年第 3 期；周泽中：《论宪法基本权利规范效力的二重性——基于德国"无效力说"等学理之审思》，载《江汉学术》2019 年第 4 期。

障（Einrichtungsgarantie）功能；（2）国家保护义务（Staatliche Schutzpflichten）；（3）间接第三人效力（Mittelbare Drittwirkung）；（4）程序和组织保障功能（Verfahrens- und organisationsrechtliche Funktionen der Grundrechte）。①

表 2-1　基本权利的双重功能体系（Doppelfunktion der Grundrechte）

类型	细分
基本权利的主观权利功能（Subjektiv-rechtliche Funktion der Grundrechte）	防御权（Grundrechte als Freiheitsrechte） 受益权（Grundrechte als Leistungsrechte） 原始性的给付请求权（Originäre Leistungsrechte） 派生的给付请求权（Derivative Leistungsrechte） 平等权（Gleichheitsrechte） 参享权（Mitwirkungsrechte）
基本权利的客观法功能（Objektiv-rechtliche Funktionen der Grundrechte）	制度性保障（Einrichtungsgarantie） 公法制度之保障（Institutionelle Garantien） 私法制度之保障（Institutsgarantien） 国家保护义务（Staatliche Schutzpflichten）——由此导出直接第三人效力（Unmittelbare Drittwirkung） 间接第三人效力（Mittelbare Drittwirkung） 程序和组织保障功能（Verfahrens- und organisationsrechtliche Funktionen der Grundrechte） 程序功能（Verfahrensrechtliche Funktion） 组织功能（Organisationsrechtliche Funktion） 程序及保障功能的主观化（Subjektiv-öffentliches Recht auf Schutz durch Verfahren und Organisation）

（图表来源：作者自制）

　　基本权利的功能体系的研究方法可以有"略说"和"广说"两种，所谓的"略说基本权利的功能体系"就是从宏观上做一个概览式的分析，以利于理论和实务界在较短时间内把握其精髓；所谓的"广说基本权利的功能体系"就是深入到该体系的各个分支，逐一详细阐明基本权利所具有的每一个细微的功能。本书在此采用"略说"的方式，从五个方面介绍基本权利的功能体系——第一是基本权利的防御权功能，第二是基本权利的受益权功能，第三是基本权利的

① See Christofer Lenz and Ronald Hansel, Bundesverfassungsgerichtsgesetz：Handkommentar（3. Auf., Nomos, 2020）; Christian Burkiczak, Franz-Wilhelm Dollinger & Frank Schorkopf（Hrsg.）, Bundesverfassungsgerichtsgesetz：Kommentar（2. Auf., C. F. Müller, 2021）; Christian Bumke and Andreas Voßkuhle, German Constitutional Law：Introduction, Cases, and Principles, trans. by Andrew Hammel（Oxford University Press, 2019）; Matthias Jestaedt , Oliver Lepsius and Christoph Möllers et al, The German Federal Constitutional Court：The Court Without Limits（Oxford University Press, 2020）.

客观法秩序功能，第四是基本权利的国家保护功能，第五是基本权利的参享功能。

二、基本权利的防御性权利

在早期德国联邦宪法法院关于基本权利的判决中，基本权利的防御权功能（Funktion der Grundrechte als Abwehrrechte）是被频繁提及的一个概念。例如法院认为："基本权利首先是保障公民个人自由，使其免于受到国家公权力之侵害，在这种认知体系下，基本权利就是公民对抗国家公权力肆意介入的防御权。"① 这种见解在"吕特案"（Lüth-Urteil）和"参与决议案"（Mitbestimmungs-Urteil）② 中被强调。爰此，基本权利的防御权功能可以被定义如下：防御权功能是公民基本权利的一项权能，指公民得要求国家不侵犯基本权利所保障的利益，当国家侵犯该利益时，公民得直接依据基本权利的规定请求停止侵害。防御权功能又可被称为"国家不作为请求权"功能或"侵害停止请求权"功能。对于这一定义，我们可以将其分解为以下几个方面分别考察③：

第一，基本权利的防御权功能是从静态角度考察权利的功能结构所形成的一般特征，该特征指向功能。我国学者则在基本权利功能体系的研究中，将"防御权"视为基本权利的一项"权能"，笔者赞同将之作为基本权利的一项权能，所谓权能者，指权利的作用。④ 而不赞同将之视为一项具体的权利。

第二，基本权利的防御权功能主要在于防止国家公权力之肆意与滥用，它产生了国家对公民自由领域的"消极不作为"义务，公民在排除和抵御国家公权力的不正当干涉之时的请求权基础就在于此，请求的内容则是"国家不得干涉""国家停止侵害""国家对不法侵害之填补"。该不作为义务源于公民自由

---

① BVerfGE 7, 198（204f.）.

② BVerfGE 50, 290.

③ 参见张翔：《论基本权利的防御权功能》，载《法学家》2005 年第 2 期。

④ 民法上即权利的作用，一般常与权利混淆。一个实体权利必须经由程序上的作用以后，方能实现其实体上的效果。例如：一债权（实体权利）衍生出请求权（权利的作用），经由债权人请求后，满足其债权。常见的权能有请求权和撤销权，它们虽然名为权，但却并非权利，唯日常生活中，用语混淆已不可免，仅需注意即可。例如我国有学者对所有权的权能加以研究认为，所有权的权能包括两方面：积极权能与消极权能。所有权的积极权能指占有、使用、收益和处分四项。所有权的消极权能是指所有人的妨害排除力，即排除他人干涉的权能。参见：伊文嘉：《经济法概论》，北京：首都师范大学出版社 2008 年版；欧锦雄：《所有权权能结构理论研究》，载《河北法学》2000 年第 6 期。

权的界限，可以分为纯正的不作为义务和不纯正的不作为义务。前者指国家在宪法规范的作用下保持克制和自制，保障公民自由意志的表达和自由行为的实施；后者指国家基于其不法侵害的事实，立即停止侵害行为或者对不法侵害进行公法上的填补。

第三，基本权利的防御权功能还可以界定公民权利行使时的合理界限和领域。依据社会契约论的思想，"自由可因自由之故而被限制"，"法律是自由意志的定在"。故基本权利在抵御国家公权力的不法侵害危险时，设定了基本权利被合理限制的可能，只是这种限制还受到德国公法上所谓"限制的限制"[1] 的约束。[2]这种对"基本权利限制"的限制具体体现在宪法规范中则是"得依法律限制之"[3]（Prescribed by Law），这种限制在公法学理论上则受到"法律保留原则""合比例原则""最小侵害原则"等约束，以防止"作为其基本精神的基本权利被立法者所破坏和掏空"[4]。

三、基本权利的受益权功能

在迈克尔·克利珀（Michael Kilpper）所称"人民之自由非有国家无以为之"（Freiheit nicht ohne den Staat）[5] 的理念下，基本权利的功能逐渐从传统的倚重"防御权"的体系框架，扩及以"国家之积极作为义务"（Positive Handeln）为诉求目标的"给付权利"（Leistungsgrundrechte）。德国宪法评论家汉斯·D. 贾拉斯（Hans D. Jarass）和波多·皮罗特（Bodo Pieroth）称之为基本权利的"给付功能"（Leistungsfunktion），[6] 我国台湾学者多称之为"基本权利的受益权功能"[7]。我国大陆学者也认为基本权利的受益权功能指的是基本权利所具有的以请求国家积极作为为内容的功能，这种基本权利的功能使得公民享受一定的利

[1] 赵宏：《限制的限制：德国基本权利限制模式的内在机理》，载《法学家》2011 年第 2 期。

[2] 在此可参考由以色列学者伊利雅胡·高德拉特在管理哲学领域所发展出来的限制理论（Theory of Constraints，TOC）。

[3] 饶传平：《"得依法律限制之"：〈临时约法〉基本权利条款源流考》，载《中外法学》2013 年第 4 期。

[4] Reinhold Zippelius, Allgemeine Staatslehre（15. Auflage, Verlag C. H. Beck, 2007），S. 257.

[5] Michael Kilpper, Freiheit ohne Staat? Eine Kritik des libertären Ordnungsentwurfes einer reinen Privateigentumsgesellschaft, Walter de Gruyter, 1. Aufalge., C. H. Beck 2009, S. 1.

[6] Hans D. Jarass and Bodo Pieroth, Grundgesetz für die Bundesrepublik Deutschland, 12. Auflage, Verlag C. H. Beck, 2012, S. 401.

[7] 许宗力：《基本权的功能与司法审查》，载《人文及社会科学研究汇刊》1996 年第 1 期。

益，与基本权利的防御功能不同，基本权利的受益权功能所针对的是国家的积极作为义务，也就是国家要以积极的作为，为公民基本权利的实现提供一定的服务或者给付，所给付的内容可以是保障权利实现的法律程序和服务，也可以是对公民在物质上、经济上的资助。在这种意义上，基本权利的受益权功能又可以称为"给付功能"或者"分享功能"，相应地，基本权利的受益权功能所对应的国家义务则是一种"国家给付义务"。①

最能体现基本权利受益权功能特征的无疑就是宪法中的经济、社会、文化权利条款，这些条款的共同特征是公民要求国家给予一定物质利益，具体包括：劳动权、社会保障权、生存权、文化教育权以及婚姻、家庭等受保障的权利。②黑塞认为当这些权利"被形成、被尊重、被保护时，它们并不会因此便可以成为现实，因为它们所包含的社会性内容，需要国家作为方能得以实现，这样就不仅要求立法者，而且要求行政机关要有规律地、积极地作为"③。我国学者则认为社会权（经济、社会、文化权利）和基本权利的受益权功能之间有着密切联系：（1）基本权利的受益权功能源于社会权；（2）受益权功能只是社会权的一项权能，除此之外，社会权也具有防御权能；（3）受益权功能是社会权的主要功能，但非唯一功能；（4）受益权功能不仅是社会权所独占，其他权利也在不同程度上具有受益权功能。④台湾学者李建良将基本权利的受益权功能的内涵划分为"程序性""物质性"和"咨询性"三个大类⑤：

第一，"程序性"的给付或服务。该项内容主要包含：（1）"诉讼权"，亦即"权利保护"（Rechtsschutz）途径的权利，这些权利都是典型的程序性权利。按照哥廷根大学 Christian Stack 教授的见解，该项内容国家除了应该开放诉讼、诉愿等救济途径外，还应该确保如审判独立、公开审判、言辞辩论、武器平等、审检分立等符合现代法治国原则的程序内涵。（2）"诉愿权"，即国家机关应受理人民之陈情，并给予处理、答复。（3）"程序权"（Verfahrensrecht），除了前

① 张翔：《基本权利的受益权功能与国家的给付义务——从基本权利分析框架的革新开始》，载《中国法学》2006 年第 1 期。
② 任喜荣：《"社会宪法"及其制度性保障功能》，载《法学评论》2013 年第 1 期；莫纪宏：《论对社会权的宪法保护》，载《河南省政法管理干部学院学报》2008 年第 3 期。
③ Konrad Hesse, Grundzüge des Verfassungsrechts der Bundesrepublik Deutschland (Verlagagruppe Hüthig Jehle Rehm, 1999)；[德] 康拉德·黑塞：《联邦德国宪法纲要》，李辉译，商务印书馆 2007 年版，第 162 页。
④ 张翔：《基本权利的受益权功能与国家的给付义务——从基本权利分析框架的革新开始》，载《中国法学》2006 年第 1 期。
⑤ 李建良：《基本权利理论体系之构成及其思考层次》，见《宪法理论与实践》（一），学林文化实业有限公司 1999 年版，第 63-67 页。

述"诉讼权""诉愿权"以外，国家应该为人民实现其基本权利，提供其他各种可能的组织和程序，例如，确保人民得参与国家各项行政程序的权利。

第二，"物质性"的给付或服务。该项内容主要包含：（1）人民可以使用国家资助或建造的公共设施，如大学、图书馆、音乐厅等；（2）人民可以请求国家为一定内容之给付或补助，例如私立大学或企业请求在一定情况下提供一定的经济上的补助，生活陷于困境者可以请求国家给予物质帮助等。

第三，"咨询性"的给付或服务。国家必须为人民提供一定的咨询，借以确保人民能够平等地接近国家咨询和媒体。严格地说，"咨询性给付或服务"可以被列入前面的"程序性"或"物质性"给付之中，但是因为"咨询公开"是现代社会中备受关注的一项权利，所以可以将这项内容单独列出以强调其重要性。

四、基本权利的客观法秩序功能

德国联邦宪法法院在堕胎案判决中还发展出了基本权利在客观法秩序功能方面的内涵。法院判决意见指出："基本权利规范不仅仅只是公民对抗国家的一种主观防御权，同时，它在更广泛的意义上还形成了一个约束宪法基本决定的客观法秩序，这种客观法秩序为立法机关、行政机关和司法机关提供了一种指示和指南。"①在具体用语上，德国联邦宪法法院大量地适用了"客观的"这一形容词，例如法院称"客观的基本原则规范"（Objektive Gundsatznorm）、"客观的规范"（Objektive Norm）、"客观的内涵"（Objektiver Gehalt）、"客观的基本决定"（Objektive Grundentscheidung）、"客观的价值决定"（Objektive Wertenscheidung）、"客观的意涵"（Objektive Bedeutung）、"客观的秩序"（Objektive Ordnung），至于形容词"客观法上的"（Objektiv-Rechtlich）一词，法院则很少适用，这点与联邦宪法法院向来避免用"主观权利"指称传统基本权利内涵的做法相互呼应。法院通常称"对抗国家干预之主观防御权""主观之防御权""防御权"或保护"个人受保障之自由领域免于国家权力干涉"。②至20世纪70年代后期，德国联邦宪法法院常常用"客观法内容"或"客观法功能"来替代对价值秩序的称呼。③在德国，典型地能够体现基本权利客观法制度功能的宪法条文包括：

---

① BVerfGE39, 1 (41).
② Vgl. Hans D. Jarass, Die Grundrechte: Abwehr und objektive Grundsatznormen, in Festschrift 50 Jahre Bundesverfassungsgericht (Zweiter Band, 2001), S. 39 f. 本论文之翻译，参考李建良：《基本权利：防御权与客观之基本原则规范客观之基本权利内涵，尤其保护义务及形成私法之效力》，见苏永钦等译注，《德国联邦宪法法院五十周年纪念论文集》（下册），联经出版公司2010年版，第43页。
③ BVerfGE 53, 30 (57)；BverfGE NJW 1981, 1655 (1656)；BverfGE EuGRZ 1987, 353.

《德国基本法》第1条：

一、人之尊严不可侵犯，尊重及保护此项尊严为所有国家权力之义务。

二、德意志人民承认不可侵犯与不可让与之人权，为一切人类社会以及世界和平与正义之基础。

三、下列基本权利①拘束立法、行政及司法而为直接有效之权利。

《德国基本法》第19条：

一、凡基本权利依本基本法规定得以法律限制者，该法律应具有一般性，且不得仅适用于特定事件，除此该法律并应具体列举其条文指出其所限制之基本权利。

二、基本权利之实质内容绝不能受侵害。

三、基本权利亦适用于国内法人，但以依其性质得适用者为限。

四、任何人之权利受官署侵害时，得提起诉讼。如别无其他管辖机关时，得向普通法院起诉，但第10条第2项后段之规定不因此而受影响。

（一）缘起——1958年吕特案（Lüth-Urteil）

关于基本权利根本特性的探讨，德国联邦宪法法院在1958年的吕特案（Lüth-Urteil）中确立了基本权利的双重性质（ein doppelter Charakter）。该案是一宗涉及1950年时任汉堡媒体俱乐部主席吕特（Lüth）在"德国电影周"开幕典礼上，向影片发行与制作商呼吁联合抵制著名的反犹太导演哈兰（Harlan）的新作——《不朽的爱人》（Unsterbliche Geliebte）的案件。哈兰及其电影制作公司遂以吕特违背善良风俗造成损失为由向汉堡地方法院提出针对吕特的诉讼。1951年11月22日，汉堡地方法院根据《德国民法典》第826条之规定，认定吕特的行为违背善良风俗并且造成了对哈兰导演及其电影制作公司的损失，构成侵权，判决对吕特施加禁令。吕特不服，依据《德国基本法》第5条第1款所保障的言论自由条款向德国联邦宪法法院提起宪法诉愿，请求撤销汉堡地方法院对其施加的禁令。②德国联邦宪法法院第一庭（Ersten Senats）于1958年1月15日下达终审判决书，推翻了汉堡地方法院的判决，撤销了对吕特施加的禁止令。③德国联邦宪法法院在吕特案的判决意见中指出："基本权利主要在于确保公民个人的

---

① 此处所谓的"下列基本权利"系指《德国基本法》第2条至第19条所规定的基本权利。

② 中文翻译版案情参见张红：《吕特案》，见张翔主编：《德国宪法案例选释》（第1辑：基本权利总论），法律出版社2012年版，第20-21页。

③ BVerfGE 7, 198 ff; ECLI: DE: BVerfG: 1951: rs19580115.1bvr040051.

自由领域免于遭受公权力的干预……同时，基本法中的基本权利规范还在于建立一种客观之价值秩序，于此正彰显出对基本权规范作用的原则性强化。"①

1958 年的吕特案涉及《德国民法典》第 826 条所规定的"以违反善良风俗之方法对他人故意施加损害之人，对受害人负有赔偿损害之义务"，同时该案还涉及《德国基本法》第 5 条第 1 款所规定的"人人有以语言、文字及图画自由表示及传布其意见之权利，并有自一般公开之来源接受信息而不受阻碍之权利。出版自由及广播与电影之报道自由应保障之。事前检查制度不得设置"②。德国联邦宪法法院面对的一个法律争议问题就是如何处理《德国基本法》所保障的言论自由权与《德国民法典》所规定的"善良风俗"（boni mores）条款之间的权衡，基本权利条款是否可以适用于私主体之间的民事法律关系。作为《德国基本法》的最终守护者和释宪者，德国联邦宪法法院的推理和论证的基础就是分析基本权利的功能体系。德国联邦宪法法院首先认为，基本权利是一种主观公权利（ein subjektives öffentliches Recht），其功能就是赋予公民针对国家的一种防御权（sie sind Abwehrrechte des Bürgers gegen den Staat）。其次，基本权利还是一种客观意义上的有效规范——法律（Gesetz），是一种由基本权利体系构成的"客观价值秩序"（eine objektive Wertordnung）。基本权利的客观价值秩序以人性尊严在社会共同体中的发展为中心，应该有效适用于各个法律领域，自然也会影响到民事法律，没有任何民事法律可以抵触基本法所保障的基本权利。③我国台湾地区的法学家陈春生在 2011 年"释字第 689 号"协同意见书中也援引了德国 1958 年之吕特判决的判决意见并指出，"基本权利首先是就市民对于国家之防御权（Abwehrrechte），但基本权利同时是以人性尊严与人格发展为中心所形成的客观的价值秩序，此价值体系，乃为宪法之根本决定，适用于包括民法在内之所有法领域，为宪法解释之基准。客观之基本权利内容之重要效果为，国家对于人民之基本权利行为，有保护其免于受来自第三人侵害之义务"④。德国联邦宪法法院对基本权利双重属性的裁判见解还在之后的一系列关于基本权利的诉讼中被进一步强化和扩展。同时，联邦宪法法院将"从基本权利衍生之对抗

① BVerfGE 7, 198（204f.）.

② 如无特别说明，本书所援引的《德意志联邦共和国基本法》是截至 2022 年 12 月 19 日的最新修订版。"Grundgesetz für die Bundesrepublik Deutschland in der im Bundesgesetzblatt Teil Ⅲ, Gliederungsnummer 100-1, veröffentlichten bereinigten Fassung, das zuletzt durch Artikel 1 des Gesetzes vom 19. Dezember 2022（BGBl. I S. 2478）geändert worden ist" 中文引用时参考了台湾学者李建良、吴信华等学者的繁体中文翻译版。

③ 中文翻译版案情参见张红：《吕特案》，见张翔主编：《德国宪法案例选释》（第 1 辑：基本权利总论），法律出版社 2012 年版，第 24—25 页。

④ 参见《司法周刊》第 1553 期 1 版；《法令月刊》第 62 卷第 9 期。

国家干预之防御权"与"从基本权利客观法秩序意涵而导出之国家保护义务"一并呈现。在1994年的"第二船旗国登记案"（Zweitregister）中，法院强调："自由权……不但反之国家公权力干预个人所享有的自由领域，同时它也课以国家保护这些自由领域免受侵犯之义务，基本权利的客观法价值意涵即可在这种保障义务中呈现出来。"① 在"青少年教科书案"（Jugendgefährdende Schriften）中，德国联邦宪法法院则指出："基本法第5条第3款第一句宣示学术、研究及讲学自由，据此，基本权利非仅为学术领域揭示了一种客观之基本原则规范……更为其揭示了一种防御权，它意在确保每一个学术工作者免受国家之肆意限制。"②

（二）基本权利的制度性保障功能

制度性保障（Einrichtungsgarantie）是大陆法系公法理论中的一个特有概念。③ 该理论最早由法国宪法学者毛利思·欧里乌（Maurice Hauriou，1856—1929）提出，后经过弗里德里希·吉泽（Friedrich Giese）、马丁·沃尔夫（Martin Wolf）、特里佩尔（Heinrich Triepel）、路德维希·瓦尔德克尔（Ludwig Waldecker）、鲁道夫·斯门德（Rudolf Smend）等人的探索，再由德国魏玛共和时期宪法学者卡尔·施密特（Carl Schmitt，1888—1985）将其概念进行体系

---

① BVerfGE 92, 26 (46).
② BverfGE90, 1 (11).
③ 相关文献参见 Carl Schmitt, Freiheitsrechte und institutionelle Garantien in der Reichsverfassung, in Carl Schmitt, Paul Gieseke u. a., Rechtswissenschaftliche Beiträge: zum 25jährigen Bestehen der Handels-Hochschule Berlin (Hobbing, 1931), S. 1 ff; Carl Schmitt, Inhalt und Bedeutung des zweiten Hauptteils der Reichsverfassung, in Gerhard Anschütz, Richard Thoma (Hrsg.), Handbuch des deutschen Staatsrechts (Band 2. Mohr, Tübingen 1932), § 101, S. 572 ff; Claudia Mainzer, Die dogmatische Figur der Einrichtungsgarantie. Nomos-Verlags-Gesellschaft, Baden-Baden 2003; Ute Mager: Einrichtungsgarantien. Entstehung, Wurzeln, Wandlungen und grundgesetzgemäße Neubestimmung einer dogmatischen Figur des Verfassungsrechts. Mohr Siebeck, Tübingen 2003；李建良：《"制度性保障理论"探源——寻索卡尔·史密特学说的大义与微言》，见吴公大法官荣退论文集编辑委员会：《公法学与政治理论》，元照出版公司2004年版；许志雄：《制度性保障》，见《月旦法学教室（3）（公法学篇）》，元照出版公司2002年版，第78页；王锴：《婚姻、家庭的宪法保障——以我国宪法第49条为中心》，载《法学评论》2013年第2期；任喜荣：《"社会宪法"及其制度性保障功能》，载《法学评论》2013年第1期；欧爱民：《德国宪法制度性保障的二元结构及其对中国的启示》，载《法学评论》2008年第2期；谭倩：《基本权利的"制度性保障"及其问题——以公民劳动权为例的论证》，载《法制与社会发展》2013年第4期；那艳华：《"制度性保障"宪法理论的流变及现代价值》，载《北方法学》2016年第2期。

化。①卡尔·施密特主张"制度"和"基本权利"二分，认为"某些既存或为宪法所肯认的制度须受宪法直接保护，立法者不得以法律任意变更其核心价值内涵"。制度性保障透过宪法规定，可以为某些特定的制度提供一种特殊保护。②常见的制度性保障包括公法制度之保障（Institutionelle Garantien）与私法制度之保障（Institutsgarantien）。

譬如，地方自治制度属于典型的公法制度之保障，对此，《德国基本法》第28条规定如下：

一、各邦之宪法秩序应符合本基本法所定之共和、民主及社会法治国原则。各邦、县市及乡镇人民应各有其经由普通、直接、自由、平等及秘密选举而产生之代表机关。于县市与乡镇之选举，具有欧洲共同体成员国国籍之人，依欧洲共同体法之规定，亦享有选举权与被选举权。在乡镇得以乡镇民大会代替代表机关。

二、各乡镇在法定限度内自行负责处理地方团体一切事务之权利，应予保障。各乡镇联合区在其法定职权内依法应享有自治之权。自治权之保障应包含财政自主之基础；各乡镇就具有经济效力的税源有税率权（Hebesatzrecht）即属前开财政自主之基础。

三、联邦有义务使各邦之宪法秩序符合基本权及第一项、第二项之规定。

又譬如，婚姻家庭制度属于典型的私法制度之保障，对此，《德国基本法》第6条规定如下：

一、婚姻与家庭应受国家之特别保护。

二、抚养与教育子女为父母之自然权利，亦为其至高义务，其行使应受国家监督。

三、于养育权利人不能尽其养育义务，或因其他原因子女有被弃养之虞时，始得基于法律违反养育权利人之意志，使子女与家庭分离。

---

① 陈春生：《"司法院"大法官解释中关于制度性保障概念意涵之探讨》，见《宪法解释之理论与实务》（第二辑），中山人文社会科学研究所2000年版，第274页。
② ［德］施密特：《宪法学说》，刘锋译，世纪出版集团、上海人民出版社2005年版，第182页。

四、凡母亲均有请求受国家保护及照顾之权利。

五、非婚生子女之身体与精神发展及社会地位，应由立法给予与婚生子女同等之条件。

表 2-2　制度性保障的类型化

类型	细分	举例
公法制度之保障	地方制度	《德国基本法》第 28 条（地方自治制度）
	大学自治	《德国基本法》第 5、7 条（地方自治制度）
	公务员制度	《德国基本法》第 33 条（地方自治制度）
	诉权制度	《德国基本法》第 19 条第 4 款（诉权制度）
私法制度之保障	所有权制度	《德国基本法》第 14 条（所有权制度）
	婚姻家庭制度	《德国基本法》第 6 条（婚姻家庭制度）

（图表来源：作者自制）

"基本权利的制度性保障"本身并非基本权利，更不是公民能够借由请求权基础，进而诉诸司法加以实施的基本权利。"基本权利的制度性保障"的核心要义在于：宪法设定了公法和私法方面的基本制度框架，以此保护基本权利免受国家公权力机构的侵害。诚如施密特对 1919 年的《魏玛宪法》的评价：

一旦"市民的法治国"认许了基本权利，那就证明……后者是宪法的本质性构成部分，可以通过宪法性法律规范来修订，但其彻底废止就已不再是简单的宪法修订了。因此，认为按照《帝国宪法》第 76 条可以颁行任意一部废止基本或自由权利的法律是不对的。而这一错误的根源在于漠视了"宪法"（Verfassung）和"宪律"（Verfassungsgesetz）的区别……一旦某项法律从根本上排除个人自由或其他某项（国家）认许的基本权利，哪怕它再符合第 76 条规定的程序，也是违宪的，只因为它废止了基本权利。①

（三）基本权利的程序与组织功能

基本权利的程序与组织功能是指国家应设计一套足以确保基本权利实现的组织与程序，创造一个制度环境，以有益于人民实践其基本权利。基本权利的

---

① 韩毅：《卡尔·施密特的法律方法论演进史述评》，见陈金钊、谢晖主编：《法律方法》（第 16 卷），山东人民出版社 2014 年版。

程序与组织功能有消极面向和积极面向两个维度，所谓的消极面向的维度是指国家公权力机关应该恪守法定职权，尽可能地减少基本权利侵权事件的发生。所谓的积极面向是指国家必须积极动用其立法、行政和司法资源建构一套切实可行的组织与程序，方便公民实现其基本权利。德国学者克劳斯·斯坦恩（Klaus Stern，1932—2023）将基本权利的组织与程序保障的意涵分为五种情况：（1）基本权利依赖特定的组织与程序保障；（2）基本权利于程序法上发生影响作用；（3）组织与程序作为实现基本权利的工具；（4）组织与程序保障规范作为调和法益冲突的手段；（5）从基本权利规定导出建构组织程序或参与程序的特别要求。①

（四）基本权利的程序与组织功能的主观化

基本权利的程序与组织功能的主观化是理论和实务上较为复杂的问题之一，汉语学术界通常称之为"客观法的再次主观化"。我国学者李震山认为，基本权利的程序与组织功能主观化之后的结果就是"程序基本权"（Verfahrensgrundr-echt），它的基本含义是：将附含于个别基本权利中之程序保障，加以一般化与主观化，使之既成为宪法上的原则，又成为个别基本权利，性质上犹如平等原则与平等权，因为在个别基本权利中，亦内涵平等之要求。②

五、基本权利的国家保护功能

基本权利的国家保护义务（Staatliche Schutzpflichten）是基本权利的客观法功能的主要表现形式之一，它是指国家对于公民基本权利的享有和实现应负有提供保护的义务。国家保护义务理论是从公民权利和国家权力的辩证关系角度确立的。人民可以根据基本权利向国家公权力机关请求保护其基本权利所保障的法益，以免受他人的非法侵害。③在公法领域，例如《德国基本法》第5条第1款④使用了"保障"一词，德国联邦宪法法院在"第一次堕胎判决"中指出："保护义务要求国家必须保护基本权利，特别是使公民的基本权利免于受到第三

---

① Klaus Stern/Florian Becker（Hrsg.），Grundrechte – Kommentar：Die Grundrechte des Grundgesetzes mit ihren europäischen Bezügen，136 Archiv des öffentlichen Rechts 511–513（2011）.
② 李震山：《程序基本权》，载《月旦法学教室》2004年第19期。
③ 张嘉尹：《基本权理论、基本权功能与基本权客观面向》，见《当代公法新论》（上），元照出版有限公司2002年版，第51页。
④ 《德国基本法》第5条第1款规定："人人有以语言、文字及图画自由表示及传布其意见之权利，并有自一般公开之来源接受信息而不受阻碍之权利。出版自由及广播与电影之报导自由应保障之。事前检查制度不得设置。"

人的侵害。"类似地,我们也可以通过在私法领域的债权保护义务来进行理解,例如《德国民法典》第 241 条规定了"债之关系中的义务"(Pflichten aus dem Schuldverhältnis),该条第 2 款也明定债权的保护义务。①哥廷根大学著名公法学家 Christian Stack 教授则认为"保护义务之表现形态,乃至联邦及各邦之立法者负有制定规范之任务,行政权负有执行保护性法律(包括行使裁量权)之义务,宪法法院以保护义务为标准,审查立法者及行政权之相关作为及不作为,普通法院以保护义务为标准,审理民事案件,并做成裁判"②。在此一"保护义务"的要求下,国家的立法机关、行政机关和司法机关都担负着相应的人权救济义务。

基本权利的国家保护功能还可以透过基本权利的"扩散作用"(Ausstrahlungswirkung),使得基本权利的效力及于整个法律秩序之中,在民事私法领域,基本权利的这一扩散作用被称为"基本权利之第三人效力"(Drittwirkung von Grundrechten)。本来,基本权利并非类似民法上的物权、债权等具体的权利可以在公民之间形成一种水平的权利义务关系,也就是说,基本权利效力的本旨是产生一种垂直效力(Vertical Effect/Vertikalen Gewaltenteilung),而非水平效力(Horizontal Effect/Horizontale Gewaltenteilung)。易言之,基本权利不能在私主体之间设定一种可以类似"合同"那样可以直接诉诸法院救济的权利义务关系,民事主体间尚不能依据"基本权利条款"来直接请求某种法益的实现或者诉诸法院的救济。但是,基本权利却可以通过一种所谓的扩散作用或者涟漪效应来"参与"到民事权利的救济中。Christian Stack 教授认为这是当平等主体之间发生了基本人权上的侵害时,基本权利效力作用于私法关系上的一种效力。③张嘉尹教授则认为,法院在审判中解释概括条款和不确定法律概念时,必须依据相关基本权利的精神为之,这也就是基本权利在人民与人民交往之间发生的一种"间接效力"。④

六、基本权利的参享功能

在宪法之下,公民享有广泛的基本权利不仅意味着他们能够享有这些权利

---

① Joachim Gernhuber, Das Schuldverhältnis: Begründung und Änderung, Pflichten und Strukturen, Drittwirkungen, Vol. 8(Mohr Siebeck, 1989).

② Christian Stack:《基本权利之保护义务》,李建良译,见《法学、宪法法院裁判权与基本权利》,元照出版有限公司 2006 年版,第 411 页。

③ Christian Stack:《基本权利之保护义务》,李建良译,见《法学、宪法法院裁判权与基本权利》,元照出版有限公司 2006 年版,第 411 页。

④ 张嘉尹:《违宪审查中之基本权客观功能》,载《月旦法学杂志》2010 年第 185 期,第 22 页。

带来的法律利益，还意味着公民可以在更广泛意义上参与各类政治、经济和文化活动。从这个意义上说，基本权利还是一种参享权（Mitwirkungsrechte），诸如于尔根·布罗莫、吉杰拉德·罗伯斯等公法学家们认为，参享是基本权利功能体系的重要组成部分。最能够体现基本权利参享功能的就是学生参与权。学生参与权分成个别参与权（Individuelle Mitwirkung）与集体参与权（Kollektive Mitwirkung）两种。学生的个别参与权是指学生在受到对他/她不利的教育行政处罚时，有权通过教育申诉等方式知悉理由和为自己申辩。学生的集体参与权是指学生可以通过学生社团等自治性组织参与到学校管理活动中。汉语学术界对基本权利的参享功能方面的研究还比较少，总而言之，参享权是人民参与国家各项行政程序的重要保障。

第五节　谁之权利？基本权利的主体及其类型化

权利主体也称为"权利持有者"（Rights Holder），它是指在法律上能够享有权利的自然人或法人。一旦一个人（自然人或法人）成为权利主体，那么这就意味着：（1）权利持有者有权享有（Entitled）某种特定权利；（2）权利持有者有权主张（Claim）某种特定的权利；（3）权利持有者有权对某个某类责任承担者实施问责（Accountability）；（4）权利持有者有责任尊重任何其他人所享有的权利（Respecting Ohters）。

西方法学史中，权利持有者的范围经历了一个漫长的嬗变。在早期，权利主体限于那些"拥有市民权的男性"，例如在古希腊城邦中，女性、奴隶等是不被当作完整的"人"来看待的，并无公民权。随着权利意识的觉醒，权利主体逐步从欧洲白人男性扩展到了非欧洲、非白人的女性。马克思认为，所谓的人权，不同于 droits du citoyen（公民权）的 droits de l'homme（人权），无非是市民社会成员的权利，就是说，无非是利己的人的权利、同其他人并同共同体分离开来的人的权利。[①]在 1996 年"合众国诉弗吉尼亚案"中，联邦最高法院金斯伯格大法官（Ruth Bader Ginsburg）在判词中引用了历史学家理查德·莫里斯（Richard Morris）的观点，针对被主流社会所忽视的弱势群体，她撰写道："宪法史上最重要的篇章讲述的是那些曾经被遗忘或被排斥的人们获得宪法权利与

---

① 中共中央马克思恩格斯列宁斯大林著作编译局：《马克思恩格斯文集》（第 1 卷），人民出版社 2009 年版，第 40 页。

保护的故事。" （A prime part of the history of our Constitution, historian Richard Morris recounted, is the story of the extension of constitutional rights and protections to people once ignored or excluded. ）①

在一般意义上，权利对象可以区分为第一顺位的权利对象（Rechtsgegenstände erster Ordnung）和第二顺位的权利对象（Rechtsgegenstände zweiter Ordnung），分别对应支配的客体（Herrschaftsobjekt）和处分的客体（Verfügungsobjekt）：前者主要包括物和无体对象，其上能成立得对抗第三人的支配权或者使用权，如精神作品、发明、姓名或者商标；后者是权利或者法律关系，如物权、作为让与之客体的债权和能移转给他人的合同关系。②

一、基本权利主体与民事权利主体的类比与界分

在比较宪法上，制宪者在权利法案的设计方面有时使用了"人人"（Everyone）这样的字眼，有时又采用了"公民"（Citizen）的表述。一些国家的宪法将权利赋予"公民"。《公民权利和政治权利国际公约》（ICCPR）在两类权利方面区分了公民和非公民：得到明确保证的公民的政治权利和行动自由。关于政治权利，第 25 条规定，"每个公民"都有权参与公共事务，投票表决，担任职务，并参加公务。关于行动自由，第 12 条（1）项仅规定"合法处在一国领土内"的人"有权享受迁徙自由和选择住所的自由"，也就是说，显然允许对无证件移徙者加以限制。

基本权利主体要处理的主要问题是：（1）本国公民与外国人或无国籍人的基本权利的区别；（2）法人及其他组织是否享有基本权利；（3）女性、儿童（未成年人）、残障人士、老年人、少数民族等特殊主体的权利问题；（4）极端

---

① United States v. Virginia, 518 U. S. 515, 557 (1996)；Ruth Bader Ginsburg, Foreword to Supreme Court Decisions and Women's Rights: Milestones in Equality xii (Clare Cushman ed. , CQ Press, 2001) [discussing Thurgood Marshall, Reflections on the Bicentennial of the United States Constitution, 101 Harv. L. Rev. 1, 5 (1987)], quoting Richard B. Morris, The Forging of the Union, 1781-1789, 193 American Historical Review 768-769 (1987)；Ruth Bader Ginsburg, Speaking in a Judicial Voice, 67 N. Y. U. L. Rev. 1185, 1186 – 1188 (1992)；Ruth Bader Ginsburg, Constitutional Adjudication in the United States as a Means of Advancing the Equal Stature of Men and Women Under the Law, 26 Hofstra L. 265-266; Neil S. Siegel, "Equal Citizenship Stature": Justice Ginsburg's Constitutional Vision, 43 New England Law Review 799-855 (2010).

② ［德］卡尔·拉伦茨：《德国民法通论》（上册），王晓晔等译，法律出版社 2004 年版，第 377-380 页。

例外情形下，胎儿或者动物是否享有基本权利的问题。

第一，基本权利的一般主体是本国公民。选举权、居留权等基本权利，在性质上即与公民身份绑定，因而只能被本国公民享有。但是，那些关系到诸如人格尊严、宗教自由、人身自由等基本权利，在属性上则具有普遍性，因而外国人和无国籍人亦可享有。在国际化的大背景下，如果还恪守宪法文本的字面规定，将这些基本权利的主体限定于"中华人民共和国公民"，无疑是荒谬的解释，也不符合我国依国际人权法承担的保障在华外国人权利的法律义务。而且，2004年修宪将"人权"写入宪法（第33条第3款），这使得认为具备抽象性、普遍性的"人"亦可以主张原本仅由"公民"主张的基本权利，也就有了一定的宪法文本基础。①

第二，关于法人或其他组织是否享有基本权利的问题，不能一概而论，而应该就具体情况做具体分析。国内的私法人和其他组织原则上享有与其组织结构特征相符合的非人身性质的基本权利。外国私法人不是基本权利的主体，只有在涉及财产权等特殊事项中，可以享有一定的基本权利。原则上，国内公法人不是基本权利的主体，在执行公务时，不得主张基本权利；但是公法人在参与民事活动中，可能享有部分基本权利。外国公法人不是基本权利的主体，不得享有基本权利。

第三，女性、儿童（未成年人）、残障人士、老年人、少数民族等特殊主体除了享有一般公民所应当享有的基本权利外，宪法和法律还对这些特殊主体有专门的保护。

第四，关于胎儿是否享有基本权利的问题，理论界的争议较大。通常来说，胎儿还未出生，因而不是基本权利的主体，但是，宪法和法律在很多时候也保护胎儿的权益，在此种情形下，胎儿应免受第三人伤害。《中华人民共和国民法典》第13条规定："自然人从出生时起到死亡时止，具有民事权利能力，依法享有民事权利，承担民事义务。"第16条规定："涉及遗产继承、接受赠与等胎儿利益保护的，胎儿视为具有民事权利能力。但是，胎儿娩出时为死体的，其民事权利能力自始不存在。"

---

① 张翔、田伟：《基本权利案件的审查框架（二）：保护范围》，载《燕大法学教室》2022年第5期。

表 2-3　基本权利的主体类型及其适用情形

主体	类别	适用说明	举例
自然人	公民	享有宪法和法律所确认的一切基本权利	中国宪法第 33 条第 1 款（公民） 《德国基本法》第 16 条（国籍） 美国联邦宪法第十四修正案第 1 款 南非宪法第 20 条（公民）
	外国人	宪法赋予外国人有限的基本权利，同时国际人权法保护外国人的权利	中国宪法第 32 条（外国人权利）、第 33 条第 3 款（一般人权条款） 《德国基本法》第 16 条之一 印度宪法第 5—11 条（国籍与外国人） 俄罗斯宪法第 61 条第 2 款（外国人） 葡萄牙宪法第 15 条（外国人、无国籍人、欧洲公民） 《世界人权宣言》第 2 条 《公民权利和政治权利国际公约》第 2 条第 1 款
	特殊主体	女性、儿童（未成年人）、残障人士、老年人、少数民族的基本权利受到宪法的特殊保护，因而他们属于基本权利的特殊主体	中国宪法第 4 条（少数民族权利）、第 45 条（老年人、残障人士权利）、第 48 条（妇女权利）、第 49 条（母亲和儿童权利） 《德国基本法》第 6 条（父母和儿童权利） 南非宪法第 28 条（儿童权利）、第 31 条（文化、宗教和语言社群） 美国联邦宪法第十五修正案（废除奴隶制、有色人种的选举权）、第十九修正案（女性选举权） 印度宪法第 29 条（少数民族权利） 加拿大宪法第 35 条（原住民权利）
	极端例外	胎儿（fetus）：不是基本权利的主体，但是，宪法和法律亦保护胎儿的权益，胎儿应免受第三人伤害 死人（dead person）：不是基本权利的主体，但是其部分人格权仍然受到宪法和法律的保护	多数成文宪法典对极端例外的基本权利主体没有非常明确的规定。有时，法院或释宪机关在个案中认定，有时民法、刑法、行政法等基本法律制度加以认定 美国 1973 年"罗伊诉韦德案"① 德国 1975 年第一次堕胎判决② 中国民法典第 994 条（死者的人格权）

---

① Roe v. Wade, 410 U. S. 113 (1973).

② BVerfGE 39, 1 – Schwangerschaftsabbruch I.

续表

主体	类别	适用说明	举例
法人	国内私法人	依据权利及法人的性质，法人享有特定的基本权利	南非宪法第 8 条第 4 款 《德国基本法》第 19 条第 3 款 1819 年"达特茅斯学院诉伍德沃德案"①、1886 年"圣克莱拉郡诉南太平洋铁路公司案"② 新西兰 1990 年《人权法案》第 28 条
	国内公法人	原则上，国内公法人不是基本权利的主体，在执行公务时，不得主张基本权利；但是公法人在参与民事活动中，可能享有部分基本权利	南非宪法第 8 条第 1 款（基本权利约束国内公法人） 《德国基本法》第 1 条第 3 款（基本权利约束国内公法人） 意大利宪法第 39 条第 4 款（工会的法人地位）
	外国私法人	原则上，外国私法人不是基本权利的主体，在特殊情况下，可以享有一定的基本权利	—
	外国公法人	不是基本权利的主体，不享有基本权利	—
其他争议主体	动物及其他	包括动物甚至是诸如河流等特别的自然环境是否可以通过人类代行父母义务（loco parentis）的方式而成为基本权利的主体仍然存在争议，各国宪制对此态度不一③	《德国基本法》第 20 条之一（于合宪秩序范围内，国家保障自然之生活环境及动物） 2014 年"印度动物福利委员会诉纳加拉吉案"④（确认动物的基本权利） 2017 年新西兰《旺阿努伊河（Te Awa Tupua）理赔法案》（全世界首例通过人类代理制度认可了一条河流的法律人格及其基本权利）

（表格来源：作者自制⑤）

---

① Trustees of Dartmouth College v. Woodward, 17 U. S.（4 Wheat.）518（1819）.

② Santa Clara County v. Southern Pacific Railroad Company, 118 U. S. 394（1886）.

③ 随着动物福利主义和环保主义的发展，瑞士（1973）、印度（1976）、巴西（1988）、斯洛文尼亚（1991）、德国（2002）、卢森堡（2007）、奥地利（2013）及埃及（2014）在宪法中肯定了动物保护的宪法价值。See Jessica Eisen, Animals in the Constitutional State, 15 International Journal of Constitutional Law 909-954（2017）.

④ Animal Welfare Bd. of India v. A. Nagaraja & Ors,（2014）7 SCC 547.

⑤ 本书在制作此表格时部分受启发于学者饶志静的研究。参见饶志静：《基本权利的原理与运用》，上海人民出版社 2012 年版，第 22 页。在学者饶志静研究的基础上，本书进行了实质性修订并扩充了表格内容。

表 2-4　私法权利的主体类型及其适用情形

类型	适用	说明	举例
自然人	一般规定	自然人的民事权利能力始于出生、终于死亡	中国民法典第 13 条（一般规定）《德国民法典》第 1 条（一般规定）
	自然人权利能力的开始	（1）未出生的胎儿一律不具备民事权利能力 （2）民法在继承和侵权等特别领域保护胎儿的利益	中国民法典第 16 条（胎儿在遗产继承、接受赠与时视为具有民事权利能力）、第 1155 条（胎儿特留份）《德国民法典》第 1923 条（继承领域胎儿保护）第 823 条第 1 款（侵权领域胎儿保护）
	自然人权利能力的终止	（1）自然人的权利能力在死亡时终止，死亡的判断需要借助专业和客观的医学知识 （2）自然人死亡的事实一般需要登记 （3）在失踪的情况下，民法设计了死亡宣告程序，此时，推定自然人死亡 （4）死者的人格权受到法律保护	中国民法典第 13 条（一般规定）、第 15 条（死亡时间规定）、第 40—53 条（宣告失踪和宣告死亡），第 994 条（死者的人格权）《德国民法典》第 1922 条第 1 款（自然人死亡）；德国《身份法》第 31 条（死亡登记）；德国《失踪法》第 1 条（宣告失踪程序）、第 13—38 条（死亡宣告程序）
法人	一般规定	法人具有民事权利能力和民事行为能力	中国民法典第 57 条（一般规定）澳门民法典第 31 条（一般规定）
	不同类型的法人	中国民法典区分了营利法人、非营利法人、特别法人、非法人组织；德国民法典区分了社团法人、财团法人及其他团体	中国民法典第 76 条及以下（营利法人）、第 87 条及以下（非营利法人）、第 96 条及以下（特别法人）、第 102 条及以下（非法人组织）《德国民法典》第 21 条及以下（有权利能力的社团）、第 80 条及以下（有权利能力的财团）

（表格来源：作者自制）

二、集合主体的难题——法人的基本权利问题

依据权利及法人的性质，法人（juristic person）享有权利法案中的基本权利。①在 1819 年的"达特茅斯学院诉伍德沃德案"② 中，达特茅斯学院董事会的校印（corporate seal）、账本（book of records）和文件（documents）被伍德沃德非法转让给了州政府新设立的达特茅斯大学。针对达特茅斯学院的法律地位，联邦最高法院认为，所谓的法人就是"一个人为的、不可分割的、无形的、只能在法律的思考中存在的实体"（A corporation is an artificial being, invisible, intangible, and existing only in contemplation of law）。同时，法院认为法人具有组成它的自然人的某些豁免权、特权和能力。

1978 年，联邦最高法院在"波士顿第一国家银行诉贝洛蒂案"（First National Bank of Boston v. Bellotti）中确认公司享有一定的政治言论自由，公司的政治捐献被认为是公司表达政治言论的方式。但是，和自然人的政治言论自由相比，法人的政治言论自由受到十分严格的限制。在 1985 年的"太平洋煤气电力公司诉加利福尼亚公用工程委员会案"（Pacific Gas & Electric Co. v. Public Utilities Commission of California）中，最高法院判定，禁止公司使用一般财政资金对联邦选举活动进行捐献，公司只能通过特别资金进行政治捐献。1990 年的"奥斯汀诉密歇根州商会案"（Austin v. Michigan State Chamber of Commerce）维持了这一观点。联邦最高法院认为，竞选信息既要公开披露，又不能使用公司或工会的一般资金："我们已经反复认可了那些立法，它们的目的是消除'通过公司形式的帮助所聚集的巨额财富的腐蚀与扭曲效应，而这些财产的聚集与公众对于公司政治理念的支持并无太大关系'。"③ 2010 年的一起案件又大大扩展了法人的政治表达自由。2002 年，美国国会通过了"两党竞选改革法案"（Bipartisan Campaign Reform Act，简称 BCRA）即《麦凯恩-菲因古德法案》（McCain-Feingold Act）。该法案堵住了 1974 年修订的《联邦选举竞选法》（Federal Election Campaign Act）中金钱自由进出选举过程的两个亟待堵上的漏洞，一个是软钱，一个是议题宣传。该法案还规定，禁止法人用一般财政资金在选举临近时资助对候选人的宣传，包括总统初选前 30 天和总统大选前 60 天的竞选性

---

① Art. 8（4）of The Constitution of the Republic of South Africa provides that "A juristic person is entitled to the rights in the Bill of Rights to the extent required by the nature of the rights and the nature of that juristic person."

② Trustees of Dartmouth College v. Woodward, 17 U. S.（4 Wheat.）518（1819）.

③ Austin v. Michigan Chamber of Commerce, 494 U. S. 652, 660（1990）.

信息。2008 年，一个叫"公民联盟"（Citizens United）的非营利社团制作了一部电影，对当时的总统候选人希拉里·克林顿进行政治批评。为了使这部叫作《希拉里：一部电影》的影片能够在选举前播放，"公民联盟"请求哥伦比亚特区法院发出紧急禁令，停止联邦选举委员会实施《麦凯恩-菲因古德法案》，但哥伦比亚特区法院驳回了"公民联盟"的请求。2008 年 8 月，该案上诉到联邦最高法院。经过两轮开庭审理，2010 年 1 月 21 日，联邦最高法院以 5 比 4 的判决，宣布禁止公司与工会选举活动独立开支的条款违宪，否定了禁止营利性和非营利性社团及联盟协会等以一般财政资金资助在总统初选前 30 天内和总统大选前 60 天内播放竞选性信息的规定。尽管该判决扩大了法人的政治言论自由，但判决第 4 部分维持了广告赞助者必须做出声明和披露信息的要求，并且仍然禁止社团或联盟对候选人的直接捐献。

《德国基本法》是世界上第一部以立法形式确认法人是宪法权利主体的现代宪法，该法第 19 条第 3 款规定："基本权利亦适用于国内法人，但以依其性质得适用者为限。"德国还建立起法人宪法权利保护制度，即法人可以提起宪法诉愿。在德国的宪法诉讼实践中，德国本国的法人、私法社团、在德国被允许的外国法人，均可提起以下几种类型的宪法诉愿：侵犯每个人均具有的自由发展其个性的权利，侵犯法律面前人人平等的宪法权利，侵犯结社自由，侵犯财产权、继承权以及被征用时的保护性的权利，违反关于禁止设立特别法院和不得剥夺任何人由合法的法官审判的权利，侵犯被告请求依法审理的权利。1950 年《欧洲人权公约第一补充议定书》也在第 10 条规定："每个自然人或法人有权和平享有其财产。"①

法人是最重要的民事主体之一，从史尚宽、梅仲协到当代的民法学者都对法人理论投入了极大的学术热情。民商法学者关于法人的本质存在着三种不同的观念：法人实在说（Corporate Realism）、法人拟制说（Fiction Theory）和法人否认说（Symbol Theory），这些观点和学说或多或少都受到史尚宽、梅仲协两位学者的影响。②无论采取哪种法人理论，许多国家的宪法都直接或者间接肯定了国内私法人享有一定的基本权利，只不过，私法人所享有的基本权利是非人身性质的。《德国基本法》第 19 条第 3 款规定"根据基本权利性质能为法人享有"。那么如何理解"根据基本权利性质"呢？通常来说，法人享有财产权，但是不享有生命权、人身自由权抑或是选举性的政治权利。判断法人享有何种基

---

① 曲相霏：《美国企业法人在宪法上的权利考察》，载《环球法律评论》2011 年 4 期。

② 梅仲协：《民法要义》，中国政法大学出版社 1998 年版，第 65 页。

本权利，必须依据具体的情况进行具体的判断，不宜一概而论。

三、环保主义者的质问——动物非物、享有权利

无论在理论上还是在实务上，动物或者特定的环境是否具有基本权利都是一个具有极端争议性的问题。在以人为中心的法律制度构建中，人被认为是世界甚至是宇宙的中心。即使承认或者肯定动物或特定环境的基本权利，它最终的目的都是保护人。若抛开以人为中心的理念，则传统基本权利制度的构建则会遇到法律哲学上的重大挑战。

德国哲学家叔本华（Arthur Schopenhauer）曾有一句名言值得当代人深刻反思："我们亏欠动物的，不是同情而是公平正义。"（Nicht Erbarmen, sondern Gerechtigkeit ist man dem Tiere schuldig.）①澳大利亚迪肯大学法学院教授简·科兹曼（Jane Kotzmann）认为，权利的主要目的是预防或减轻人类本身导致的非必要的痛苦或伤害，如果将人性尊严的概念进行扩张性的解释，动物福利不仅最终影响到人类自身的价值，而且动物本身也就需要获得固有价值。②基于多元主义的解释路径，简·科兹曼利用内在价值概念作为未来动物权利的基础，从而发展出了动物基本权利论证路径。

1822年，英国议会通过的《禁止残忍和不当对待家畜法案》即"马丁法案"是人类现代社会以法律的形式保障动物福利的真正开始。③第二次世界大战之后，德国于1972年通过的《德国联邦动物福利法》（TierSchG/Tierschutzgesetz）被公

---

① "Die Welt ist kein Machwerk und die Tiere sind kein Fabrikat zu unserem Gebrauch. Nicht Erbarmen, sondern Gerechtigkeit ist man den Tieren schuldig." Arthur Schopenhauer, Die Kunst zu beleidigen, ed. by Franco Volpi (Beck, 2002), s. 27. "The world is not a piece of machinery and animals are not articles manufactured for our use. We owe the animals not mercy but justice." Marianne E. Meyer, Migrant Birds on Wheels: From Michelstadt to Marrakesh (Books On Demand, 2014), p. 14; German philosopher Arthur Schopenhauer (1788–1860) is one of the first Western philosophers to accord not only moral standing but moral rights to animas. See Gary Steiner, Anthropocentrism and Its Discontents: The Moral Status of Animals in the History of Western Philosophy (University of Pittsburgh Press, 2010), p. 188; Elena dell'Agnese, Ecocritical Geopolitics: Popular Culture and Environmental Discourse (Taylor & Francis, 2021), chapter 2.

② Jane Kotzmann, Sentience and Intrinsic Worth as a Pluralist Foundation for Fundamental Animal Rights, 43 Oxf. J. Leg. Stud. 1–24 (2023).

③ The Cruel Treatment of Cattle Act 1822 (3 Geo. IV c. 71). (Also known as Martin's Act).

认为现当代动物保护立法的先驱和典范。①该法共包括 13 章、22 个大条款，对饲养动物的全过程——包括居住条件、训练、手术、实验、买卖、运输、屠宰灭杀等都做了相当全面的规定，并授权联邦政府机构制定颁布实施各项细则和标准。1990 年修订的《德国民法典》第 2 章第 90 条之一规定："动物不是物。它们由特别法加以保护，除另有其他规定外，对动物准用有关物的规定。"按照"特别法优先于一般法"的原则，在动物权利保护方面，《德国联邦动物福利法》应当优先于《德国民法典》而加以适用。2002 年 5 月 17 日，德国联邦议会投票决定将动物保护纳入宪法的条文中。《德国基本法》第 20 条之一规定："国家为将来之世世代代，负有责任以立法，及根据法律与法之规定经由行政与司法，于合宪秩序范围内保障自然之生活环境及动物。"按照"宪法至上"以及"上位法优先于下位法"的原则，《德国基本法》对动物保护的规定优先于《德国联邦动物福利法》而得以适用。《德国基本法》是否明确确立了动物基本权利呢？对于这一问题，学者们仍然存在较大争议，有的学者认为，《德国基本法》第 20 条之一的规定仅仅是"纲领性条款"或"方针政策条款"，其性质与《德国基本法》第 1 至第 19 条所规定的"基本权利条款"是不同的。有的学者认为，《德国基本法》第 20 条之一的规定已经毫无疑问地构成了一项独立的"国家保护义务"，只不过它的具体实现尚有赖于宪法委托或立法裁量。也有学者认为，《德国基本法》第 20 条之一的规定可以间接推导出动物基本权利。

"动物非物"的理念在 20 世纪后期和 21 世纪初期逐步获得了许多国家的立法承认。1988 年，瑞典出台了《动物福利法》（*Animal Welfare Act*），该法要求在瑞典管辖范围内动物应该被善待，禁止对动物造成不必要的伤害。1992 年，瑞士从法律上确认动物是"生命"（Beings），而非"物品"（Things）。2001 年，澳大利亚通过了《动物护理与保护法》（*Animal Care and Protection Act*）并依法订立了有《澳大利亚动物福利标准与准则》（*Australian Animal Welafre Standards and Guidelines*）。2006 年，英国通过了《动物福利法》。2013 年，美国也通过了《动物福利法》。2015 年，马来西亚通过的《2015 年动物福利法令》规定，任何人若虐待动物，或不是在例外的情况下杀害动物，均属违法，违者可被判处监禁或罚款，或是二者兼施。除了立法措施外，世界上许多发展中国家的司法机

---

① 令人惊奇的是，1972 年《德国联邦动物福利法》条文内容大体来自纳粹德国 1933 年 11 月颁布的《帝国动物保护法》（Reich Animal Protection Act/Reichstierschutzgesetz）。

构也在"动物权利"的法理发展中扮演着极为重要的角色。印度最高法院①、阿根廷上诉法院②、哥伦比亚最高法院③、巴基斯坦伊斯兰堡高等法院④在不同的涉及动物福利保护的案件中都分别确认了"动物非物、享有权利"的法理。

　　环保理念在世界范围内的传播推动了动物权利的发展。1978 年 10 月 15 日，联合国教科文组织（United Nations Educational，Scientific and Cultural Organization，UNESCO）通过了《世界动物权宣言》。按照这份宣言的原则和具体规定，全世界的动物应当享有生存权，亦享有受尊重且免遭虐待的权利。动物权利的兴起是环保主义运动的结果，部分环境法学者认为，动物身上也具备一定的"天赋价值"，这种价值决定我们不能将动物仅仅视为工具，而应该以一种尊重它们的天赋价值的方式来对待它们，即承认动物的天赋的权利（不遭受不必要的痛苦的权利）。⑤根据 1924 年成立的世界动物卫生组织颁布的《陆生动物卫生法典》（Terrestrial Animal Health Code，TAHC），所谓的"动物福利"是指与动物生死状况相关的生理、心理状态，以科学为基础，并采用五大自由推动相关福利，作为动物健康与食品安全之依据。2004 年，世界动物卫生组织首次召开全球动物福利会议，并在 2005 年出版了《世界动物卫生组织动物福利标准》（OIE Standards on Animal Welfare），供会员国使用。

第六节　基本权利的第三人效力之争

　　宪法规定基本权利的主要目的是保护个人免受国家行使权力的影响。但是，在解释和适用可适用于私人个体之间的普通法律时，也必须考虑基本权利（所谓的对第三方的间接影响）。法官在做出裁决时，必须按基本权利的一般价值系

---

①　S. Ct. of India, Animal Welfare Board of India v. Nagaraja and others, Civil appeal no. 5387, 7 May 2014.

②　Tercer Juzgado de Garantías Mendoza（Argentina），case no. P-72.254/15，3 November 2016 – Chimpanzee Cecilia. 在此案中，阿根廷法院判定：红毛猩猩珊卓（Sandra）是"非人类的人"（non-human person），应该享有一定的基本权利。

③　Colombian Supreme Court of Justice, Corte Suprema de Justicia（judge Luis A. Tolosa），AHC4806-2017, Radicación no. 17001-22-13-000-2017-00468-02, 26 July 2017（on the bear Chucho; overturned by the Columbian Constitutional Court）.

④　Islamabad High Court, Islamabad, W. P. no. 1155/2019, Islamabad Wildlife Management Board v. Metropolitan Corporation Islamabad, 21 May 2020.

⑤　蔡守秋：《简评动物权利之争》，载《中州学刊》2006 年第 6 期。

统来解释法规,尤其是含义不确定的法律条款和概念。民法中特别的反歧视条款对基本权利范围内的禁止歧视问题做了更具体的规定。①

理论界区分了基本权利的直接第三人效力(unmittelbare Drittwirkung)和间接第三人效力(mittelbare Drittwirkung)。之所以产生这种区分是由于公私二元划分对第三人效力学理分类的影响。直接第三人效力主张者认为,基本权利不仅是整体法秩序的基本规范,同时也蕴含了私法权利的价值诉求。基本权利在私人法律关系中是具有直接法律效力的规则。基本权利的直接第三人效力源于宪法学者君特·杜立希(Günter Dürig)的学说,并最终得到联邦宪法法院的"吕特判决"的承认。②基本权利的直接第三人效力实际上反映了宪法对私法秩序的影响。宪法作为一种公法,主要规定公民和国家的垂直法律关系,当公法规范辐射到私人民事活动中,它的效力仅限于私法条款解释和民事裁判的宪法合致上,并没有为私人主体创造任何宪法上的义务。法院不能将基本权利作为当事人的私法权益,而必须做双阶判断:一方面是根据私法条款对私人行为的效力做出判断,另一方面是对私法条款的解释与适用应符合基本权利的保护意旨(基本权利→私法条款/民事裁判→私人行为)。法院对调整诉讼当事人之间的民事实体法律关系的私法条款做基本权利取向的衡量,构成了基本权利客观法属性在第三人效力领域实践的主要内容。③

间接第三人效力主张者认为,私人主体既不是基本权利的义务主体也不是国家任务的载体,基本权利不可能有直接效力。基本权利只能在既定的私法秩序内部,通过概括条款、不确定法律概念的转介而发生间接的效力。④除此之外,国家从事私法行为时,是否受到基本权利的拘束,也是学界争论的议题。日本宪法学家高桥和之通过对法国最早人权典章与宪法文本的结构性对比认为,法国近代宪法学从来就没有把人权视为仅针对某个特定对象的权利,但也并没有因此认为宪法文本中规定的权利具有直接或间接的第三人(私人间)效力。据此,我国也有学者提出了"基本权利对第三人无效力"的主张,认为宪法上的基本权利规范是对国家之道德权利的实证化,因而它没有第三人效力,公民个人间的道德权利冲突主要交由民法调整。⑤

---

① Common core document forming part of the reports of States parties—Germany, UN Doc. HRI/CORE/DEU/2016 (14 December 2016), para. 148.
② 黄宇骁:《论宪法基本权利对第三人无效力》,载《清华法学》2018 年第 3 期。
③ 许瑞超:《基本权利第三人效力的范畴与本质》,载《交大法学》2021 年第 1 期。
④ 许瑞超:《基本权利第三人效力的范畴与本质》,载《交大法学》2021 年第 1 期。
⑤ 黄宇骁:《论宪法基本权利对第三人无效力》,载《清华法学》2018 年第 3 期。

本书认为中外学术界关于基本权利的直接第三人效力和间接第三人效力的争论在本质上涉及公法和私法的关系。无论是 1958 年德国的"吕特案"（Lüth-Urteil），还是中国的"齐玉苓案"（2001 年）都涉及宪法和民法的关系问题。在中国编纂民法典时，民法典第 1 条中"根据宪法，制定本法"应当如何理解的问题实际上也涉及宪法和民法的关系问题。①

最高人民法院 2001 年颁布的"齐玉苓案批复"② 的用词是"以侵犯姓名权的手段，侵犯了齐玉苓依据宪法规定所享有的受教育的基本权利"，但由于中国的宪法解释权归于全国人大常委会，此批复引发了"司法抢滩"的讨论，最高人民法院于 2008 年废止了该批复。然而，"齐玉苓案"背后所涉及的基本权利侵犯的问题仍然存在。在这里，实际上有三组复杂的法律关系需要澄清，第一组是宪法上的受教育权与民法上的人格权的关系问题，第二组是宪法上的人性尊严、人格权与民法上的特殊人格权、一般人格权的关系问题，第三组是宪法上的人格权与宪法上的受教育权的关系问题。如果一个案件存在由民法问题而跃迁到宪法问题的可能性，法院当然需要审慎对待这种可能性。如果一个案件能够通过穷尽所有民事法律规范的方式加以解决，则无须通过宪法的"司法化"而得以解决。如果用尽所有民法解释学的方法都无法圆满解决该法律争议，则应当在民法解释活动中融入"合宪性解释"的方法和技术。实际上，民法解释也必须遵循"合宪性原则"，此时，宪法在解释学意义上是得到适用的。如果一个案件中的宪法问题是不可回避的，且涉及重大的公共利益和基本权利的核心领域，则原来的那个民法问题就会上升为宪法问题，而应该适用宪法解释学的方法和技术加以解决。反观 1958 年德国"吕特案"（Lüth-Urteil），当事人的诉讼策略就是走宪法诉讼的途径，而德国联邦宪法法院经过分析之后，将此案作为一个宪法问题来对待，直面了《德国民法典》（BGB）第 826 条与《德国基本法》（GG）第 5 条的关系问题，从而发展出"基本权利的双重功能"理论。类似地，在欧洲人权法院裁判的"阿什贝·唐纳德等人诉法国政府案"（2013年)③ 中，申诉人阿什贝·唐纳德采用的诉讼策略也是将原来的知识产权争议转变为表达自由争议。

---

① 王利明：《何谓根据宪法制定民法?》，载《法治现代化研究》2017 年第 1 期；张震：《"根据宪法，制定本法"的规范蕴涵与立法表达》，载《政治与法律》2022 年第 3 期。

② 最高人民法院：《关于以侵犯姓名权的手段侵犯宪法保护的公民受教育的基本权利是否应承担民事责任的批复》（法释〔2001〕25 号）（2001 年发布，2008 年废止）。

③ Ashby Donald & Others vs. France（Affaire Ashby Donald et Autres c. France），Appl no. 36769/08，judgment 10 January 2013，paras. 38-45.

基本权利的水平效力问题的提出由来已久，德国法学学界与实务界实际上存在两种不同的见解："直接适用说"与"间接适用说"。本书认为实际上无论是"直接适用说"还是"间接适用说"，抑或是更为激进的"第三人效力否定说"都在终极意义上指向了基本权利"扩散作用"或"反射效力"的问题。①"第三人效力否定说"立基于公法秩序和私法秩序的本质不同，意欲为私法的"自洽性"提供广阔的舞台，但是，却从根本上漠视了现代私法秩序得以建构的政经基础。罗马法时代为大陆法系的法理提供了基础和框架，而现代社会正是在坚守那些法律原则的同时，不断修缮着那个古老法律大厦的基础。正如贡塔·托依布纳（Gunther Teubner）所指出的那样："如果基本权利横向效力的真正任务，在于以宪法手段限制社会子系统的扩张倾向，就不能再坚持基本权利的国家中心性质，不能再将基本权利归诸私人行动者，不能再仅仅关注社会权力现象，不能再将基本权利界定为可受主观权利保护的自治领域。"②因而，基本权利在现代社会是通过扩散作用或者涟漪效应来"参与"到私法活动中的，应当科学而严格地限缩基本权利直接第三人效力的作用范围，同时，承认和认可基本权利间接第三人效力的作用范围。基于上述分析，本书认为，在基本权利的客观法权利功能之下，基本权利又存在着另外四个二级功能体系：制度性保障（Einrichtungsgarantie）功能、国家保护义务（Staatliche Schutzpflichten）、间接第三人效力（Mittelbare Drittwirkung）、程序和组织保障功能（Verfahrens- und organisationsrechtliche Funktionen der Grundrechte）。其中，国家保护义务（Staatliche Schutzpflichten）的功能可以导出基本权利直接第三人效力。值得注意

---

① 德国 19 世纪著名的法学家鲁道夫·冯·耶林（Rudolf von Jhering, 1818—1892）早在 1861 年即在其主编的《耶林民法理论年鉴》第 10 卷发表了《论对第三人的反射效力或反作用之法律构成》一文。在该文中，耶林将反射效力界定为一种反作用，是指通过法律或者行为人或权利人的意图而对第三人施加的效力范围这样一种法律或经济事实。其中，行为人或权利人被耶林称为原始当事人，而享有反射利益的第三人则被称之为反射受益人。为了形象地说明问题，耶林还用了自然界的现象进行比喻。耶林说："我的权利、我的行为将其反射投向他人的利益领域，就如同我的灯光也照亮了别人一样。"他还说："这种反射效力概念的表述塑造了动物有机体之反射运动的对应物，我们所说的反射效力分享了动物反射运动的两个特征：一是其不由自主的特性（非任意性），反射效力的发生并不是行为人或权利人有意造成的；二是其由他人处产生的特性，反射效力的发生原因在这一点找到其位置。"Rudolf von Jhering, Die Refiexwirkung oder die Rückwirkung rechtlcher Thatsache n auf dirtte Personen, 10 JherJb. 248 (1871). 转引自申卫星：《溯源求本道"权利"》，载《法制与社会发展》2006 年第 5 期。

② ［德］贡塔·托依布纳：《宪法的碎片：全球社会宪治》，陆宇峰译、纪海龙校，中央编译出版社 2016 年版，第 14 页。

的是，基本权利客观法秩序所导出的国家保护义务在适用范围上是极为有限的。德国联邦宪法法院在"施莱耶案"（Schleyer Case）① 中驳回了施莱耶家属请求的理由正好体现了这一点。

国家所承担的针对基本权利的保护义务需要通过制定法律的方式予以具体化，概而言之，立法机关可能针对两种情形制定此种类型的法律：第一种情形是保护基本权利主体免受自然力的侵害，例如自然灾害防治法、人民警察法。第二种是保护基本权利免受其他私主体的侵害，这种情形的立法包括两种形态：第一种形态是，立法机关制定的法律包含了相对稳定且明确的法规范，从而保护那些可能在社会交往关系中被侵害的基本权利或者与基本权利有关的法益；第二种形态则是，立法机关在相关法律中设定一些一般性条款，司法机关通过适用这些一般性条款，实现针对基本权利的国家保护义务，其中最典型的例证就是民法典中的"公序良俗"或"善良风俗"条款。②

第七节 基本权利与公共政策

通常来说，实证意义上的法律与为了实施法律而采取的政策是不同的。法律从本质上要求对某一行为做出合法性与否的明确判断，相比之下，政策则是在法律授权之后，由相关职能部门加以实施的一整套方案，方案 A 或 B 的实施都是为了达到一个合法的目的，只要其手段合法合理就行。政策最大的特点就是它允许裁量和权衡，只有那些超出法律容忍范围的政策措施才会被判定为非法。

公共政策（public policy/ ordre publique）有时也被称为"公共秩序"，它指被立法机关或法院视为与整个国家和社会根本相关的原则和标准，该原则要求

---

① 在此案中，施莱耶是德国的工业部部长，他被恐怖分子绑架。绑架团体的成员包括 Kommando Siegfried Hausner、Peter-Jürgen Boock、Willy Peter Stoll、Sieglinde Hofmann 和 Stefan Wisniewski。恐怖分子要求德国释放当时在监狱中服刑的恐怖分子十余人，以此作为交换人质施莱耶的条件。施莱耶的家属就以保护施莱耶的"生命权"为由，向联邦宪法法院提起宪法诉愿，请求宪法法院发出一个紧急介入的命令，请求国家释放恐怖分子。宪法法院通过对国家保护义务的分析，最终驳回了施莱耶家属的请求。BVerfG, Urteil des Ersten Senats vom 16. Oktober 1977 - 1 BvQ 5/77 -, Rn. 1-18; ECLI: DE: BVerfG: 1977: qs19771016. 1bvq000577.

② 陈鹏：《立法机关的宪法解释机能——比较法视野中的体系性研究》，清华大学出版社 2021 年版，第 71-72 页。

考虑一般公共利益（general public interest）与社会福祉（good of community），使法院有理由拒绝承认当事人某些交易或其他行为的法律效力。在英美法中，法院有时将其作为判决的正当理由，例如以合同"违反公共政策"（contrary to public policy）为由宣告该合同无效。因为"违反公共政策"的认定标准——是否符合一般公共利益——并不依赖于证据而是依据司法印象，故而有法官抨击其所提供的是一种不确定的、危险的标准；若无先例之情形，也往往不愿加以引用。① 公共政策原则可以对当事人的契约自由或私人交易进行限制。例如，法院可以"违反公共政策"为由认为对贸易进行不正当限制的协议或者在战时与敌国进行的贸易行为无效或不可执行，尽管这些交易并不与现行法的规则相违背。除在合同法中的作用外，公共政策还被用来支持婚姻的神圣性、维护宗教宽容的正当性、保持政治廉正等。②

早在 1824 年的"理查德森诉梅利什案"（Richardson v. Mellish）中，英格兰民事诉讼法院（Court of Common Pleas）的大法官詹姆斯·伯勒斯（James Burrough，1749—1837）引用了亨利·霍巴特爵士（Sir Henry Hobart，1560—1625）用桀骜不驯的烈马比喻公共政策的典故，詹姆斯·伯勒斯大法官在判词中写道：

> 公共政策是一匹难以驾驭的马（an unruly horse），一旦骑上它，你就不会知道它将把你带往何处。它可能误导你偏离合理的法则。在其他论点全部失败时，公共政策才被提出来。③

针对长期以来普通法中形成的对"公共政策"一词的刻板印象，丹宁勋爵（Lord Denning，1899—1999）认为应该正视"公共政策"的法律功能。在"恩

---

① Nartnirun Junngam, Public Policy in International Investment Law: The Confluence of the Three Unruly Horses, 51 Tex. Int'l L. J. 45（2016）.

② 参见薛波主编、潘汉典总审订：《元照英美法词典》，法律出版社 2003 年版，第 1117 页，"Public Policy 词条"。

③ Puublic policy — it is an unruly horse and when once you get astride it, you never know where it will carry you. It may lead you from the sound law. It is never argued at all but when other points fail. See Richardson v. Mellish, 130 Eng. Rep. 294, 303（1824）; 2 Bing 229, 252. 相关中文概译参见刘燕南：《对公共秩序问题的法律思考——一个如何做司法判断的问题》，载《国际商法论丛》2006 年第 8 卷。

德比镇足球俱乐部①诉足球协会案"（Enderby Town Football Club Ltd v. The Football Association Ltd）中，足球协会的官方规则第 40（b）条规定："协会的规则足以使理事会成为处理所有争端案件的机构，解决该争端的法律程序只是最后一种救济方式，而且，只有在理事会同意的情况下，才可以采取这种法律程序。"②

针对足球协会的官方规则第 40（b）条的有效性问题，丹宁勋爵首先肯定了"公共政策"的功能。在判词中，丹宁勋爵这样写道：

> 如果坐在马鞍上的是一个好人，这匹桀骜不驯的马将会被控制住。它可以跳过障碍物。正如在 1966 年的"纳格尔诉费尔顿案"中展示的那样，它可以越过种种借助假设而形成的藩篱，并且最终到达正义的一面。即使某一规则已经被包含在一项契约中，公共政策也可以使得这一规则归于无效。③

按照足球俱乐部和足球协会的约定，足球俱乐部必须遵循协会的规则。这样一来，如果官方规则第 40（b）条是有效的，则任何一个足球俱乐部在没有得到理事会同意的情况下，都无权向法院提起诉讼。正如福斯特大法官（Foster J.）所说，一项废除法院管辖权的约定因违反公共政策而变得无效。

无论实施国内公共政策还是借鉴国际公共政策，政策制定和落实部门都应当处理好"改革与法治"的关系问题，而要处理好这个非常复杂的关系，行政机关及其相关的职能部门在重大的公共决策中应当引入"重大行政决策公众参与制度"和"重大行政决策合法性审查"机制。这两项机制都涉及诸如公众知情权、参与权、表达权、监督权等民主权利。

---

① 恩德比镇足球俱乐部（Enderby Town Football Club）成立于 1900 年，后来更名为莱切斯特联合足球队（Leicester United Football Club），1996 年该俱乐部正式解散。

② F. A. Rule 40（b）provides："The rules of the association are sufficient to enable the council as the governing authority to deal with all cases of dispute, and legal proceedings shall only be taken as a last resort, and then only with the consent of the council."

③ With a good man in the saddle, the unruly horse can be kept in control. It can jump over obstacles. It can leap the fences put up by fictions and come down on the side of justice, as indeed was done in Nagle v Feilden [1966] 2 Q. B. 633. It can hold a rule to be invalid even though it is contained in a contract. See Enderby Town Football Club Ltd v The Football Association Ltd [1971] Ch 591, 607.

第三章

解释的帝国：基本权利解释方法论

人的这种存在方式，我们称之为生存（Existenz）。只有在存在领悟的基础上生存才是可能的。

——马丁·海德格尔（Martin Heidegger，1889—1976）

对意义的每一种理解都是从人的历史情境中的前理解的给定性出发的有限理解。

——汉斯-格奥尔格·伽达默尔（Hans-Georg Gadamer，1900—2002）

第一节 从"经典解释""教典解释"到"法典解释"

世界存在于解释之中，从一定意义上说，无解释，则无法律之适用。在人类文明发展史上，解释最原始的含义是指对"经典"的注释、解读、分析、说明等各项活动。关于经典一词，中国古代语言学家分别诠释了"经"和"典"两个字。东汉的许慎（约58—147）说："经，织从（纵）丝也。"清代的段玉裁（1735—1815）说："织之纵丝为之经。必先有经，而后有纬，是故三纲、五常、六艺，谓之天地之常经。"中国古代的儒家大学者对儒家"十三经"的注释、分析、解读和说明实际上就是"解释经典"。例如，南宋朱熹所著的《四书章句集注》就是对"四书"的解释。自从佛法在两汉之际东传后，中国逐渐形成了以"经、律、论"为核心的"三藏"，分别称之为《经藏》《律藏》《论藏》，其中的《论藏》就是对经典的解释。①

在西方语言中，解释一词通常是指"Interpretation"，与解释相关的概念还有 Hermeneutics、Exegesis、Exposition、Homiletics 和 Pedagogy。上述这些学术概念的源头是犹太人围绕着以《妥拉》（Torah）② 为核心的犹太教经典的注释、解读、分析、说明等各项活动，后来的基督教又发展出体系庞杂的"释经学"。在古罗马时期，以乌尔比安（Ulpianus）、帕比尼安（Papinianus）、保罗（Paul）、盖尤斯（Gaius）、莫迪斯蒂努斯（Modestinus）为代表的法学界在法典页边空白处标注了各种注释，以便明晰《查士丁尼法典》（Codex Justinianus）中每一条文的含义，由此，西方的"注释法学"传统逐渐形成。自文艺复兴和启蒙运动以来，法学家们一方面继承了犹太-基督教中的"释经学"传统，另一方面复兴了古罗马"五大法学家"的"注释法学"传统，从而发展出对国家法律的一整套系统而繁杂的解释体系。

在回答"法律命题应当被赋予什么意义"这个法理学的核心问题时，当代法理学家德沃金（Ronald Dworkin，1931—2013）在他的名著《认真对待权利》③ 和《法律帝国》④ 等著作中总结了三种不同的思想流派：第一种流派认为，法律命题是描述性的，也就是说，法律命题只有在正好发生一种制定的造

---

① 《经藏》《律藏》《论藏》的简要介绍如下：（1）所谓的"经"源自梵语"**सूत्र**"（sūtra），音译为"修多罗"。该梵文词汇原指"以针线贯穿物件"，后指"长行"这种古印度的散文文体。佛学中的"经"在中文中更确切地应被译为"契经"，上契诸佛之理，下契众生之机，谓之契；贯穿诸法深义，摄持所化众生，谓之经。《经藏》中的典型例子包括《阿含经》《华严经》《法华经》《心经》《金刚经》等。（2）所谓的"律"，源自梵文"**विनय**"（vinaya），意指佛教戒律，即僧团诸众弟子修习生活的轨则，后扩展为出家众弟子应遵循的轨则和在家众应遵循的轨则。《律藏》中的典型例子包括《戒经》（梵文音译为"波罗提木叉经"）。（3）所谓的"论"是指富有极高权威、学识十分渊博、智慧通达的智者或学者对佛经的论述，这些论述被结集到《论藏》之中。梵文中的"论"是"**शास्त्र**"（Śāstra），以这种方式用来解释经藏的分析方法被称为"阿毗达磨"（Abhidharma），翻译为中文是指"对法藏论"。《论藏》中著名的例子包括古印度龙树论师所造的《中论》（Mūlamadhyamakakārikā），这是一部阐述大乘中观空性思想的论著。《论藏》中另一个著名的例子是古印度世亲论师所造的《阿毗达磨俱舍论》（Abhidharmakośabhāsya），这是一部对小乘有部的学说进行整理和分析的一部论书。
② "妥拉"在希伯来语中是"**תורה**"。关于"妥拉"的解释有狭义和广义两种方式。狭义的"妥拉"指的是犹太经典《塔纳赫》（Tanakh）的前五部经，即学术界通常所说的《摩西五经》（Pentateuch），它是上帝通过先知摩西在西奈山和会幕向以色列子民传授的"书面律法"和"口头律法"的总称。在最广泛意义上，"妥拉"也可以泛指二十四卷《塔纳赫》的所有教导。
③ Ronald Dworkin, Taking Rights Seriously（Duckworth, 1977）.
④ Ronald Dworkin, Law's Empire（Harvard University Press, 1986）.

法事件情况下才是真的。第二种流派认为，法律命题是规范性的，亦即法律命题是说话者希望法律成为什么的表达，或者法律命题是理想的政治道德原则所客观要求的争议性陈述。第三种流派认为，法律命题是解释性的，它既不是以直接明了的方式对法律历史进行描述，也不是脱离于法律历史的简单评述，而是对法律历史的解释。①借用伦敦大学学院法理学家斯蒂芬·盖斯特（Stephen Guest）的话来说，德沃金的解释观念并不意图分配这些描述性和规范性的概念，相反，他希望我们接受下述观念：关于某些概念的本性，除非以一种解释性的方式，否则它们不能得到充分的理解。②在20世纪后半叶至21世纪初期的世界法理思想地图上，德沃金构建了一个法律命题的"解释的帝国"，完成了法律理论的解释性转向。

时至今日，法律解释学已经成为一门显耀的学问。"西学东渐"以来，国人继受了以大陆法系为主的法律体系，并结合中国自身的国情对法律进行了孜孜不倦的解释活动。然而，通观自古以来的三大解释体系——"经典解释""教典解释"和"法典解释"，人们似乎为了减轻思维活动的负担，试图笼统地以"解释"一词涵盖所有复杂的注释、解读、分析、说明等活动，而忽视了诸如"解释""诠释""解读""解说""注释""教义"等概念的区别。

从语言学上看，西方传统中的"Hermeneutics"一词源于古希腊神话中可以为人类传递诸神讯息和指示的信使赫尔墨斯（Hermes），这个词在中文的语境中可以被译为"诠释学"。诠释学是指一门经由科学（原则）或者艺术（任务）来做有关理解、解释和应用的学问。"Exegesis"可以被译为"解经"，它是一门经由文本的历史和语境来确定经文含义的学问。"Exposition"可以被译为"解说"，是一种打通文本含义和当今读者的交流活动，事实上是一种向现代听众传达经文的现实意义的活动。"Homiletics"可以被译为"讲道"，它是一门经由科学（原则）或者艺术（任务）来沟通经文含义的当代意义的传道过程，其本质是在讲道场合说服现代听众。"Pedagogy"通常被翻译为"教授"或"教学法"，它是在课堂等公众场合通过科学（原则）或者艺术（任务）讲授经文含义的活动。Hermeneutics（释经）犹如一本烹饪书，Exegesis（解经）类似于准备烘焙蛋糕，Exposition（解说）就是分享蛋糕美食。③除了上述对经典专有词汇进行的

---

① 杨国庆：《认真对待平等权：德沃金自由主义法律理论研究》，社会科学文献出版社2016年版，第112-114页。

② Stephen Guest, Ronald Dworkin (Edinburgh University Press, 1997), p. 20.

③ Roy B. Zuck, Basic Bible Interpretation：A Practical Guide to Discovering Biblical Truth (David C Cook, 2002), pp. 19-22.

研究和学习，西方人还发展出"评注"（Commentary）这种形式，它是具有相关背景的权威律法专家对法律的逐条说明。评注法学的集大成者当属德国。在德国，各个领域的德国法学家长年累月地编纂"注释书"（Kommentar），其被认为是"法释义学"（Rechtsdogmatik）① 最重要的表现形式，无数的法律专家和法务人才对这些"注释书"（Kommentar）投入了大量的研究精力。②例如，德国法学界《帕兰特民法典评注》（*Palandt - Bürgerliches Gesetzbuch*）一直由贝克出版社（C. H. Beck）出版，至2024年时已经到达第83版。

随着法律的解释理论（Interpretivist Theories of Law）在全球的扩展，无论法教义学流派还是社科法学流派都不得不严肃面对这样一种关于法律命题的解释性转向的趋势——如果说法律是一种深刻的社会实践性活动，那么这种实践性活动在很大程度上就是一种解释性活动。现代法理学需要回答的问题包括但不限于：解释的语言学问题，解释的责任问题，解释的主体问题，解释的客体和标的问题，解释的方法问题，解释的基准问题，解释的疆界和限度问题，解释的效力和后果问题。

第二节　基本权利解释的两种取向

就现代的解释学基础而言，理解的展开就是施莱尔马赫（Schleiermacher，1768—1834）所谓的"解释学循环的往复"（Hermeneutic Circle/Hermeneutischer Zirkel），然后再达到伽达默尔（Hans - Georg Gadamer，1900—2002）所谓的"视域融合"（Fusion of Horizons/Verschmelzung der Horizonte）。就法学而言，德国法学家卡尔·恩吉斯（Karl Engisch）将法律解释形象地称为"目光在生活事实与法律规范间不断地往返穿梭"。

在现代法律体系中，释法是"将法律具体化"这个宽泛任务的重要组成部

---

① 德国法学中的"Rechtsdogmatik"一词在中文中有多种翻译方法，例如，法释义学、法律释义学、法律信条论、法教义学、法律教义学、教义学法学等等。

② 法律评注最直观的特征是逐条释义。在这一过程中，法律文本为评注的对象，单个条文为评注的基本单元。一条评注通常包含法条原文和评注正文两部分，有时还会列目录及参考文献。德国的法律评注在教义学传统上主要有两大特点：一是恪守法律解释方法。例如，在每条评注的第一段，几乎毫无例外地会对条文立法目的（以及立法历史）进行交代。二是注重体系性，每一条评注正文都尽可能遵循"构成要件—法律效果"的逻辑展开；并且通常还会辅以案例的类型化梳理。参见贺剑：《法教义学的巅峰——德国法律评注文化及其中国前景考察》，载《中外法学》2017年第2期。

分。在大多数法律争议中，法官援引法条处理案件，因而必须解释相关条款之意义。将这种法官释法的活动称为"解释"（Auslegung）、"注释"（Interpretation）或"具体化"（Konkretisierung）都无关紧要，但是能否将此活动的结果视为"法律评论"（Kommentierung des Rechts）或者"法律"（Recht），却应明确两个问题：其一，明确在民主和存在权力划分的法律体系中将法律具体化的司法活动是法院的一项具有拘束力的活动，只要不违背上位法，司法权之所言与所欲均约束着法官的释法活动；其二，确定法律具体化职权的等级需确定一个前提，即司法与立法行为都需要完成同一项目标——实现法律的具体化，使之符合法律最高的目的与价值。对司法解释方法的合理认识应当首先以对法律目的以及立法与司法活动性质的正确认识为前提，而这是在二者初始阶段就应当明确的问题。①

　　基本权利的解释是指对宪法中所记载或所承认的基本权利规范及其附随情况作出的阐释和说明。因此，基本权利解释的标的应该包括：（1）宪法中明文罗列的基本权利；（2）宪法所承认的基本权利；（3）上述两类基本权利的附随情况。

　　在法律解释的领域，长期以来理论和司法界都存在两类解释方法上的根本区分——原旨主义和"活的宪法"解释方法之争。原旨主义和"活的宪法"之争是普通法系国家和地区一个重要的理论问题，在大陆法系国家或地区，这被称为"客观解释论"和"主观解释论"之争。在宪法解释的理论方面，原旨主义（Originalism）解释方法是将宪法解释视为对宪法精神原意和目的的探寻，它比较接近与大陆法系国家和地区的"客观解释论"，也就是说，宪法的原初的含义是客观的且可以被探知。与原旨主义相对的是"活的宪法"（Living Constitutionalism）的解释，它比较接近于大陆法系的"主观解释论"，其思路是将宪法解释视为探究宪法含义在当下社会生活中含义的一种活动，也就是说，应当把宪法的文本作为一个活的文本，它应当与社会生活相适应，至少，它不应当与社会发展的方向相背离。

一、客观主义解释

　　原旨主义的解释论者认为，宪法是制宪者表达创立某种政体的成文化产物，宪法的含义在其被制定出来的那一刻就"铸就"（fixed）了。由此，解释宪法就

---

① Human Rights Committee, Communication No. 1226/2003, Viktor Korneenko v. Belarus, CCPR/C/105/D/1226/2003（29 August 2012）.

要回到原初的文本，找到并确定"凝固在"宪法文本中的含义（meaning of ut-terances）。①在何谓"原旨"的问题上，原旨主义的解释论者区分了原初旨意（Original Intent）和原初含义（Original Meaning），前者属于严格的原旨主义，后者属于温和原旨主义。②胡果·布莱克（Hugo Black）、安东尼·斯卡利亚（Antonin Scalia）、克拉伦斯·托马斯（Clarence Thomas）、罗伯特·博克（Robert Bork）等大法官都主张原旨主义的宪法解释方法。原旨主义的解释方法也有可能受立宪初期原初旨意的束缚，忽视变迁社会中宪法的发展，从而产生某种历史性的错误。例如，在1957年著名的德雷德·斯科特诉桑福德案（Dred Scott v. Sandford）中，坦尼法院（Taney Court）固守了最为严格的原旨主义立场，肯定了美国联邦宪法第1条第1款第3项中的"五分之三妥协"（Three-fifths Compromise），否认了黑人的公民权。最终，联邦最高法院以7∶2的多数司法意见书判定：（1）即便是自由的黑人也不是而且不能成为宪法所说的合众国的公民；（2）斯科特不能因为居住在一个由《密苏里妥协案》（Missouri Compro-mise）③ 排除了奴隶制的地区而成为自由人，因为排除奴隶制的妥协条款本身超出了国会的宪法权力；（3）斯科特不能因为曾经待在伊利诺伊就获得自由，因为一旦他回到密苏里，他的身份就只受密苏里法律支配。④

二、主观主义解释

活的宪法（Living Constitutionalism）的解释论者反对原旨主义的宪法解释方法，认为宪法是一个鲜活的、生生不息的法律文件（a legal instrument），法院必须根据当代人对社会的理解，适应社会的发展和变迁来对这份文件进行解释。正如英国枢密院大法官桑基勋爵（Lord Sankey）在1929年"爱德华兹诉加拿大案"（Edwards v. Canada）中的推理论证：宪法犹如一棵正在生长的树（a living tree），是一个成长的历程，宪法解释应该适应转变中的社会环境。⑤以当代人的

① 徐爽：《宪法文本解释方法的历史演进及启示——以美国宪法解释为例》，载《现代法学》2017年第3期；侯学宾：《宪法解释中的原旨主义》，法律出版社2015年版。

② 徐爽：《宪法文本解释方法的历史演进及启示——以美国宪法解释为例》，载《现代法学》2017年第3期；侯学宾：《宪法解释中的原旨主义》，北京：法律出版社2015年版。

③ 密苏里妥协案（Missouri Compromise）是"南北战争"之前蓄奴州与自由州在1820年达成的一项协议。该协议规定，在原路易斯安那领地土地上新建的各州中，除了密苏里州，禁止北纬36.5°线以北各州蓄奴。

④ Dred Scott v. Sandford, 60 U. S. (19 How.) 393 (1857).

⑤ Edwards v Canada (AG), [1930] A. C. 124, 1929 UKPC 86.

宪法认知结合时代的发展变化来解释宪法的方法被称为"活树原则"（Living Tree Doctrine/ Théorie de L'arbre Vivant）①。第二次世界大战之后，沃伦法院（Warren Court）在"布朗诉教育委员会案"② 中，由于美国民权运动的发展，通过运用"活的宪法"的解释方法，以9∶0的一致意见推翻了1896年普莱西诉弗格森案（Plessy v. Ferguson）创立的"隔离但平等"法律先例。沃伦大法官在司法意见书中撰写道：为了厘清第十四条修正案平等权的适用范围究竟有没有涵盖公立教育的问题，法院对第十四条修正案需不需要采用历史解释，亦即，第十四条修正案形成时，制宪者的原意（Framers' Intent）是否重要，制宪者的原意可否适用在本案？法院认为，讨论制宪当时的背景，并不足以解决本案的问题，因为双方无论如何都一定会有不同的解释，我们根本无法确定或得知制宪者的原意究竟为何。既然制宪者的原意无法列入考量因素，本案真正的问题点在于"隔离但平等"的原则是否能够适用于本案。沃伦大法官运用了大量的论证最终判定：在公立中小学中，因为隔离的措施本身即是一种不平等（inherently unequal），所以不再适用。隔离教育违反了第十四条修正案的"平等权"。③正如任何宪法解释方法都不可能穷尽法律的真理，"活的宪法"的解释方法也会带来法的安定性方面的质疑。斯卡利亚大法官说："宪法的目的是防止改变——以宪法的方式使得未来的人们无法轻易改变对特定权利的保障。"④布伦南（William J. Brennan）大法官也坚定地表达过同样的观点："宪法，特别是《权利法案》的根本目的就是宣布某些价值永恒不变，不容当代的政治议程染指。"⑤

三、对客观主义解释和主观主义解释的评析

客观主义解释和主观主义解释实际上是对基本权利真正含义的两种抉择。在相当多的情况下，不同释宪者可能会由于采取的立场不同而对同一个基本权利案件得出不同甚至是相互冲突的结论。在"麦卡洛克诉马里兰州案"（1819）

---

① Marcotte v. Fédération des caisses Desjardins du Québec 2014 SCC 57 at para. 21（19 September 2014）；Reference re Same-Sex Marriage 2004 SCC 79 at par. 22, 28,［2004］3 SCR 698（9 December 2004）.

② Brown v. Board of Education of Topeka, 347 U. S. 483（1954）.

③ Brown v. Board of Education of Topeka, 347 U. S. 483（1954）.

④ Antonin Scalia, A Matter of Interpretation（Princeton University Press, 1997）, p. 40.

⑤ ［美］斯蒂芬·卡拉布雷西：《美国宪法的原旨主义：廿五年的争论》，李松锋译，当代中国出版社2014年版，第14-15页。

中，马歇尔大法官在判词中写道："一个联邦政府固然受到宪法的限制，但拥有最高的行动范围……政府的权利受到宪法的限制是无可否认且毫无争议的，这种限制无法逾越。但对于宪法的正确解释，应该基于联邦的立法机构具有一定的、行使宪法所赋予的权利时具有任意性，从而按照最利于人民的方式履行其崇高的职责。当目的合法，且于宪法约束之内，那么适当且必要的一切行为，若未曾禁止，并与宪法精神相一致，便合乎宪法。"①"麦卡洛克诉马里兰州案"似乎提供了一个主观主义解释的典范性例子，但是，当人们细读这份判词却可以发现：即便是按照"活的宪法"这种解释方法，将附随于时代特征和时代精神而变迁的政治经济实际情况纳入释宪的考量，释宪者仍然要考虑到：（1）目的是否合法；（2）是否受到宪法的禁止；（3）是否符合宪法的精神。由此看来，主观主义解释之中本身也蕴含着一定的客观限制。在法律工具主义盛行的时代，主观主义解释往往被释宪者扩大化地运用。而在一个现代生活急遽变迁的年代，客观主义解释又可能成为阻碍法律变革的武器。本书认为，究竟应该采取主观主义解释还是客观主义解释，不应该是一个仅仅停留在抽象争辩层面的问题，而应该是一个可以用实践理性加以现实化的问题。"主观""客观"两个词语都是"总相"，泛指那些"主观的"或者"客观的"一般状态，停留于这种状态，而不能进入"总相"之下那些丰富而生动的实践，实际上无益于认清"真相"。当然，我们不得不承认基本权利中的某些核心价值，不管采取哪种解释倾向，都应该得到最高限度的维护。更进一步说，即便采取这两种解释倾向中的任何一种，它们都受到解释法则本身的约束。正如比较法学者贡萨洛·里贝罗（Gonçalo de Almeida Ribeiro）指出的那样，宪法解释，无论采取主观主义方式，还是客观主义方式，都必须遵循四个最基本的原则：（1）一致性原则（Principle of Unity）；（2）平衡性原则（Principle of Balancing）；（3）融合性原则（Principle of Integration）；（4）恒定性原则（Principle of Stability）。②

---

① McCulloch v. Maryland, 17 U.S. (4 Wheat.) 316, 407-420 (1819). See Tu Yunxin, The Question of 2047: Constitutional Fate of "One Country, Two Systems" in Hong Kong, 21 German L.J. 1481, 1519-1523 (2020).

② Gonçalo de Almeida Ribeiro, What is Constitutional Interpretation? 20 INT'l J. Const. L. 1130-1161 (2022).

第三节 基本权利的解释方法论

德国公法学家康拉德·黑塞（Konrad Hesse, 1919—2005）曾言：宪法关于基本权利的条款是一种规范国家、社会与人民间关系的基础规定（Grund Normen）。①所谓的"基本权利解释方法论"，是指依据何种方法来确立基本权利的确切含义。②

法律解释大体上包括两个流派：文本主义和意向主义。简单来说，文本主义者认为词义是对法律文件进行法律解释的依据；意向主义者认为，法律解释应遵照法律起草者的意愿。以上两种主义，不但可用于法律解释，也可用于其他任何领域的解释。③ 在《当代罗马法体系》一书中，萨维尼认为必须在制定法解释之中区分出四个要素：文法要素、逻辑要素、历史要素和体系要素。他明确地将整体解释视为法律解释的基本方法之一，认为如果法律解释能够达成，上述四个要素必须以协调作用的不同活动形式存在。④ 法律解释的方法性原则，是贯穿于各种法律解释方法的过程，并对运用这些法律方法得出的解释结论予以衡量，以判断其合理性和正当性的那些基础性原则。这些原则主要包括体系性原则、目的性原则、历史性原则和合宪性原则。⑤在法律解释的四种主要方法性原则中，体系性解释原则与历史性解释原则都是法律解释的形式性标准，而目的性解释原则和合宪性解释原则则是法律解释的实质性标准。⑥

如果需要得到具有法律拘束力的解释，则需要对法律解释权进行分析。一般来说，法律解释权包括两部分：一部分是指统一解释权，这部分权力在许多国家都由最高司法机关统一行使，在中国分别由立法机关、最高司法机关（简称

---

① Konrad Hesse, Grundzüge des Verfassungsrechts der Bundesrepublik Deutschland (Hüthig Jehle Rehm, 1999), S. 277.

② 李建良：《基本权释义学与宪法学方法论——基本权思维工程的基本构图》，载《月旦法学杂志》2018 年第 273 期。

③ ［美］沃尔特·辛诺特·姆斯特朗：《法律解释中的词义》，栾绍兴译，载《法律方法》2019 年第 1 卷。

④ ［德］弗里德里希·卡尔·冯·萨维尼：《当代罗马法体系》（I），朱虎译，中国法制出版社 2010 年版，第 166-167 页。

⑤ 魏治勋：《法律解释的方法性原则——对四种法律解释方法性原则之方法属性的辩驳与重构》，载《人大法律评论》2016 年第 3 辑。

⑥ 魏治勋：《法律解释的方法性原则——对四种法律解释方法性原则之方法属性的辩驳与重构》，载《人大法律评论》2016 年第 3 辑。

"两高"）等掌握。另一部分是法官针对个案应用法律、解释法律的权力，它属于法官审判权的组成部分，该权力的核心要义在于由法官针对个案宣布法律的意义。①在英格兰法院的法律解释实务中，三项解释规则至关重要②：（1）"文意解释规则"（Literal rule/ Plain meaning rule），在 1868 年的 "Whitely v. Chappel案"中，法院判定如果法律文本的字面含义是清楚的，则法官也必须遵循该文字所表达的意思来解释和适用法律。③（2）"黄金规则"（Golden rule），在 1828 年的 "Warburton v. Loveland 案"中，查尔斯·伯顿（Charles Burton）大法官判定，若运用文意解释规则可能导致荒谬的结果时，法官应当寻求字词的其他含义以避免荒谬结论的出现。④（3）"除弊规则"（Mischief rule），在 1584 年的 "赫顿案"（Heydon's case）中，法院认为在解释成文法时要充分考虑成文法所欲弥补的法律制度上的漏洞，基于公共福利（pro bono publico）去弥补议会在制定该成文法时所欲弥补的缺陷。⑤

一、文义解释

在文义解释中，任何解释者都必须首先观察法律文本的语言学含义。在文学解释中，有的评论家强调需要对文本（文学）进行精读，但是文学评论家所谓的精读强调的是理解得合情合理，而对一个法律文本进行"抠字眼"式的精读则利用的是语词与其指涉的不确定性，这也就是文学解释方法不能适用于法律解释的最根本原因。⑥在法律解释中，解释必须首先立足于文本⑦，解释者侧重于解释法律文本中词汇或概念的最基本的含义，有时需要借助法律用语的字典意思来理解，更多时候则需要借助法律文本上下文的逻辑关联来进行理解。

根据香港《释义及通则条例》第 5 条关于文法变体及同语族词句的规定，在任何条例中凡对任何字或词句下有定义，该定义的适用范围即扩及该字或词句的文法变体及同语族词句。发生条款含义的争议时，应首先采取"通常理解"

---

① 陈金钊：《法律解释（学）的基本问题》，载《政法论丛》2004 年第 9 期。

② 魏玮：《英国法律解释三大规则之应用》，载《法律适用》2002 年第 2 期。

③ Whitely v. Chappel（1868）LR 4 QB 147.

④ Warburton v. Loveland,（1828）1 Hud. & B. 623, per Burton J. at 648；See also Warburton v Loveland,（1832）6 E. R. 806, per Tindal C. J. at 809；Becke v Smith,（1836）150 E. R. 724, per Parke J. at 726.

⑤ Heydon's Case［1584］76 ER 637 3 CO REP 7a.

⑥ ［美］波斯纳：《法律与文学》，李国庆译，中国政法大学出版社 2002 年版，第 7 章。

⑦ Territorial Dispute（Libyan Arab Jamahiriya/Chad），Judgment, I. C. J. Reports 1994, p. 22, para. 41.

对条款内容进行解释，即按照文义解释进行厘定，在穷尽文义解释仍然不能释疑时，释宪者方可适用其他解释规则。

在 1980 年的"内政部诉费舍案"中，枢密院指出在进行法律解释的时候，"对所用字句，以及赋予这些字句含义的用语传统及惯用方法必须加以尊重"（Respect must be paid to the language which has been used and to the traditions and usages which have given meaning to that language）。① 在"入境事务处处长诉庄丰源案"中，香港终审法院认为其必须参照有关条款的背景及目的来诠释文本字句，一旦断定文本字句确是含义清晰后，便须落实这些字句的清晰含义。法院不会基于任何外来数据而偏离这些字句的清晰含义，赋予其所不能包含的意思。②法院的理据在于：若法院在借助内在资料及适当的外来资料去确定有关条款的背景及目的，并参照该背景及目的后作出诠释，断定文字的含义清晰，则外来数据，不论其性质，也不论其属制定前还是制定后数据，均不能对解释产生影响。含义清晰即所用文字没有歧义，即在合理情况下不能得出另一对立的解释。③

全国人大常委会于 2011 年 2 月 25 日通过的《中华人民共和国刑法修正案（八）》，增加了刑法第 133 条之一危险驾驶罪，规定："在道路上驾驶机动车追逐竞驶，情节恶劣的，或者在道路上醉酒驾驶机动车的，处拘役，并处罚金。"无论在理论上还是在实务中，对关键词语的理解会影响执法机关是否适用入罪标准进行衡量和判断。④例如，对于企事业单位或者住宅小区等管辖范围内的路段、停车场是否属于"道路"就影响到法律的正确适用问题。对于"道路"

---

① Minister of Home Affairs v. Fisher［1980］AC 319 at 329E.

② THE DIRECTOR OF IMMIGRATION v. CHONG FUNG YUEN［2001］HKCFA 48；［2001］2 HKLRD 533；（2001）4 HKCFAR 211；FACV 26/2000（20 July 2001），6. 3.

③ THE DIRECTOR OF IMMIGRATION v. CHONG FUNG YUEN［2001］HKCFA 48；［2001］2 HKLRD 533；（2001）4 HKCFAR 211；FACV 26/2000（20 July 2001），6. 3.

④ 醉酒驾驶机动车的入罪标准，即在道路上驾驶机动车，血液酒精含量达到 80 毫克/100 毫升以上的，属于醉酒驾驶机动车，应当以危险驾驶罪定罪处罚。参见《最高人民法院、最高人民检察院、公安部关于办理醉酒驾驶机动车刑事案件适用法律若干问题的意见》（法发〔2013〕15 号）。判断醉酒的国家标准是血液中的酒精含量。根据国家质量检验检疫总局 2004 年 5 月 31 日发布的《车辆驾驶人员血液、呼气酒精含量阈值与检验》（国家标准 GB19522-2010）的规定，机动车驾驶人员每 100 毫升血液中酒精含量大于或等于 20 毫克，且小于 80 毫克为饮酒后驾车；车辆驾驶人员每 100 毫升血液中酒精含量大于或等于 80 毫克为醉酒驾车。孔祥承、聂友伦：《醉驾案件中醉酒标准认定之思考》，载《行政与法》2020 年第 3 期；张旭、承德市公安局交通警察支队公安行政管理案，河北省承德市中级人民法院行政判决书（2020）冀 08 行终 10 号。

"机动车"等关键词语的含义，《中华人民共和国道路交通安全法》就采用了文义解释的方法。《中华人民共和国道路交通安全法》第119条规定，"道路"是指公路、城市道路和虽在单位管辖范围但允许社会机动车通行的地方，包括广场、公共停车场等用于公众通行的场所；"机动车"是指以动力装置驱动或者牵引，上道路行驶的供人员乘用或者用于运送物品以及进行工程专项作业的轮式车辆；"非机动车"是指以人力或者畜力驱动，上道路行驶的交通工具，以及虽有动力装置驱动但设计最高时速、空车质量、外形尺寸符合有关国家标准的残疾人机动轮椅车、电动自行车等交通工具。因此，对于机关、企事业单位、厂矿、校园、住宅小区等单位管辖范围内的路段、停车场，若相关单位允许社会机动车通行，则也属于"道路"范围，在这些地方醉酒驾驶机动车的，同样构成危险驾驶罪。①

在"上海市崇明区人民检察院诉张志杰、陈钟鸣、包周鑫组织考试作弊案"中，上海市第二中级人民法院正是运用了文义解释的方式来阐明"什么是组织考试作弊罪中的考试"。法院认为，这种考试是指法律规定的国家考试，至于什么是法律规定，法院认为这里的"法律"应当限缩解释为全国人大及其常委会制定的法律。在判决说理中，法院认为：国家机关根据法律委任制定的规章中规定的国家考试，该考试相对于法律本身而言，是一种"间接规定"。组织考试作弊罪将考试范围限定在"法律规定的国家考试"，但没有限定法律作出规定的具体方式。根据文义解释的方法，将法律规定解释为法律"直接"或"间接"规定符合基本语法规范，同时亦没有超出普通大众的认知范围，因此是一种合理解释。②

在2015年上海市虹口区人民法院审理的"甲公司诉乙保险公司财产保险合同纠纷案"③中，甲公司作为专业的物流运输企业，在乙保险公司购买了火灾险，双方签订了保险合同，同时，该格式合同的免责部分将未列名的其他使用性质的车辆的"自燃"排除在保险范围外。2014年6月25日11时19分许，被保险车辆于上海市某路口500米处发生火灾，事故造成车头部分烧毁。上海市浦东新区公安消防支队出具的《火灾事故简易调查认定书》记载：该起火灾原

---

① 陈国庆、韩耀元、吴峤滨：《〈关于办理醉酒驾驶机动车刑事案件适用法律若干问题的意见〉理解与适用》，载《人民检察》2014年第5期。

② 上海市崇明区人民检察院诉张志杰、陈钟鸣、包周鑫组织考试作弊案，载《最高人民法院公报》2018年第12期（总第266期）。

③ 2015年度上海法院金融商事审判十大案例之七：甲公司诉乙保险公司财产保险合同纠纷案，上海市虹口区人民法院（2015）虹民五（商）初字第2578号。

因为车辆电气线路故障引起。原告甲公司确认火灾原因为车辆自燃，要求被告乙保险公司承担保险责任，双方由于对"火灾"这一保险术语的理解不同而发生争议，诉至法院。上海市虹口区人民法院认为："从文义解释的角度，火灾可以理解为（机动车因）失火造成的灾害，并不区分起火原因为机动车自身或外来火源，但《车损险条款》第35条保险合同术语第5款、第8款已就火灾、自燃的概念作出了明确区分，火灾为机动车本身以外火源引起的燃烧，自燃为机动车本身故障引起的燃烧，该定义表达清晰无歧义，两者显然不是包含与被包含的关系；从体系解释的角度，《车损险条款》第5条第2款将火灾与党政机关、事业团体等车辆自燃并列，也与《车损险条款》对火灾、自燃的定义逻辑相恰，联系上下文语境，不存在其他的理解；从历史解释的角度，被告保险合同中对火灾、自燃的定义与保监会复函的精神一致，系多年采用的合同范本，原告甲公司作为专业的物流运输企业，应当知晓本行业保险惯例，如认为车损险不足以覆盖损失风险，可以附加投保相应自燃险种。因此，在采取文义解释、体系解释、历史解释的方法后，对火灾概念应得出《车损险条款》中火灾定义的唯一、确定解释，故不适用疑义利益规则。"

在"孔德金破坏公用电信设施，张红生掩饰、隐瞒犯罪所得案"中，江苏省镇江市丹徒区（县）人民法院认为：基于罪刑法定原则的内在要求，以及刑法稳定性优于正当性的价值认同，无论是形式解释论抑或实质解释论，在解释方法上都不排斥文理解释优先于论理解释的原则，在解释方法的顺序上通常呈现出文义解释—体系解释—历史解释—目的解释—合宪性解释的趋同。因此，通过文理解释可以获得对刑法条文正确理解的，就没有必要采取论理解释的方法，除非文理解释的结论不合理或者产生多种结论。①

在最高人民法院指导案例第60号"盐城市奥康食品有限公司案"中，《中华人民共和国食品安全法》规定，食品经营者在食品标签、食品说明书上特别强调添加、含有一种或多种有价值、有特性的配料、成分，应标示所强调配料、成分的添加量或含量，未标示的，属于违反《中华人民共和国食品安全法》的行为，工商行政管理部门依法对其实施行政处罚的，人民法院应予支持。对于如何理解"强调"、如何解释"有价值、有特性的配料"的问题，江苏省盐城市中级人民法院在生效判决书中采取了文义解释并认为：所谓"强调"，是特别着重或着重提出，一般意义上，通过名称、色差、字体、字号、图形、排列顺

---

① "孔德金破坏公用电信设施，张红生掩饰、隐瞒犯罪所得案"，江苏省镇江市丹徒区人民法院（2016）苏1112刑初11号。

序、文字说明、同一内容反复出现或多个内容都指向同一事物等形式表现，均可理解为对某事物的强调。所谓的"有价值、有特性的配料"是指不同于一般配料的特殊配料，对人体有较高的营养作用，其市场价格、营养成分往往高于其他配料。①

总体来看，文义解释是法律解释首要的方法。若遇到解释的标的是某一项特定的基本权利之时，解释者首要的任务就是根据宪法和法律的明确规定，按照具有一般正常智力水平的普通人的理解水平对基本权利规范进行解释。通常来说，任何一种语言文字都包括一定的含义，都存在于一定的意义系统之中。文字有含义，含义有范围，范围又有大小。基本权利规范中的法律概念亦复如是，它既包括这个概念的当然含义，又包括这个概念的可能含义。文义解释的方法要求解释者在不超过法律概念的可能含义的限度范围内进行一种"通常解释"。

二、目的解释

在古老的罗马法传统中，拉丁法谚说："凡符合法之原理者，应被视为存在于法律之中。"② 立法的语言具有规范力量，它为现实社会关系的运行和调整提供了某种指引。我们在日常生活中所看到和感受到的法律经常是以高度概括、间接的语言文字形式呈现的。然而，人类社会的语言现象是极为复杂的，语言文字的某个词语或句子极有可能既包括显义，也包括隐义，既包括表层意思，又包括深层含义。同时，语言总是处于社会的流变之中的。语言的"能指"大于"所指"。职是之故，在法律的文义解释穷尽之后，人们可以诉诸"立法目的"来解释法律规范。诚如拉丁法谚又说："不拘泥于字面来解释其管辖权是一个称职法官的责任"③。

《印度宪法》第 21 条保障公民的生命权和人身自由。印度最高法院在解释《印度宪法》第 21 条时采用了较为宽容的方法，将"生命"的含义加以扩大，把"享受有利于健康的环境的权利"也解释为生命权的内容。1996 年 8 月 28 日，在"Vellore Citizens Welfare Forum v. Union of India"一案中，印度最高法院认为，《印度宪法》第 21 条、第 47 条、第 48A 条和第 51A（g）条所规定的审慎原则、污染者付费原则和新的举证原则已经成为新兴的国家环境法的一部分，

---

① 盐城市奥康食品有限公司东台分公司诉盐城市东台工商行政管理局工商行政处罚案，最高人民法院指导案例第 60 号（2016 年）。

② 该拉丁法谚的原文为"Quaecunque intra rationem legis inveniuntur intra legem ipsam esse judicantur"。

③ 该拉丁法谚的原文为"Est boni judicis ampliare jurisdictionem"。

公民在环境事项上伸张正义是《印度宪法》第 21 条的基本要求。①

在 1980 年的"内政部诉费舍案"中,枢密院在解释非婚生子女的含义时就采用较宽松的解释方法,认为非婚生子女与婚生子女一样享有居留权。这是因为宪法解释与普通法律的解释有所不同,宪法应该被视为是自成一体的(as sui generis),宪法之解释呼唤符合它自身特征的方法(calling for principles of interpretation of its own)。②在"律政司诉丘达昌案"中,香港法院基于迪普洛克勋爵(Lord Diplock)在 1984 年"总检察长诉 Jobe 案"③中的判决法理,认为,在解释宪法性法律文件之时,应该采用一种宽松的(generous)、目的论(purposive)的方法。④

在香港特别行政区律政司对《释义及通则条例》⑤第 19 条的立法背景作出解释性说明时,特区政府特别明确提及了法例的"补缺去弊"(Remedial)功能。⑥《释义及通则条例》第 19 条规定:"条例必须当作有补缺去弊的作用,按其真正用意、含义及精神,并为了最能确保达致其目的而作出公正、广泛及灵活的释疑及释义。"⑦此条规定表明:法例具有"补缺去弊"(Remedial)的作用。这项条文反映了 1584 年英格兰罗杰·曼伍德爵士(Sir Roger Manwood)在 Heydon's Case 案⑧中确立的解释法则。在 2004 年的"Town Planning Board v. Society for the Protection of the Harbour Limited 案"中,法院认为,Heydon's Case 案中确立的"补缺去弊"的解释方法是目的主义解释的早期例子。⑨该解释法则基于一项推定,就是在制定法例时,立法机关是针对某一缺弊或问题而提供补救的。根据这项法则,法庭会审视有关法规及其立法历史,以确定该法规旨在补

---

① Vellore Citizens Welfare Forum v. Union of India, AIR 1986 SC 2715.

② Ministry of Home Affairs v. Fisher [1980] AC 319 (P. C.).

③ Attorney-General v. Momodou Jobe, [1984] AC 689, [1984] UKPC 10.

④ Attorney General v. David Chiu Tat-cheong [1992] 2 HKLR 84.

⑤ 《释义及通则条例》,中华人民共和国香港特别行政区 1966 年第 88 号法律公告。

⑥ https://www. doj. gov. hk/tc/publications/pdf/ldd20101118c. pdf(访问时间:2022 年 12 月 2 日)。

⑦ An Ordinance shall be deemed to be remedial and shall receive such fair, large and liberal construction and interpretation as will best ensure the attainment of the object of the Ordinance according to its true intent, meaning and spirit. See Hong Kong SAR, Interpretation and General Clauses Ordinance, Art. 19.

⑧ Heydon's Case (1584) 76 ER 637.

⑨ Town Planning Board v Society for the Protection of Harbour Ltd (2004) 7 HKCFAR 1, p. 14, para. 29; Leung Sai Lun Robert and Others v Leung May Ling and Others [1998] 1 HKC 26. (Court of Appeal), p. 34D.

救什么缺弊，从而作出一个最能达致该补救效果的解释。在 2020 年的"黄瀚笙诉特区政府案"（Wong Hon Sun v. HKSAR）中，香港终审法院再次指出，必须将法例视为具有"补缺去弊"的作用。[1]

最高人民检察院在其指导案例"马乐利用未公开信息交易案"中，认为应该综合运用多种解释方法以符合刑法目的的方式来解释法律条文。"正确理解刑法条文，应当以文义解释为起点，综合运用体系解释、目的解释等多种解释方法，按照罪刑法定原则和罪责刑相适应原则的要求，从整个刑法体系中把握立法目的，平衡法益保护。"[2]

在"重庆泰雷商贸有限责任公司与重庆佳路机电有限公司合同纠纷上诉案"中，重庆市第一中级人民法院认为："从目的解释的角度看，探究立法者的立法意图更具决定性意义。当通过字面解释、历史解释、体系解释会得出不同含义时，规范目的就起着决定性作用。"[3]

目的解释方法的重要性自不待多言，同时，我们也应该注意到目的解释又可分为"合目的性限缩解释"和"合目的性扩张解释"两种更为精细的区分。"合目的性限缩解释"是将规范意旨的范围限制在核心文义之内。相比而言，"合目的性扩张解释"是将规范意旨的范围扩张到核心文义以外的模糊边缘。通常而言，对于那些保障社会弱势群体基本权利的规范，人们在多数情况下可以选择"合目的性扩张解释"。对于那些公共权力容易肆意扩张，而影响到公民基本权利的法律规范，人们在很多时候可以对约束公共权力的部分进行"合目的性限缩解释"。

三、体系解释

德国法学家伯尔尼·魏德士（Bernd Rüthers）指出："法律适用通常不是对某个具体规范的适用，而是对散布在法律秩序的若干法律部门中相关规范的适用。法律适用者寻找的不是适用于具体案件间的某个规范的答案，而是整个法律秩序的答案。"萨维尼揭示了四个规则：一是体系化研究应该具备一定的抽象性与无矛盾性。虽然体系解释需要把握法律素材之间的整体脉络，但是如果过多地强调法律外的因素就会间接地或隐蔽地背离法律。二是体系化应该以实在

[1] Wong Hon Sun v HKSAR［2010］1 HKC 18.
[2] 检例第 24 号：马乐利用未公开信息交易案（2016 年）
[3] 重庆泰雷商贸有限责任公司与重庆佳路机电有限公司合同纠纷上诉案，重庆市第一中级人民法院（2012）渝北法民初字第 11560 号；（2013）渝一中法民终字第 00946 号。

法为基础，避免任意性和空洞化。三是应该对其进行整体性界定，但不需要把它们概括为学究式的定义。在体系解释中不应该对与法律规范无关的概念进行阐释，每一个概念都应该有相对应的法律现实。四是体系化研究应该建立在真正的内在关联基础上，其目的是发现体系而不是发明体系。① 在拉伦茨看来，法律规范之间并非彼此无关地平行并存，其间有各种脉络关联，解释规范时需要考量该规范之意义脉络、上下文关系、体系地位及其对该规范的整个脉络之部分之功能为何，并且整个法秩序（或其大部分）都受特定指导性法律思想、原则或一般价值标准的支配，其中若干思想、原则，在今日甚至具有宪法位阶，诸多规范之各种价值决定借此法律思想得以正当化、一体化，并因此避免其彼此间的矛盾。②

在"刘广明诉张家港市人民政府行政复议案"中，最高人民法院认为对行政实体法某一法条或者数个法条保护的权益范围的界定，不宜单纯以法条规定的文意为限，以免孤立、割裂地"只见树木不见森林"，而应坚持从整体进行判断，强调"适用一个法条，就是在运用整部法典"。③ 在"北京市东城区人民政府、北京联立房地产开发有限责任公司再审审查与审判监督行政裁定书"④ 中，最高人民法院再次运用了"适用一个法条，就是在运用整部法典"的理念进行司法推理。

事实上，国际人权法律文件绝不应该被视为一个权利宣示的封闭体系，而是应该作为一个活生生的、具备实践特质的法律文书。正如消除种族歧视委员会（Committee on the Elimination of Racial Discrimination /CERD）在它的第35号一般性意见中指出的那样，《消除一切形式种族歧视国际公约》是一个活生生的文书，其实施委员会从事的人权环境更为广泛，这种意识弥漫于整个公约。⑤按照《维也纳条约法公约》之规定，条约应依其用语按其上下文并参照条约之目的及宗旨所具有之通常意义，善意解释之。⑥

---

① 陈金钊：《体系思维的姿态及体系解释方法的运用》，载《山东大学学报（哲学社会科学版）》2018年第2期。
② 杨铜铜：《体系解释的思维依据》，载《法律方法》2017年第2期。
③ 刘广明诉张家港市人民政府行政复议案，最高人民法院（2017）最高法行申169号。
④ 北京市东城区人民政府、北京联立房地产开发有限责任公司再审审查与审判监督行政裁定书，最高人民法院（2019）最高法行申293号。
⑤ UN Doc. CERD/C/GC/35, para. 4
⑥ Vienna Convention on the Law of Treaties, 1155 U. N. T. S. 331, 8 I. L. M. 679, entered into force Jan. 27, 1980. Art. 31（1）; Also see Maritime Delimitation in the Indian Ocean（Somalia v. Kenya）, Preliminary Objections, Judgment, I. C. J. Reports 2017, p. 29, para. 64.

四、历史解释

历史解释的方法同样需要借助所谓的立法准备资料（preparatory works/travaux préparatoires）来澄清立法者在法律制定之初的意思。也有学者将这种方法称作立法史方法，它主要指依据立法者对法案的修订、委员会审议和议员辩论时发表过的言论以及通过官方程序从专家和听证人处收集到的公众意见等立法史料，考察立法意图，从而对制定法进行解释的方法。①

德国资深的法理学家伯恩·魏德士（Bernd Rüthers）曾一针见血地指出："不去查明立法者的规范目的或者不经说明就背离它的人将使自己脱离法律约束，从法律的仆人变为法律的主人……历史解释是任何合宪性法律适用的不能放弃的一步。"②由于立法体制不同，在普通法系国家或者地区，法院对待立法准备资料的规则也有不同。美国联邦最高法院经常使用立法准备资料来帮助其判断法律的确切含义，而英国上议院及其之后的英国最高法院则较为谨慎地使用立法准备资料，只有当法律规则含义模糊不清，无法通过文意解释、目的解释和体系解释加以断定的时候，英国法院才考虑借助立法准备资料来判断法律的确切含义。在英国法上，运用立法准备资料来进行法律解释最著名的案例莫过于英国上议院判决的"福瑟吉尔诉君主航空公司案"③ 和"佩珀诉哈特案"④。英国上议院迪普洛克勋爵（Lord Diplock）在"福瑟吉尔诉君主航空公司案"中认为："法院在执行其宪制职能作为诠释国会所订成文法的诠释者时，常被喻为确定'国会的意向'。这个比喻虽然方便，但并未考虑到法院在履行其诠释职能和复核行政措施是否合法的同时，亦作为行使立法权的国家与受国会所制订并由国家行使其行政管理权执行的法律所规管的公民之间的调解人。"在司法过程中，立法准备资料（包括议会辩论记录、历史背景资料、政府的官方报

---

① Nicholas R. Parrillo, Leviathan and Interpretive Revolution: The Administrative State, the Judiciary, and the Rise of Legislative History, 1890-1950, 123 Yale L. J. 266 (2013). 中文翻译参见洪莹莹：《美国制定法解释中的立法史方法及启示：基于对 207 个联邦反托拉斯判例的梳理》，载《北大法律评论》2017 年第 2 期。

② ［德］伯恩·魏德士：《法理学》，丁晓春、吴越译，法律出版社 2013 年版，第 333 页；Bernd Rüthers, Christian Fischer & Axel Birk, Rechtstheorie: Begriff, Geltung und Anwendung des Rechts, 10. Auflage, Beck, München 1999; Bernd Rüthers, Zeitgeist und Recht. Bachem, Köln 1997.

③ Fothergill v. Monarch Airlines Ltd, ［1980］2 All ER 696, ［1980］3 WLR 209, ［1981］AC 251, ［1980］UKHL 6.

④ Pepper (Inspector of Taxes) v. Hart ［1992］UKHL 3, ［1992］3 WLR 1032.

告书等）被认为是一种"外在的辅助工具"。英国的法律委员会对这些外在的辅助工具进行了一个类型化：（1）法官可能想知道制定该法例的背景的一般情况和事实情况；（2）法官可能想知道制定该法例所针对的"缺弊"，而立法机关的目的应是要补救或更改法律上或事实方面的某种状况；（3）法官可能想找出一些资料，那些资料可能与该法例所做补救或更改的性质和范围有关。①在"入境事务处处长诉庄丰源案"中，香港终审法院区分了在解释《香港基本法》时候的内在资料的问题（Internal materials）和外在资料的问题（Extrinsic materials）。②关于内在资料的问题（Internal materials），为协助解释有关条款，法院会考虑《香港基本法》的内容，包括《香港基本法》内除有关条款的其他条款及其序言。这些均属有助于解释的内在资料。关于外在资料的问题（Extrinsic materials），有助于了解《香港基本法》或《香港基本法》某些条款的背景或目的的外来资料，一般均可用来协助解释《香港基本法》。例如：1984 年 12 月 19 日于北京签订的《中英联合声明》、1990 年 3 月 28 日提交全国人大审议的《关于基本法（草稿）的解释》。在"佩珀诉哈特案"中，英国上议院的判决书概述了以下新规则："在不抵触任何国会豁免权的前提下，应放宽不采纳国会资料作为解释法例的辅助工具的规则，使在下列情况下容许参考该等资料：（a）法例出现歧义、模糊或导致荒谬情况；（b）用以释义的材料，是部长或其他法令草案倡议人作出的声明，如需要的话也包括为了解该等声明和声明的效用而需参考的其他国会资料；（c）用以释义的声明清晰。"③

由著名人权法学家威廉·沙巴斯（William A. Schabas）教授主编的《世界人权宣言：准备文件》以长达 3282 页的篇幅详细梳理了《世界人权宣言》的起草过程。该书主要借助联合国成立早期的各项决议、准备材料、文件记录、传记等资料来探知《世界人权宣言》30 个条文的原意。④起草《世界人权宣言》的联合国人权委员会由具有不同的政治、文化、宗教背景的 18 个成员组成。美国富兰克林·罗斯福总统遗孀罗斯福夫人是《世界人权宣言》起草委员会主席。宣言起草委员会的其他成员还包括法国的勒内·卡辛，他起草了宣言的初稿；黎巴嫩的查尔斯·马利克，担任委员会报告员；中国的张彭春，担任副主席；

---

① The Interpretation of Statutes (1969) (Law Com. No. 21; Scot. Law Com. No. 11).

② Tu Yunxin, The Question of 2047: Constitutional Fate of "One Country, Two Systems" in Hong Kong, 21 German L. J. 1481−1525 (2020).

③ Pepper (Inspector of Taxes) v. Hart [1992] UKHL 3, [1992] 3 WLR 1032.

④ William A. Schabas (ed.), The Universal Declaration of Human Rights: The Travaux préparatoires (Cambridge University Press, 2013).

加拿大的约翰·汉弗莱，联合国人权司主任，他起草了宣言的蓝本。另外，在很多国际人权裁判机构的判决法理中，我们都可以看到法官们运用立法准备资料来进行历史解释的例子。

五、合宪性解释

（一）合宪性解释的含义

合宪性解释或"合宪解释"的全称为"法律的合宪性解释"，来自德文"Ver-fassungskonforme Auslegung von Gesetzen"。在英语中，合宪性解释极容易被误译为"Constitutional Interpretation"。事实上，"Constitutional Interpretation"的意思是"宪法解释"，其范围远远广于此处所言之"合宪性解释"。①严格说来，"合宪性解释"一词在英文中应该被译为"Constitution-consistent interpretation"。②在北欧的语言中，合宪性解释的翻译为"grunnlovskonform tolkning"。③

苏永钦教授指出：合宪性解释是"宪法所代表的价值秩序向下浸润于整套法规范体系"的过程。④瑞士学者坎皮休（Campische）和穆勒（N. Muller）将合宪性解释分为三个规则：一是单纯的解释规则，指宪法相关规定应在法律解释时直接发生一定影响；二是冲突规则，指在数种可能的法律解释中应优先选择与宪法内容相符者；三是保全规则，指当法律有违宪疑虑而有数种解释可能时，应选择不违宪的解释。⑤德国学者施莱希进一步区分了"合宪性解释"与"基于宪法的解释"，在其看来，瑞士学者坎皮休（Campische）和穆勒（N. Muller）总结的三个规则实际上属于"基于宪法的解释"。⑥另外，德国法学家托马斯·M. J. 默勒斯（Thomas M. J. Möllers）还区分了"宪法导向的解释""合宪解释"以及"合宪的法续造"，三者之间的关系如图3-1所示。

---

① Richard A. Posner, Overcoming Law (Harvard University Press, 1995); Philip Bobbitt, Constitutional Interpretation (Blackwell, 1991).

② Martin Brenncke, Rights-Consistent Interpretation, In Martin Brenncke, Judicial Law-Making in English and German Courts: Techniques and Limits of Statutory Interpretation (Intersentia, 2018), pp. 139-256.

③ Iris Nguyên Duy, New Trends in Scandinavian Constitutional Review, 61 Scandinavian Stud. L. 11-48 (2015).

④ 苏永钦：《私法自治中的经济理性》，中国人民大学出版社2009年版，第114页。

⑤ 王书成：《论合宪性解释方法》，载《法学研究》2012年第5期；苏永钦：《合宪性控制的理论与实际》，月旦出版社1994年版，第84页。

⑥ ［德］克劳斯·施莱希、斯特凡·科里奥特：《德国联邦宪法法院：地位、程序与裁判》，刘飞译，法律出版社2007年版，第455页；苏永钦：《合宪性控制的理论与实际》，月旦出版社1994年版，第123页。

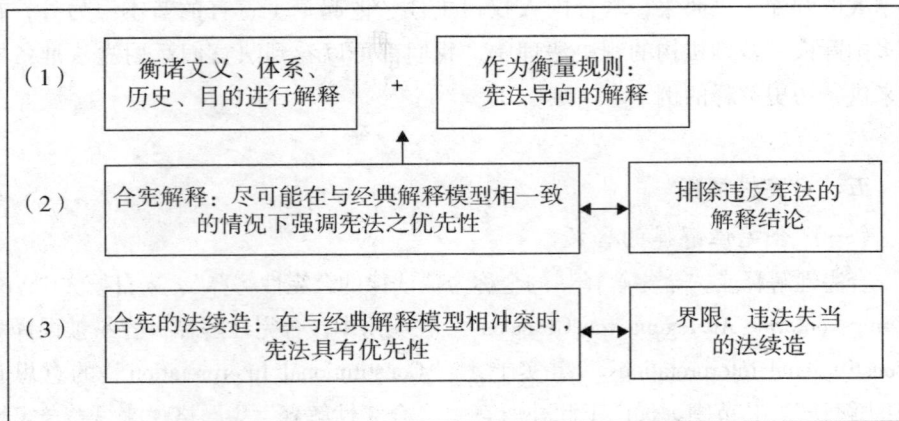

图 3-1 宪法导向的解释、合宪解释、合宪的法续造的"三分法"
（图表来源：［德］托马斯·M.J.默勒斯①，2022 年）

（二）合宪性解释与"宪法回避"

通常来说，司法机关在行使司法权审判个案时，一方面推定所适用的法律是合宪的②，另一方面法院也需要"回避宪法问题判断"（Constitutional avoidance）。在 1936 年的"Ashwander v. Tennessee Valley Auth. 案"中，美国联邦最高法院判定：司法者首先需要做到尽可能不对宪法问题作出判断，只是在迫不得已的情况下，当必须对宪法问题作出判断时才对宪法问题进行审查判断。③由此可见，由于宪法对一般法律领域的影响，司法者在释法活动中几乎可以基于

---

① ［德］托马斯·M.J.默勒斯（Thomas M. J. Möllers）：《法学方法论》（第 4 版），杜志浩译，李昊、申柳华、江溯、张彤校，北京大学出版社 2022 年版，第 627 页。

② 合宪性推定（Presumption of Constitutionality）这一概念在 1876 年"Munn v. Illinois 案"中被明确提出。法院在案中宣称，每一个制定法都被推定是合乎宪法的，法院不应该宣称它违宪，除非它明显地违反了宪法，立法机关的意志无疑应该获得支持。Munn v. Illinois, 94 U. S. 113, 141（1876）；王书成：《论合宪性解释方法》，载《法学研究》2012 年第 5 期。

③ The Court will not pass upon a constitutional question although properly presented by the record, if there is also present some other ground upon which the case may be disposed of. See Ashwander v. Tennessee Valley Auth. , 297 U. S. 288, 347（1936）（Brandeis, J. , concurring）.

宪法进行解释。①但是，"合宪性解释"的触发则涉及对法律是否违宪的判断。有学者据此认为合宪性解释方法具体包括两种情形：一是对法律文义的转换；二是在法律的多重含义中择一适用。②

在德国法学家福尔克尔·埃平（Volker Epping）、塞巴斯蒂安·伦茨（Sebastian Lenz）、菲利普·莱德克（Philipp Leydecker）三人看来，只有当一项法律规定不能通过任何解释方法作出符合宪法的解释时，才能被视为违宪。反之，若仅有个别解释结论与宪法冲突，则应优先选择可得出合宪解释结论的解释方法，但该结论不能超出明确的条文或法律清楚明显的含义和目的。③欧陆法系福尔克尔·埃平（Volker Epping）等学者的此种观点在某种程度上暗合了普通法系中的"回避宪法问题判断"（Constitutional avoidance）的法理。

（三）合宪性解释与"补救解释"

司法机关在进入合宪性解释阶段之前，实际上已经采用了各种不同的解释方法。同时，在普通法传统中，法院在得出一项立法不符合宪法时，通常还会采取一种被称作"补救解释"的方法。④普通法意义上的"补救解释"（Remedial interpretation）有两重含义：（1）为更正法律草拟上的错误，司法机关可对法规作增补的解释。在这方面，典型的例子是 2000 年的"Chan Pun

---

① 宪法解释在学理上的定义是指宪法解释机关根据宪法的基本精神和原则对宪法规定的含义界限相互关系做出的具有法律效力的说明。宪法解释一旦做出之后就约束立法机关、行政机关、监察机关、司法机关以及其他类型的国家机关。宪法解释应当具有系统性，释宪者对宪法某个条文的解释应当与宪法的整体内容相协调。宪法的效力高于普通的法律，宪法的效力地位决定了宪法解释必须注重它的系统性和协调性；同时，宪法解释还不得背离社会生活的实际，宪法解释应当代表了社会发展的方向，应当是对社会生活中的重大争议定分止争。参见涂云新：《比较公法总论研究——原理与案例》，武汉大学出版社 2021 年版，第 223—224 页。

② 吴庚：《政法理论与法学方法》，中国人民大学出版社 2007 年版，第 363 页；杜强强：《合宪性解释在我国法院的实践》，载《法学研究》2016 年第 6 期。

③ ［德］福尔克尔·埃平、塞巴斯蒂安·伦茨、菲利普·莱德克：《基本权利》（第 8 版），张冬阳译，北京大学出版社 2023 年版，第 31 页。

④ See https://www.doj.gov.hk/tc/publications/pdf/ldd20101118c.pdf （访问时间：2024 年 2 月 2 日）；Also see Po Jen Yap, Judging Hong Kong's National Security Law, In Hualing Fu and Michael Hor（eds）, The National Security Law of Hong Kong: Restoration and Transformation（HKU Press, 2022）, pp. 160–165; Pui-yin Lo, Reactivated and Re-Energised: The Sedition Offences in "New Era" Hong Kong, 52 Hong Kong L. J. 913, 934（2022）; Jonathan Klaaren, A Remedial Interpretation of the Treatment Action Campaign Decision, 19 S. AFR. J. oN HUM. Rts. 455（2003）; Kenneth C. K. Chow & Brian Hansen, The Oppression Remedy – Towards a Remedial Interpretation, 12 HONG KONG L. J. 314（1982）.

Chung and Another v. HKSAR 案"①。（2）为保持法例的法律有效性，可以用较狭窄的意义解释法规。在这方面，典型的例子是 2006 年的"HKSAR v. Lam Kwong Wai and Another 案"②。

值得注意的是，本书此处论及的普通法意义上的"补救解释"不同于《释义及通则条例》③第 19 条所规定的法例的"补缺去弊"（Remedial）功能。普通法意义上的"补救解释"是合宪性解释之前的一种最后的解释方法和技术，而《释义及通则条例》第 19 条所规定的法例的"补缺去弊"（Remedial）功能是"合目的解释"的一种具体技术和方法。关于前者，在 2006 年的"香港特别行政区诉李文健案"（HKSAR v. Lam Kwong Wai）中，香港终审法院在判词中再次表明了"补救解释"的重要性：

> 法院的默示性权力就包括对立法条文采取一种补救解释的方法，借由这种方法使得立法条文在最大程度上与基本法保持一致性。只有当这种补救解释毫无可能之际，法院才会宣告立法条文与基本法抵触，从而导致其法律后果的违宪性和无效性。④

大陆法系的公法理论中较少论及"补救解释"这一方法。大陆法系的私法理论中存在相当文献研究"补充性解释"。尤其针对"法律规范"和"法律行为"（Rechtsgeschäft）的解释时，私法学者大都适用了通行的文义、体系、目的、历史等解释技术，但是，这里有两点值得深刻考察。第一，就"法律规范"而言，"法规范之解释"与"法规范的续造"是不同的，文义、体系、目的、历史等解释技术针对的是"法规范"本身之解释，而"法规范的续造"乃是运用类推方法进行法律漏洞的填充和法律原则的创设。第二，就"法律行为"而言，司法者可以对某一法律行为进行"阐释性解释"和"补充性解释"，文义、

---

① Chan Pun Chung and Another v. HKSAR（2000）3 HKCFAR 392.

② HKSAR v. Lam Kwong Wai and Another（2006）9 HKCFAR 574.

③ 《释义及通则条例》，中华人民共和国香港特别行政区 1966 年第 88 号法律公告。

④ Sir Anthony Frank Mason wrote："The implied powers of this Court include the obligation to adopt a remedial interpretation of a legislative provision which will, so far as it is possible, make it Basic Law-consistent. Only in the event that such an interpretation is not possible, will the Court proceed to make a declaration of contravention, entailing unconstitutionality and invalidity." See HKSAR v. Lam Kwong Wai（2006）9 HKCFAR 574；Also see Francis Ho-Chai Chung & Jiang Zixin, An alternative to annulment：Remedial interpretation in Hong Kong, In Po Jen Yap（ed.）, Constitutional Remedies in Asia（Taylor & Francis, 2019）, p. 615.

体系、目的、历史等解释技术针对的是"法律本身"的"阐释性解释"，而
"补充性解释"① 仍然需借助漏洞填充、类比推理来实现。在"广州珠江铜厂有
限公司与佛山市南海区中兴五金冶炼厂、李烈芬加工合同纠纷案"（以下简称
"广州珠江公司案"）中，2003 年 5 月 19 日，珠铜公司作为甲方与作为乙方的
中兴冶炼厂签订的《补充协议》明确约定："……乙方欠甲方金属铜 792.56 吨，
只能在长白长顺有色金属冶炼厂和朝鲜惠山青年铜矿合作项目成功投产盈利后
在乙方股份盈利中偿还。"后来由于朝鲜惠山青年铜矿合作项目未获得批准，乙
方未能获得股份盈利，故一直未履行清偿义务，甲方诉请偿还。此案涉及对合同
行为中甲乙双方意思表示的解释问题。到底甲乙双方的约定是否明确？合同是否
存在漏洞？如果约定是明确的，那么应该如何对上述关键合同条款进行解释？是
否可以对意思表示进行"补充性解释"？

　　此案经过佛山市中级人民法院一审、广东省高级人民法院二审，最终由最
高人民法院再审。最高人民法院在（2012）民提字第 153 号民事判决书中认为：
"对于合同的解释，应当严格按照合同法的规定和当事人的约定。广东省高级人
民法院二审判决将'只能在长白长顺有色金属冶炼厂和朝鲜惠山青年铜矿合作
项目成功投产盈利后在乙方股份盈利中偿还'理解为双方对返还欠铜方式的约
定，其理由在于认为双方没有约定该项目未能成功投产和盈利时中兴冶炼厂应
否偿还欠铜属于约定不明确。该认定并不符合合同解释的规则。因为，本案合
同双方只是对合同条款内容的理解产生了争议，并不属于合同没有约定或者约
定不明的情形。当事人对合同条款的理解有争议的，应当按照合同所使用的词
句、合同的有关条款、合同的目的、交易习惯以及诚实信用原则，确定该条款
的真实意思。"②广州珠江公司案的生效判决书表明：法律行为的解释优先应该
适用"阐释性解释"，只有当穷尽前者的解释之后，才可能通过漏洞填充或类比
推理进行"补充性解释"。正如杨代雄教授指出的："补充性意思表示解释与狭
义的意思表示解释的界限在于表意符合可能的意义范围之边界。在大多数情形
中，表意符合是语言文字，可能的意义范围即可能的文义范围。在该范围之内，
无论采用文义解释抑或采用体系解释、目的解释等方法确定表示意义，皆为狭
义的意思表示解释。超出该范围扩展表示意义或添加表示意义的，皆为补充性意

---

① 关于中国民法典是否允许对法律行为进行"补充性解释"的问题，论者大多集中于对
　《中华人民共和国民法典》第 142 条、第 510 条以及 511 条的讨论和解释。
② 广州珠江铜厂有限公司与佛山市南海区中兴五金冶炼厂、李烈芬加工合同纠纷案，最高
　人民法院民事判决书（2012）民提字第 153 号。

思表示解释。"①

在公法领域，本书更加倾向于使用"补救解释"或"补救性解释"来对译普通法法官在释宪实务中发展出的"Remedial interpretation"。私法学者所使用的"补充性解释"似乎不能很准确地反映合宪性解释更为深刻的含义。尤其是涉及判断相关立法是否侵犯基本权利的案件时，释宪者必须穷尽文义、体系、目的、历史等解释技术和方法，如果上述常规解释方法仍然不能奏效，则释宪者应该考虑"补救性解释"，通过这种方法使得立法条文在最大程度上与宪法保持一致性。只有当这种补救解释毫无可能之际，法院才可宣告相关立法因违宪而无效。

（四）合宪性解释的先决条件

自 1584 年英格兰的罗杰·曼伍德爵士（Sir Roger Manwood）在 Heydon's Case 案②确立了一系列法例解释的准则以来，普通法系的法官和法学家在数百年的司法实践中建构起了一套非常精细的合宪性审查方法。就常规的审查方法而言，首先，法院需要审查法例与普通法的关系，考察在法例制定之前的普通法规则是什么。其次，法院需要考察普通法在何处存在缺失或漏洞。第三，议会（国会）订立的法例是否弥补了上述的缺失或漏洞。第四，法院提供救济的真实理由是否为了实现国会应当提供的公共福祉（pro bono publico）。就合宪性审查而言，首先，司法者应当穷尽诸如文义解释、目的解释、体系解释、历史解释等常规解释方法。其次，司法者有义务进行"补救解释"（Remedial interpretation），尽力将被审查的法例解释得符合宪法的原则和精神。最后，司法者需遵循"宪法回避"的原则，只是在迫不得已的情况下，才对宪法问题进行审查判断。③

在欧陆法系，合宪性解释具有一种"过滤功能"，在此意义上，宪法不仅是认知规范（Erkenntnisnorm），同时也是审查规范（Kontrollnorm）。欧陆法系的著名法学家托马斯·M. J. 默勒斯（Thomas M. J. Möllers）援引德国联邦宪法法院的判例论述道：

> 基于合宪解释之要求，若多种可能的规范含义中有的违反宪法，有的

---

① 杨代雄：《法律行为论》，北京大学出版社 2021 年版，第 233 页。

② Heydon's Case（1584）76 ER 637.

③ Ashwander v. Tennessee Valley Auth., 297 U.S. 288, 347（1936）（Brandeis, J., concurring）.

符合宪法，则应优先选取符合《基本法》的解释（vgl. BVergfGE 32, 373 ［383 f.］；st. Rspr）。只有穷尽已知的解释原则仍无法求得与宪法相符的解释时，始得宣告某一规范无效。若揆诸相关规范的文义、立法史和整体体系可得出多种含义，而其中有一种可以导向合宪之结论，则应当采纳之（BVergfGE 88, 145 ［166］）。

即使经由合宪的法适用（verfassungskonforme Interpretation），也不能重新确定法律的规范内涵（vgl. BVerfGE 8, 71 ［78. f］）。因此，为避免无效之诉而作出的法律解释也必须是符合已有解释原则的解释（vgl. BVerfGE 69, 1 ［55］）。因此，原则上说，正当运用已有的解释方法即是合宪解释的界限。而出于对立法权的尊重（《基本法》第20条第2款），在宪法的界限内，应当尽最大可能地维护立法者的所求。因此，规范的某种合宪解释必须符合法律的文义并维护立法者的原则性目的（BVerfGE 86, 288 ［320］）。（所解释出的）含义不得导致立法者的目标遭到显著地落空或曲解（vgl. BVerfGE 8, 28 ［34］；54, 277 ［299 f.］ m. w. Nachw.）。①

福尔克尔·埃平（Volker Epping）等学者在其第八版《基本权利》（Grundrechte）一书中则更具体地指出了合宪性解释的先决条件，如下②：

（1）规范条文允许多种解释的可能性；
（2）至少一种解释符合《德国基本法》；
（3）所选的解释不违反规范的意义。

如果我们对比普通法系和欧陆法系的合宪性解释方法就可以看到，在合宪性解释的先决条件方面，两大法系存在某些共性，譬如，常规解释优先适用、尽量回避宪法问题。但是二者的差异也客观存在，相比之下，普通法系的法官还享有"补救解释"的权限，这一点似乎是欧陆法系的法官所缺乏的，但是欧陆法系的解释理论也强调："只有穷尽已知的解释原则仍无法求得与宪法相符的解释时，始得宣告某一规范无效。"

---

① ［德］托马斯·M. J. 默勒斯（Thomas M. J. Möllers）：《法学方法论》（第4版），杜志浩译，李昊、申柳华、江溯、张彤校，北京大学出版社2022年版，第609—610页。
② ［德］福尔克尔·埃平、塞巴斯蒂安·伦茨、菲利普·莱德克：《基本权利》（第8版），张冬阳译，北京大学出版社2023年版，第31页。

（五）部门法的合宪性解释

既然明示性的基本权利规范已经被载入宪法，而且默示性、未列举的基本权利已经获得宪法的承认，那么合宪性解释当然就适用于基本权利作用的全部领域。基本权利具体化的过程中存在被"稀释"的可能性，因此，所谓的基本权利的合宪性解释主要针对的对象是立法、行政、监察、司法活动中涉及基本权利的事项。

合宪性解释作为一种方法还能够适用于民事法和刑事法领域。在"部门法的宪法化"的学理趋势下，一国的法律体系应当具备融贯性，而现代宪法构成法律体系的规范基础和价值基础，各部门法的规范与学理更有向宪法调整之必要。同时，宪法学也必须充分考量部门法固有体系的稳定性与科学性，并有选择地将部门法的成熟学理接受为具体化宪法的方案。①就民法和宪法的一般关系而言，学术界经常引用孟德斯鸠的一句话："在民法慈母般的眼神中，每个人就是整个国家。"就刑法和宪法的一般关系而言，学术界常言：刑法是"犯罪人的大宪章"。民法解释学和刑法解释学的任务之一就是澄清各自领域内有关法律规范的具体含义和边界。但是，现代民法和刑法的法律规范中存在大量的涉及基本权利的条款（如人格权），在穷尽民法解释学和刑法解释学的全部手段后，司法者还应采用合宪性解释方法。民法领域中适用合宪性解释的情形主要有两种，一种是保护义务的证立，尤其针对健康权和一般人格权，另一种是有限地允许合同设定限制以保护自我决定权。②刑法合宪性解释要求刑法适用活动中运用宪法规范（主要的权利规范）限制刑罚权，防止通过刑法解释任意扩张刑罚权适用范围进而侵犯个人和组织的合法权利。③刑事诉讼法的诸多程序性规范大多涉及宪法上的自由权和人身权。民法合宪性解释要求在民商事法律的适用活动中以不抵触宪法的原则和精神的方式对民法规范进行解释。④2016年最高人民法院印发的《人民法院民事裁判文书制作规范》虽然规定不得引用宪法作为裁判依据，但是可以在说理部分对宪法的原则和精神进行阐释。⑤

---

① 张翔：《具体法治中的宪法与部门法》，中国人民大学出版社 2023 年版，第 121–123 页；张翔：《刑法体系的合宪性调控——以"李斯特鸿沟"为视角》，载《法学研究》2016年第 4 期。

② ［德］托马斯·M. J. 默勒斯（Thomas M. J. Möllers）：《法学方法论》（第 4 版），杜志浩译，李昊、申柳华、江溯、张彤校，北京大学出版社 2022 年版，第 612 页。

③ 时延安：《作为刑法解释方法的合宪性解释》，载《刑法解释》2018 年第 1 期。

④ 李海平：《民法合宪性解释的事实条件》，载《法学研究》2019 年第 3 期。

⑤ 最高人民法院法［2016］221 号发布（2016 年 6 月 28 日）。

（六）经典案例："紧急集会判决"（Eilversammlungen）

德国联邦宪法法院（BVerfG）在 1991 年作出的"紧急集会判决"（Eilver-sammlungen）① 是一起涉及对《德国基本法》第 8 规定的"集会自由权"进行解释的典型案件。

1. 基本案情

在此案中，《德国联邦集会法》第 14 条（§14 VersG）规定所有集会必须至少提前 48 小时登记，即使紧急集会和自发集会也不例外。这一严格的登记义务引发了人们对《德国联邦集会法》第 14 条的合宪性质疑，因为，如果该条款被严格实施，那么所有紧急集会和自发集会都可能由于没有登记而违法。同时，《德国基本法》第 8 条第 2 款虽然授权了限制，但是并非普遍禁止此类集会。②

2. 多数派法官的推理

在此案中，德国联邦宪法法院（BVerfG）需要审查《德国联邦集会法》第 14 条的合宪性。在多数法官看来，首先，需要对《德国联邦集会法》第 14 条在常规解释方法的框架下进行审查，其次，如果此案的审查标的满足了上述三个先决条件，那么法院就可以适用"合宪性解释"方法。经过一番推理，多数法官认为，法院对《德国联邦集会法》第 14 条的审查满足了先决条件，最终，法院判定：（1）《德国联邦集会法》第 14 条可以通过合宪性解释从而保持它与《德国基本法》的一致性。（2）《德国联邦集会法》第 14 条的适用也要受到一定的限制——紧急集会的登记需要考虑集会的特定性质而允许缩短登记时限，通常情况下，紧急集会的登记时限是举办此类集会的同一天，最迟在集会公布之时。③

3. 少数派法官的推理

在"紧急集会判决"（Eilversammlungen）中，有两位少数派法官——赛博特（Seibert）和亨舍尔（Henschel）发表了不同意见，在这两位法官看来，《德国联邦集会法》第 14 条的适用将导致对集会自由不合比例的限制，因为这个国会立法没有规定"紧急集会"和"自发集会"的例外，该条款因抵触《德国基本法》第 8 条而应该被判无效。④

---

① BVerfGE 85, 69 - Eilversammlungen.
② ［德］福尔克尔·埃平、塞巴斯蒂安·伦茨、菲利普·莱德克：《基本权利》（第 8 版），张冬阳译，北京大学出版社 2023 年版，第 30-31 页。
③ BVerfGE 85, 69 - Eilversammlungen（74 f.）.
④ BVerfGE 85, 69 - Eilversammlungen（77 f.）.

4. 案例之省思

德国联邦宪法法院（BVerfG）的多数派法官 Herzog、Seidl、Grimm、Söllner、Dieterich、Kühling 已经判定《德国联邦集会法》第 14 条可以通过合宪性解释与《德国基本法》保持一致，同时，多数派法官还判定《德国联邦集会法》第 14 条应当受到限制的条件。从结果上看，多数派法官平衡了各方的观点和利益——一方面，肯定《德国联邦集会法》第 14 条设定的"登记义务"，另一方面，对"登记义务"又创设了"紧急例外"，也就是说，紧急集会的登记义务时限从原先的"至少提前 48 小时"（48-Stunden-Frist）调整为"至少是集会公布之时"。从判词上看，多数派法官似乎对"常规解释框架"的论述较少，大量的篇幅在论证此案时可以适用"合宪性解释"。本书认为，多数派法官的推理可能在以下诸多方面值得探讨：第一，正当运用已有的解释方法是合宪性解释的界限。①多数派法官在适用"合宪性解释"之前，没能通过充分说理阐明"常规解释框架"下的各类方法已经被穷尽。也就是说，文义解释、目的解释、体系解释和历史解释等方法并未被穷尽。第二，多数派法官未能明晰区分"合目的解释"和"合宪性解释"，致使忽略了"合宪性解释"的限度问题。正如少数派法官赛博特（Seibert）和亨舍尔（Henschel）所言："在实体上涉及对公民刑事处罚的司法负担时，无论如何，合宪性解释都必须找到其适当的界限。"（Unabhängig davon muß die verfassungskonforme Auslegung jedenfalls dort ihre Grenzen finden, wo sie der Sache nach auf eine richterrechtliche Ergänzung des Straftatbestandes hinausläuft.）②第三，多数派法官没有考虑"宪法回避"问题，更未借鉴"补救解释"方法。第四，多数派法官以"合宪性解释"之名，实际上变相修改了国会立法的实体内容，这种司法权限的扩张已导致"法官在审判席上行使立法者的权力"（Legislating on the bench），因而，多数派法官不适当地扩展了自己的权限。第五，多数派法官未考察少数派法官所担忧的基本权利"本质内涵保障"问题。因为《德国基本法》第 19 条第 2 款明确要求："任何基本权利都不允许在本质上受到侵犯。"法院没有考察《德国基本法》第 8 条（集会自由）的本质内涵，故而丧失了进一步澄清"相对本质内涵"与"绝对本质内涵"界限的机会。基于以上理由，本书赞同两位少数派法官——赛博特（Seibert）和亨舍尔（Henschel）的结论，同时，对异议的理据进行了上述完善。

---

① ［德］托马斯·M. J. 默勒斯（Thomas M. J. Möllers）：《法学方法论》（第 4 版），杜志浩译，李昊、申柳华、江溯、张彤校，北京大学出版社 2022 年版，第 610 页。

② BVerfGE 85, 69 – Eilversammlungen（77 f.）.

在福尔克尔·埃平（Volker Epping）教授看来，德国联邦宪法法院在"紧急集会判决"（Eilversammlungen）中存在解释上的瑕疵，其理由如下：（1）合宪性解释的先决条件之一是穷尽多种常规解释方法，显然，法院在此案中并未首先采用常规解释方法。（2）法律条文的字句是任何形式解释的界限，因此，法院在此案中所采取的解释方法并非真正意义的"合宪性解释"，而是"目的性限缩解释"（Teleologische Reduktion），即背离条文字句，基于规范的含义和目的对其进行限制。（3）立法者有责任重新制定已经违宪的法规，因而，《德国联邦集会法》第 14 条的修订工作属于立法者的职责，并非法院的职责。①

六、比较法解释

司法人员在解释基本权利的含义时，往往不局限于国内法的范畴，而是将法律思维的广度扩展到涵盖国际法（尤其是国际人权法）和外国法（比较法）的范围。试想，当今任何一位美国、英国、印度、德国、法国、南非、巴西或者日本的法学家在研究基本权利解释时，怎么可能对国际人权法或外国法的法理充耳不闻甚至视而不见呢？再试想，哪怕是最严格意义上恪守本国教义法学传统的一位资深法官，当其在裁判案件时，又怎能漠视其本国最高立法机关批准的那些国际人权公约背后的法理呢？今天，一位居住在卡尔斯鲁尔、慕尼黑或柏林的法官若要裁判基本权利案件，绝对不可能回避欧盟法和欧洲人权法对德国法的深刻影响，同样地，一位在汉堡或者海德堡的法律人，也绝无可能绕开欧盟法或者欧洲人权法去从事严肃的法学研习。正如德国法学家托马斯·M. J. 默勒斯所言：如今，国内法的诸多领域都受到了来自欧盟法和国际法的影响。就连《民法典》近来都经历了相当程度的"欧洲化"。②

此处，本书以"比较法解释"一词来概括性统摄一切超越国内法律秩序的解释方法和路径。

（一）国际法（国际人权法）

1. 国际法和国内法关系范式

在国际法和国内法的关系问题上，学术界有"一元论"（Monistic Theory）、"二元论"（Dualistic theory）、"具体适用论"（Specific Adoption Theory）、"转化

---

① ［德］福尔克尔·埃平、塞巴斯蒂安·伦茨、菲利普·莱德克：《基本权利》（第 8 版），张冬阳译，北京大学出版社 2023 年版，第 32 页。

② ［德］托马斯·M. J. 默勒斯（Thomas M. J. Möllers）：《法学方法论》（第 4 版），杜志浩译，李昊、申柳华、江溯、张彤校，北京大学出版社 2022 年版，第 629 页。

论"（Transformation Theory）、"国家意志协调论"（Consensus Theory）、"授权论"（Delegation Theory）等不同的学说。但是，无论坚持上述哪一种学说，一个无可否认的事实是：基本权利的解释直接或者间接地受到国际法（特别是国际人权法、国际人道法、国际刑法）的影响。

在著名国际法学家、联合国国际法委员会委员肖恩·D. 墨菲（Sean D. Murphy）看来，国际条约或公约中权利条款的存在并不当然意味着个人有权依据条约主张权利救济。①正如常设国际法院（PCIJ）在"有关但泽自由市的咨询意见案"（Danzig Advisory Opinion）所展示的那样，除非依据缔约国的意图和条约约文的明确规定，一项国际协议原则上不能为私人主体创设直接的权利和义务。②国际人权条约缔结的事实并不能推导出国际人权在国内法院具有直接的可司法性。在大多数情况下，公民个人无法直接基于《经济、社会及文化权利国际公约》和《公民权利和政治权利国际公约》而向国内法院提出权利主张。而且许多国家在缔结人权条约时常常通过非自动执行（Non-self-executing）的声明限制或者排除其在国内法院的司法适用。尽管如此，国内法院在解释和适用基本权利规范时都不应漠视国际法（尤其是国际人权法）的巨大力量。

首先，基本权利的解释不得抵触一国对国际社会的承诺以及该国所受之一般国际法的约束。自罗马法以来，"契约必须履行"（Pacta Sunt Servanda）的理念已经深深嵌入了国际和国内法律秩序。《维也纳条约法公约》（VCLT）第26条明确规定："凡有效之条约对其各当事国有拘束力，必须由各该国善意履行。"任何条约的缔约国不得援引其国内法规定为理由而不履行条约，否则可能面临相应的国家责任。2023年通过的《中华人民共和国对外关系法》明确规定："国家依照宪法和法律缔结或者参加条约和协定，善意履行有关条约和协定规定的义务。国家缔结或者参加的条约和协定不得同宪法相抵触。"③

其次，基本权利的解释不得抵触一国所承担的国际及区域人权公约之下的

---

① Sean D. Murphy, Does International Law Obligate States to Open their National Courts to Persons for the Invocation of Treaty Norms that Protect or Benefit Persons? In David Sloss（eds.）, The Role of Domestic Courts in Treaty Enforcement: A Comparative Study（Cambridge University Press, 2009）; Carlos Manuel Vázquez, Treaty-Based Rights and Remedies of Individuals, 92 Colum. L. Rev. 1082-1163（1992）.

② Jurisdiction of the Courts of Danzig（Pecuniary Claims of Danzig Railway Officials who have Passed into the Polish Service, against the Polish Railways Administration）, Advisory Opinion, （1928）PCIJ Ser. B No. 15, 17-18.

③ 《中华人民共和国对外关系法》（2023年6月28日第十四届全国人民代表大会常务委员会第三次会议通过，自2023年7月1日起施行），第30条。

义务，换言之，基本权利的解释除了遵循一般国际法，还必须遵循国际人权法①。如果一个国家透过其宪法程序加入或批准了某项国际人权公约，则基本权利的解释就必须考虑到该国应当承担的国际人权义务，其理由在于：此时，国际人权规范已经透过宪法程序构成了能够约束立法、监察、行政、司法机关的国家义务。例如，在 1975 年的"戈尔德诉英国案"中，服刑人员戈尔向欧洲人权法院起诉英国政府，指控英国违反了《欧洲人权公约》第 6 条第 1 款。欧洲人权法院结合《维也纳条约法公约》以及《欧洲人权公约》对个人可诉诸法院的权利（Access to justice）进行了解释。②在 2012 年的"阿塔维等诉哥斯达黎加案"中，阿塔维等诉称哥斯达黎加宪法法院 2000 年判决禁止本国公民代孕（In vitro fertilization /IVF），侵犯了《美洲人权公约》第 11 条第 2 款（享有私生活的权利）、第 17 条第 2 款（家庭权利）和第 24 条（平等保护的权利），美洲人权法院（IACHR）依据国际人权法对相关基本权利进行了解释。③

2. 国际人权公约的加入、批准和保留问题

在国际人权法的视域中，援引和适用国际人权公约解释主权国家宪法秩序下的基本权利，必须考察该国的缔约状况。本国加入和批准的国际人权公约的援引与本国未加入的国际人权公约援引不同。援引国际人权公约原则上局限于本国立法机关已经批准且没有作出保留的部分。如若不是，则继续分两种情形加以讨论：

（1）如果一个国家的司法机关援引了本国未加入、未批准的国际人权公约，则需要进一步观察，这种援引是将其作为裁判依据还是作为推理依据。如果援引一项没有经过本国立法机关批准的人权公约，那么它仅能作为辅助法官推理的依据，而不能成为裁判的依据。

（2）如果一个国家的司法机关援引了本国虽然已经加入和批准的国际人权公约，但援引的部分恰恰是本国予以"保留"的那些条文，那么还应该观察"保留"的效力问题。所谓"保留"，指的是一国于签署、批准、接受、赞同或加入条约时所做的片面声明，不论措辞或名称如何，其目的在于摒除或更改条

---

① 许多理论界和实务界法律人士区分了一般国际法和特别国际法，在此区分下，国际人权法可以视为特别国际法的重要组成部分。

② Golder V. United Kingdom, Judgment, Merits and Just Satisfaction, App No 4451/70, A/18, [1975] ECHR 1, (1979) 1 EHRR 524, IHRL 9 (ECHR 1975), 21st February 1975.

③ Artavia Murillo et al. (in vitro fertilization) v. Costa Rica, Preliminary Objections, Merits, Reparations and Costs, Judgment of November 28, 2012, I/A Court H.R., Series C No. 257 (2012).

约中若干规定对该国适用时之法律效果。①根据《维也纳条约法公约》第 19 条关于提具保留之规定，一国得于签署、批准、接受、赞同或加入条约时，提具保留，但有下列情形之一者不在此限：（a）该项保留为条约所禁止者；（b）条约仅准许特定之保留而有关之保留不在其内者；（c）凡不属（a）及（b）两款所称之情形，该项保留与条约目的及宗旨不合者。

1951 年 5 月 28 日，国际法院在著名的"灭绝种族国际公约保留问题的咨询意见案"（Reservations to the Convention on the Prevention and Punishment of the Crime of Genocide）中，区分了"公约所允许的保留"和"公约所排斥的保留"，也就是说，在国际法院看来，那些与公约的目的和目标相融合的国家保留就是合乎国际法的，凡是那些与公约的目的和目标不兼容的缔约国的保留就是不合国际法的。因此，国际法院在适用国际法对主权国家的条约保留进行合法性判断时通常要进行一番复杂的"兼容性测试"（Compatibility Test）。②一个国家的司法机关能否对本国立法机关的公约保留行为作出审查呢？这取决于该国司法机关在宪法和法律授权下司法审查权的大小和强弱。原则上，在公法理论中，司法机关一般不会对本国立法机关的提具保留行为作出审查，其理由有二：一是基于权力制衡的原则，司法机关不可僭越其本身的解释职权，"越俎代庖"地决定关涉主权者意志的外交事项。二是基于"宪法委托"和"法律保留"两大原则，国家主权事项、外交事项方面的立法权已经明确赋予了立法机关。

虽然一国的立法机关可以基于主权原则对国际条约提具保留，但是即便如此，也应注意三点：一是国际人权条约不同于其他类型的国际条约，很多国际人权条约对"保留"作出了非常明确的限定，甚至规定了禁止保留的条款。二是习惯国际法对所有国家都具有强行法律约束力，不论一国是否加入或批准某项载有习惯国际法的条约，习惯法的部分都是有效的。三是提具保留的国家负有义务不得采取任何足以妨碍条约目的及宗旨之行动。③

事实上，将国际人权法作为一种论理依据在大陆法系、普通法系和混合法系的国家或地区是非常常见的。即便是作为大陆法系高地的德国、法国也极其重视国际人权法的解释机能。从更广义上说，要想深入探知欧洲各国的基本权

---

① Vienna Convention on the Law of Treaties, 1155 U. N. T. S. 331, 8 I. L. M. 679, entered into force Jan. 27, 1980. Art. 2 (1) (d).

② Reservations to the Convention on the Prevention and Punishment of the Crime of Genocide, Advisory Opinion, ICJ Reports 1951, p. 15. (May 28, 1951).

③ Vienna Convention on the Law of Treaties, 1155 U. N. T. S. 331, 8 I. L. M. 679, entered into force Jan. 27, 1980. Art. 18.

利体系，必须要深刻观察欧洲的人权体系。近百年来，以德、法为代表的大陆法系深刻影响了中国法律的近代化和现代化，但是许多论者往往忽略、轻视甚至无力研究架设在德、法两国法律秩序之上的欧洲法律秩序，其结果则是"只见树木，不见森林"。

3. 欧盟法和国际法对于欧盟成员国的优先性

无论德国法还是法国法，欧盟的初级立法和次级立法都是其必须优先适用且可直接适用的"上位法"。因此，在解释法国法或者德国法中的基本权利规范时，两国的法官有义务进行"合欧盟法/欧洲法解释"。在德国法学家托马斯·M. J. 默勒斯看来，"合欧盟法/欧洲法解释"可以分为两类：第一类是"合基础法解释"，第二类是"合次级法解释"。"合基础法的解释"又可分为"合基本自由的解释"及"合基本权利的解释"。"合次级法解释"又可分为"合条例的解释"及"合指令的解释"。如图 3-2 所示。

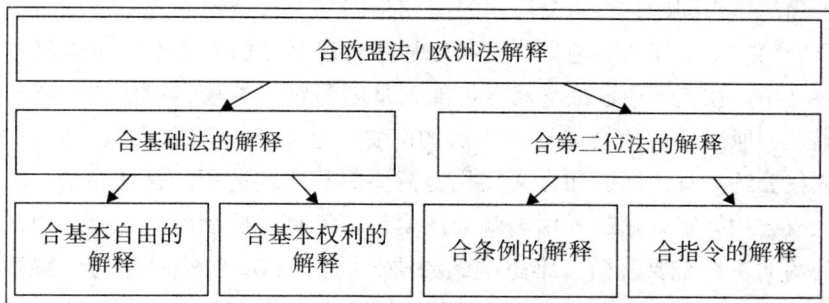

图 3-2　合欧盟法的解释
（图表来源：［德］托马斯·M.J. 默勒斯①，2022 年）

除了欧盟法的优先适用和直接适用，德国法院对待一般国际条约采取的是一种"亲善国际法的解释原则"。以德国联邦宪法法院的实践为例，法官的共识在于：《德国基本法》中对人权的承诺不仅意味着德意志联邦共和国受人权的约束，还表明德国有义务促进在世界范围内落实人权。因此，德意志联邦共和国批准了保护人权的基本国际公约。《公民权利和政治权利国际公约》《经济、社会、文化权利国际公约》以及 1950 年 11 月 4 日的《欧洲保护人权与基本自由公约》及其《议定书》，规定了一般意义上的政治参与权和人身自由权。根据《德国基本法》第 25 条，这些权利被视为一般国际法规则，优先于普通法律，

---

① ［德］托马斯·M.J. 默勒斯（Thomas M. J. Möllers）：《法学方法论》（第 4 版），杜志浩译，李昊、申柳华、江溯、张彤校，北京大学出版社 2022 年版，第 636 页。

并直接在德意志联邦共和国领土内为居民创造了权利和义务。这些保护人权的国际文书为国内立法提供了准则。在解释《德国基本法》时，也即在确定法治原则和基本权利的内容和范围以及解释普通法规时，必须考虑到这些文书。除批准和在国内执行这些文书，联邦政府还致力于在人权领域确立国际准则。因此，联邦政府支持澄清与个人的经济、社会、文化权利有关的法律问题，例如，适足的住房权和教育权。采取这种方式实现了国际人权和基本权利的相互补充与支持。①以色列最高法院在其判例法中认为，习惯法和条约法都影响到以色列法律，因为以色列法律是在国内法律与以色列保证要坚持的国际准则相一致的假设下运作的。②因此，人权条约成了解释国内法律的重要工具，并有助于使国际人权准则在国内领域进一步巩固和发扬光大。

4. 国际人权法作为基本权利解释的基准或辅助

将国际人权法作为基本权利解释的基准（Standard）或者辅助（Aid），面临两个层面的学理问题：第一个层面的问题是国际人权公约或者习惯法本身的解释问题，第二个层面的问题是将上述解释路径以合宪的方式融入本国基本权利的解释之中。在实务中，论辩双方可能正是因为对基本权利规范的理解出现分歧和异议，所以他们才会穷尽国内法的解释方法后诉诸国际人权公约。然而，国际人权公约本身的词语和含义往往也需要解释才能适用。这样一来，围绕着国际人权公约特定条款或者用语就会产生许多解释上的问题。总体来说，国际人权公约的解释需要遵循《维也纳条约法公约》第31条所确立的"解释之通则"（General rule of interpretation）。③若适用《维也纳条约公约》第31条的通则对条约进行解释后意义仍属不明或难解，或所获结果显属荒谬或不合理时，那么可以使用解释之补充资料，包括条约之准备工作及缔约之情况。

同时，国际学术界针对条约的解释问题还存在"约文学派""目的学派"

---

① Common core document forming part of the reports of States parties—Germany, UN Doc. HRI/CORE/DEU/2016（14 December 2016），para. 140.

② H. C. J. 2599/00 Yated – Non-Profit Organization for Parents of Children with Down Syndrome v. The Ministry of Education［2002］P. D. 56（5），834.

③ 《维也纳条约法公约》第31条规定：一、条约应依其用语按其上下文并参照条约之目的及宗旨所具有之通常意义，善意解释之。二、就解释条约而言，上下文除指连同弁言及附件在内之约文，还应包括：（a）全体当事国间因缔结条约所订与条约有关之任何协定；（b）一个以上当事国因缔结条约所订并经其他当事国接受为条约有关文书之任何文书。三、应与上下文一并考虑者尚有：（a）当事国嗣后所订关于条约之解释或其规定之适用之任何协定；（b）嗣后在条约适用方面确定各当事国对条约解释之协定之任何惯例；（c）适用于当事国间关系之任何有关国际法规则。四、倘经确定当事国有此原意，条约用语应使其具有特殊意义。

和"主观学派"的分野。"约文学派"强调约文首先作为条约解释的基础，同时也尊重缔约方意图之外部证据以及条约之目的及宗旨作为解释的方法。"目的学派"给予条约的目的及宗旨以更多权重，于是特别对一般性多边条约更是准备承认超出约文含义，乃至偏离约文所表示的缔约方初始意图之目的解释。"主观学派"将主要关注点放在当事国的意图，并且相应地承认自由地求助于缔约准备工作和其他缔约国意图的证据作为解释方法。①

瑞士法学家瓦特尔（Emer de Vattel）基于"解释的艺术"在《国际法或自然法的原则》中提出了一套基本的解释规则：（1）毋须解释者，不必解释之；（2）若可且应自己清楚阐释者而未解释者，则结果对其更糟；不可允许其以后证明其为表达之限制；（3）合约或条约的任何利益方不可按自己意志解释之；（4）无论何时，某人可以且应当表示其意图，足以清晰表达之意思则假定为依据其所指真实意图；（5）每项契约和条约的解释应依据确定的规则进行，以契合该契约在其起草及接受时各方所自然理解之意义。②

（二）外国法（比较法）

1. 援引比较法的路径

《诗经》有言："他山之石，可以攻玉。"③ 在古代中国人的智慧里，比较和借鉴是完善自身的重要方法。清季以来，"西法东渐"呈浩浩荡荡之势，古老的中国从封闭走向开放，法律制度亦逐渐融入世界体系之中。改革开放以来，中国始终坚持对外开放的基本国策，逐渐走上强国之路。回顾百年历史，比较法的研究一直在中国法律人心中占据重要地位。在一般宣介意义之上，精通比较法并且能够熟练运用比较法，仍然是当代法律人面临的重大课题。在学者李建良教授看来，比较法解释方法的运用大体可分为三步：

第一步，设定解释的共通命题，进行本国法与外国法的比较。

第二步，寻找可能与本国法相对应的外国法，正确理解外国法的规范意旨，包括学说解释、实务解释（含法律续造）。

第三步，寻找可能与外国法相对应的本国法，正确理解本国法的意旨，

① 张乃根：《条约解释的国际法》（上），上海人民出版社 2019 版，第 291-295 页。

② 张乃根：《条约解释的国际法》（上），上海人民出版社 2019 版，第 178-181 页；Emer de Vattel, The Law of Nations or the Principles of Natural Law (Carnegie Institution of Washington, 1916), pp. 199-200.

③ 《诗·小雅·鹤鸣》。

包括学说解释、实务解释（含法律续造）。①

2. 法律移植与援引外国法的正当性问题

在历史上，后发性国家或地区往往通过法律移植和法律继受完成本国法律体系的现代化，在法律移植和继受文化兴盛之地，无论法官、检察官，还是律师、学者，往往都热衷于引证比较法。而对于那些先发国家或地区的法官、律师而言，他们对基本权利解释中是否应该援引外国法，往往抱有一种怀疑甚至批判的态度。反对援引外国法解释本国法律的最大理由是民主正当性方面的，即本国司法人员基于国家主权原则应该以援引本国立法机关通过的法律为限。然而，比较法解释方法引入国内时，我们应该作出这样几个维度上的区分。

首先，作为裁判依据的比较法援引不同于作为裁判理由的比较法援引。比较法立法例或者案例的引入当然不能作为本国法院据以确定当事人权利义务关系的准据，但是比较法立法例或案例的援引可以作为推理依据，因为法治在究竟意义上意味着一种"理由之治"。

其次，作为方法论意义上的比较法解释和作为本体论意义上的比较法解释不同，援引外国法应该局限于一种方法论，协助司法官推导出合理的结论。在1989 年的"史丹佛诉肯塔基州案"（Stanford v. Kentucky）② 中，奥康纳大法官认为美国联邦司法机构援引外国法和比较法是有必要的，她指出："……近半个世纪以来，最高法院经常引用外国法和国际法来对发展中的正义标准进行评判。这反映了第八条修正案的特殊性质，正如最高法院早就说过的那样，需要直接从文明社会的成熟价值观中寻找其含义……"③

在 2015 年著名的"奥利亚里诉意大利案"（Oliari and Others v. Italy）的审理中，欧洲人权法院为了处理"同性婚"合法性问题就采取了一种"比较人权

---

① 李建良：《法学方法与基本权解释方法导论》，载《人文及社会科学集刊》2018 年第 30 卷第 2 期。

② Stanford v. Kentucky, 492 U. S. 361（1989）.

③ Over the course of nearly half a century, the Court has consistently referred to foreign and international law as relevant to its assessment of evolving standards of decency. See Atkins, 536 U. S. , at 317, n. 21; Thompson, 487 U. S. , at 830-831, and n. 31（plurality opinion）; Enmund, 458 U. S. , at 796-797, n. 22; Coker, 433 U. S. , at 596, n. 10（plurality opinion）; Trop, 356 U. S. , at 102-103（plurality opinion）. This inquiry reflects the special character of the Eighth Amendment, which, as the Court has long held, draws its meaning directly from the maturing values of civilized society. 中文翻译参考杜涛：《美国最高法院关于外国法的大辩论》，载《美国研究》2010 年第 3 期。

法分析"。法院在四个维度上比较了婚姻和家庭隐私保障的法律制度：第一个维度是欧洲成员国的宪法和民事法律制度的比较；第二个维度是借鉴了相关的欧洲委员会议会（Parliamentary Assembly of the Council of Europe，简称 PACE）的立法资料和法律决议；第三个维度是对欧盟法的分析，尤其是《欧洲基本权利宪章》第 7、9、21 条的相关法理的比较；第四个维度是将美国宪法上的基本权利判例拿来做比较。欧洲人权法院为了建构更具有说服力的推理论证，将"奥利亚里诉意大利案"（Oliari and Others v. Italy）与美国联邦最高法院的"奥贝格费尔诉霍奇斯案"（Obergefell v. Hodges）① 进行了较为仔细的对比分析。②

同样，在处理"同性婚"合法性问题方面著名的"奥贝格费尔诉霍奇斯案"（Obergefell v. Hodges）中，美国联邦最高法院大法官安东尼·肯尼迪在司法意见书中为了证明同性婚的合法性，还引用了中国古代儒家经典著作《礼记·哀公问》中孔子所说的"礼，其政之本"（Confucius taught that marriage lies at the foundation of government③）。接下来，大法官安东尼·肯尼迪还引用了西塞罗在《论义务》中类似的观点："社会关系的第一个纽带存在于夫妻之间，然后是父母与子女，再以后是家庭。"虽然有中国的国学学者质疑此处引证的"婚姻为政治之本"有误解孔子原意之嫌，但是肯尼迪的此番引证还是在说明这样一个道理："应当诚实且必要地指出，这些（对古人的）引用是基于婚姻是两性之间的结合的认识之上。"（It is fair and necessary to say these references were based on the understanding that marriage is a union between two persons of the opposite sex. ）④

---

① Obergefell v. Hodges, 576 U. S. 644 (2015).
② Oliari and Others v. Italy, Applications nos. 18766/11 and 36030/11, 21 July 2015, paras. 53-65.
③ 此处采用了英国汉学家、牛津大学教授理雅各（James Legge, 1815—1897）的译本。
④ Obergefell v. Hodges, 576 U. S. 644 (2015).

第四章

基本权利与比例原则

　　警察不能用大炮打麻雀，最严厉的手段必须是最终诉诸的方式，警权的干预必须适合其所在的情况，它必须是合比例的。（Die Polizei so nicht mit Kanonen auf Spatzen schießen…Das schärfste Mittel muss ste die ultima ratio bleiben. Der polizeiliche Eingriff muss den Verhältnissen angemessen，er muss verhältnismäß sein.）①

——弗里茨·弗莱纳（Fritz Fleiner，1867—1937）

　　如果胡桃夹子可以做到，你绝对不应该用蒸汽锤子来敲碎一颗坚果。（You must not use a steam hammer to crack a nut，if a nutcracker would do.）②

——迪普洛克勋爵（Lord Diplock）

---

① Fritz Fleiner, Institutionen des deutschen Verwaltungsrechts, 1. Aufl. 1911, S. 323; Stefan Naas, Die Entstehung des Preussischen Polizeiverwaltungsgesetzes von 1931: ein Beitrag zur Geschichte des Polizeirechts in der Weimarer Republik, Mohr Siebeck, 2003, S. 146. For this German quotation, Justice Aharon Barak provided a version of English translation: "The police should never use a cannon to kill a sparrow…The sharpest means must always remain the ultima ratio. Police intervention must be appropriate to the circumstances, it must be proportionate." Aharon Barak, Proportionality: Constitutional Rights and their Limitations (Cambridge University Press, 2012), p. 179.

② R v. Goldstein [1983] 1 WLR 151, 154−155. Cited in Friends of Antique Cultural Treasures Ltd, R (on the application of) v. The Secretary of State for the Department of Environment, Food & Rural Affairs [2020] EWCA Civ 649 (18 May 2020), para. 107; Robert Thomas, Legitimate Expectations and Proportionality in Administrative Law (Hart Publishing, 2000), p. 1; W. van Gerven, The Effect of Proportionality on the Actions of Member States of the European Community: National Viewpoints from Continental Europe In Evelyn Ellis (ed), The Principle of Proportionality in the Laws of Europe (Hart Publishing, 1999), pp. 37, 61.

权利这个词充满了暧昧、多重的意义，并且常遭到蓄意的误用，它如同一张强有力的王牌，足以胜过"利益"（interests）与"偏好"（preference）。相对于多数人的偏好，为什么权利可以拥有特殊地位？为什么权利能胜过多数人的意志？这些用来约束多数人权力的权利来自何处——来自上帝或人类、天性或教化？来自法律之外，还是仅仅是法律的创造物？权利是否固有而不可剥夺？抑或是一种多数人可自我加诸并自我废除的限制？哪些人得到授权而能行使权利对抗政府与多数人？权利是否绝对，或者必须与其他考量一起权衡？如果权利彼此冲突，又该如何？谁来决定哪个权利占有优势？权利是否会随时间推移而变化，例如在紧急状态下，还是永恒而普世？权利是否因地制宜，例如在不同的文化中，还是不受地点变动的影响？①

被誉为意大利"犯罪学三圣"（Holy three of criminology）② 之一的著名犯罪学实证主义学者拉斐尔·加罗法洛（Raffaele Garofalo，1851—1934）曾说："尽管每个公民都不能容忍对其自由加以其他限制，但是如果这种限制的对象也包括其他公民的相似权利，他就会加以容忍。甚至他不只容忍这种限制，而且会自动地承认并坚持它。他将会好心地操心其他每个公民的正当行为范围，就像操心他自己一样；在他自己不再侵犯它的同时，他还会保护它免受其他人的侵犯。"③早在 20 世纪 40 年代，由王伯琦先生翻译的法国著名法学家路易·若斯兰（Louis Jossenrant）先生所著的《权利相对论》一书由中华书局出版，此书对权利滥用理论进行了详尽的分析，并分别对权利相对性理论与权利绝对主义的理论进行了分析和批判。④在 20 世纪 80 年代，美国芝加哥大学的阿兰·格沃斯（Alan Gewirth）先后写了两篇文章——《存在绝对的权利吗？》和《存在绝对的权利》，来探讨"绝对的权利"这一论题，他认为所谓的"绝对权利"不是抽象意义上的"绝对"，而是某一情况下的"绝对"，即"相对的绝对"。格沃斯称之为"具体的绝对主义"（Concrete Absolutism），它必须与经验的、历史的结

---

① ［美］艾伦·德肖维茨（Alan M. Dershowitz）：《你的权利从哪里来？》（Rights from Wrongs: A Secular Theory of the Origins of Rights），黄煜文译，北京大学出版社 2014 年版，第 15 页。

② 切萨雷·龙勃罗梭（Cesare Lombroso）、恩里科·费里（Enrico Ferri）、拉斐尔·加罗法洛（Raffaele Garofalo）是意大利的犯罪学实证学派的主要代表人物，三人合称"犯罪学三圣"。

③ ［意］加罗法洛：《犯罪学》，耿传、王新译，中国大百科全书 1995 年版，第 22 页。

④ ［法］路易·若斯兰：《权利相对论》，王伯琦译，中国法制出版社 2006 年版，"编者说明"第 1 页；刘作翔：《权利相对性理论及其争论——以法国若斯兰的"权利滥用"理论为引据》，载《清华法学》2013 年第 6 期。

果相符合，而不是通过抽象的概念推导得出结论。①改革开放之后，中国的理论法学家在马克思主义的权利理论下，大多从"权利和义务关系"的视角认为权利是相对的。②这实际上源于马克思在 1871 年的《国际工人协会共同章程》中所做的著名论述："没有无义务的权利，也没有无权利的义务。"③

第一节　限制与克减的二分

宪法中的基本权利或者国际人权法中的人权，通常有所谓的"绝对权利"（Absolute rights）和"相对权利"（Qualified rights）之分。依据阿兰·格沃斯（Alan Gewirth）的研究，"绝对权利"同样存在于经验的时空结构中，因而应被称为"具体的绝对主义"（Concrete Absolutism）。宪法上的"绝对权利"是指那些与人性尊严的内核相关的基本权利。在 1977 年"终审监禁案"（Lebenslange Freiheitsstrafe）中，德国联邦宪法法院明确宣示：人性尊严和自由人格是宪法秩序中最高的价值。④在 1995 年的"士兵即凶犯（Soldaten sind Mörder）案"中，德国联邦法院认为，人性尊严作为一切基本权利的基础，不得因具体的基本权利而加以权衡（die Menschenwürde als Wurzel aller Grundrechte ist mit keinem Einzelgrundrecht abwägungsfähig）。⑤国际人权法上的"绝对权利"与强行法规则

---

① 刘作翔：《权利相对性理论及其争论——以法国若斯兰的"权利滥用"理论为引据》，载《清华法学》2013 年第 6 期。
② 陈云生：《权利相对论——权利和（或）义务价值模式的历史建构及现代选择》，载《比较法研究》1994 年第 4 期。
③ 〔德〕马克思：《协会临时章程》，见《马克思恩格斯全集》（第 16 卷），人民出版社2016 年版，第 16 页。
④ BVerfGE 45, 187 [143]; BVerfGE 6, 32 [41]; BVerfGE 27, 1 [6]; BVerfGE 30, 173 [193]; BVerfGE 32, 98 [108].
⑤ BVerfGE 93, 266 [293].

（Jus Cogens）① 密切相关，诸如禁止酷刑、禁止奴隶制已经构成任何国家都不得减损的国际义务，同时也是一种普遍性的对世义务（Obligation Erga Omnes）②。

---

① 20 世纪中期，强行法的概念开始出现在国际法规范系统之中。强行法是与任意法（Jus Dispositivum）相对应的一个法律概念，它是指那些不以国家的意愿而转移的、不可以随意更改而变化的、具有强行性的规范。具有代表性的相关中英文文献如下。E. Suy, et al., The Concept of Jus Cogens in International Law, Carnegie Endowment for International Peace, European Centre, 1967; Antônio Augusto Cançado Trindade, International Law for Humankind: Towards a New Jus Gentium, 2nd ed., Brill, 2013; Robert Kolb, Peremptory International Law-Jus Cogens, Hart Publishing, 2017; Daniel Costelloe, Legal Consequences of Peremptory Norms in International Law (Cambridge University Press, 2017); Thomas Weatherall, Jus Cogens: International Lawand Social Contract (Cambridge University Press, 2017); Andrea Bianchi, Human Rights and the Magic of Jus Cogens, 19 Eur. J. Int'l L. 491 (2008); Thomas Kleinlein, Jus Cogens Re-Examined: Value Formalism in International Law, 28 EUR. J. INT'l L. 295 (2017); Oliver Mawuse Barker-Vormawor, Historicizing Anthropomorphic Rationalizations as System Justification Practices in International Law: A Critical Account of Vitoria's Jus Gentium, 25 UCLA J. Int'l L. & Foreign Aff. 1 (2021); Katie A. Johnston, Identifying the Jus Cogens Norm in the Jus Ad Bellum, 70 INT'l & COMP. L. Q. 29 (2021); Edoardo Stoppioni & Bruno de Oliveira Biazatti, Jus Cogens as a Mechanism for Human Rights Protection: The Impact of the Dissenting Voice of Judge Antonio Augusto Cancado Trindade, 81 REV. FACULDADE DIREITO UNIVERSIDADE FEDERAL MINAS GERAIS 123 (2022); 万鄂湘：《国际强行法与国际公共政策》，武汉大学出版社 1991 年版；张潇剑：《国际强行法论》，北京大学出版社 1995 年版；张辉：《国际法效力等级问题研究》，中国社会科学出版社 2013 年版；万鄂湘：《从国际条约对第三国的效力看强行法与习惯法的区别》，载《法学评论》1984 年第 3 期；万鄂湘：《从国际条约对第三国的效力看强行法与习惯法的区别》，载《法学评论》1984 年第 3 期；张潇剑：《国际强行法作用分析》，载《中外法学》1994 年第 6 期；张潇剑：《论国际强行法的定义及其识别标准》，载《法学家》1996 年第 2 期；王献枢：《国际强行法的新理论——评〈国际强行法与国际公共政策〉》，载《武汉大学学报（社会科学版）》1992 年第 3 期；张文彬：《强行法在国际法上的存在及其内容：一个比较国内法的研究》，载《比较法研究》1992 年 2-3 期；邱冬梅：《论国际强行法的演进》，载《厦门大学法律评论》2005 年第 1 期；张崇波：《论强行法上的国际犯罪》，载《金陵法律评论》2012 年第 2 期；何志鹏：《漂浮的国际强行法》，载《当代法学》2018 年第 6 期。

② 国际法院在 1970 年的"巴塞罗那电气电车与电力公司案"的判词中指出：应当将国家对整个国际社会承担的义务同一国与另一国在外交保护领域而承担的义务进行必要的区分。从其性质上判断，前者为所有国家所关注的，虑及其所涉及权利的重要性，应认为所有国家对此均有法律上的利益，它是国家的对世义务。在当代国际法中，这种义务源于侵略种族灭绝的非法性，也源于对人的基本权利有关的那些规则和原则，包括使人免遭奴役和种族歧视，这些相应的受保护的权利一部分成为一般国际法的主要部分，其他则被国际文件赋予普遍性或者准普遍性的特征。Case Concerning Barcelona Traction, Light and Power Company, Ltd (Belgium v. Spain), Judgment of 5 February 1970, Second Phase, I. C. J. Reports 1970, p. 3, paras. 33–34.

例如,《维也纳宣言和行动纲领》第二部分第 56 段指出:免受酷刑是一项在所有情况下,包括国内或国际上发生动乱或武装冲突之时,都必须予以保护的权利。①

通常来说,具有绝对性质的基本权利涉及的领域包括:(1)人性尊严;(2)禁止奴隶制度、奴隶买卖和役使;(3)禁止酷刑或残忍的、不人道或侮辱性的待遇或刑罚;(4)禁止不得仅仅由于无力履行约定义务而被监禁;(5)禁止种族灭绝等核心国际罪行;(6)其他与人性尊严密切相关的个体性或集体性权利。上述领域之外的其他基本权利一般被认为是具有相对性质。在绝对权利的研究和实践中,最令人迷惑且受人关注的问题就是人性尊严的问题。马克思在《政治经济学批判》中明确指出:"每个人只有作为另一个人的手段才能达到自己的目的;每个人只有作为自我目的(自为的存在)才能成为另一个人的手段(为他的存在);每个人是手段的同时又是目的,而且只有成为手段才能达到自己的目的,只有把自己当作自我目的才能成为手段。"② 德国联邦宪法法院在其释宪实践中发展出了著名的"客体公式"(Objektformel),并用该公式判断人性尊严是否被侵犯。当一个具体的个人,被贬抑为物体、手段或可替代之数值时,人性尊严已受伤害。(wenn der konkrete Mensch zum Objekt, zu einem bloßen Mittel, zur vertretbaren Größe herabgewürdigt wird.)③

1969 年 7 月 16 日,在"小型人口普查案"(BVerfGE 27, 1 - Mikrozensus)中,德国联邦宪法法院判定:

> 在《基本法》的价值体系中,人性尊严居于最高地位……在人性的意象中,人类共同体中的人有权享有其应得的社会价值和尊重,将人仅仅视为国家中的客体违反了人性尊严。④

---

① Vienna Declaration and Programme of Action, U. N. Doc. A/CONF. 157/23 (25 June 1993) (Part Ⅱ), para. 56.

② 中共中央马克思恩格斯列宁斯大林著作编译局:《马克思恩格斯全集》(第 46 卷,上册),人民出版社 1979 年版,第 196 页。

③ BVerfGE 5, 85 [204]; 7, 198 [205]. BVerfGE 27, 1 - Mikrozensus.

④ In der Wertordnung des Grundgesetzes ist die Menschenwürde der oberste Wert (BVerfGE 6, 32 [41]) … Im Lichte dieses Menschenbildes kommt dem Menschen in der Gemeinschaft ein sozialer Wert - und Achtungsanspruch zu. Es widerspricht der menschlichen Würde, den Menschen zum bloßen Objekt im Staat zu machen (vgl. BVerfGE 5, 85 [204]; 7, 198 [205]). BVerfGE 27, 1 - Mikrozensus.

事实上，除了那些体现人性尊严内核精神的基本权利是所谓的"绝对权利"，宪法所规定的基本权利在大多数情况下是相对的。在 1921 年的"美洲银行和信托公司诉亚特兰大联邦储备银行案"① 中，美国联邦最高法院在判词中说：

> 权利是一个包含了欺骗性陷阱（Deceptive pitfall）的词汇，人们很容易从权利相对性的预设含义中滑向绝对权利的结论，事实上，大部分权利都是相对的。②

汉语学界通常认为，基本权利的保障方式分为两种：绝对保障方式和相对保障方式。这种学说受到了日本宪法学家宫泽俊义和芦部信喜的影响，将基本权利保障方式二分为"绝对保障型（宪法保障型）"与"相对保障型（法律保障型）"。前者是指某些特殊类型的基本权利不可通过法律施加限制或规定例外，若要对其施加内在于该权利限制之外的限制，则必须修改宪法。后者是指另外一些类型的基本权利虽受宪法保护，但宪法本身允许法律对其进行限制。③从比较法的角度观察，基本权利的宪法保留主要有两种实践模式。第一种模式具体体现为美国宪法中的"立法限制禁止"规定。美国宪法第一修正案规定："国会不准制定有关下列事项的法律：确立国教或禁止信仰自由；限制言论自由或出版自由；或限制人民和平集会及向政府请愿的权利。"第二种模式具体体现为德国基本法中的"无法律保留基本权利"，在宪法条文中不附带法律保留的规

---

① 本案涉及地方银行为了免受损失设法阻止联邦储备银行承接支票托收业务。在此案中，联邦最高法院认为，联邦储备银行是被国会授权，可以为其他储备银行、会员银行、关联非会员银行托收任何在它们各自区域内银行的支票，只要支票是按提示付款，并且事实上可以在不支付交易费的情况下托收。在这些限制内，联邦储备银行和其他任何州注册银行或联邦注册银行所有的权利一样。证据证明的事实法定了有关储备银行违法意图或者强迫的控告，联邦储备银行已经正式宣布，它愿意在提示支票时，接受付款银行签发的其亚特兰大代理行或者其他任何有偿付能力的银行账户支付的汇票，只要汇票可以以票面价值托收。地方银行无权要求禁止合法竞争。地方银行所展示的损失，是当他人引进先进设备，或者一个更有效的竞争者进入市场时，原营业者通常要面对的，这是法律不予救济的损害。联邦最高法院最终驳回原告的诉讼请求。参见仇京荣：《美国的银行清算系统》，载《当代金融家》2015 年第 6 期、第 7 期。

② American Bank & Trust Co. v. Federal Reserve Bank of Atlanta, 256 U.S. 350, 358, 41 S. Ct. 499, 500 (1921).

③ ［日］宫泽俊义：《宪法Ⅱ：法律学全集（4）》，有斐阁 1959 年版，第 110 页；［日］芦部信喜：《宪法学Ⅱ：人权总论》，有斐阁 1994 年版，第 179 页。

定。德国联邦宪法法院指出，无法律保留的权利并非无限制的权利，立法机关仍然负有解决其与其他宪法法益冲突的首要责任。①

在国际人权法的层面，《公民权利和政治权利国际公约》关于限制和克减的规定是最主要的法律渊源，联合国人权事务委员会通过一系列的一般性评议阐明了有关限制和克减的法理内涵。除此之外，国际社会还有三份法律文件与"人权的限制和克减"密切相关：一是《锡拉库扎原则》（*Siracusa Principles*）②，二是《巴黎最低标准》（*Paris Minimum Standards*）③，三是《约翰内斯堡原则》（*Johannesburg Principles*）④。《锡拉库扎原则》由联合国下属锡拉库萨国际司法正义和人权研究所编制，于1984年经联合国的经济和社会委员会采用，它侧重于从法理角度解释人权限制和克减的条件。《巴黎最低标准》是由国际法协会通过的，主要涉及紧急状态下人权克减的法律要求。《约翰内斯堡原则》则是民间非政府组织和学者讨论通过的，主要针对国家安全法治与表达自由的关系。

一、基本权利的限制（Limitation）

任何介入或者干预公民基本权利的行为，若要获得合法性，就必须具备正当化的根据，也必须严守一定的边界，并且应该被置于比例原则的约束和管控之下。⑤在"法律保留"原则之下，只有立法机关或经过立法机关的授权，才能够限制公民的基本权利。对基本权利施加的任何限制都必须以实现国家的人权保

---

① 陈楚风：《中国宪法上基本权利限制的形式要件》，载《法学研究》2021年第5期。

② 1984年4月30日至5月4日，一些国际人权专家在意大利锡拉库扎举行会议，通过了《关于〈公民权利和政治权利国际公约〉的各项限制和可克减条款的锡拉库扎原则》，该文件通常被简称为《锡拉库扎原则》。United Nations, Economic and Social Council, Siracusa Principles on the Limitation and Derogation Provisions in the International Covenant on Civil and Political Rights, U. N. Doc. E/CN. 4/1985/4, Annex（1985）.

③ 1984年8月26日至9月1日，国际法协会（International Law Association）在巴黎召开会议并通过了《紧急状态下人权规范的巴黎最低标准》。Paris Minimum Standards of Human Rights Norms in a State of Emergency（International Law Association, 1984）, reprinted in 79 Am . J. Int'l L. 1072（1985）.

④ 1995年10月1日，由ARTICLE 19组织与International Centre Against Censorship联合在约翰内斯堡召集了一次国际会议，这次国际会议的会址设在金山大学（University of the Witwatersrand）的应用法学研究中心（Centre for Applied Legal Studies）。一群国际法、国家安全和人权方面的专家通过了《关于国家安全、言论自由和使用信息的约翰内斯堡原则》，简称《约翰内斯堡原则》。The Johannesburg Principles on National Security, Freedom of Expression and Access to Information, Freedom of Expression and Access to Information, U. N. Doc. E/CN. 4/1996/39（1996）.

⑤ 张翔：《基本权利冲突的规范结构与解决模式》，载《法商研究》2006年第4期。

障义务为终极目标，同时，不必要和不相称的限制措施应该被避免。基本权利的限制不应带有歧视性，不得损害权利的实质，不得旨在造成一种"寒蝉效应"。

　　基本权利的限制存在于很多司法管辖区的立法例中。中国现行《宪法》第51条规定："中华人民共和国公民在行使自由和权利的时候，不得损害国家的、社会的、集体的利益和其他公民的合法的自由和权利。"按照《欧盟基本权利宪章》第52条第1款的规定，任何对基本权利的限制都必须"依法律而定"且尊重基本权利的本质内容，唯有在"比例原则"的控制下，基本权利才可以受到合理的限制。

　　从比较法的角度观察，宪法中的基本权利限制性条款的设定分为两类：其一，是区别式的限制，即宪法根据各类基本权利性质与作用之不同，以不同的方式区别性地规定限制程度。陈新民教授以《德国基本法》为例，列举了德国基本权利限制的几种方式：单纯法律保留（第2条第2款、第8条第2款、第12条第1款第2项等）；加重法律保留（第11条第2款、第13条第3款、第14条第3款等）；概括限制（第2条第1款）；毫无限制保留（第4条的宗教自由、第5条第3款的艺术自由、第12条第1款的选择职业之自由及第16条第2款的庇护权等）。①其二，是概括式的限制，即由宪法概括地规定，基本权利之行使不得违反公共利益或立法机关基于公共利益的需要对基本权利加以限制。②如《日本国宪法》第13条规定："全体国民都作为个人而受到尊重。对于谋求生存、自由以及幸福的国民权利，只要不违反公共福利，在立法及其他国政上都必须受到最大的尊重。"在日本，关于限制人权的法律和条例能否以"公共福利"为理由，裁判所的先例允许立法部门有相对而言较广泛的酌处权，来颁布限制经济自由如商业自由的法律和条例。根据"公共福利"的概念，如果一项基本权利不存在干涉他人权利的可能性，则这项基本权利就不能受到任何限制。例如，内心思想和良心自由（《日本国宪法》第19条）被解释为绝对自由，不允许受任何限制。

　　在国际人权法上，各国应遵守《锡拉库萨原则》的规定，原则上可以依据权利之性质而对《公民权利和政治权利公约》所保障的人权加以一般性限制，但是，限制措施必须满足合法性（Legality）、基于有证据的需要（Evidence-based necessity）、对权利的限制程度与损害后果相称（Proportionality）以及循序渐进（Gradualism）几个标准。

---

　　①　陈新民：《德国公法学基础理论》（上卷），法律出版社2010年版，第391-394页。
　　②　易有禄：《基本权利：立法权正当行使的内在限度》，载《人权》2015年第2期。

二、基本权利的克减 (Derogation)

在基本权利的研究方面，限制和克减是两组不同范畴的法律概念。基本权利的限制通常存在于一般法律状态中，而克减仅适用于紧急状态。国家由正常法律状态进入紧急状态，一般来说需要符合几个标准：（1）出现了战争或自然灾害等紧急情况；（2）紧急情况必须是迫在眉睫的；（3）紧急情况必须危及国家或人民的生存；（4）紧急状态必须是临时的、非永久性的。①各国一般按照其宪法和法律的要求，规定了紧急状态的宣布和解除程序。同时，在国际人权法的约束下，国家也有义务向有关机构和人权条约的缔约国通知其实施紧急状态的缘由和总体情况。

1922年，德国法学家卡尔·施密特（Carl Schmitt）在其名著《政治神学：主权学说四论》中，就提出了"主权就是决定非常状态"（Sovereign is he who decides on the exception②）这一著名的论断。③这种理论判断实际上建立在施密特的决断主义宪法学的基础之上。如果要在一个给定的政治共同体中找到一个人或者机构，来决定法的中止并启动非常和例外时期的秩序，那么这个人或者机构毫无疑问就是主权者了。紧急状态（State of Emergency）时期的权威是一种在拉丁语中所谓的"无之则不然"（Sine Qua Non）的权力，这种紧急权力通常被视为一个国家行政权的必要内容，交由行政机关来掌握。统观世界各国的宪制，紧急权力对于宪法的存立必不可少，是宪法本身能够永续存在的不可或缺的条件（conditio sine qua non）。

所谓的"克减"（Derogation）一词，是指国家在公共（社会）紧急状态（Public Emergency）危及国家生存的情况下，暂停或中止履行其承担的人权保障义务，待紧急状态消除后，国家再继续履行基本权利保障义务。④基本权利克减条款的目的就在于规范和约束国家克减权的行使，为此它必须在一般意义上

---

① 郭春明、郭兴之：《紧急状态下人权保障的比较研究——国内法和国际法的视角》，载《比较法研究》2004年第2期；郭春明：《论国家紧急权力》，载《法律科学》2003年第5期。

② Souverän ist, wer über den Ausnahmezustand entscheidet.

③ Carl Schmitt, Politische Theologie. Vier Kapitel zur Lehre von der Souveränität, (1922), 6. Aufl. 1993, S. 67. Matthias Schaffrick & Niels Werber, Szenarien der Ausnahme in der Populärkultur, Z Literaturwiss Linguistik 46, 311−320 (2016); Carl Schmitt, Political Theology. Four Chapters on the Concept of Sovereignty (1922), trans. by G. Schwab (University of Chicago Press, 2005), p. 5.

④ 徐显明：《国际人权法》，法律出版社2004年版，第192页。

遵循以下法治原则、紧急性原则、比例原则、不歧视原则、公开原则等。依照法治的原则，立法应当尽可能对紧急状态下可能采取的具体手段、措施和行为做出明确的规定，而不应"不加限制地交给政府一张空白支票，让政府在紧急状态下自己去任意确定自己行使何种权力"①。按照《锡拉库萨原则》和《巴黎最低标准》的规定，国家在紧急状态下采取的克减措施必须符合比例原则，即紧急措施的严厉性、时间和地域范围应是消除危及国家生存的威胁所必需的，并且与这种威胁的性质和程度是相适应的。

在 1998 年的"纳加人民争取人权运动组织诉印度联邦案"（Naga Peoples' Movement of Human Rights v. Union of India）一案中，印度最高法院要处理的问题是紧急状态下基本权利的保护问题。按照《武装部队特别权力法》（Armed Forces Special Powers Act）的规定，如果普通法律和治安机制不能够应对诸如叛乱等紧急情况的动荡地区，则联邦政府有权适用《武装部队特别权力法》。本案的问题就是，如果印度某一个地区进入法律所规定的紧急状态，联邦政府是否仍然需要保障公民的基本权利。印度最高法院认为，即使在紧急状态下，基本权利的原则也必须恪守。印度联邦武装部队在根据该法履行职责过程中不得过度使用武力，也不得报复性地使用武力；《武装部队特别权力法》并不赋予无正当理由致人死亡者和犯罪行为实施者以全面豁免权。②

在 1999 年的"以色列公民禁止酷刑委员会诉以色列国案"（Public Committee against Torture in Israel v. The State of Israel）中，以色列高等法院裁定以色列法律没有授权以色列安全机关审讯者在审讯中使用肉体手段。法院还认为，以色列安全机关人员越权使用了被禁止的"肉体压力"（Physical Pressure），但是，如果后来发现是在"定时炸弹"（Ticking-bomb）的情况下使用，则可不负刑事责任。③

《俄罗斯联邦宪法》第 56 条第 3 款规定了在紧急状态下某些基本权利也不能受到克减，例如，俄罗斯宪法第 20 条、第 21 条、第 23 条第 1 款、第 24 条、第 34 条第 1 款、第 40 条第 1 款、第 46 条至第 54 条规定的权利和自由，不得作

---

① 江必新：《紧急状态与行政法治》，载《法学研究》2004 年第 2 期。

② Naga Peoples' Movement of Human Rights v. Union of India, (1998) 2 SCC 109; Extra Judicial Execution Victim Families Association (EEVFAM) v. Union of India, 2016, Supreme Court of India.

③ H. C. J. 5100/94, Public Committee against Torture in Israel v. The State of Israel ([1999] P. D. 53 (3), 817).

出限制性规定。①也就是说，按照俄罗斯宪法之规定，即使在紧急状态下，生命权、人性尊严、私人生活不受侵犯，非经同意，不得收集、保存、利用和传播个人信息，合法的经济活动自由、住宅权以及各类刑事诉讼中的基本权利都不得遭受克减。

与许多国家的宪法规定不同，南非宪法关于基本权利的克减是以表格的形式加以罗列，具体如下：

表 4-1　南非宪法中关于基本权利克减的限制性规范

条款	权利	权利不可克减的程度
第 9 条	平等权	针对基于种族、肤色、社会出身、性别、宗教信仰以及语言的不公平歧视
第 10 条	人性尊严	全部
第 11 条	生命权	全部
第 12 条	自由与个人安全	针对第 1 款第 4 项、第 5 项和第 2 款第 3 项
第 13 条	奴隶、奴役及强迫劳动	针对奴隶、奴役
第 28 条	儿童	针对第 1 款第 4 项、第 5 项；第 1 款第 7 项与超过 18 周岁的成人分开拘禁的权利以及以适合其年龄的方式受到监督的权利；第 1 款第 9 项针对 15 周岁以下的儿童
第 35 条	被逮捕、拘禁之人的权利	针对第 1 款第 1 项、第 2 项、第 3 项；第 2 款第 4 项；第 3 款第 1 至第 15 项（第 4 项除外）；第 4 款；第 5 款"如果采纳这种证据会导致审判不公或有碍于正义的实现，则应当予以排除"的权利

（表格来源：孙谦、韩大元，2013 年）②

《公民权利和政治权利国际公约》第 4 条被国际社会称为"克减条款"（Derogation Clause）。该公约第 4 条第 2 款明确规定下列条款不得予以克减：第 6 条（生命权）；第 7 条（禁止酷刑或残忍的、不人道或侮辱性的待遇或刑罚，或未经同意而施以医药或科学试验）；第 8 条第 1 款和第 2 款（禁止奴隶制度、奴隶买卖和役使）；第 11 条（禁止不得仅仅由于无力履行约定义务而被监禁）；

---

① Art. 56 (3) of Russian Constitution states that "The rights and freedoms specified in Articles 20, 21, 23 (part 1), 24, 28, 34 (part 1), 40 (part 1), and 46—54 of the Constitution of the Russian Federation might not be restricted".

② 孙谦、韩大元主编：《公民权利与义务：世界各国宪法的规定》，中国检察出版社 2013 年版，第 249 页。

第 15 条（在刑法领域里的法律原则，即刑事责任和刑罚限于行为或不行为发生时适用的明确法律规定，除非在稍后的一条法律规定应处以较轻刑罚的情况下）；第 16 条（承认人人在法律前的人格）和第 18 条（思想、良心和宗教自由）。对于那些为《旨在废除死刑的公约第二项任择议定书》的缔约国来说，该议定书第 6 条的规定也同样适用。2001 年，联合国人权事务委员会在关于"紧急状态期间的克减问题"的第 29 号一般性评论中指出：理论上，一项被称为不可克减的公约条款，并不是说无论如何都没有理由进行限制。第 4 条第 2 款中提到第 18 条，后者在其第 3 款中特别包括一个关于限制的规定，这表明，是否允许限制与克减问题无关。即使在最严重的公共紧急情势下，干预宗教或信仰自由的国家必须按照第 18 条第 3 款的规定提出它们的行动根据。①

《美洲人权公约》第 27 条第 1 款规定："在发生战争、公共危险或威胁到一个缔约国的独立和安全的其他公共紧急状态时，该缔约国可以采取措施，在公共紧急情况所严格需要的范围和期间内，克减其根据本公约所承担的义务，但是这些措施不得同该国依据国际法所承担的其他义务相抵触，并且不含有以种族、肤色、性别、语言、宗教或社会出身为理由的歧视。"

《欧洲人权公约》第 15 条规定：（1）战时或遇有威胁国家生存的公共紧急时期，任何缔约国得在紧急情况所严格要求的范围内采取有损于其根据本公约的义务的措施，但上述措施不得与其根据国际法的其他义务有所抵触。（2）除了因合法的战争行为而引起的死亡，不得因上述规定而对第 2 条有所减损，或对第 3 条、第 4 条（第 1 款）以及第 7 条有所减损。（3）凡利用上述减损权的任何缔约国，应向欧洲理事会秘书长全面地报告它采取的措施以及采取措施的理由，缔约国并应在上述措施已经停止实施并且本公约的规定正重新予以全部执行时，通知欧洲理事会秘书长。通常认为，《欧洲人权公约》第 15 条为缔约国提供了义务免除的正当化事由，但是这些正当化事由需要满足三个基本条件：第一，必须是危及该国存亡之公共紧急威胁；第二，其采取的程度必须被严格限制在"排除该等紧急状况所必须"；第三，所采取的手段仍然必须符合该国基于国际法所应遵守的其他义务。

欧洲人权法院在 1961 年的"劳利斯诉爱尔兰案"（Lawless v. Ireland）② 中判定，所谓"威胁国家生存的公共紧急状态"在自然和习惯上的含义是清晰的，

① UN Doc. CCPR/C/21/Rev. 1/Add. 11（2001），para. 7.

② Lawless v. Ireland) Lawless v. Ireland（No 3），Lawless v. Ireland, Judgment on Merits, App no 332/57（A/3），[1961] ECHR 2,（1961）1 EHRR 15, IHRL 1（ECHR 1961），1st July 1961, European Court of Human Rights [ECHR]．

它是指"波及整个人口，并且威胁到该国家的社区群体生命安全的特殊危机或紧急情况"。至于如何判断是否存在"威胁国家生存的公共紧急状态"，欧洲人权法院发展出了"自由判断余地原则"（Margin of appreciation Doctrine），赋予了各个缔约国一定的裁量余地。在 1978 年的"爱尔兰诉联合王国案"（Ireland v. United Kingdom）中，欧洲人权法院认为在涉及人权克减的情形时，"每个缔约国对'国家的生存'都负有责任，因此首先应由缔约国来确定其生存是否受到'公共紧急状态'的威胁；若确实存在，则需要确定应该怎样应对紧急情况。由于他们直接和持续地面临当前需求，原则上来说，国内当局比国际法官更有立场决定是否存在这种紧急情况，以及为应对这种紧急情况所必须采取的克减措施的性质和范围。在这方面，第 15 条第 1 款赋予了国内当局很大的自由裁量权"①。

第二节　基本权利"限制的限制"

如果宪法不对基本权利的限制作出进一步的规定，那么基本权利的本质就可能被"掏空"。在此理念下，学术界提出了一个重要的概念，即基本权利"限制的限制"（Schranken-Schranken）。

基本权利"限制的限制"有很多的立法例。譬如，《南非共和国宪法》第 36 条第 1 款规定："权利法案中的权利在法律的一般适用中可以被限制，但这种限制必须是在一个基于人类尊严、平等、自由的开放与民主的社会中，被认为是合理的与可证立的。限制权利时应当考虑所有相关因素：（a）权利的本质；（b）限制目的的重要性；（c）限制的本质与程度；（d）限制与其目的间的关系；（e）最小损害手段达到目的。"《欧盟基本权利宪章》第 52 条第 1 款规定："只有符合比例原则，在必要并且能真正满足欧盟所承认的公共利益的目的时，或出于保护其他人的权利与自由时，才能对权利与自由予以限制。"经由瑞士公民投票通过的 1999 年《瑞士联邦宪法》（Federal Constitution of the Swiss Confederation）第 36 条规定：②

---

① Ireland v. United Kingdom, Admissibility, Merits, App No 5310/71, A/25, [1978] ECHR 1, (1979-80) 2 EHRR 25, IHRL 16 (ECHR 1978), 18th January 1978, European Court of Human Rights [ECHR].
② 中文翻译参见孙谦、韩大元主编：《公民权利与义务：世界各国宪法的规定》，中国检察出版社 2013 年版，第 165 页。

1. 任何对基本权利的限制必须具有法律基础。对基本权利的重要限制（significant restrictions）必须以法律形式予以规定，但在重大、直接而即刻的危险情况下除外。

2. 对基本权利的限制必须处于保护公共利益或他人基本权利的目的。

3. 对基本权利的限制必须与其目的成比例。

4. 基本权利的核心领域神圣不可侵犯（sacrosanct）。

《德国基本法》第19条规定：

1. 凡基本权利依本基本法规定得以法律限制者，该法律应具有一般性，且不得仅适用于特定事件，除此该法律并应具体列举其条文指出其所限制之基本权利。

2. 基本权利之实质内容绝不能受侵害。

3. 基本权利亦适用于国内法人，但依其性质得适用者为限。

4. 任何人之权利受官署侵害时，得提起诉讼。如别无其他管辖机关时，得向普通法院起诉，但第十条第二项后段之规定不因此而受影响。

理论界通说认为，只有立法机关或者经过立法机关的授权才能对基本权利加以限制，而且限制基本权利的措施本身还必须接受"合比例原则"等进一步的限制。首先，限制权利应当符合目的正当性原则。只有出于更好地保障每一个人的权利的目的，或是为了保障公共利益，减少权利滥用和权利冲突，才能对权利进行内在限制。所有不符合宪法精神的权利限制，都是不正当的。其次，限制方式应当有助于正当目的的实现。如果限制方式同目的之间不存在实质性关联，权利限制无法保障其他人的权利或公共利益，那么，此种边界划定就是无效的。再次，不得过度限缩权利。如果有多种限制方式可以划定权利边界，则应当以损害最小的方式对权利进行内在限制。应禁止限制权利的核心本质内容，否则权利将形同虚设。最后，划定权利边界所造成的限制同其所带来的收益应当成比例。如果对权利边界的划定超出了必要的限度，就是不正当的。因此，比例原则是划定权利边界的基本标准。①

一、法律保留原则

通常认为，法律保留原则滥觞于英国 1215 年的《自由大宪章》（*Magna Carta*），它奠定了法治国的基本法律原则与制度。而近代行政法思想中明确的法律保留理论则产生于 19 世纪初的德国，学说上普遍将德国行政法巨擘奥托·迈耶（Otto Mayer）视为最早完整论述该原则的学者。法律保留原则的早期内容虽然是由一批德国学者加以系统构造的，但事实上，这只是学说上发现该原则的先后有不同。就宪法与行政法的实践而论，各国确立法治国（rule of law/etat de droit）的过程都实际地采纳了法律保留的精神。②德国联邦基本法第 80 条第 1 项规定："联邦政府、联邦阁员或邦政府，得根据法律发布命令（Rechtsverordnungen）。此项授权之内容、目的及范围，应以法律规定之。所发命令，应引证法律根据。如法律规定授权得再移转，授权之移转需要以命令为之。"法律保留原则在中国的体现主要是《中华人民共和国立法法》（以下简称《立法法》）的相关规定。

中国《立法法》（2023 年修订）第 11 条规定如下：

> 下列事项只能制定法律：
> （一）国家主权的事项；
> （二）各级人民代表大会、人民政府、监察委员会、人民法院和人民检察院的产生、组织和职权；
> （三）民族区域自治制度、特别行政区制度、基层群众自治制度；
> （四）犯罪和刑罚；
> （五）对公民政治权利的剥夺、限制人身自由的强制措施和处罚；
> （六）税种的设立、税率的确定和税收征收管理等税收基本制度；
> （七）对非国有财产的征收、征用；
> （八）民事基本制度；
> （九）基本经济制度以及财政、海关、金融和外贸的基本制度；

---

① 刘权：《比例原则的中国宪法依据新释》，载《政治与法律》2021 年第 4 期；刘权：《权利滥用、权利边界与比例原则——从〈民法典〉第 132 条切入》，载《法制与社会发展》2021 年第 3 期。

② 叶勇：《论法律保留原则及其界限》，载《澳门法学》2011 年第 1 期。

（十）诉讼制度和仲裁基本制度；

（十一）必须由全国人民代表大会及其常务委员会制定法律的其他事项。

中国《立法法》（2023 年修订）第 13 条规定如下：

授权决定应当明确授权的目的、事项、范围、期限以及被授权机关实施授权决定应当遵循的原则等。

授权的期限不得超过五年，但是授权决定另有规定的除外。

被授权机关应当在授权期限届满的六个月以前，向授权机关报告授权决定实施的情况，并提出是否需要制定有关法律的意见；需要继续授权的，可以提出相关意见，由全国人民代表大会及其常务委员会决定。

中国《立法法》（2023 年修订）第 15 条规定如下：

被授权机关应当严格按照授权决定行使被授予的权力。

被授权机关不得将被授予的权力转授给其他机关。

在行政领域，特定的行政机关在宪法委托或立法机关授权的情况下，可以进行行政立法。[1]为了确保行政的合法性（Gesetzmäßigkeit der Verwaltung），法治国家必须坚持法律保留原则（Grundsatz vom Vorbehalt des Gesetzes）。大陆法系的公法理论中发展出了"层级化的法律保留"（System des Abgestuften Vorbehalts），其结构如下：

表 4-2　层级化的法律保留理论

层级	核心含义	列举
宪法保留	宪法的明文规定	人格尊严、人身自由。例如，中国《宪法》第 38 条
绝对法律保留	中央立法机关订立的法律	罪刑法定（Nulla poena sine lege）、诉权保障、国家税收。例如，中国《立法法》第 11 条

---

① Cheng-Yi Huang, Judicial Deference to Legislative Delegation and Administrative Discretion in New Democracies: Recent Evidence from Poland, Taiwan, and South Africa, In Susan Rose-Ackerman, Peter L. Lindseth & Blake Emerson (eds.), Comparative Administrative Law (2nd ed., Edward Elgar Publishing, 2017), p. 482-483.

续表

层级	核心含义	列举
相对法律保留	经由法律授权的行政立法和行政命令	法律为落实社会权、营业自由等事项而授权行政机关订立规则。例如，中国《立法法》第 13 条、第 15 条
无须法律保留	实施法律的细节性、技术性事项	行政机关颁布的不涉及人民基本权利的细节性和技术性规定

（图表来源：作者自制）

宪法以极其抽象的语言规定了公民的基本权利和自由，因而基本权利涉及的人民生活领域极为广泛。在"层级化的法律保留"的框架下，凡是涉及人性尊严、一般人格权等不能被权衡的事项，都属于最高层级的宪法保留的事项。学理通说认为，绝对权利不可通过立法加以限制，只能通过宪法加以确认和保护。即便是立法机关，也不得以"基本权利具体化"为名，通过制定普通法律的方式限制绝对权利。对于罪刑法定原则、税收法定原则、诉权保障，乃至限制公民人身自由的事项而言，宪法虽予以确认，但其具体实现方式仍需借助刑法、财税法、诉讼法或行政法来实施。在这种情况下，宪法可以通过"委托"的方式，授权最高立法机关来保障相应的基本权利。至于什么样的事项应该以什么样的法律、通过什么样的方式加以规范，则与所谓的"规范密度"有关。例如，限制人身自由这类"绝对法律保留事项"，应该根据规范对象、规范内容或法益的轻重，容许最高立法机关以合理的方式加以规定。除了宪法保留事项和绝对法律保留事项，还有一类相对法律保留的事项，对于社会权、营业自由等事项，立法机关原则上可以授权行政机关通过"行政立法"的方式加以规范。对于那些执行法律之细节性、技术性次要事项，则无需法律保留，行政机关可以自行定立规则。

2010 年 2 月，德国联邦宪法法院（Bundesverfassungsgericht）下达了"哈茨四法案"的判决书。判决书中指出，公民享有最低生存保障的基本权利（fundamental right to the guarantee of a subsistence minimum/das grundrecht auf gewährleistung eines menschenwürdigen existenzminimums）[①]建基于《德国基本法》第 1 条第 1 款（人性尊严）和第 20 条第 1 款（社会国原则），公民的此项基本权利必须受到国家的尊重和保护，同时，立法机关应当通过具体化的、不断更

---

① Stefanie Egidy, Casenote-The Fundamental Right to the Guarantee of a Subsistence Minimum in the Hartz IV Decision of the German Federal Constitutional Court, 12 German L. J. 1961 (2011).

新的立法行为来实现权利保障。原则上，立法机关通过立法保护公民最低生存权利的时候享有较为广泛的立法裁量空间（Gestaltungsspielraum），但是立法行为或立法措施必须基于现实可信的数据以适当、必要和透明的方式为之。①

为了阐释保留理论，德国学者 Kloepfer 将之区分为法条保留（Rechtssatz-vorbehalt）与国会保留（Parlamentsvorbehalt）。他认为，法条保留的意旨不仅在于排除恣意的特权或歧视以确保正义，而且在于使削减自由、侵害平等的措施，随其对外效力而强制适用于一般人，特别是平等适用于社会上或政治上有权势的族群……而国会保留的意旨在于确保国会在宪法规定之权力区分架构中的决议权限所具有的民主机能。②

（一）国会保留事项

国会保留（Parlamentsvorbehalt），亦可称为议会保留或立法保留，其内涵指国会对于国家"重要事项"享有不受行政权干涉、司法权审查的固有权限，需通过法律制定、议决等方式予以规范。典型的事项譬如：代议机关决议的作出、国家预算的通过以及军事战争事宜。在这里必须提及的是，国会自律（Parla-mentsautonomie）的问题亦属于国会保留的应有之义。

从德国联邦宪法法院的裁判来看，有关社会保险中鳏夫年金之给付条件，联邦宪法法院未作出违宪与否之裁决，而是要求立法机关本于宪法意旨，寻求解决方案③；有关营业税法的案件，决定在立法机关已开始进行的修法程序未完成之前，不作出违宪宣告。④上述做法都体现了国会保留原则在具体宪法实践中的运用。

（二）法条保留事项

法条保留（Rechtssatz-vorbehalt）⑤，抑或称之为狭义的法律保留，最典型地体现在刑法中的罪刑法定主义。这个原则来源于古老的罗马法罪刑法定的原则，具体包括法无明文规定不为罪、禁止溯及既往的法律、法律需合理并且确定、禁止类推适用。罪刑法定主义之所以能够最为完全地呈现"法条保留"，原因在于刑罚权是国家公权力对人民基本权利最为深刻的介入，其运用恰当与否直接关系着人民最基本的生命权与自由权。

---

① BVerfGE 125, 175 – Hartz IV, 1 BvL 1, 3, 4/09, vom 9. Februar 2010.
② Michael Kloepfer, Der Vorbehalt des Gesetzes im Wandel, in：JZ 1984, S. 685 ff.
③ BVerfGE 39, 169.
④ BVerfGE 21, 12.
⑤ Rechtssatz-vorbehalt 其完整的德文应为"Vorbehalt des Gesetzes"，其范围在此处比 Ge-setzesvorbehalt（法律保留）要小。

二、法律的一般性、禁止个案立法以及禁止褫夺公民权法案

(一) 个案立法与褫夺公民权

原则上来说，法律应该具有一般性 (generality/ allgemeinheit)。法治的一般性原则的当然含义之一，就是禁止立法机关制定剥夺公民权利的个案性立法。该项原则在普通法上被称为禁止褫夺公民权法案 (No Bill of Attainder)。所谓的"褫夺公权"，一般是指剥夺享有某种公法权利的资格。晚清修律大臣沈家本在《大清新刑律》中引入了"褫夺公权"作为刑罚的措施之一。所谓"公权"的范围包括任官、选举、受勋、参军、任律师、任学堂监督、教习、职员等，且仅适用于徒刑以上的犯罪。从历史上看，"褫夺公权"最早出现在英国法中，英文 "attaint" 原指"耻辱"或"污点"，"bill of attainder" 的原义是指专为有污点者颁布的法案，其目的是宣告特定对象犯有叛国罪或其他重罪，法律后果包括对其处以死刑并剥夺其财产及其继承人的继承权。[1]英国历史上采用这种议会审判形式褫夺公权最著名的案例是 1641 年对斯特拉特福德伯爵温特沃思 (Wentworth, Earl of Strafford) 的审判。在美国，褫夺公民权法案实际上可以被称为"个案制裁立法"。美国联邦最高法院最早在 Calder v. Bull[2] 和 Fletcher v. Peck[3] 两个案例中，涉及需要阐明"褫夺公民权"的法律问题。1946 年，美国联邦最高法院首次在"合众国诉洛维特案" (United States v. Lovett) 中，适用了宪法中的"禁止褫夺公民权法案"来宣告国会的行为违宪。

目前，中文法学界关于"褫夺公权"的解释有两种主要的观点。一种观点认为，"褫夺公权"就是剥夺宪法和法律上的权利；另一种观点认为，"褫夺公权"仅仅适用于剥夺享有某种权利的资格，即使对于服刑人员，基本权利也是不可剥夺的，只不过享有该种权利的资格被剥夺了而已。按照《中华人民共和国刑法》第 54 条之规定，剥夺政治权利是指剥夺下列权利：(1) 选举权和被选举权；(2) 言论、出版、集会、结社、游行、示威自由的权利；(3) 担任国家机关职务的权利；(4) 担任国有公司、企业、事业单位和人民团体领导职务的权利。中国刑法将剥夺政治权利作为一种附加刑加以规定，据此许多法学家认为，所谓"褫夺公权"就是剥夺宪法和法律上的权利。本书认为，"褫夺"与

---

① 霍政欣：《美国宪法上的褫夺公权法案研究——从"华为诉美国案"展开》，载《行政法学研究》2021 年第 6 期。

② Calder v. Bull, 3 U.S. (3 Dall.) 386 (1798).

③ Fletcher v. Peck, 10 U.S. (6 Cranch) 87 (1810).

"剥夺"在公法上的差别应当借助权利理论加以廓清。"褫夺公权"指的是剥夺法律主体享有某种权利的资格，该实体权利本身依然存在，只不过受刑人已经没有资格按照法律途径享有该种权利了。当然，法理上非常具有争议的一点就是权利的定义，如果将权利的本质定性为一种"资格"，那么"褫夺公权"也就使得权利本身荡然无存了。无论如何，这些基本的原理性的问题都需要法学界在进一步的深化研究中越辩越明。

（二）禁止个案立法与褫夺公民权的理据

在法治原则的约束下，禁止制定褫夺公民权法案的理由，可以从"平等原则"和"权力分工"两个方面加以说明。首先，就平等原则而言，法治追求的一个基本原则就是法律面前人人平等。在此原则的关照下，法律创制应该以一般性规范为限。这也就是说，法律应该表现为规范不特定多数人或事项的一般性的抽象性文件。如果立法机关可以通过立法程序剥夺某个具体的人、团体的基本权利，这时，法律就对那些被惩罚的具体的个人和其他类似情况的其他人进行了区别对待，从而违反平等原则。其次，从"权力分工"的角度来看，立法职权和司法职权都有着各自限定的范围，二者的区别主要表现在三个方面：（1）立法权是一种决策权，它主要通过代议制实现普遍规则的订立；司法权是一种判断权，它必须严格适用法律，处理具体的"案件"（cases）或"争议"（controversies）；（2）立法权可以是主动的，司法权则必须是被动的；（3）立法权在一般情况下是为将来要发生的行为进行规则指引和法律惩戒，原则上不能溯及既往，司法权则是针对已经发生的行为的合法性进行判断，绝对不能对那些没有发生的、假象的、预测的行为进行判断。按照黑格尔辩证法，立法权可以被比作"正题"或者"大前提"，它是演绎派和归纳派所说的"普遍概念""普遍命题"；行政权则可以比作"反题"或者"小前提"，它是适用那些"普遍命题"予以具体化的事例；司法权则可以被类比为"合题"或者"结论"，它是将"小前提"涵摄到"大前提"而得出的结论，这种结论可以促成一种更高层次的普遍概念和命题。从严格意义上说，对某个个体或者团体的惩罚属于司法职权的范畴。换言之，法治国家只能通过司法机关在个案中判断是否可以剥夺某个个体或团体的基本权利。即使在民主体制之下，人民的代表（如议员）就某个人的惩罚形成了一致性的意见和决定，法治的核心精神也必须禁止该种惩罚性的立法。在德国法学家和政治学家卡尔·施密特（Carl Schmitt，1888—1985）那里，维持法律一般性是"法治国家之阿基米德基点"。法治原则必须禁止国家的立法机关针对特定个人的立法，也就是禁止所谓的"立法性惩罚个人"（prohibition of legislative punishments for an individual）。违背法律一般性原则的立法，不仅有害于平等原则的落实，也使得立法机关肆意以民主之名侵蚀司法机关的职权。这样一来，法治国家的大厦将丧失重要的支撑点。

《德国基本法》第 19 条第 1 项第 1 句规定："凡基本权利依本基本法规定得以法律限制者，该法律应具有一般性，且不得仅适用于特定事件，除此该法律并应具体列举其条文指出其所限制之基本权利。"美国联邦宪法第 1 条第 9 款明确禁止国会通过褫夺公民权法案（Bill of Attainder）或者溯及既往的法律（ex post factor Law），第 1 条第 10 款进一步禁止各州的立法机关通过任何褫夺公权的法案、追溯既往的法律和损害契约义务的法律。①在《联邦论》第 84 篇中，汉密尔顿引用了布莱克斯通（Blackstone）的观点对"褫夺公民权法案"进行了评价："不经起诉和审讯，夺去一个人的生命，用暴力夺去他的财产，是专制主义赤裸裸的卑劣行径，应该立刻向整个国家发出暴政警报。"②1810 年，马歇尔在"弗莱彻诉佩克案"（Fletcher v. Peck）的附带意见中指出："制宪者们担心暴力行为会因短暂的剧烈情绪而生，因此，通过制定宪法，美国人民彰显了一种决心：护卫他们自身及财产，使之免受人们极易受到的突然和强烈的感情的影响。对立法权的限制显然就是基于这种考量。"③

（三）个案立法与褫夺公民权的判断标准

在 1946 年的"合众国诉洛维特案"（United States v. Lovett）中，基于罗伯特·洛维特（Robert Morss Lovett）等三人从事宣扬特定意识形态的敌对活动，国会通过了一项剥夺洛维特等人公职并对其停薪处理的法案。联邦最高法院判定，此项国会立法属于个案立法，且未经司法审判就惩罚洛维特等人，违背了宪法关于"禁止褫夺公民权法案"的规定。④在 1977 年的"尼克松诉联邦总务署案"（Nixon v. General Services Administration）中，"水门事件"之后，美国国会于 1974 年 12 月 19 日通过了《总统录音及材料保管法案》（*Presidential Recordings and Materials Preservation Act*），新任总统福特签署了该法案。根据该项法案，联邦总务署的长官必须交出前总统尼克松涉及"水门事件"的录音及私

---

① U. S. CONST. art. I, § 9, § 10.

② ［美］亚历山大·汉密尔顿、［美］詹姆斯·麦迪逊、［美］约翰·杰伊：《联邦论：美国宪法述评》，尹宣译，译林出版社 2016 年版，第 584-585 页。

③ Fletcher v. Peck, 10 U. S. (6 Cranch) at 138 (dictum). 中文翻译参见霍政欣：《美国宪法上的褫夺公权法案研究——从"华为诉美国案"展开》，载《行政法学研究》2021 年第 6 期。

④ United States v. Lovett, 328 U. S. 303 (1946); United States v. Brown, 381 U. S. 437 (1965); Pierce v. Carskadon, 83 U. S. 234 (1872); Cummings v. Missouri, 71 U. S. 277 (1867); Ex parte Garland, 71 U. S. (4 Wall.) 333 (1866).

人资料。尼克松本人认为，他在离任前曾与联邦总务署签署了保密协议，而且国会的立法属于个案性立法，联邦总务署的长官强迫其交出总统录音及私人材料抵触宪法。在推理中，伯格法院认为，判断一项国会立法是否属于宪法所禁止的"褫夺公民权法案"，需要从三个方面加以判断：（1）历史性分析；（2）法案文本的功能；（3）国会制定该项法案的动机和意图。①本案中，国会立法的目的是问责在"水门事件"的争议中被迫下台的总统，从档案和记录的角度推动弹劾程序和可能的司法程序，所以国会的这种立法可以被正当化。美国联邦最高法院最终认定，国会有权通过立法要求前任总统交出录音及私人材料，此案以尼克松败诉而结束。

在 2018 年的"卡巴斯基诉美国国土安全部案"中，哥伦比亚特区巡回法院（D. C. Cir.）判定，《国防授权法》（National Defense Authorization Act/NDAA）的性质是预防性的（prophylactic）而非惩罚性的（punitive），因此《国防授权法》的相关条款并不构成宪法所禁止的"褫夺公民权法案"。②继"卡巴斯基诉美国国土安全部案"后，2019 年的"华为公司诉合众国案"是另外一起关于褫夺公民权法案的巨大争议。在中国和平发展和崛起的大背景下，美国个别政客通过一系列诸如关税、立法等手段试图抑制中国企业参与全球竞争。华为公司就是在这种大背景下遭受到许多不公平的对待。特朗普政府执政期间，美国国会制定了《2019 财年国防授权法》，根据该法案的第 889 条的规定，美国不仅禁止政府机构从华为技术有限公司、中兴通讯股份有限公司等数家中国公司购买设备和服务，还禁止政府机构与华为和中兴的客户签署合同或向其提供资助和贷款。③2019 年 3 月，华为公司在德克萨斯东区联邦地区法院提起宪法诉讼，指称《2019 财年国防授权法》第 889 条将华为明确为特定具体的惩罚对象，违反美国宪法上禁止褫夺公权法案的条款，并以此为核心诉由，要求法院裁定该法因违宪而无效。2020 年 2 月，德克萨斯东区联邦地区法院法官援引"双分支标准"（two-pronged test），认为《2019 财年国防授权法》第 889 条虽满足"特定具体"要件，但不构成"惩罚"，不属于褫夺公权法案。④

---

① Nixon v. General Services Administration, 433 U. S. 425, 468-84 (1977).

② Kaspersky Lab, Inc. v. United States Department of Homeland Security, No. 18-5176 (D. C. Cir. 2018).

③ See Chris D Linebaugh & Stephen P Mulligan, Huawei and U. S. Law, Independently published, https://crsreports. congress. gov R46693, February 23, 2021.

④ Huawei Technologies USA, Inc. v. United States, No. 4：19-cv-00159 (E. D. Tex. Mar. 6, 2019). 相关中文翻译参见霍政欣：《美国宪法上的褫夺公权法案研究——从"华为诉美国案"展开》，载《行政法学研究》2021 年第 6 期。

为了应对立法现实需要，有时立法机关不得不就一些关涉公共利益和政策的特别事项进行立法。如何在特别事项的立法中坚守法律的一般性原则，就成为一个理论和实务上棘手的问题。本书认为，判断某一项法律是否属于"褫夺公民权法案"，需要考察以下诸多方面的因素：（1）立法的规制对象和射程范围；（2）立法的目的和意图；（3）立法的社会功能；（4）立法是否具有限制基本权利的效果；（5）立法是否具有惩罚性。在这些因素中，立法的目的和功能是至关重要的。申言之，我们不仅需要考察一项法律的名称和规制事项，更重要的是需要考察该项法律的目的和功能。如果立法机关的一项立法确实是针对具体事项（可能是一项或者多项类似的事宜），或者立法机关的立法虽然是针对一般事项，但是其实际效果却指向了特殊的个体或者团体，只要该项立法在目的上是为了追求更为重要的公共利益或者普遍的法律价值并且符合比例原则，那么这项立法就不应该被认定为"褫夺公民权法案"。例如，德国也存在禁止个案立法（Einzelfallgesetz）的法理，但是德国法院近年来在立法实务中发展出了处分性法律（Maßnahmengesetze）、个别性法律（Individualgesetz Einzelfallgesetze）、执行性法律（Vollziehungsgesetz）及其他新的立法类型。对这些针对具体事项的立法而言，法律人不能轻易一概以该项立法欠缺"一般性"而否认其地位，而是应该从实质目的和功能的角度加以具体分析。台湾的"司法机关"在解释文中对于"立法机关"在何种意义上可以制定针对特定人或事项的立法进行了澄清："法律固以一般性、抽象性规范为常态，唯如以特定人为规范对象，或以一般抽象性方式描述规范特征，但实际适用结果，仅单一或少数对象受该法律规范者，均属特殊类型之法律，如其目的系为追求合宪之重要公共利益，且其所采取之分类与规范目的之达成间，存有一定程度之关联性，即非"宪法"所不许……"[1]

第三节　比例原则的源流、构造和学理阐释

比例原则，又叫作"相称原则"，英文表达是"Principle of Proportionality"，德文是"Verhältnismäßigkeitsprinzip"，法文是"Principe de proportionnalité"[2]。运

---

① 释字 520 号，解释文；释字 793 号，理由书。
② Conseil constitutionnel, Décision n° 2021–817 DC du 20 mai 2021；ECLI：FR：CC：2021：2021. 817. DC.

用比例原则对法律问题进行分析的模式被称为"合比例分析"（Proportionality Analysis/PA）。

瑞士法学家弗里茨·弗莱纳（Fritz Fleiner，1867—1937）在 1928 年有一句描述"比例原则"的经典名言——"警察不能用大炮打麻雀，最严厉的手段必须是最终诉诸的方式（ultima ratio），警权的干预必须适合其所在的情况，它必须是合比例的。"（Die Polizei so nicht mit Kanonen auf Spatzen schießen…Das schärfste Mittel muss ste die ultima ratio bleiben. Der polizeiliche Eingriff muss den Verhältnissen angemessen, er muss verhältnismäß sein.）① 弗里茨·弗莱纳的这句经典名言被认为是"比例原则"最生动的表达之一。半个世纪之后，在 1983 年的"女王诉戈尔茨坦案"（R v. Goldstein）中，英国上议院迪普洛克勋爵（Lord Diplock）在总结"比例原则"的核心要旨时曾这样说道："如果胡桃夹子可以做到，你绝对不应该用蒸汽锤子来敲碎一颗坚果。"（You must not use a steam hammer to crack a nut, if a nutcracker would do.）②

一、比例分析的前提：原则 vs 规则

运用"比例原则"分析基本权利的限制或克减问题时，其前提条件是区分原则和规则。换言之，比例分析不适用于具体规则（concrete rules），仅适用于一般性原则（general principles）。宪法中的基本权利条款和国际人权法中的权利条款大多以抽象和概括的语言形式呈现，这使得基本权利在很多时候表现为一种原则形塑的权利（principle-shaped rights）。正因如此，国家权力通过立法的

---

① Fritz Fleiner, Institutionen des deutschen Verwaltungsrechts, 1. Aufl. 1911, S. 323; Stefan Naas, Die Entstehung des Preussischen Polizeiverwaltungsgesetzes von 1931: ein Beitrag zur Geschichte des Polizeirechts in der Weimarer Republik, Mohr Siebeck, 2003, S. 146. For this German quotation, Justice Aharon Barak provided a version of English translation: "The police should never use a cannon to kill a sparrow…The sharpest means must always remain the ultima ratio. Police intervention must be appropriate to the circumstances, it must be proportionate." Aharon Barak, Proportionality: Constitutional Rights and their Limitations (Cambridge University Press, 2012), p. 179.

② R v. Goldstein [1983] 1 WLR 151, 154-155. Cited in Friends of Antique Cultural Treasures Ltd, R (on the application of) v. The Secretary of State for the Department of Environment, Food & Rural Affairs [2020] EWCA Civ 649 (18 May 2020), para. 107; Robert Thomas, Legitimate Expectations and Proportionality in Administrative Law (Hart Publishing, 2000), p. 1; W. van Gerven, The Effect of Proportionality on the Actions of Member States of the European Community: National Viewpoints from Continental Europe, In Evelyn Ellis (ed), The Principle of Proportionality in the Laws of Europe (Hart Publishing, 1999) pp. 37, 61.

方式限制或克减基本权利的时候，就必须遵循"比例原则"。

美国著名法理学家德沃金（Ronald Dworkin，1931—2013）以"里格斯诉埃尔默案"① 和"亨宁森诉布洛姆菲尔德汽车制造厂案"② 为典型案例，总结了法律规则和法律原则的三大主要区别：（1）法律规则包含了一定的构成要件；相比之下，法律原则中没有明确的构成要件。（2）法律规则具有"一般—例外"的结构，规则的例外需要被穷尽列举，同时，规则的确定性要求其本身必须以"全有或全无"（All-or-nothing）的方式被适用；相比之下，法律原则是核心法理的一般凝练和概括，原则虽然也有例外，但这些例外只能强化原则本身的权威地位。更进一步说，法律原则不能以"全有或全无"的方式被适用。③（3）法律原则具有法律规则所没有的力量上和程度上的重要性。当若干个原则互相冲突时，要解决这一冲突，就要考虑有关原则分量上的强弱，"权衡"是原则的特定属性，这一属性允许我们在互相冲突的原则中协调。④

德国法学家罗伯特·阿列克西（Robert Alexy）在他的基本权利理论构建中，也区分了法律规则和法律原则，其基本观点如下：（1）根据逻辑学上的排

---

① Riggs v. Palmer, 115 N. Y. 506 (1889). 在此案中，弗朗克·帕默（Frank Palmer）是埃尔默·帕默（Elmer Palmer）的祖父，里格斯（Riggs）是弗朗克的儿子。1880 年 8 月 13 日，弗朗克立了一份遗嘱将农庄留给埃尔默。然而，埃尔默因为惧怕弗朗克会改变这一遗嘱遂杀死了祖父。纽约上诉法院根据"无人可从自己错误获利"（No man may profit from his own wrong）这一原则出发，最终判定埃尔默无权继承遗产。

② Henningsen v. Bloomfield Motors, Inc. , 32 N. J. 358, 161 A. 2d 69 (N. J. 1960). 在此案中，1955 年 5 月 7 日，原告亨宁森购买了一辆汽车并同汽车公司签订了一个合同，合同限定了汽车制造厂的责任，即制造厂只负责修好有毛病的部件，对其他一切问题则概不负责。1955 年 5 月 19 日，亨宁森在驾车时，听到一声巨响，他由于汽车零部件出现瑕疵而在这次事故中受伤。新泽西州最高法院从"无人可从自己错误获利"（No man may profit from his own wrong）这一原则出发判定汽车生产商的免责条款无效，从而发展了侵权法中的商销性默示担保（Implied Warranty of Merchantability）理论。

③ The difference between legal principles and legal rules is a logical distinction. Both sets of standards point to particular decisions about legal obligation in particular circumstances, but they differ in the character of the direction they give. Rules are applicable in an all-or-nothing fashion. If the facts a rule stipulates are given, then either the rule is valid, in which case the answer it supplies must be accepted, or it is not, in which case it contributes nothing to the decision. See Ronald Dowrkin, The Model of Rules, In Taking Rights Seriously (Duckworth, 1977), pp. 14–45.

④ ［美］德沃金：《认真对待权利》，信春鹰、吴玉章译，中国大百科全书出版社 1998 年版，序言第 19 页。

他性定理（Exklusionstheorem），每一条规范要么是一项规则，要么是一个原则。① （2）原则是一种"优化要求"（Optimization Requirements/Optimierungsgebote），即法律原则是一种要求事物在相对于事实上与法律上的可能范围之内，以尽可能高的程度被实现的规范。规则是一种"确定的要求"（definitive requirements/definitive gebote），即法律规则必须在法律与事实的可能范围内已有明确的设定，它是一种只能实现或者不被实现的规范。规则的典型适用方式是涵摄，若个案的事实符合规则的构成要件，即应适用其法律效果，若例外状况出现，则法律效果即应撤回。（3）规则与原则具有不同的冲突解决机制。法律原则之间并无等级秩序，原则之间的冲突必须通过"权衡法则"来决定优先适用顺序。换言之，原则之间的碰撞是通过察看个案情形，借由确定原则之间的"条件式优先关系"来解决的。②

二、比例原则的源流

比例原则其实是一个很古老的概念，早在古巴比伦法律中就已出现了比例原则最原始的法理萌芽。例如，约公元前1754年颁布的《汉谟拉比法典》中就规定了"以眼还眼，以牙还牙"的原则。英国的《1215年自由大宪章》和《1689年人权法案》也在原始意义上体现了"比例原则"的思想，两部法案中均载有"相称惩罚"原则，按照该原则，法律对罪犯所施加的惩罚必须与罪行保持一种"相称性"。

法学界大多认为《汉谟拉比法典》《1215年自由大宪章》《1689年人权法

---

① ［德］卡斯滕·贝克尔：《规则、原则与可废止性》，宋旭光译，载《法理——法哲学、法学方法论与人工智能》2015年第1期。
② 根据学者王鹏翔的研究，阿列克西的原则理论包括三个子命题。（1）安置命题（the incorporation thesis）：每个最低限度发展的法律体系必然会包含原则。（2）道德性命题（the morality thesis）：法律体系所包含的原则必然具有某种道德关联性。（3）正确性命题（the correctness thesis）：法律体系必然包含道德原则使得法律和正确的道德之间具有必然联结。阿列克西将根据原则冲突的解决结果所形成的规则称为"碰撞法则"（K）。其具体含义是：（K）若原则 P_1 在条件C之下优先于原则 P_2：（$P_1 P P_2$），且 P_1 在C的情形下产生法律效果R，则成立一条以C作为构成要件，R作为法律效果的规则C→R。同时，阿列克西认为，原则 P_i 与 P_j 相冲突时，若 P_i 不被实现或被侵害的程度越高，则 P_j 实现的重要性就必须随之越高。See Robert Alexy, A Theory of Constitutional Rights：Ch. 3（Oxford University Press, 2002）. 巴西联邦最高法院（Supreme Federal Court of Brazil）就适用了阿列克西的原则理论。See João Andrade Neto, A System of Rules and Principles, in Borrowing Justification for Proportionality. Ius Gentium：Comparative Perspectives on Law and Justice, vol 72.（Springer, 2018）.

案》等古老的法律文件虽然采用了"相称性思想",但还不能说这些文件就确立了真正法律意义上的比例原则。对于比例原则的溯源问题,中文学术界存在一定的见解分歧。在陈新民教授看来,比例原则虽然可追溯到 13 世纪英国《自由大宪章》(*Magna Charta*)的规定——人民不得因为轻罪而受到重罚,但是作为一个真正的公法原则,比例原则首次出现在 19 世纪的德国警察法中。1802 年,德国学者 Von Berg 出版的德国警察法手册一书,已经明白地提及比例原则,警察之权力唯在"必要时"可以实行之,这是广义比例原则出现之滥觞。① 按照学者刘权的观点,比例原则在德国法学文献中第一次出现的时间可以追溯至更早的 1791 年。1791 年,普鲁士改革家卡尔·戈特里布·斯瓦雷茨(Carl Gottlieb Svarez)在一次报告中首次提出了必要性原则:"只有在必要的(notwendig)情形下,国家才能限制公民自由,以确保所有人的自由与安全。"随后,1794 年颁布的《普鲁士普通州法》第 10 章第 17 条以文本的形式规定了必要性原则:"警察可以采取必要的措施,以维护公共安宁、公共安全与公共秩序,预防对公众或个人的潜在危险。"② 1931 年 6 月 1 日,普鲁士颁布了《普鲁士警察行政法》(*Das Preußische Polizeiverwaltungsgesetz*),更加详细地规定了必要性原则,该法第 41 条第 2 款规定:"如果有多种手段可以消除对公共安全、公共秩序的破坏,或能有效地防御危险,则警察机关应当尽可能地选择一种对相关人员与一般大众损害最小的手段。"

纵观欧洲法律的发展史,作为一个公认的一般性法律原则,"比例原则"的实证化还归功于德国法。本书从宏观视角列举了三个著名的案例加以说明,第一个案例发生在普鲁士德国早期,第二个案例和第三个案例发生在德国基本法时期。

(一)"十字架山案"

1882 年 6 月 14 日,在"十字架山案"(Kreuzberg-Urteil)③ 中,普鲁士高等行政法院(Preußischen Oberverwaltungsgerichts)首次在司法实践中运用比例原则来审查警察权力的合法性问题。在此案中,柏林警察总局(Berliner

---

① 陈新民:《法治国家公法学的理论与实践:陈新民法学论文自选集》,三民书局 2011 年版,第 328 页。

② Carl Gottlieb Svarez, Vorträge über Recht und Staat, Hrsg. von Hermann Conrad und Gerd Kleinheyer, K? ln und Opladen:Westdeutscher Verlag, 486(1960). 中文翻译参见刘权:《目的正当性与比例原则的重构》,载《中国法学》2014 年第 4 期。

③ Kreuzbergurteil PrOVG Endurteil des Ⅱ. Senats vom 14. Juni 1882, Rep. Ⅱ B. 23/82 PrOVGE 9, 353 ff.

Polizeipräsidium）对外发布了一个行政命令（Verordnung），禁止所有柏林的建筑物超过十字架山的高度。普鲁士警方援引了警察法赋予他们的行政权力，在他们看来，"限高令"对维持公共秩序而言是一种必要的措施。由于行政部门的"限高令"，一位想要建设高层建筑的位于柏林的土地所有人在申请建设许可（Baugenehmigung）时遭到了规划部门的拒绝。普鲁士高等行政法院受理了此案并裁定，行政部门关于建筑高度的限定超出了普鲁士警察法应当遵守的法律界限，为符合必要原则，行政措施的力度不得超过达到目标所需的程度。①"十字架山案"的判决法理后来发展成为比例原则。比例原则从警察行政法领域扩展到一般行政法领域，最终推广到了宪法领域、国际人权法领域。

（二）"药店案判决"

1958年6月11日，在"药店案判决"（Apotheken-Urteil）中，德国联邦宪法法院（西德）丰富和发展了"对整个基本权利教义学具有重要意义"的比例原则。该案事实大体如下：1956年7月，一位德国药师向上巴伐利亚行政区（Upper Bavaria/Oberbayern）提出了开设药店的申请，药店的位置计划定在一个名叫特劳恩罗伊特（Traunreut）的市镇。上巴伐利亚行政区政府基于《巴伐利亚药店法案》（*Bayerisches Apothekengesetz/ BayApothekenG*）② 第3条第1款之规定驳回了申请人的申请。《巴伐利亚药店法案》第3条第1款设定了授予新开设药店行政许可的两个前置性条件：（1）新开设的药店必须服务于所在区域居民的用药需求；（2）新开设的药店必须在经济上是可行的，且不得影响已存在于该区域的药店的经济利益。上巴伐利亚行政区政府经过调查发现，特劳恩罗伊特（Traunreut）市镇的人口为6000人左右，且已经存在一家能够满足居民用药需求的药店。如果授予申请人新设药店的申请，则需要等到特劳恩罗伊特（Traunreut）市镇的人口达到7000人左右的时候才是合适的。如果政府直接授予申请人行政许可，则会对原有那家药店构成经济利益上的威胁。基于法律和事实上的考量，上巴伐利亚行政区政府驳回了申请人的行政申请。申请人不服将此案诉至法院。③此案涉及对《德国基本法》第12条所保障的职业自由（Freedom

---

① Die Kreuzbergurteile des Preußischen Oberverwaltungsgerichts. In：Deutsches Verwaltungsblatt. Carl Heymanns Verlag，Köln 1985，S. 216-226.

② Gesetz über das Apothekenwesen（Bayerisches Apothekengesetz）vom 16. 6. 1952.

③ Beate Schulte zu Sodingen：BVerfGE 7，377 - Apothekenurteil. Das Grundrecht der Berufs- freiheit und die Entwicklung der "Drei-Stufentheorie". In Jörg Menzel（Hrsg.）：Verfassung- srechtsprechung. Hundert Entscheidungen des Bundesverfassungsgerichts in Retrospektive. Mohr Siebeck，Tübingen 2000，S. 108-112.

of Occupation/Grundrechts der Berufsfreiheit）的限制问题。德国联邦宪法法院在此案中适用了著名的"三层次理论"（Drei-Stufen-Theorie）来分析《巴伐利亚药店法案》的合宪性问题。在法院看来，立法对职业自由的介入可以从三个层次加以检讨：第一个层次是纯粹地规制职业活动的立法（Professional Practice Regulations/Berufsausübungsregelungen）；第二个层次是主观准入资格的限制（Subjective Admission Restrictions/Subjektive Zulassungsbeschränkungen）；第三个层次是客观性要求的限制（Regulation of Subjective Requirements/Objektive Zulassungsbeschränkungen）。

表4-3　"药店案判决"（Apotheken-Urteil）的三层次分析

层次	限制类型	限制方式	权衡因素
第一层次	规制职业活动的立法	职业活动的一般方式	需要合理地考虑公共利益
第二层次	主观准入资格限制	基于个人能力而规范从业人员的主观性要求	需要考虑重要的公共利益
第三层次	客观性要求的限制	对从事某项职业的客观前提条件的规定	防止对迫切而重大的公共利益构成威胁

（表格来源：作者自制）

德国联邦宪法法院认为，《巴伐利亚药店法案》第3条第1款显然构成了对申请人职业自由的限制。该种限制既不属于规制职业活动的立法，又不属于主观准入资格限制，而应该被归类到"客观性要求的限制"。法院认为："只有经过理智权衡公共利益，认为限制具有适当性（zweckmäßig）时，职业自由才可以通过'规制'予以限制。……如果能证明对职业自由的限制是不可避免的，立法者应当选择对基本权利侵害最小的方式。""如果对基本权利的限制会造成过度负担和不具有期待可能性（zumutbar），那么就是违宪的。……职业自由的主观条件的设定应当符合比例原则，主观条件不应当与所欲达到的适当执业的目的不成比例。"①

（三）"航空安全案"

2006年2月15日，在"航空安全案"中，德国联邦宪法法院适用了比例原则，对德国2005年《航空安全法》（Luftsicherheitsgesetz/LuftSiG）的合宪性问题进行了审查。"9·11事件"之后，德国的立法机关颁布了非常严格的《航空安

_____

① Apotheken-Urteil. BVerfGE 7, 377.

全法》，该法第 14 条第 3 款规定："直接动用武器只有在特定情况下方可允许，即该飞机被用来威胁人的生命，且使用武器是防范该现实性危险的唯一方法。"《航空安全法》在德国社会引发了非常广泛的争议，人们关注的焦点之一是军队诉诸武力击落恐怖分子劫持的、载有平民和乘务人员的民航客机，是否侵犯了《德国基本法》第 1 条第 1 款的人性尊严以及第 2 条第 2 款的生命权。基于比例原则，德国联邦宪法法院判定，生命权作为一项基本权利可以经由议会的正式立法进行一定的合理限制，但是限制这项至关重要的基本权利必须满足严格的条件：首先，立法机关的行使职权权限必须是合法的；其次，该种限制不得损害《德国基本法》所保障的基本权利的核心内涵（The Core of Basic Rights/Wesensgehalt der Grundrechte）；最后，该种限制性立法不得在任何方面抵触宪法的根本决定（Fundamental Decisions of the Constitution/Grundentscheidungen der Verfassung）。①法院认为，民航客机上通常载有无辜乘客和乘务人员，这些人的生命和尊严也同样值得宪法保护，即使恐怖分子劫持了一架民航客机，军队也不可以诉诸武力直接将该民航客机击落，否则就违反了比例原则。

三、传统意义上比例原则的含义及法理构造

"比例原则"有广狭两重含义，学术界人士在一般意义上所称的"比例原则"实际上是指"广义比例原则"②，它有三个层级递进的子原则：第一个子原则是适当性原则（Suitability/Geeignetheit）；第二个子原则是必要性原则（Necessity/Erforderlichkeit）；第三个子原则是狭义比例原则（Proportionality *stricto sensu*③/Verhältnismäßigkeit im engeren Sinne）。德国联邦宪法法院在其判例中指出：

狭义比例原则要求，必须在干预基本权利所欲实现的公共利益以及对相关者合法利益的影响之间进行权衡。对相互联系和权衡的冲突利益的权重需要从整体上对干预所规定的重要条件和效果进行评估。狭义比例原则并没有包含下列实质性内容，即国际干预的何种效果和条件必须纳入权衡考量，以及何时一项手段符合比例性而何时不符合。在这一点上需要针对

---

① BVerfGE 115, 118［85］.

② Dieter Grimm, Proportionality in Canadian and German Constitutional Jurisprudence, 57 U. TORONTO L. J. 383（2007）.

③ 注意：stricto sensu 在拉丁语中的意思是"狭义的"。

个案作出判断性的宪法裁判。①

在评价法学时期，司法裁决的盛行及对考量权衡冲突之法律技术的需求，使得权衡理论得到迅猛发展。权衡理论的重心完全转移至司法权衡，并在方法上逐步转向比例原则。② "比例原则"要求目标和达成目标的方式之间的对价（Consideration）需要平衡。具体来说，适当性原则，又称为妥当性原则，它是指国家所采取的措施，必须适合于达成特定的目的，公共权力行使时超过目的或者不能达到目的都构成对"适当性原则"的违反。必要性原则，又称为侵害最小原则（Less Intrusive Principle），它要求国家应采取对基本权利侵害最小的手段。换言之，公共权力所采取的手段应当具有最低的必要性。必要性原则意味着国家如果有多种措施均可达成目的，则它有法定义务选择对基本权利侵害最小的措施。狭义比例原则，又称为平衡性原则（Balancing Principle），国家采取的必要手段所造成基本权利的侵害与国家所欲达成之目的间，应该实现一种均衡。③

德国基尔大学的公法学家罗伯特·阿列克西（Robert Alexy）被广泛认为是比例原则研究领域的一位权威学者。他主张在基本权利司法适用的时候应当采取一种"比例分析"。阿列克西认为："当前有关基本权利解释争论的一个主要话题是权衡或权重的功能。在许多宪法法院的实际惯例中，权衡发挥着核心作用。在德国宪法中，权衡是一个更加综合的原则所要求的内容的一部分。该更加综合的原则就是比例原则。比例原则包含三个分原则：适当原则、必要原则和狭义上的比例原则。所有这些原则都表达了最大化实现的观念。根据比例原则解释基本权利意味着将基本权利当作最大化命令，也即当作原则，而不是简单地当作规则。作为最大化命令，原则是要求某事在给定的法律和实际的可能性中能够实现到最大可能程度的规范。" "适当原则和必要原则是有关事实上可能的东西的最大化实现的。它们因此表达了帕累托最优的观念。第三个分原则，狭义上的比例原则，是有关法律上可能的东西的最大化实现的。法律上的可能

---

① BVerfGE 92, 277（327）（DDR）；［德］福尔克尔·埃平、塞巴斯蒂安·伦茨、菲利普·莱德克：《基本权利》（第8版），张冬阳译，北京大学出版社2023年版，第27页。

② 张兰兰：《作为权衡方法的比例原则》，载《法制与社会发展》2022年第3期。

③ 关于比例原则内涵的研究可参见刘权：《比例原则》，清华大学出版社2022年版；许玉镇：《比例原则的法理研究》，中国社会科学出版社2009年版；陈景辉：《比例原则的普遍化与基本权利的性质》，载《中国法学》2017年第5期；［日］青柳幸一：《基本人权的侵犯与比例原则》，华夏译，载《比较法研究》1988年第1期。

性一定要通过对抗原则来界定。权衡只不过在于对抗原则的最大化实现。"①

在阿列克西看来,"每个原则就其自身来说都导致一个矛盾。这意味着每一个都限制满足另一个的法律上的可能性。这种情况并不通过宣布其中的一个无效并因此将其从法律制度中排除出去而来解决。也不是通过对其中的一个原则引入一个例外来加以解决,就如这一原则在所有后来的其他案件中被看作一个或者被满足或者相反的规则那样。相反,对抗的解决办法在于,根据案件的情况,在原则之间建立一个有条件的优先关系。优先关系是有条件的,因为在案件的情况中,原则之一优先的条件被规定。给以另外的条件,优先问题则可能被颠倒过来"。这种关系可以用阿列克西的原则优先关系,定律来表示:

如果在 C 情况下 P_1 原则优先于原则 P_2:(P_1PP_2)C,则在 C 情况下导致法律后果 Q,那么一个将 C 作为其条件从句和将 Q 作为其结果主句的有效规则就适用:C→Q。②

四、比例原则的学理大辩论——阿列克西教授 vs 巴拉克大法官

在公法学中,比例原则常常被称为"帝王原则"。加拿大学者戴维·贝蒂(David M. Beatty)甚至将比例原则视为一种"终极法治"(The Ultimate Rule of Law)。③在比例原则的学理构建方面,诸如罗伯特·阿列克西(Robert Alexy)、阿哈龙·巴拉克(Aharon Barak)、马克·图施耐特(Mark Tushnet)、维基·杰克逊(Vicki C. Jackson)等学者无疑作出了杰出的法理贡献。④在上述学者中,德国基尔大学的阿列克西教授和前以色列最高法院巴拉克大法官两人的观点对峙最为激烈。二者的理论争鸣表现在对比例原则的地位、模式、要素、适用范围、权重公式理解等多个方面,在终极意义上也体现了他们对宪法更深层次的理解差异。

巴拉克大法官将比例原则视为一种"次级宪法原则"(Subconstitutional Prin-

---

① 钱福臣:《解析阿列克西宪法权利适用的比例原则》,载《环球法律评论》2011 年第 4 期。
② 钱福臣:《解析阿列克西宪法权利适用的比例原则》,载《环球法律评论》2011 年第 4 期;Robert Alexy, A Theory of Constitutional Rights, trans. by Julian Rivers(Oxford University Press, 2002), pp. 51-52.
③ David M. Beatty, The Ultimate Rule of Law(Oxford University Press, 2004), p. 162.
④ Anne Carter, Proportionality and Facts in Constitutional Adjudication(Hart Publishing, 2022).

ciple)①，认为它的使用范围仅涵盖基本权利规范的解释，而不适用于国家组织规范的解释；阿列克西教授则认为比例原则是一个完整而独立的宪法原则，既能够适用于解释基本权利规范，也可用于解释国家组织规范。

阿列克西教授主张比例原则的"三要素论"，即比例原则包括三个次级原则：（1）适当性原则；（2）必要性原则；（3）狭义比例原则。而巴拉克大法官则主张目的正当性审查是一个独立的子原则，应该单独列出。如此一来，比例原则的要素就有四个：（1）目的正当原则；（2）适当性原则；（3）必要性原则；（4）狭义比例原则。②汉语学术界关于比例原则到底包括三要素还是四要素的争论，大多源于阿列克西教授和巴拉克大法官的这场学术辩论。

表4-4　阿列克西教授和巴拉克大法官关于"比例原则"的学理对比

对比项	阿列克西教授的见解	巴拉克大法官的见解
地位	宪法原则	次级宪法原则
模式	内部模式	外部模式
要素	三要素理论	四要素理论
适用	（1）适用于相对权利；（2）适用于国家组织条款	（1）宪法解释适用于一切权利（2）比例分析不适用于国家组织条款
权重公式的理解	实质性权衡	基于社会边际效益重要性的原则性权衡

（表格来源：作者自制）

当然，阿列克西教授和巴拉克大法官在"比例原则"上最重要的理论分歧，莫过于他们两人对"权重公式"的理解。准确界定手段所造成的成本与带来的收益，是比例原则精确化的关键。然而，成本收益也存在量化困境，很多时候人们无法准确量化权力行使的成本与收益，从而也就无法准确进行直接的比较权衡。③ 阿列克西教授提出了如下实质性权衡方式：

---

① 关于"次级宪法原则"的研究请参见 Dan T. Coenen, A Constitution of Collaboration：Protecting Fundamental Values with Second-Look Rules of Interbranch Dialogue, 42 WM. & MARy L. REV. 1575（2001）；Mark V. Tushnet, Subconstitutional Constitutional Law：Supplement, Sham, or Substitute? 42 Wm. & Mary L. Rev. 1871-1880（2001）.

② Aharon Barak, Proportionality：Constitutional Rights and Their Limitations（Cambridge University Press, 2012），pp. 529-548.

③ 刘权：《比例原则的精确化及其限度——以成本收益分析的引入为视角》，载《法商研究》2021年第4期。

$$W_{1,\,2} = \frac{W_1 \times I_1 \times R_1^e \times R_1^n}{W_2 \times I_2 \times R_2^e \times R_2^n}①$$

针对上述公式的理解，巴拉克提出了不同的看法，他认为应该采用以"社会边际效益重要性"为基础的权重公式。阿列克西建构的实质性权衡公式仍然过于抽象，巴拉克认为应该在抽象性权重公式和具体案件情景的中间地带，通过权衡宪法权利与公共利益的途径，建立中等抽象程度的权重公式，并将其称为"原则性权衡"（Principled Balance）。原则性权衡对象是立法保障的公共利益和宪法确认的基本权利之间的"边际社会重要性"（Marginal Social Importance）。权衡结果会随着所选择的措施和具体情境的变化而改变。"边际社会重要性"理论是依据具体宪法权利依赖权利体系的"内在结构"关系与外在"功能"的方法，建构出一套特别的衡量宪法价值"重要性"的途径。法官在权衡限制宪法权利的手段和目的前，必须对特定的宪法权利性质进行剖析，不能抽象地认定所有宪法权利都具有相同的重量。因此，宪法权利性质的差异导致对不同权利的限制形成不同的原则性权衡路径，同时也对基于不同目标的相对权利限制形成差异性权衡方法。②

五、比例原则与"罪刑对称"

在刑法学当中，"罪刑对称"体现出了一种比例原则。提出"罪刑对称"原则的意大利启蒙时期的著名刑法学家切萨雷·贝卡里亚（Cesare Beccaria，1738—1794），尝试以几何之精度构筑的一座罪与罚的阶梯。在《论犯罪与刑罚》第 6 章中，他详细阐述了刑罚与犯罪相对称的原则（The proportion between crimes and punishments/Proporzione fra i Delitti e le Pene）：

> 既然存在着人们联合起来的必要性，既然存在着作为私人利益相互斗争的必然产物的契约，人们就能找到一个由一系列越轨行为构成的阶梯，他的最高一级就是那些直接毁灭社会的行为，最低一级就是作为社会成员的个人所可能犯下的、最轻微的非正义行为。在这两极之间，包括了所有侵害公共利益的、我们称之为犯罪的行为，这些行为都沿着这无形的阶梯，

---

① 公式来源：Robert Alexy, 2002。
② 范继增：《迈向保障基本权利和确定性并存的权衡法则：阿列克西权重公式的解构与重建》，载《东南法学》2022 年第 1 期；张兰兰：《作为权衡方法的比例原则》，载《法制与社会发展》2022 年第 3 期。

按从高到低顺序排列。

……

对于明智的立法者来说，只要标出这一尺度的基本点，不打乱其次序，不使最高一级的犯罪受到最低一级的刑罚，就足够了。有了这种精确的、普遍的犯罪与刑罚的阶梯，我们就有了一把衡量自由和暴政程度的潜在的共同标尺，它显示着各个国家的人道程度和败坏程度。[①]

在我国罗马法学者黄风教授看来，贝卡里亚的"罪罚对称"思想包含两层核心含义：首先，"罪罚对称"意味着刑罚的强度与犯罪的危害程度对称；其次，"罪罚对称"意味着特定的刑罚与特定的犯罪对称，即刑罚所剥夺的利益应当恰恰是犯罪所追求或侵害的利益。[②]

自意大利贝卡里亚提出"罪罚对称"以来，欧陆很多古典刑法学说（klassische Schule）在历史发展中都曾不同程度上受到康德道义论和卢梭社会论的影响，例如，日本刑法学家大场茂马、泷川幸辰、小野清一郎、平野龙一、团藤重光等学者便是如此。虽然古典刑法学说又分化为前期学派和后期学派等不同形态，但是，在这种学说的影响下，罪刑的对称应该表现为一种较为客观的对称，一个真正的自由法治国应当最大限度地在刑罚的科处上避免恣意，从而追求一种客观的对称标准。

自 19 世纪中后期以来，以冯·李斯特（Franz Von Liszt，1851—1919）为代表的新派刑法学说（moderne Schule）逐步受到了边沁功利论的影响，在刑法目的上主张罪刑特殊预防对称论。在李斯特以及受到其影响的穗积陈重、富井政章、胜本勘三郎、牧野英一、木村龟二、宫本英修等新派学者看来，刑罚的施加在于预防犯罪人，刑罚针对未然之罪而发动，剥夺或者教育是刑罚的基本手段，刑罚与犯罪人的人身危险性相适应。罪刑特殊预防对称论包括：罪刑剥夺对称论与罪刑矫治对称论。罪刑剥夺对称论强调刑罚应当根据犯罪人类型的不同而有所区别，例如，偶发性犯罪人、情感性犯罪人，应当施以法庭警告、训诫、善行保证、不定期刑、罚金刑、缓刑、假释或置于矫正机构进行矫正等刑罚替代方法。罪刑矫治对称论强调刑罚的目的在于改造和教育犯人，消除其危

[①] ［意］切萨雷·贝卡里亚：《论犯罪与刑罚》，黄风译，北京大学出版社 2008 年版，第 17-18 页。

[②] ［意］切萨雷·贝卡里亚：《论犯罪与刑罚》，黄风译，北京大学出版社 2008 年版，第 165 页。

险性，使之重返一般市民生活之中，因此应当预防已受到处罚的人再次犯罪。①

六、比例原则与依法行政

"无法律，不行政"是依法行政的基本要求。然而，在越来越繁复的现代行政活动中，不仅"行政"本身的含义发生着变迁，而且行政行为的合法性判断也成为一个融合技术判断、价值判断和功利考量的综合性问题。在大陆法系、普通法系和许多混合法系国家或地区，依法行政的理论构建和实务运行越来越仰赖比例原则。通常来说，只有在实现政府目标时所使用手段保持合适的比例性条件下，行政机构作出的裁决才是合法的。比例性原则关注的核心是期望实现的目标与用来实现之的方法两者之间的关系。

在 2004 年的"拜特苏里克村委会诉以色列政府案"（Beit Sourik Village Council v. Israel）中，以色列最高法院首席大法官阿哈龙·巴拉克（Aharon Barak）对比例原则的司法适用作出了非常精彩的司法意见。该案的背景是 2000 年 7 月巴勒斯坦和以色列的和平谈判失败后，以色列国内发生了成百上千例的恐怖袭击，袭击的目标包括士兵与平民、男人与妇女、老人与儿童、普通公民与公众人物。以色列政府为了应对来自巴勒斯坦地区日益严重的安全威胁，通过立法的形式决定在以色列和巴勒斯坦的边境地区修建一系列被称为"连接线"的建筑障碍物所构成的防线，这就是广为外界所知的"隔离墙"。隔离墙的目的是警示沿线武装不要企图渗透，隔离墙外侧是针对机动车辆的障碍物，多为壕沟，目的在于防止车辆撞垮隔离墙。有一部分隔离墙是在非私有土地上建立的；而另一部分则是在私有土地上建立。针对私有土地上的隔离墙工程，以色列国防军指挥官签发了征收命令。依据标准程序，被征收土地的所有者将获得使用其土地的赔偿。拜特苏里克（Beit Sourik）的村民和村委会认为，以色列政府为了修建隔离墙而实施的土地征收命令是非法的，理由包括：（1）一旦修建隔离墙，拜特苏里克地区的农用耕地将会受到严重影响，庄稼的灌溉用水变得非常不便利，数以千计的橄榄树与果树将被连根拔起。（2）隔离墙不仅会伤及征收令影响的土地所有者，也会打乱 35000 名村民的生活。（3）隔离墙将会损害这些村庄发展与扩大的能力，通往中心城市拉马拉与比那巴拉的道路也将被阻隔。（4）获得东耶路撒冷及其他地区医疗及其他服务也将成为不可能，救护车在为居民提供紧急服务时将遭遇困难。（5）儿童进入城市中心学校以及学生进入大

---

① 张小虎：《罪刑均衡蕴意探究》，载《现代法学》2002 年第 6 期。

学的难度也将加大。基于上述理由，拜特苏里克村委会（Beit Sourik Village Council）将以色列政府告上了法院，案件最终上诉至以色列最高法院。①

在诉讼中，各方都承认一个基本事实，即以色列政府是通过交战行为而占领了拜特苏里克地区的领土，故这一地区属于"交战占领地区"（occupatio bellica），也就是英文中所谓的"area in belligerent occupation"。另外，《关于使用统治权限的以色列行政法原则》规定军事指挥官即使在"交战占领地区"也必须遵守行政法基本原则和相关的国际人权法。以色列最高法院经过审查认为，本案的焦点是修建隔离墙所选路线的合法性问题。这个问题独立存在，需要一个明确、真实的答案。通过交战占领取得的领土上的军事指挥官必须在军队与当地居民的需求之间保持平衡。在这种微妙平衡的框架中，没有附加其他考量的空间，不论是政治考量，还是扩大领土或建立国家永久边界的考虑。②

阿哈龙·巴拉克（Aharon Barak）大法官认为，在目标的合法性与实现目标的手段之间保持平衡的一项基本原则是保持比例性。依此原则，个人的自由可以受到限制，其条件是这种限制符合比例性。比例性原则的内容包括三个标准。第一个标准是目标必须与手段相关联。行政机构使用手段必须是为了实现其准备实现的那个目标。行政机构使用的手段的合理结果必须是导致目标的实现。这就是"适当手段"或"合理手段"标准。依据第二个标准，行政机构使用的手段对个人造成的损害必须减少到最低限度。在为了实现目标而可以采取的手段类型内，必须使用那个造成损害最小的手段。这是"最低损害手段"标准。第三个标准是：行政机构为实现其目的而使用的手段与该手段带来的收获相比，必须比例适宜。这是"比例性手段"标准（或者是"狭义"比例性）。"狭义"比例性标准通常与"绝对价值"一起使用，通过直接比较行政行为产生的好处与造成的损害。不过，也可以用"相对方式"适用狭义比例性标准。依据这种方法，行政行为将与一个可替代行为相比较，后者带来的利益应当比前者小。如果在一定程度上削减原始行政行为获得的利益（如通过使用替代手段）能保证行政行为造成的损害的实质性降低，原始行政行为就不具备狭义上的比例性。具体到本案，隔离墙的比例性必须取决于以下三个问题，这三个问题反映了比例性原则的三个标准：第一，线路是否满足"适当手段"（或"合理手段"）？问题是，在隔离墙的路线与修建隔离墙的目的之间是否存在合理联系。第二，它是否满足"最低损害手段"标准？这个问题是，在可以达到隔离墙目的的多

①　Beit Sourik Village Council v. Israel, HCJ 2056/04, paras. 1-9.
②　Beit Sourik Village Council v. Israel, HCJ 2056/04, paras. 24-27.

种线路中，被选路线造成的损害是否是最小的。第三，它是否满足狭义比例性标准？这一问题是：与隔离墙产生的安全利益相比，军事指挥官所划定的隔离墙路线给当地居民带来的损害是否微不足道？就第一个问题，法院的答案是肯定的，也就是说，隔离墙通过了军事合理性的检验标准，它实现了隔离墙的军事目标。就第二个问题，法院认为在没有可替代路线的情况下政府必须尽最大可能减轻当地居民损害。本案的事实表明，在可以达到隔离墙目的的多种线路中，被选路线造成的损害是最小的。就第三个问题，法院认为，"狭义比例性标准"要求行政机构作出的决定必须在集体需要与对个体造成的损害之间保持合理平衡。法院对"狭义比例性标准"的审查目的是确定个体遭受损害的严重程度与为其提供正当依据的理由之间是否保持适宜的比例。这一判决是在法律体系的一般规范性构架中作出的，即承认人权以及保证当地居民需要与福祉、保证"家庭的荣誉和权利"的必要性。本案的事实表明，隔离墙的路线选择严重侵犯了拜特苏里克村委会（Beit Sourik Village Council）的财产权与村民的行动自由，村民的生活也受到严重损害，他们在现实生活中遭受的困难在未来只会变得越来越严重。因此，法院判定：依军事指挥官确定的路线修建隔离墙给沿线当地居民造成的损害与其带来的安全利益相比，两者之间不合乎比例性。该路线破坏了军事指挥官两方面义务之间微妙的平衡，即维持安全的义务与保证当地居民需求的义务。①

七、比例原则的国际化

基本权利的比例分析最早起源于德国法，而且该原则对大陆法系国家和地区的司法认知产生了十分重大且深远的影响。同时，比例原则在 20 世纪后半期迅速实现了国际化和全球化，许多普通法系司法管辖区纷纷接纳并吸收了这一原则。

1996 年，津巴布韦最高法院的首席大法官安东尼·雷·古贝（Anthony Ray

---

① Beit Sourik Village Council v. Israel, HCJ 2056/04, para. 40-41. 中文翻译请参考［瑞士］马科尔·萨索利、安托万·布韦耶、安妮·昆廷：《战争中的法律保护——关于国际人道法当代实践的案例、文件与教学资料》（第 2 卷），红十字国际委员会，2010 年，第1200 页。

Gubbay, 1932—）在"Nyambirai v. National Social Security Authority & Another"①和"Retrofit（PVT）LTD v. Posts and Telecommunications Corporation"② 这两个案件中引入了比例原则，以裁决限制基本权利的立法是否符合宪法要求。1998 年，英国枢密院司法委员会在审理来自安提瓜和巴布达（Antigua and Barbuda）的"德弗雷塔斯案"（Defreitas Case）中引入了比例原则。克莱德勋爵（Lord Clyde）在此案中借鉴了南非③、加拿大和津巴布韦关于比例原则的法理，提出了英国版本的三阶分析（threefold analysis）：

> 立法和行政上的行动不应过分地或无充分理由地侵犯宪法上保证的公民权利；在衡量限制措施是否武断或过分时，法院应当自问三个问题：第一，限制基本权利的立法目的是否具有充分的重要性；第二，为立法目的而设置的措施是否与之存在理性的关联；第三，限制权利和自由的措施是

---

① Nyambirai v. National Social Security Authority & Another 1996 (1) SA 636: As to whether the tax was reasonably justified in a democratic society, that an abridgment of a guaranteed right should not be arbitrary or excessive. The Court would consider three criteria: (1) whether the legislative objective was sufficiently important to justify limiting a fundamental right; (2) whether the measures designed to meet the legislative objective were rationally connected to it; (3) whether the means used impaired the right or freedom no more than was necessary to accomplish the objective.

② Retrofit (PVT) LTD v. Posts and Telecommunications Corporation 1996 (1) SA 847: The court held that s26 (1) of the Act, insofar as it vested in the defendant with the exclusive privilege of establishing a mobile cellular telephone service was not reasonably justifiable in a democratic society. The objectives of the legislation as claimed by the respondent in maintaining a viable telephone service, providing universal service, instilling of investor confidence and permitting the orderly development of the telephone service were not of sufficient importance to warrant a serious inroad into the constitutional right to freedom of expression.

③ Government of the Republic of South Africa v. The Sunday Times Newspaper [1995] 1 L. R. C. 168.

否仅足以达成立法目的而不过分。①

在 2006 年的"贝格姆诉登比高级中学案"（Begum v. Denbigh High School）中，17 岁的高中生碧娜·贝格姆（Shabina Begum）一直穿穆斯林宗教长袍到学校上课，登比高级中学校方告知她，其宗教服装不符合学校制服规定，且她的穿戴存在危害公共卫生和安全的隐患。最终，英国上议院判定：校方不考虑贝格姆宗教背景的开除决定违反了"比例原则"，无法被正当化。宾厄姆勋爵（Lord Bingham）正确地指出：

> 斯特拉斯堡法院审查的重心从来不是那些被挑战的决定或者行为是否是有瑕疵的行政决定过程造成的，而是在特定的案件中，申诉人的公约权利是否被侵犯。故此，欧洲人权法院在公约约束之下对比例原则的审查进路必须超越传统国内法意义上的司法审查。（对于国内法院而言）法院必须根据当时的情势作出一个价值判断，一种价值评估……比例原则分析必须被法院以客观的方式加以审查。②

在 2016 年的"希慎兴业有限公司诉城市规划委员会"一案（Hysan Devel-

---

① In de Freitas v. Permanent Secretary of Ministry of Agriculture, Fisheries, Lands and Housing ［1999］1 AC 69, 80, the Privy Council, drawing on South African, Canadian and Zimbabwean authority, defined the questions generally to be asked in deciding whether a measure is proportionate: "whether: (i) the legislative objective is sufficiently important to justify limiting a fundamental right; (ii) the measures designed to meet the legislative objective are rationally connected to it; and (iii) the means used to impair the right or freedom are no more than is necessary to accomplish the objective." See de Freitas v. The Permanent Secretary of Ministry of Agriculture, Fisheries, Lands and Housing and Others (Antigua and Barbuda) ［1998］UKPC 30 (30th June, 1998). para.25; ［1999］1 AC 69, 80. See further Huang v Secretary of State for the Home Department ［2007］UKHL 11 (21 March 2007) paras 19–20; R (Razgar) v. Secretary of State for the Home Department ［2004］UKHL 27, ［2004］2 AC 368, paras 17–20, 26, 27, 60, 77.

② … ［T］he court's approach to an issue of proportionality under the convention must go beyond that traditionally adopted to judicial review in a domestic setting…There is no shift to a merits review, but the intensity of review is greater than was previously appropriate…. The domestic court must now make a value judgment, an evaluation, by reference to the circumstances prevailing at the relevant time…. Proportionality must be judged objectively, by the court. Begum, R (on the application of) v. Denbigh High School ［2006］UKHL 15 (22 March 2006), paras. 29, 30; Belfast City Council v. Miss Behavin' Ltd ［2007］UKHL 19, para. 88.

opment Co Ltd And Others v. Town Planning Board）中，香港终审法院运用了"比例原则"进行司法审查。在针对"比例原则"第三个阶段的审查（即评估侵犯该项受保护权利的可容许程度）时，法院认为两项主要的标准常被法庭应用：（1）该侵扰措施是否"'未有超越'为达到该合法目的所需"（"No more than necessary" to achieve the legitimate aim）的程度；（2）该侵犯措施是否属于"明显地没有合理根据"（Manifestly without reasonable foundation）。两项标准的区别在于程度，且两项标准均处于合理性的范围内。在使用"明显"标准的案件中，法庭承认该项受抨击措施的实施者处于更有利的位置，能够评估促进所主张的合法目的的恰当方法，因而给予其广泛的酌情决定权（Margin of Discretion）。这项标准曾在涉及政治、社会或经济政策的施行的案件中被应用，但并不限于此类案件。①

比例原则不仅是一个重要的宪法原则，也构成国际人权法的基础性法律原则。欧洲人权法院指出，"在社会一般利益的需求与维护个人基本权利的要求之间寻求公正平衡，是整个《欧洲人权公约》的固有概念"②。

2004年3月29日，联合国人权事务委员会第2187次会议通过了关于缔约国一般法律义务的性质"第31号一般性意见"，这份一般性意见取代了委员会之前的第3号一般性意见。委员会认为，《公约》第2条界定了缔约国承担的法律义务的范围，第2条第1款所规定的法律义务在性质上说既是被动的又是主动的。在关于基本权利的限制方面，委员会指出：

> 缔约国不得侵犯《公约》所承认的权利，只有在符合《公约》有关条款的情况下才能对其中任何权利进行限制。在进行限制时，缔约国必须说明其必要性，而且所采取的措施必须符合合法的目的，以便确保不断和有效地保护《公约》权利。在任何情况下都不能以可能损害《公约》权利实质的方式实行限制。③

---

① HYSAN DEVELOPMENT CO LTD AND OTHERS v. TOWN PLANNING BOARD ［2016］ HKCFA 66；（2016）19 HKCFAR 372；［2016］6 HKC 58；FACV 21/2015（26 September 2016）；LEIGHTON PROPERTY CO LTD AND ANOTHER v. TOWN PLANNING BOARD ［2016］HKCFA 67；（2016）19 HKCFAR 372；FACV 22/2015（26 September 2016）.

② Soering v. United Kingdom（1989）11 EHRR 439.

③ General Comment No. 31［80］：The Nature of the General Legal Obligation Imposed on States Parties to the Covenant，UN Doc. CCPR/C/21/Rev. 1/Add. 13（29 March 2004），para. 6.

2009 年 5 月 22 日，联合国经济、社会、文化权利委员会第 42 届会议通过了关于经济、社会和文化权利方面不歧视原则的第 20 号一般性意见。经济、社会、文化权利委员会在其以前的一般性意见中，考虑了不歧视原则对有关下列方面的具体《公约》权利的适用问题：住房、食物、教育、卫生、水、作者权利、工作和社会保障。①在此基础上，委员会从更广泛的意义上解释了《经济、社会、文化权利国际公约》第 2 条第 2 款所规定的不歧视原则的一般意义。委员会区分了合理的差别待遇和不合理的差别待遇，在判断某种差别待遇是否合理的时候，委员会引入了比例原则分析的方法，如下：

> 基于禁止理由的差别待遇会被认为是歧视性的，除非为区分所做的辩解是有道理和客观的。这包括对有关措施或不作为的目的和作用进行评估，看其是否合法，是否与《公约》权利的性质一致，是否仅仅是为了增进民主社会中的普遍福利。另外，在要实现的目的与所采取措施或不作为及其效果之间，必须存在一个合理的比例关系。以缺乏可用的资源作为不能取消差别待遇的理由，这种理由既不客观，也不合理，除非缔约国已将解决和消除歧视作为优先事项，并用尽了所有可用资源。②

2007 年 12 月，在"维京案"（Viking Case）③ 和"拉瓦尔案"（Laval Case）④ 中，欧洲联盟法院（CJEU）认为，工会权利和罢工权利并非绝对权利，限制这些权利必须追求欧盟条约之下的正当的目的，其限制手段必须与目的相称。2021 年 6

---

① 经济、社会、文化权利委员会第 4（1991）号一般性意见：适足住房权利；第 7（1997）号一般性意见：适足住房权利——强迫搬迁（第 11 条第 1 款）；第 12（1999）号一般性意见：充足食物权利；第 13（1999）号一般性意见：受教育权利（第 13 条）；第 14（2000）号一般性意见：享有可达到的最高水平健康的权利（第 12 条）；第 15（2002）号一般性意见：用水的权利（第 11 和 12 条）；第 17（2005）号一般性意见：对其本人的任何科学、文学或艺术作品所产生的精神上和物质上的利益；享受被保护之利 [第 15 条第 1 款（丙）项]；第 18（2005）号一般性意见：工作权利（第 6 条）；第 19（2008）号一般性意见：社会保障权利。

② General Comment No. 20: Non-discrimination in economic, social and cultural rights (Art. 2, para. 2, of the International Covenant on Economic, Social and Cultural Rights), UN Doc. E/C. 12/GC/20 (22 May 2009), para. 13.

③ Case C-438/05 International Transport Workers' Federation and Finnish Seamen's Union v. Viking Line ABP and OÜ Viking Line Eesti, EU: C: 2007: 772.

④ Case C-341/05 Laval un Partneri Ltd v. Svenska Byggnadsarbetareförbundet and Others, ECLI: EU: C: 2007: 809.

月 10 日，在"挪威工会诉挪威案"中，欧洲人权法院（ECtHR）认为，根据《欧洲人权公约》第 11 条，不得以欧洲一体化中的设立自由（Freedom of Establishment）① 来权衡或者平衡工会权利，设立自由并非一项基本权利，因此，国家在限制工会权利时应该将设立自由作为一个考虑因素来适用比例原则。②

---

① 《欧洲共同体条约》（罗马条约）确立了四大自由原则，即人员、货物、资本和服务流动自由，同时也规定了四大基本自由的例外和限制的范围。欧共体在"四大自由"的基础上建立了单一欧洲市场。

② Norwegian Confederation of Trade Unions（LO）and Norwegian Transport Workers' Union（NTF）v. Norway, Application no. 45487/17, Judgment Strasbourg 10 June 2021. See also Case C-112/00 Eugen Schmidberger, Internationale Transporte und Planzüge v. Republik Österreich EU：C：2003：333 and Case C-36/02 Omega Spielhallen- und Automatenaufstellungs-GmbH v. Oberbürgermeisterin der Bundesstadt Bonn EU：C：2004：614；Hans Petter Graver, The Holship Ruling of the ECtHR and the Protection of Fundamental Rights in Europe, 23 ERA Forum, 19-32 (2022).

第五章

基本权利的疆界：冲突、竞合与禁止滥用

一切法权判断的基本原则是：每个人都要依据关于其他人的自由的概念，限制自己的自由，限制自己的自由行动的范围（使其他人作为完全自由的人也能同时存在）。①

——约翰·费希特（Johann Fichte，1762—1814）

权利决不能超出社会的经济结构以及由经济结构制约的社会文化发展。②

——卡尔·马克思（Karl Marx，1818—1883）

马克思在《论犹太人问题》中说："每个人能够不损害他人而进行活动的界限是由法律规定的，正像两块田地之间的界限是由界桩确定的一样。"③每一项基本权利都有其本身的"疆界"，漠视这种"疆界"则会导致基本权利本身的破坏甚至是丧失。有学者认为，基本权利的边界是利益、自由的最大限度，基本权利边界划定了某一特定基本权利的疆域范围，由此构成了 A 权利本身，独立并区分于 B 权利。④在此基础上，有学者进一步指出，不但基本权利本身的边界需要勘定，而且"基本权利限制"的边界也需要厘定。第一道边界是基本权利的边界，它勾勒、明晰了基本权利自身存在的范畴。第二道边界是基本权利的限制边界，它确立了对基本权利限制可能触及的最大范围。⑤

---

① ［德］费希特：《自然法权基础》，谢地坤、程志民译，梁志学校，商务印书馆 2019 年版，第 117 页。
② 中共中央马克思恩格斯列宁斯大林著作编译局：《马克思恩格斯选集》第 3 卷，人民出版社 1995 年版，第 305 页。
③ 中共中央马克思恩格斯列宁斯大林著作编译局：《马克思恩格斯文集》第 1 卷，人民出版社 2009 年版，第 40 页。
④ 周占生：《权利的限制与抗辩》，科技文献出版社 2015 年版，第 61 页。
⑤ 邵玉婷：《限制有前科公民基本权利的边界研究》，上海人民出版社 2021 年版，第 108 页。

本书认为，基本权利的"疆界"包括"内部疆界"和"外部疆界"两个构成部分，这两个部分都能够且应当透过基本权利的解释加以明晰。两个或者两个以上的基本权利之间可能存在冲突或者竞合的关系，同时，每一个基本权利都应该遵守"禁止滥用"的原则。

第一节　基本权利的冲突

基本权利的冲突一般是指，数个基本权利主体因各自所享有的相同或者不同的基本权利而发生对立的情形。在此情形下，一个基本权利主体在行使其权利时，与另一个基本权利主体的权利发生对立或碰撞。[①]基本权利的冲突可能发生在民法、刑法和行政法等各个领域。

一、基本权利冲突的类型

首先，不同公民之间所享有的同类基本权利可能发生冲突。例如，在正当防卫和紧急避险中，公民甲与公民乙的生命权可能存在冲突。在 2000 年的"连体婴儿案"[②] 中，英国上诉法院需要判断的问题在于："就存活率很低的连体婴儿而言，是否可以结束其中一名婴儿的生命以拯救另一名婴儿，以及是否可以违背双胞胎父母的意愿行事？"从基本权利的角度而言，作为连体婴儿的朱迪（Jodie）和玛丽（Mary）的生命权发生了冲突。在 1884 年的"女王诉达德利和史蒂芬斯案"（R v. Dudley and Stephens）中 [③]，皇家检察官基于船员理查德·帕克（Richard Parker）被害的事实，针对船长汤姆·达德利（Tom Dudley）和副手埃德温-斯蒂芬斯（Edwin Stephens）提起"谋杀罪"的刑事指控。英国王座法院要判断的问题在于：船长汤姆·达德利和副手埃德温-斯蒂芬斯以极度紧急和危险状态作为辩护理由的抗辩，在法律上是否能够成立？从基本权利的角度再次观察此案，包括船长在内的多数船员的生命权和理查德·帕克的生命权发生了冲突。

其次，不同公民之间所享有的不同性质的基本权利也可能发生冲突。常见

---

① 张翔：《基本权利的规范建构》（增订版），法律出版社 2017 年版，第 294 页；王锴：《基本权利冲突及其解决思路》，载《法学研究》2021 年第 6 期；柳建龙：《论基本权利冲突》，载《中外法学》2021 年第 6 期。

② Re A (conjoined twins) [2001] 2 WLR 480.

③ R v. Dudley and Stephens (1884) 14 QBD 273 DC.

的例子就是表达自由与宪法人格权的冲突、宗教信仰自由和平等权的冲突。发生在美国科罗拉多州的两起涉及 LGBT 权利的司法案件，最能说明基本权利的冲突。一起是美国联邦最高法院于 2018 年判决的"婚礼蛋糕案"，另一起是美国联邦最高法院于 2023 年判决的"婚礼网站案"。

婚礼蛋糕案（2018 年）

在 2018 年的"杰作大师蛋糕店诉科罗拉多民权委员会案"（Masterpiece Cakeshop v. Colorado Civil Rights Commission）[1] 中，面包师杰克·菲利普斯（Jack Phillips）是一名虔诚的基督徒，他在科罗拉多州丹佛市郊外莱克伍德（Lakewood）镇开了一家名为"杰作大师"的蛋糕店。

2012 年，菲力普斯告诉一对 LGBT 夫妇，基于宗教原因（传统基督教反对同性婚姻），他不会为同性婚姻者制作婚礼蛋糕，但可以卖给他们其他的面包制品，如生日蛋糕。两名同性婚者依据《科罗拉多州反歧视法案》（Colorado's Anti-Discrimination Act/CADA）向科罗拉多州民权委员会（Colorado Civil Rights Commission）提起申诉，该委员会于是将案件交由行政法法官（Administrative Law Judge）来举行正式的行政听证。听证会上，行政法法官支持了同性婚者的诉求，拒绝了菲力普斯基于宪法第一修正案提出的如下辩由："为同性婚者制作结婚蛋糕违反了他言论自由的权利，是在强迫他用自己的艺术设计才能表达一个他并不认同的言论，因此违反了他的宗教信仰自由。"经过一系列复杂的诉讼程序，此案最终到达联邦最高法院。此案带来的棘手问题是如何在至少两个以上的宪法原则之间进行适当的调适。涉及的第一个原则是，当同性婚者购买商品或商业服务时，州及州政府有相应的职权去保护那些已婚或想要结婚的同性恋者的尊严与权利。第二个原则是，根据宪法第一修正案（借助宪法第十四修正案而适用于各州），所有人均有宗教信仰自由的权利。[2] 2018 年 6 月 4 日，联邦最高法院以 7∶2 的多数意见[3]判决杰克·菲利普斯胜诉，核心理由在于：科罗拉多州对杰克的宗教信仰采取了"明显的、不允许的敌意（clear and imper-

---

① Masterpiece Cakeshop v. Colorado Civil Rights Commission, 584 U. S. 617 (2018).

② 案情的中文翻译参见陈珊珊：《宗教信仰自由与〈反歧视法〉的冲突及调谐——杰作蛋糕店诉科罗拉多州民权委员会案》，载《苏州大学学报（法学版）》2018 年第 4 期。

③ 由肯尼迪大法官撰写判决书主文，罗伯茨、布雷耶、阿利托、卡根、戈萨奇大法官均加入主文意见。卡根大法官另外撰写支持意见，布雷耶大法官加入。戈萨奇大法官撰写赞同意见，阿利托大法官加入。托马斯大法官发表部分赞同意见，戈萨奇加入。金斯伯格大法官则撰写反对意见书，索托马约尔大法官加入。

missible hostility）"，因而违反了联邦宪法第一修正案。

婚礼网站案（2023 年）

在 2023 年的"303 创意有限责任公司诉埃莱尼斯案"（303 Creative LLC v. Elenis）① 中，303 创意有限责任公司（303 CreativeLLC）是一家注册在科罗拉多州的提供网页设计等服务的公司，公司的经营者洛丽·史密斯（Lorie Smith）同时也是一名网页设计师。洛丽·史密斯希望将公司的业务拓展到婚庆领域，但因宗教问题（洛丽·史密斯是一名虔诚的福音派基督徒），她不愿为同性婚者提供婚礼网站的设计服务。于是，洛丽·史密斯在其公司网站上发布了一篇网页文章并解释了她不会为同性婚者创建网站的理由。然而，洛丽·史密斯的言行却不符合科罗拉多州反歧视法的规定。

1964 年，美国通过了《民权法》（*Civil Rights Act of* 1964），在各个领域全面禁止基于种族、肤色、宗教、性别、国籍等方面的歧视。1972 年，科罗拉多州同性婚合法化。2015 年，美国联邦最高法院在"奥贝格费尔诉霍奇斯案"② 作出了同性婚合法化的历史性裁决。依据 2008 年修订后的《科罗拉多州反歧视法案》（CADA）中关于"合理便利条款""Accommodation Clause"的规定③，洛丽·史密斯在公共场合拒绝为同性恋夫妇提供婚庆网页设计的言行构成了对后者的非法歧视。

洛丽·史密斯表示她自己应该首先享有言论自由和宗教信仰自由的宪法权利，是否为同性恋夫妇提供婚庆网站设计的商业服务应该遵循她内心的道德判断，政府不能够强迫她做出违背其言论自由和宗教信仰自由的行为。如此一来，《科罗拉多州反歧视法案》在事实上已经迫使洛丽·史密斯传播违背自己坚定信仰的信息，构成了"强迫表达"（Compelled Speech），进而侵犯了她应当受到宪法第一修正案保护的权利。之后，洛丽·史密斯以科罗拉多州民权事务处④主任艾兰尼斯（Aubrey Elenis）为被告提起诉讼。2019 年，科罗拉多美国联邦地区

---

① 303 Creative LLC v. Elenis, 600 U. S. 570（2023）.

② Obergefell v. Hodges, 576 U. S. 644（2015）.

③ "It is a discriminatory practice and unlawful for aperson, directly or indirectly, to refuse, withhold from, or deny to an individual or a group, because of disability, race, creed, color, sex, sexual orientation, gender identity, gender expression, marital status, national origin, or ancestry, the full and equal enjoyment of thegoods, services, facilities, privileges, advantages, or accommodations of a place of public accommodation." Colo. Rev. Stat. § 24-34-601（2）（a）.

④ Colorado Civil Rights Division（CCRD）.

法院（United States District Court for the District of Colorado/D. Colo.）认为科罗拉多州的反歧视法律合宪，裁定原告洛丽·史密斯败诉。2021 年，美国联邦第十巡回法院（United States Court of Appeals for the Tenth Circuit /10th Cir.）以2∶1的多数司法意见维持了联邦地区法院的判决结果。①

2022 年 2 月，洛丽·史密斯向美国联邦最高法院申请调卷令状（writ of certiorari）。之后，最高法院同意发出调卷令状并受理此案。继 2018 年的"婚礼蛋糕店案"之后，《科罗拉多州反歧视法》再次成为法律界和一般公众关注的焦点。为了尊重司法规律和便利案件审理，美国联邦最高法院将洛丽·史密斯与艾兰尼斯之间法律争议问题点限定在下述的范围内：

> 科罗拉多州反歧视法的相关规定——即公共场所不得直接或间接地基于残障、种族、肤色、信仰、性取向、性别认同、性别表达、婚姻状况、原国籍（包括英语水平有限者）或祖籍而拒绝向该群体提供服务，公共场所也不得基于上述因素而发布某类人是不受欢迎的声明——是否违反美国宪法第一修正案所保护的言论自由和宗教信仰自由？

2022 年 12 月 5 日，最高法院公开听取了案件双方的口头陈述和辩论。2023 年 6 月 30 日，最高法院的大法官们以 6∶3 的多数司法意见书作出了对洛丽·史密斯有利的司法裁决。大法官尼尔·戈萨奇（Neil Gorsuch）撰写了多数司法意见书，约翰·罗伯茨（John G. Roberts Jr）等 5 位大法官加入了多数意见。另外，大法官索尼娅·索托马约尔（Sonia Sotomayor）撰写了反对司法意见书，埃莉娜·卡根和凯坦吉·布朗·杰克逊 2 位大法官加入了反对意见。

多数司法意见书认为："美国联邦宪法第一修正案所设想的合众国是一个所有人均可思其所想、言其所思的丰富多元的国度，而非政府强行要求的那样。"②判词的推理思路如下：

（1）制宪者订立美国宪法第一修正案的原意，正如本院在 2000 年判决的"美国童军诉戴尔案"（Boy Scouts of America v. Dale）所展示的那样，在于保障人们"思其所想、言其所思的自由"（Freedom to think as you will and to speak as

---

① 303 Creative LLC v. Elenis, 6 F. 4th 1160（10th Cir. 2021）.
② The First Amendment envisions the United States as a rich and complex place where all persons are free to think and speak as they wish, not as the government demands. 303 Creative LLC v. Elenis, 600 U. S. 570（2023）; 303 Creative LLC v. Elenis, 600 U. S. 570（2023）.

you think）①，亦正如 1995 年的"赫利诉波士顿爱尔兰裔同性恋和双性恋团体案"（Hurley v. Irish-American Gay, Lesbian and Bisexual Group of Boston）所展示的那样，美国宪法第一修正案保障每一个人表达其思想的权利，而不问此人的言论在政府的眼中是否"合理"（Sensible）、是否"善意"（Well intentioned），抑或是"误导性"（Misguided）。②

（2）洛丽·史密斯设计婚姻网站的行为属于商业活动，她在网站上发表的拒绝为同性恋夫妇提供网站设计服务的声明属于宪法第一修正案所保护的纯粹言论（pure speech）。

（3）科罗拉多州政府认定洛丽·史密斯的言行违反该州的反歧视法，从而迫使洛丽·史密斯改变其言行。正如 1943 年的"西弗吉尼亚州教育委员会诉巴内特案"（West Virginia State Board of Education v. Barnette）③ 所展示的法理，州政府不能强迫个人进行言论表达。在本案中，科罗拉多州政府也不能强迫洛丽·史密斯进行某种言论表达。

2018 年的"婚礼蛋糕案"和 2023 年的"婚礼网站案"的相似点非常明显：首先，两个案件均涉及基本权利的冲突问题，尤其是言论表达自由和免受歧视的平等权利之间存在的冲突。其次，在两个案件中，科罗拉多州政府都主张反歧视法背后具有重大且迫切的公共利益。2018 年的"婚礼蛋糕案"和 2023 年的"婚礼网站案"的不同点包括：首先，在 2018 年的"婚礼蛋糕案"中，科罗拉多州的执法机构在执法时要求蛋糕店主向 LGBT 群体提供制作婚礼蛋糕的服务，而在 2023 年的"婚礼网站案"中，科罗拉多州要求婚礼网站公司停止其特定言行。其次，2018 年的"婚礼蛋糕案"主要处理的是执法程序中基本权利保护的问题，而 2023 年的"婚礼网站案"则需要处理执法前（Pre-enforcement）基本权利保护的问题。由于洛丽·史密斯在"婚礼网站案"中是以"先发制人"的方式提起诉讼的，科罗拉多州的执法程序还没有启动，所以此案的可司法性问题也引来质疑。按理来说，美国联邦最高法院作为宪法意义上的"第三条法院"（Article Ⅲ court），它仅对真实存在的"案件"或已经发生的"争议"享有管辖权。

2023 年 6 月 29 日，美国联邦最高法院就"格罗夫诉德乔伊案"（Groff v.

---

① Boy Scouts of America v. Dale, 530 U. S. 640, 660-661 (2000).
② Hurley v. Irish American Gay, Lesbian, and Bisexual Group of Boston, 515 U. S. 557, 574 (1995).
③ West Virginia State Board of Education v. Barnette, 319 U. S. 624 (1943).

DeJoy）以 9∶0 的结果作出裁决。法院明确表示，企业不得以小额成本（即所谓的"最低限度"成本）作为借口拒绝职工在宗教休息日休息的请求。①"格罗夫诉德乔伊案"是一起涉及雇员宗教信仰自由权和反歧视法的案例。从反歧视法和美国宪法第一修正案的基础法理关系来看，《1964 年民权法案》以及科罗拉多州反歧视法案的目的在于确保法律对所有人都一视同仁，不得因为残障、种族、肤色、信仰、性取向、性别认同、性别表达、婚姻状况、原国籍（包括英语水平有限者）或祖籍等因素而造成差别待遇，只有这样，所有人才可以平等地获得国家的各种机会和利益，平等地获得市场提供的商品和服务。然而，在宪法第一修正案之下，政府本身应该在各种宗教信仰之中保持不偏不倚的中立，更不得强迫公民进行某种特定的言论表达。从这个意义上来说，如何使各种基本权利以及每个群体中个人的基本权利共存共处是当代社会面临的重大考验。

二、基本权利冲突的解决

按照 1793 年法国宪法第 6 条之规定，自由是可以做和可以从事任何不损害他人的事情的权利。在一个民主法治的社会，不同主体之间的自由可能发生冲突，因为一旦自由的边界没有被勘定，则极容易造成冲突。现实中，许多基本权利都可能出现"碰撞"，问题在于如何理解基本权利的冲突，更重要的是，当基本权利冲突已经无可避免地发生后，人们应该如何解决基本权利的冲突。

一位未经法律训练的外行人（lay person）可能会不断质疑为何经由解释而得到的法律规则会允许权利侵犯在某些情况下可以正当化。②以知识产权为例，外行人可能不理解这种现象，即在不提供任何补偿的情况下，使用人能够自由地使用著作权人的作品。其中的问题是显而易见的：是否法律的某一条款淹没了另外一个条款？外行人显然希望得到的答案是：法律中，没有任何一个条款可以淹没另外一个条款，从逻辑思维出发也会得出那样的愿望。形象地说，在法律的旋律中，任何一个音符都应当被听到。针对一部法律之中各项条款之间的关系，印度德里高等法院的 Pradeep Nandrajog 和 Yogesh Khanna 两位法官有一段精彩的论述：

---

① Groff v. DeJoy, 600 U. S. 447 (2023).
② The Chancellor, Masters & Scholars of University of Oxford & ORS v. Rameshwari Photocopy Services & ORS, RFA (OS) 81/2016 (December 09, 2016), paras. 76–77.

我们可以用音乐意象来类比法律规范。一段旋律是不同乐器的声音共同产生的，比如，鲁特琴、长笛、天巴鼓、竖琴、架子鼓，经过和谐演奏就可以形成旋律。那些声响巨大并且和谐共振的乐器的音符也必须控制好，这样才能够使那些精巧细微的乐器发出的声音也被听到。但是，我们也必须谨记，在一个恰当的时机，架子鼓那雷鸣般震耳欲聋的雄伟节拍完全可以淹没其他乐器发出的声音。因此，如果把法律比喻成音乐，那么在法律的旋律中，有时一个特定的条款在特定的条件下需要不断延展它自己，在这样特定的条件下，其他的条款就可能沉默了。①

2000 年的"特罗克塞尔诉格兰维尔案"（Troxel v. Granville）原本是一起民事领域内的权利冲突。从宪法法理上看，此案也可从基本权利冲突的视角加以解读。"特罗克塞尔诉格兰维尔案"涉及亲属权利（Parental Liberty）、家庭自主（Family Autonomy）和"非父母探望权"等宪法所保障的权利之间的冲突，其案情和判决理由的梳理如下：

特罗克塞尔诉格兰维尔案（2000 年）

汤米·格兰维尔（Tommie Granville）和布拉德·特罗克塞尔（Brad Troxel）是一对共同生活在华盛顿州的恋人，两人虽然没有结婚，但养育了两个女儿——伊莎贝尔（Isabelle）和纳塔莉（Natalie）。根据华盛顿州法，这两个女儿属于法律意义上的非婚生子女（children born out-of-wedlock）。

1991 年 6 月，汤米·格兰维尔和布拉德·特罗克塞尔结束了恋爱和同居关系，根据协议，两个女儿由母亲汤米·格兰维尔照顾。之后，布拉德·特罗克塞尔搬回父母老特罗克塞尔夫妇家中居住。在父母家中居住时，布拉德·特罗

---

① "We therefore answer this question, which certainly arises, using the imagery of music. A melody is the outcome of the sounds created when different instruments, such as a lute, flute, timbale, harp and drums are played in harmony. The notes of the instruments which are loud and resonating have to be controlled so that the sound of the delicate instruments can be heard. But it has to be kept in mind that at proper times the sound of the drums drowns out the sound of all other instruments under a deafening thunder of the brilliant beating of the drums. Thus, it is possible that the melody of a statute may at times require a particular Section, in a limited circumstance, to so outstretch itself that, within the confines of the limited circumstance, another Section or Sections may be muted. " The Chancellor, Masters & Scholars of University of Oxford & ORS v. Rameshwari Photocopy Services & ORS, RFA (OS) 81/2016 (December 09, 2016), paras. 76-77.

克塞尔时常去探望自己的两个女儿。不幸的是，布拉德·特罗克塞尔于 1993 年 5 月自杀身亡。老特罗克塞尔夫妇——珍妮弗·特罗克塞尔（Jenifer Troxel）和格雷·特罗克塞尔（Gary Troxel）在自己儿子去世后仍然保持着经常探望自己两个孙女的习惯。1993 年 10 月，汤米·格兰维尔（女儿生母）开始与老特罗克塞尔夫妇谈判，意图将他们探望的频率减少到每个月一天。老特罗克塞尔夫妇则希望维持定期探望，至少一个月有两次周末的时间，暑期期间则有两个星期的时间。汤米·格兰维尔拒绝了老特罗克塞尔夫妇的方案，于是双方发生了争执。老特罗克塞尔夫妇主张他们作为爷爷奶奶拥有对孙女的探望权（visitation right），于 1993 年 11 月向华盛顿州斯卡吉特郡高等法院（Washington Superior Court for Skagit County）提起司法诉讼，请求法院准许他们经常探望自己的两个孙女。①

按照修订后的《华盛顿州法典》（*Revised Code of Washington*）第 26. 10. 160（3）条之规定，任何人在任何时间均有权请求法院审理探望未成年子女的案件，该请求不限于监护权诉讼。无论情况是否发生变化，如果一种探望有利于儿童最佳利益（best interest of the child）的保护，则法院应该准许之。②

汤米·格兰维尔与老特罗克塞尔夫妇围绕两位未成年人伊莎贝尔（Isabelle）和纳塔莉（Natalie）的探望权纠纷经历了一系列复杂的诉讼程序。双方的争议一目了然：一方面，孩子的母亲主张民事监护权，而这种监护权受到宪法第十四修正案中的正当法律程序条款保障；另一方面，孩子的祖父母则主张《华盛顿州法典》所确认的探望权。确切地说，孩子的祖父母所主张的这种探望权在很多时候在中文语境中被称为"隔代探望权"，在普通法的语境中被称为"非父母的探望权"（Nonparental Visitation Rights）。在老特罗克塞尔夫妇看来，非法剥夺他们享有的"非父母的探望权"也是抵触宪法第十四修正案中的正当法律程序条款的。

---

① Troxel v. Granville, 530 U. S. 57（2000）. 部分案情中文翻译参看彭南元：《祖父母探视孙子女所引起之争议——以争议解决观点评析美国最高法院 Troxel v. Granville 一案之判决》，载焦兴铠主编：《美国最高法院重要判决之研究：2000—2003》，"中央研究院欧美研究所" 2007 年版，第 449-455 页；林海：《"隔代探望"案的法理思考》，载《东吴法学》2011 年春季卷。

② Section 26. 10. 160（3）of the Revised Code of Washington provides："Any person may petition the court for visitation rights at any time including, but not limited to, custody proceedings. The court may order visitation rights for any person when visitation may serve the best interest of the child whether or not there has been any change of circumstances." See Troxel v. Granville, 530 U. S. 57, 61, 120 S. Ct. 2054, 2057-58, 147 L. Ed. 2d 49（2000）.

1995 年，华盛顿州斯卡吉特郡高等法院（Washington Superior Court for Skagit County）法官 Michael Rickert 判定老特罗克塞尔夫妇拥有探望权。随后，汤米·格兰维尔上诉至华盛顿州上诉法院（Washington Court of Appeals），上诉期间，汤米·格兰维尔再婚，其丈夫正式收养了两个女儿。华盛顿州上诉法院认为初审法院适用法律错误，若此案不涉及监护权，则孩子的祖父母在探望权诉讼方面根本就没有起诉资格（Standing）。基于这种理由，华盛顿州上诉法院推翻了原审判决，支持了汤米·格兰维尔的监护权。

华盛顿州上诉法院的判决引发了一定的争议，老特罗克塞尔夫妇当然不服，将此案继续上诉到华盛顿州最高法院（Washington Supreme Court）。此时，州最高法院的卷宗中正好有另外两个涉及非父母探望权的案例，所以，州最高法院借此机会将三个案件（Smith 案、Wolcott 案和 Troxel 案）进行合并审理。① 1998 年的圣诞节前夕（12 月 24 日），华盛顿州最高法院下达了判决书。州最高法院大法官 Madsen 认为州上诉法院在判决理由上曲解了法律，法官判定：（1）制定法确认了一种"非父母的探望权"②，由此，祖父母享有就探望权案件的起诉资格。（2）父母有权在合法的范围内限制第三人对其子女的探望权，由此，制定法不合理地干涉和侵犯父母监护权的部分因为抵触宪法而无效。③华盛顿州最高法院还认为，除非华盛顿州能够证明，"非父母的探望权"干涉了父母教养子女的自主权并将关系到本州的重大利益，否则州法不得干涉家庭自治，基于此，华盛顿州最高法院在结果上维持了华盛顿州上诉法院汤米·格兰维尔胜诉的结论。

老特罗克塞尔夫妇不服华盛顿州最高法院的判决，向美国联邦最高法院继续上诉。联邦最高法院同意审理此案并且签发"调卷令状"（Certiorari），此案被正式定名为"珍妮弗·特罗克塞尔及其他诉汤米·格兰维尔案"（Jenifer Troxel et vir. v. Tommie Granville）。

---

① The three cases are (1) In re the custody of Sara Skyanne Smith. Edison Smith, et al., Respondents, v. Kelly Stillwell-Smith, Appellant. (2) In re Visitation Rights with Justin Ross Wolcott, David L. Clay, Petitioner, and Lisa Wolcott, Respondent. (3) In re the Visitation of Natalie Anne Troxel, Isabelle Rose Troxel, Minors, Jenifer Troxel and Gary Troxel, Paternal Grandparents, Petitioners, and Tommie Granville, Mother, Respondent.

② 在特定情况下，法律可能承认一种所谓的"非父母探望权"甚至是"非父母监护权"（Non-parental Custody），在此种情况下，原来完整的监护权和探望权被多个法律主体共享。

③ In re Custody of Smith, 137 Wash. 2d 1, 21, 969 P. 2d 21, 31 (1998), aff'd sub nom. Troxel v. Granville, 530 U. S. 57, 120 S. Ct. 2054, 147 L. Ed. 2d 49 (2000).

在终审阶段，美国联邦最高法院 9 名大法官对这起涉及亲属权利（Parental Liberty）、家庭自主（Family Autonomy）和"非父母探望权"的案件产生了严重的观点分歧。最终，法院发表了一份包含多数意见、少数意见以及不同理由协同意见组成的复数司法意见书（Plurality Opinion），其构成如下：

表 5-1 "特罗克塞尔诉格兰维尔案"（2000 年）的司法意见书构成

类型	法官	结论	核心理由
复数司法意见书	奥康纳大法官（Sandra Day O'Connor）执笔；首席大法官伦奎斯特（William H. Rehnquist）、金斯伯格大法官（Ruth Gingsburg）以及布雷耶大法官（Stephen Breyer）附议	州法的相关规定必须被宣布为违宪	（1）父母（包含任何一方）在宪法第十四修正案的正当法律程序条款之下拥有对未成年子女进行监护、抚养和管教的基本权利 （2）在本案的限度内，华盛顿州法的相关规定授予过于广泛的"第三人探望权"，实际上未考虑父母的基本权利，因而抵触联邦宪法。由于"第三人探望权"的合宪性需要个案判断，因此本案无需在一般意义上认定"第三人探望"是否违宪。其他关于"第三人探望权"的法律是否违宪的问题，留待未来司法决定 （3）"儿童利益的最大化保护"进行司法判断时，必须留给父母意见一些特殊考量（special weight），换言之，法院不会取代父母的判断
协同司法意见书	苏特大法官（Justice Souter）	赞同复数司法意见书中的核心观点	除了复数司法意见书中的理由，同时认为：华盛顿州州法授予第三人过于宽泛的"非父母探望权"，过宽授权这一点已经足以判断州法是违宪的
协同司法意见书	托马斯大法官（Justice Thomas）	赞同复数司法意见书中的核心观点	除了复数司法意见书中的理由，同时认为：应该适用严格标准（strict scrutiny）来审查州法是否侵犯了父母的基本权利，本案中，在缺失"迫切公共利益"的条件下，华盛顿州州法的过宽授权侵犯了父母的基本权利
反对司法意见书	史蒂文斯大法官（Justice Stevens）	州最高法院在解释法律方面有误，本案应该发回重审	（1）探望权的主体应该具有"确定的合法范围"（a plainly legitimate sweep），它不是指"任何人"，而是应该指那些与未成年子女有亲密关系或先前对其进行过照顾的人 （2）在一般情况下，法律推定父母是子女最佳利益的保护者，但是这种推定不应僵化。如果可以证明第三人（非父母）的探望有利于保护子女最佳利益，则应该允许"第三人（非父母）探望"

续表

类型	法官	结论	核心理由
反对司法意见书	斯卡利亚大法官（Justice Scalia）	州最高法院和本院的多数意见都有错误，应撤销原审判决	（1）父母抚养、监护和管教子女的权利属于不可剥夺的权利（unalienable rights），它同时受到《独立宣言》、宪法第九修正案（未列举权利）的保护 （2）对于婚姻家庭领域内涉及的基本权利，联邦司法机构的法官无权进行司法能动（judicial activism）式的解释，州的立法机关，而非联邦法院，是落实这种基本权利的最佳场所 （3）婚姻家庭法原本是州法，无论本院维持、推翻还是发回重审，这个部门法都将会走向一个联邦取向、司法取向的新体制（a new regime of judicially prescribed, and federally prescribed, family law）
反对司法意见书	肯尼迪大法官（Justice Kennedy）	州最高法院的审理有误，本案应该发回重审	（1）在适用"子女的最佳利益"标准时，父母的意见应该给予一定的考虑 （2）美国社会的家庭结构已经发生变化，核心家庭已经不再是主流类型，因此应该允许"第三人探望"（third-party visitation） （3）在探望方面，第三人与子女之间必须具有某种实质关联，要么是感情联系，要么长期照顾子女 （4）对于什么是"子女的最佳利益"，州法院应该综合所有事实和因素进行考虑，州法院据此认定的结果应该被重视

（图表来源：作者自制）

　　为了解决基本权利的冲突，学者们提出了很多不同版本的解决方案。例如，李友根认为，权利冲突的解决模式包括增加利益资源、设定义务限制、确立权利位阶性、确定权利先后性、权利的交易、程序的引入。梁迎修认为，化解权利冲突的司法方法包括参考权利位阶、诉诸比例原则。张翔将解决基本权利冲突的理论总结为基本权利的位阶秩序理论、具体规定优先于概括规定、比例原则、个案中的利益衡量和立法衡量。郑旭文和徐振东认为，解决基本权利冲突的一般基准包括基本权利位阶秩序原则、具体性规定优于概括性规定原则、法益衡量原则、比例原则与实践调和原则。①

---

① 王锴：《基本权利冲突及其解决思路》，载《法学研究》2021年第6期；张翔：《基本权利的规范建构》（增订版），法律出版社2017年版，第300-306页。

从日常思维和常识理性的立场出发，似乎只要确立了基本权利的位阶或者人们可以对各个权利的优先顺序达成民主的共识，基本权利的冲突就可能得到解决。然而，本书认为，基本权利的位阶本身是不存在的，即使人们透过民主程序来达成某种共识，也不可能真正建立一个反映基本权利法则的位阶秩序，核心理由如下：

第一，从宪法基本权利的有限列举来看，制宪者并没有以明示或者默示的方式宣告某一种基本权利优先于其他基本权利。任何宣称某一项基本权利的价值高于其他基本权利的主张都承担着极为沉重的论证负担。通读婚礼蛋糕案（2018 年）、婚礼网站案（2023 年）、特罗克塞尔诉格兰维尔案（2000 年）的判词，不管多数司法意见书还是反对司法意见书，法官无一例外全从权衡的角度来解决基本权利的冲突。

当然，作为基本权利根基的人性尊严不得加以权衡。在 1995 年的"士兵即凶犯（Soldaten sind Mörder）案"中，德国联邦法院认为，人性尊严作为一切基本权利的基础，不得因具体的基本权利而加以权衡（die Menschenwürde als Wurzel aller Grundrechte ist mit keinem Einzelgrundrecht abwägungsfähig）。①同时，基本权利作为人性尊严的具体化呈现，总是要求在它侵犯到人性尊严时必须具有正当化的理由（Da aber nicht nur einzelne, sondern sämtliche Grundrechte Konkretisierungen des Prinzips der Menschenwürde sind, bedarf es stets einer sorgfältigen Begründung, wenn angenommen werden soll, daß der Gebrauch eines Grundrechts auf die unantastbare Menschenwürde durchschlägt）。②

第二，从国际人权法所承认和肯定的权利清单来看，包括《世界人权宣言》《联合国宪章》或"1966 年人权两公约"在内的任何国际人权文书，从来没有以明示或默示的方式表示某一种（或某一组）权利优先于其他权利。恰恰相反，以《维也纳宣言和行动纲领》（*Vienna Declaration and Programme of Action*/VDPA）③为代表的国际人权文件的核心理念是：所有人权都具有同等价值，必须得到充分尊重和保障。

---

① BVerfGE 93, 266［293］.

② BVerfGE 93, 266［293］.

③ Vienna Declaration and Programme of Action, U. N. Doc. A/CONF. 157/23 (25 June 1993).

第二节 基本权利的竞合

竞合论（Theory of Concurrence/Lehre von den Konkurrenzen）是大陆法系法学建构的一套理论，其初衷是为了解决刑法构造中多项刑事规范同时竞争性适用的问题，亦即当一人行为违反多项法律时，各违法事项之间的关系。"竞合"一词虽是舶来品，但它并非音译而是意译，包含"竞相符合""竞相适用"之意。①在刑法领域，竞合理论首先由德国刑法学界提出，然后经过小野清一郎等日本学者的介绍，被引入中国法学界。通说认为，刑法规范中的竞合分为想象竞合与法条竞合。对于想象竞合犯一般遵循"从一重罪处断原则";②对于法条竞合一般按照特别法优于普通法和重法优于轻法的原则加以处理。③

一、基本权利竞合的概念

基本权利竞合问题的出现曾一度引起法学界的争议，一个重要的原因是权利竞合和权利冲突的边界似乎非常模糊。依据德国公法学家 Michael Sachs 和 Klaus Stern 的观点，所谓基本权利的竞合（Grundrechtskonkurrenz）是指多项基本权利同时被一个主体所享有时存在着事实上的竞争性适用的情形。④

中国基本权利的许多学说继承和接受了以德、日两国为代表的大陆法系传统，同时，又受到普通法系的影响。在中国法学界，基本权利竞合问题引入的较早时间是 20 世纪 90 年代。⑤论者指出：基本权利的竞合可以从两个角度来理解。从基本权利主体诉求的角度来看，它一般指的是某个基本权利主体的一个

---

① 黄荣坚：《刑法问题与利益思考》，月旦出版社 1995 年版，第 325 页。
② 张明楷：《法条竞合与想象竞合的区分》，载《法学研究》2016 年第 1 期。
③ 陈兴良：《刑法教义学》（第 2 版），中国人民大学出版社 2014 年版，第 732 页。
④ Bei der Grundrechtskonkurrenz sind für einen Sach verhalt und einen Grundrechtsträger mehrere Grundrechte tatbestandlich einschlägig. Vgl. Michael Sachs, Vor Art. 1, Rz. 136 f. , in: Michael Sachs（Hrsg. ）, Grundgesetz Kommentar, 4. Aufl. , München 2007. Vgl. auch Klaus Stern, Das Staatsrecht der Bundesrepublik Deutschland. Allgemeine Lehren der Grundrechte. Grundrechtstatbestand, Grundrechtsbeeinträchtigungen und Grundrechtsbegrenzungen, Grundrechtsverluste und Grundpflichten, Schutz der Grundrechte, Grundrechtskonkurrenzen, Grundrechtssystem, Band Ⅲ/2, München 1994, 1368; Kley, A & Vogt, H（2008）. Das Problem der Grundrechtskonkurrenzen. ius. full, 6（3-4）: 132-139.
⑤ [韩]权宁星：《基本权利的竞合与冲突》，韩大元译，载《外国法译评》1996 年第 4 期；林来梵、翟国强：《论基本权利的竞合》，载《法学家》2006 年第 5 期。

行为同时为数个基本权利所保障，由此在宪法案件中，单一的基本权利主体向国家主张同时适用几种基本权利规范的情形。从基本权利受侵害的角度来观察，基本权利的竞合则指的是，某种公权力措施对基本权利所构成的侵害，是否有不同的基本权条款可供适用与衡量。①

正如学者柳建龙所指出的那样，基本权利竞合是一个真问题，同时也是一个研究薄弱的环节。研究基本权利竞合的必要性大体而言有两方面：其一，生活事实和法律事实的复杂性程度逐渐提高，同一事实可能涉及多个基本权利的问题。其二，基本权利规范本身具有抽象性、概括性和开放性特点，基本权利之间不可避免地出现保护领域的交织和重叠，基本权利规范涵盖的事实范围越广泛，则发生竞合的可能性越高。②

二、基本权利竞合的类型

目前，公法学者关于基本权利竞合有哪些主要的类型，以及如何解决基本权利竞合问题的研究，大都受到刑法学说的深刻影响，这种影响首先表现为对基本权利竞合的分类上。③

表 5-2　基本权利竞合的分类

类型	核心含义
真正的基本权利竞合（想象竞合）	同一主体的一个行为同时主张数个基本权利
非真正的基本权利竞合（法条竞合）	同一个行为属于两条或者两条以上基本权利规范的保障范围，但其中一条基本权利规范与其他基本权利规范的关系为特别法与一般法的关系，故只能适用特别基本权利规范的情形

（图表来源：作者自制）

法律规范竞合是指同一事实符合数个规范之要件，致该数个规范皆得适用的现象。④真正的竞合与非真正的竞合这两个概念其实来源于德国法学中 "echte Gesetzeskonkurrenz" 与 "unechte Konkurrenz" 两个法律概念的对译。真正的竞

---

① 法治斌、董保城：《宪法新论》，元照出版公司 2004 年版，第 195 页；李惠宗：《宪法要义》，元照出版公司 2001 年版，第 121 页；林来梵、翟国强：《论基本权利的竞合》，载《法学家》2006 年第 5 期。

② 柳建龙：《论基本权利竞合》，载《法学家》2018 年第 1 期。

③ 张翔：《基本权利的规范建构》（增订版），法律出版社 2017 年版，第 293-294 页；柳建龙：《论基本权利竞合》，载《法学家》2018 年第 1 期。

④ 王泽鉴：《民法学说与判例研究》，中国政法大学出版社 1998 年版，第 371 页。

合指的是"想象竞合"（Ideal Concurrence/Idealkonkurrenz），日本学者称之为"观念的竞合"。想象竞合在德国刑法中又被称为单项犯罪（Tateinheit），也就是说行为人的一个行为数次实现不法构成要件而成立数罪，但是在评价效果上按照一罪来处罚。为了解决"一石二鸟""一箭双雕""一炮双响"引发的刑法评价上的问题，刑法学者以"重罪"吸收"轻罪"。不真正的竞合指的是"法条竞合"（Gesetzeskonkurrenz），即行为人的多项行为分别符合多个罪名相关法条之要求，且这些法条所规定的罪名之间并没有组成事前的不可罚或事后的不可罚关系，因此应该同时适用。在法律上评价"法条竞合"的处罚后果时，应该根据特别法优于普通法和重法优于轻法的原则加以处理。

刑法中罪名及其构成要件所形成的法律评价是惩罚性质的。以"法条竞合"为例，若收买被拐卖妇女之后，又强行与之发生性关系，则行为人做出了两项行为，前一行为符合了"收买被拐卖的妇女、儿童罪"的规定，后一行为符合了"强奸罪"规定，由于前一行为并不是后一行为的预备行为，且两罪的刑法规范位阶相同，因此行为人的犯罪行为同时触犯了两个罪名。

反观基本权利的竞合，适用基本权利构成要件之后，对同一行为进行宪法上的评价，其所形成的评价后果是保护性质的。因此，需要解决的前提问题之一就是看这种竞合是否需要一个法律上的解决。笔者在此赞同德国公法学者 Reinhold Heß 的观点，应该区分需要解决的竞合（Auflösungsbedürftige Konkurrenze）和不需要解决的竞合（Nichtauflösungsbedürftige Konkurrenzen）。① 只有在需要法律上提供解决方案的竞合，才有进一步细分之必要，如果一个行为不需要竞合理论的解决，则无需再做进一步的区分。例如，在参加一个《德国基本法》第8条意义上的集会上，一个参加者举着带有某种标语的海报。这种情况表面看来是集会自由和言论自由的竞合，但是集会自由只保护集会方面的特别行为，通过海报表达言论并不是集会方面的特别行为。因此这种情况根本就不存在两种基本权利的竞合问题。②

在公法领域，最容易出现基本权利竞合的情形莫过于将"人性尊严"视为一种基本权利之后，这项权利会与宪法上的一般人格权（Allgemeines Persönlichkeitsrecht）产生竞合适用的情况。同时，宪法上的一般人格权与民法上的一般人格权、特别人格权虽然存在法律位阶之差别，但是理论界和实务界

---

① Reinhold Heß, Grundrechtskonkurrenzen Zugleich ein Beitrag zur Normstruktur der Freiheitsrechte, Berlin：Duncker und Humblot, 2000, S. 28.
② ［德］福尔克尔·埃平、塞巴斯蒂安·伦茨、菲利普·莱德克：《基本权利》（第8版），张冬阳译，北京大学出版社2023年版，第125页。

较少发展出区分的标准。①一方面，一般人格权不是兜底性的权利，受人性尊严影响的一般人格权仍然具有独立价值；另一方面，通过特别自由权，一般人格权被具体化了。这适用于《德国基本法》第10条（通信自由）和第13条（住宅不受侵犯）。②

福尔克尔·埃平等学者还指出基本权利处于"增强联盟"（Verstärkungsverbund）的情况。例如，因怀疑一名当事人偷税，检察院在律师事务所复制了律师R的数据库，在这个案件中，基本权利的干预需要按照《德国基本法》第2条第1款的一般行为自由来衡量，不触及《德国基本法》第12条第1款。因为，第2条第1款的构成要件已经被第12条第1款增强，此时，基本权利处于"增强联盟"（Verstärkungsverbund）的状态。③

第三节　禁止基本权利滥用

孟德斯鸠在《论法的精神》中说："自由是一种权利，能做法律允许的所有事；若一个公民能做法律禁止的事，那其他人也有相同的权利，自由也就不存在了。"人人对社会并在社会内负有义务，因为只有在社会之内人的个性才能得到自由和充分的发展。④基本权利不是"天上掉下来的"，它不存在于"真空"之中，它只能存在于共同体秩序和共同福利之中。我们绝无可能去实现一种脱离社会共同体的基本权利，反之，社会共同体若不能维护基本权利则丧失其存在的必要性。因为社会共同体中的权利诉求是千千万万种的，人们的欲望、意志、行为是多元的，所以作为一个整体的"共同体"便拥有了协调人民意志的

---

① 在第二次世界大战后，《德国基本法》第1条和第2条第1款强调重视人的尊严和人格发展自由，据此民法开始强化对人格权的保护。德国法院通过著名的1954年"读者来信案"、1958年"骑士案"等判例，依据《德国基本法》相关条款，结合《德国民法典》第823条的"其他权利"一词，以一般人格权的形式对没有规定在德国民法典中的具体人格利益加以保护。据此，德国法院直接援引基本法而创设出一般人格权的概念，扩大了具体人格权的范围。
② ［德］福尔克尔·埃平、塞巴斯蒂安·伦茨、菲利普·莱德克：《基本权利》（第8版），张冬阳译，北京大学出版社2023年版，第319页。
③ ［德］福尔克尔·埃平、塞巴斯蒂安·伦茨、菲利普·莱德克：《基本权利》（第8版），张冬阳译，北京大学出版社2023年版，第126页。
④ Declaration on the Right and Responsibility of Individuals, Groups and Organs of Society to Promote and Protect Universally Recognized Human Rights and Fundamental Freedoms, UN Doc. A/RES/53/144（8 March 1999），Art. 18（1）.

更高的需求。公民或法人在行使基本权利时受到四个方面的正当化限制：第一，行使基本权利受到那些纯粹为保证充分承认和尊重他人的权利和自由的法律的限制；第二，行使基本权利受到那些满足正当道德要求的法律的限制；第三，行使基本权利受到公共秩序的限制；第四，行使基本权利受到民主社会普遍福利所规定的限制。①

权利的限度理论是认识权利现象的一个重要理论。所谓权利的限度理论，是指任何一种权利的行使都有它的合理限度，都存在着一个运用和行使适当与否的问题。②超出合理限度的权利行使在本质上构成一种权利滥用。权利滥用典型地表现为以下情形：（1）以造成损害为主要的目的或动机（for the purpose or primary motive of causing harm）；（2）缺乏值得司法保护的重大且正当的法律利益（without a serious and legitimate interest that is deserving of judicial protection）；（3）违反道德、诚信或基本的公平（against morality, good faith, or elementary fairness）；（4）为达到其法律目的以外的目的（for a purpose other than its intended legal purpose）。③

禁止权利滥用原则存在于许多立法例中。现行中国宪法第 51 条规定："中华人民共和国公民在行使自由和权利的时候，不得损害国家的、社会的、集体的利益和其他公民的合法的自由和权利。"2020 年颁布的中国《民法典》第 132 条规定："民事主体不得滥用民事权利损害国家利益、社会公共利益或者他人合法权益。"英国《人权法案》第 17 条规定："《欧洲人权公约》中的所有规定不得被解释为任何国家、群体或个人有权从事任何摧毁上述任何权利和自由或比《公约》所规定的更大程度地限制上述权利和自由的活动或行为。"④

---

① Declaration on the Right and Responsibility of Individuals, Groups and Organs of Society to Promote and Protect Universally Recognized Human Rights and Fundamental Freedoms, UN Doc. A/RES/53/144 (8 March 1999), Art. 17.

② 刘作翔：《权利相对性理论及其争论——以法国若斯兰的"权利滥用"理论为引据》，载《清华法学》2013 年第 6 期。

③ Bryan A. Garner (eds.) ABUSE-OF-RIGHTS DOCTRINE, in Black's Law Dictionary (11th ed., Thomson Reuters, 2019).

④ Art. 17 of Schedule 1 of UK Human Rights Act provides that "Nothing in this Convention may be interpreted as implying for any State, group or person any right to engage in any activity or perform any act aimed at the destruction of any of the rights and freedoms set forth herein or at their limitation to a greater extent than is provided for in the Convention".

第六章

基本权利的司法救济：诉讼、审查与赔偿

有权利，必有救济；有救济，斯为权利。

（Ubi jus，ibi remedium；Ubi remedium，ibi jus.）①

——拉丁法谚

解释法律是司法机关的职权和责任。

——约翰·马歇尔（John Marshall）②

基本权利是一整套具有法的约束效力的规范体系，在这个规范体系中，任何对基本权利的侵犯都必须获得一种救济。从一般法理上看，如果一项权利缺乏救济途径作为其保障，则这项权利就只能停留在理论观念之中，没有现实化的可能性，因此拉丁法谚有言："有权利，必有救济；有救济，斯为权利。"（Ubi jus，ibi remedium；Ubi remedium，ibi jus.）③英国法学家威廉·布莱克斯通爵士在《英格兰法律评论》中说："每一项权利都必须有救济，每一种损害都必须有补偿。"（Every right when with-held must have a remedy, and every injury its proper redress.）④

存在一项基本权利与基本权利的现实化是两个不同层面的问题。证明一项

---

① Ashby v. White（1703）14 St Tr 695，92 ER 126.

② "It is emphatically the province and duty of the judicial department to say what the law is." Marbury v. Madison, 5 U. S.（1 Cranch）137, 177（1803）; "[i] n fact, the Court is the guardian of legality for the international community as a whole, both within and without the U-nited Nations", Questions of Interpretation and Application of the 1971 Montreal Convention a-rising from the Aerial Incident at Lockerbie（Libyan Arab Jamahiriya v. United Kingdom）, Provisional Measures, I. C. J. Reports 1992, separate opinion of Judge Lachs, p. 26.

③ Ashby v. White（1703）14 St Tr 695，92 ER 126.

④ Sir William Blackstone, Commentaries on the Laws of England: In Four Books, Book of the Third, Thomas B. Wait and Co. , 1807, p. 23.

基本权利的存在通常要依赖法理学方面的论证，基本权利的现实化则必须考虑到国家的制度设施。常设国际法院（PCIJ）在 1933 年的"彼得·帕兹马尼大学案"（Case of Peter Pázmány University）中敏锐地认识到"拥有一项权利并不一定意味着有行使这项权利的能力"① 欧洲人权法院在长期的司法实践中通常从三个层面分析人权的性质，一是人权的基础（grounds of human rights），二是基本权利的内容（content of human rights），三是基本权利的范围（scope of human rights）。②对于司法者而言，如果法官能够确定一项基本权利的基础、内容和范围，那么这项基本权利就具有了现实化的可能性。

权利救济制度的建立是现代国家普遍的实践。从国家的目的和职能来看，基本权利的保障是国家的目的，国家承担了基本权利的尊重、保护和实现的义务。如果基本权利遭到侵害，国家自然而然应当承担起救济的义务。在 1803 年的"马伯里诉麦迪逊案"的判词中，马歇尔大法官斩钉截铁地说："公民权利的精髓在于一切人在受到侵害时有要求法律保护的权利，政府的首要责任之一就是提供这种保护。"③在 1964 年"J. I. Case v. Borak 案"中，美国联邦最高法院在其判词中阐述道："……法院的义务就在于小心翼翼地提供一种使得立法机关意图得以实现的必要的司法救济。"（It is the duty of the courts to be alert to provide such remedies as are necessary to make effective the congressional purpose.）④ 换而言之，面对基本权利侵犯的案件，若立法机关没有提供权利的适当救济，则这种救济的义务就落在了司法机关手中。⑤

著名的宪法学家理查德·法隆（Richard H. Fallon）以 2021 年的"全体女性健康组织诉杰克逊案"⑥ 为例说明了基本权利救济制度的重要性，在他看来，

---

① "［T］he capacity to possess civil rights does not necessarily imply the capacity to exercise those rights oneself." Appeal from a Judgment of the Hungaro/Czechoslovak Mixed Arbitral Tribunal (the Peter Pázmány University), Czechoslovakia v. Hungary, Judgment, PCIJ Series A/B No 61, ICGJ 311 (PCIJ 1933), 15th December 1933.

② Bosko Tripkovic & Alain Zysset, Uncovering the Nature of ECHR Rights: An Analytical and Methodological Framework, 24 Hum. Rights Law Rev., ngad034 (2024).

③ The very essence of civil liberty certainly consists in the right of every individual to claim the protection of the laws whenever he receives an injury. Marbury v. Madison, 5 U.S. (1 Cranch) 137, 147 (1803).

④ J. I. Case Co. v. Borak, 377 U.S. 433 (1964).

⑤ Cort v. Ash, 422 U.S. 66 (1975); Harvard Law Review, Interpreting Congress's Creation of Alternative Remedial Schemes, 134 Harv. L. Rev. 1499, 1516 (2021).

⑥ Whole Woman's Health v. Jackson, 595 U.S. 30 (2021).

国家为基本权利侵权提供有效的救济是现代宪法的必然要求。①

第一节 基本权利的多重救济模式

一般来说，基本权利的救济管道是多元的，国家可以通过立法、行政、司法甚至监察等多种方式来阻止基本权利的侵害、填补基本权利受害者在法益上遭受的损失。

一、涉及基本权利立法的合宪性控制

立法机关在其专属的权限内对其所欲规范的事项在方式方法上可以自由进行选择，这在德国公法的理论和实践中被称为"立法形成自由"（Gesetzgeberische Gestaltungsfreiheit）。②"立法形成自由"这一概念的提出实际上确保了立法机关的法律能力（Legal Competence）。以比较法的视角观察之，德国公法上的"立法形成自由"实际上是普通法上"立法自治性"（Legislative Autonomy）③ 概念的另外一种表达。基本权利的立法保护更多强调的是国家的立法机关在"立法自由形成"的范围内通过基本权利的立法具体化来实现对所有公民基本权利法益的一般性保障。与基本权利立法保护相比，基本权利的行政保护则是借助行政权力的合法运行来维护基本权利的秩序。但是，行政权力在运行过程中往往面对千变万化、纷繁复杂的具体事务，缺乏像立法那样的严格的审议过程，因

---

① Richard H. Fallon, Constitutional Remedies: In One Era and Out the Other, 136 Harv. L. Rev. 1300 （2023）. Also see Michael Coenen, Right – Remedy Equilibration and the Asymmetric Entrenchment of Legal Entitlements, 61 B. C. L. REV. 129, 139 （2020）（defining "legal entitlement" to mean "remedy made available in response to a particular violation of a substantive right"）; Daryl J. Levinson, Rights Essentialism and Remedial Equilibration, 99 COLUM. L. REV. 857, 914 （1999）（ "［R］ights and remedies operate as part of a single package. "）.

② BVerfG E 74, 33 （80）, 182 （200）; 297 （339）; 54, 237 （250f. ）; 53, 135 （145）; 50, 290 （332 ff. ）; 50, 50 （51）; Thomas von Danwitz, Die Gestaltungsfreiheit des Verordnungsgebers: zur Kontrolldichte verordnungsgeberischer Entscheidungen, Berlin: Duncker u. Humblot, 1989, S. 35; Cf. Hubertus A. Stuttmann, Gesetzgeberische Gestaltungsfreiheit und verfassungsgerichtliche Kontrolle, Heymanns Verlag GmbH, 2014.

③ Richard O. Lempert, "The Autonomy of Law: Two Visions Compared. " In Autopoietic Law: A New Approach to Law and Society, edited by Gunther Teubner （European University Institute -- Series A 8. Berlin: de Gruyter, 1988. ）, pp. 152-190.

而常常基于权宜考量以解决具体问题或者落实决策者意志为先导，反而可能容易侵害基本权利。

在德国法学家托马斯·M. J. 默勒斯看来，"具体化"（Konkretisierung）是公法领域处理基本权利问题时的一项原则。"具体化"和"解释"是不同的，所谓的"解释"是确定规范的内容，而"具体化"则是创造性地充实一些原则性的规定。如果经典的解释模型（如本书所说的诸如文义解释、目的解释等方法）不再奏效，那么创造性形塑的成分必然明显增加。[①] 就基本权利的立法具体化而言，立法者可以在宪法委托之下履行如下三个方面的职责：首先，立法可以对基本权利的内容加以具体化；其次，立法者在基本权利具体化过程中必须建立基本权利限制的边界；最后，立法在基本权利具体化过程中必须建构相应的权利救济制度。[②] 1975 年 6 月 9 日，在一起涉及"谁有权提起证券民事诉讼"的案件——"鲁奇普公司诉曼诺杂货店案"（Blue Chip Stamps v. Manor Drug Stores）[③] 中，伦奎斯特大法官（William Hubbs Rehnquist, 1924—2005）曾形象地将证券立法中"一般性反欺诈条款"[④] 的巨大功能做如下类比：立法上的小小橡子（种子），却可长成司法上的参天橡树（大树）。（Judicial oak which has grown from little more than a legislative acorn.）立法之初，由于人的理性有限性和世事的变异性，立法者可能采取一种原则性、抽象性语言，然而，正是这种最初的立法为法律的丰富和发展提供了广阔的空间。司法者在其司法活动中的判决法理通过逐渐的累积就可能长成参天大树。正所谓：

"彼立法始作简，此司法毕也巨。"[⑤]

从实然的角度来看，中国公民基本权利的保障需要借助立法程序实现具体

---

① [德] 托马斯·M. J. 默勒斯：《法学方法论》（第 4 版），杜志浩译，李昊、申柳华、江溯、张彤校，北京大学出版社 2022 年版，第 413-414 页。

② 谢立斌：《论基本权利的立法保障水平》，载《比较法研究》2014 年第 4 期；关于中国基本权利立法实践的研究可参见冯健鹏：《我国宪法基本权利的程序保障机制研究》，中国民主法制出版社 2023 年版；齐延平：《基本权利保护的中国探索》，法律出版社 2020 年版；彭超：《中国基本权利立法研究》，中国社会科学出版社 2022 年版。

③ Blue Chip Stamps v. Manor Drug Stores, 421 U. S. 723, 737 (1975).

④ 《1934 年证券交易法》中的 10b-5 规则通常被认为是"一般性反欺诈条款"（Catch-all Anti-fraud Provision）。参见汤欣：《美国证券法上针对虚假陈述的民事赔偿机制——兼论一般性反欺诈条款制度的确立》，载《证券法苑》2010 年第 1 期。

⑤ 化用《庄子》的句法，其原文为"其作始也简，其将毕也必巨"。参见《庄子·人间世》。

化，同时又在很大程度上依赖于立法过程本身的合宪性控制。在中国的合宪性审查制度下，宪法解释权和法律解释权均属于全国人大常委会。①因此，全国人大常委会承担着确保公民基本权利立法合宪性控制的重要责任。

中国《立法法》（2023年修订）第36条规定："列入常务委员会会议议程的法律案，由宪法和法律委员会根据常务委员会组成人员、有关的专门委员会的审议意见和各方面提出的意见，对法律案进行统一审议，提出修改情况的汇报或者审议结果报告和法律草案修改稿，对涉及的合宪性问题以及重要的不同意见应当在修改情况的汇报或者审议结果报告中予以说明。对有关的专门委员会的审议意见没有采纳的，应当向有关的专门委员会反馈。"

在上述条款中，"涉及的合宪性问题以及重要的不同意见"可以包括涉及基本权利的合宪性问题以及重要的不同意见。涉及基本权利立法的合宪性控制有利于在源头上确保立法过程本身遵照宪法之规定，确保"法律保留原则""依法行政原则""禁止个案立法以及禁止褫夺公民权法案"得到遵守和实现。

二、涉及基本权利立法的备案审查制度

备案审查制度是一种具有中国特色的制度设计。我国学者认为，有必要区分合法性审查和合宪性审查。论者认为，合法性审查是在承认宪法是根本法的前提下，对法律、法规、司法解释及其他规范性文件是否抵触上位法作出判断的一种制度。对司法解释进行合法性审查的标准主要规定在《立法法》《法规、司法解释备案审查工作办法》之中。合宪性审查是指有权的特定主体依据法定的程序和方式对有关规范性文件是否符合宪法进行审查并作出判断的制度，它主要是依据宪法所确立的全国人大及其常委会的宪法监督权来展开的。②

根据中国现行宪法实施的体制，结合2023年《立法法》之修订，现行的法律法规备案审查制度以启动形式而分，可以有两种，第一种是主动启动，第二种是经请求启动。无论何种启动模式，全国人大常委会对法律法规的备案审查都可能涉及公民基本权利的保护问题。

（一）主动启动③

所谓的"主动启动宪法监督程序"是指全国人大及其常委会可以依职权主

---

① 《中华人民共和国宪法》第67条；《中华人民共和国立法法》（2023年修订版）第48条。

② 严海良：《论我国司法解释的备案审查及其制度完善》，载《法治现代化研究》2022年第2期。

③ 胡锦光：《论合宪性审查的"过滤"机制》，载《中国法律评论》2018年第1期。

动地来启动宪法监督的程序。主动启动对法律法规的备案审查是全国人大及其常委会的重要职权。全国人民代表大会专门委员会、常务委员会工作机构可以对报送备案的行政法规、地方性法规、自治条例和单行条例等进行主动审查，并可以根据需要进行专项审查。国务院备案审查工作机构可以对报送备案的地方性法规、自治条例和单行条例，部门规章和省、自治区、直辖市的人民政府制定的规章进行主动审查，并可以根据需要进行专项审查。

　　法律法规备案审查的"主动启动"分为两种情形。第一种情形可称之为"批准审查"，第二种情形可称之为"备案审查"。依据中国现行宪法第116条的规定，自治区的自治条例、单行条例报全国人大及其常委会批准后生效。由此可知，全国人大常委会对报批准的自治条例、单行条例的合宪性进行审查是一种"批准审查"。在实务过程中，这项工作实际上是由全国人大常委会的法制工作委员会来进行的。第二种情形叫作"备案审查"。自治条例、单行条例作为地方立法，报地方的国家权力机关批准之后就生效了。生效之后还有一个程序，那就是要将这些地方性法规报全国人大常委会备案，这个备案行为实际上也是主动的。备案可以是一个形式的备案审查，也可以是一个实体的备案审查。形式的备案审查意味着只要其法律文件齐备，只要它的程序是完整的，就属于形式上的备案审查。如果说自治条例或者单行条例在生效之后，报全国人大常委会备案，全国人大常委会在备案工作当中，发现该地方性法规与上位法相抵触，或者与宪法相抵触，全国人大常委会就可以依据职权主动行使实质审查权。2023年3月新修订后的《中华人民共和国立法法》完善了中国的备案审查制度，主要体现在三个方面：一是完善主动审查制度，明确专项审查相关内容。全国人大专门委员会、常委会工作机构可以对报送备案的行政法规、地方性法规、自治条例和单行条例等进行主动审查，并可以根据需要进行专项审查；国务院备案审查工作机构可以对报送备案的地方性法规、自治条例和单行条例，部门规章和省、自治区、直辖市的人民政府制定的规章进行主动审查，并可以根据需要进行专项审查。二是建立健全备案审查衔接联动机制，备案审查机关应当建立健全备案审查衔接联动机制，对应当由其他机关处理的审查要求或者审查建议，及时移送有关机关处理。三是贯彻党中央精神，总结实践做法，明确法律法规清理制度，对法律、行政法规、地方性法规、自治条例和单行条例、规章和其他规范性文件，应当根据维护法制统一的原则和改革发展的需要进行清理。①

（二）经请求启动②

所谓的"经请求启动宪法监督程序"是指有关国家机关或社会团体可以提请全国人大及其常委会启动宪法监督程序。在此模式之下，全国人大及其常委会并没有依职权积极主动实施宪法监督，而是经有关国家机关或社会团体在具体的法治实施过程当中遇到个殊化的情况来请求全国人大及其常委会来启动该种机制。经请求启动的宪法监督程序分为两种情形，这两种情形实际上是依据主体来进行分类的。第一种情形是中央或者地方国家机关请求启动的宪法监督程序。第二种情形是其他社会团体、企事业组织，甚至是公民请求启动的宪法监督程序。

就经请求启动的第一种情形而言，它是由中央和地方国家机关请求来开启的。依据我们现行的宪法实施体制和学界的通说，国务院、中央军委、最高人民法院、最高人民检察院、各省自治区的人大常委会若在法治实施的过程当中，认为行政法规、地方性法规、自治条例、单行条例、经济特区法规乃至于司法解释同宪法相抵触，这些机关可以以书面的形式向全国人大常委会提出请求，即请求全国人大常委会对该法律文件进行合宪性的审查。

就经请求启动的第二种情形而言，它是指除中央或国家机关以外的其他社会团体、企事业组织或公民如果认为行政法规、地方性法规、自治条例、单行条例同宪法或者法律相抵触，这些主体也可以书面的形式向全国人大常委会提出书面审查的建议。在全国人大常委会收到书面审查的请求时，一般由全国人大常委会的法制工作委员会来进行研究，然后报送有关各专门委员会进行审查提出建议。

（三）从"齐玉苓案"到"潘洪斌案"的基本权利救济逻辑

"齐玉苓案"的全称是"齐玉苓与陈晓琪、陈克政、山东省济宁市商业学校、山东省滕州市第八中学、山东省滕州市教育委员会姓名权纠纷案"，该案涉及山东一名叫齐玉苓的考生因自己的姓名被"冒名顶替"而丧失受教育权的问题。2001年6月28日，最高人民法院审判委员会第1183次会议通过了《最高人民法院关于以侵犯姓名权的手段侵犯宪法保护的公民受教育的基本权利是否应承担民事责任的批复》，该批复指出："陈晓琪等以侵犯姓名权的手段，侵犯

① 全国人民代表大会常务委员会：《关于〈中华人民共和国立法法（修正草案）〉的说明》（2023年3月5日）。
② 胡锦光：《论合宪性审查的"过滤"机制》，载《中国法律评论》2018年第1期。

了齐玉苓依据宪法规定所享有的受教育的基本权利，并造成了具体的损害后果，应承担相应的民事责任。"① 2008 年，最高人民法院审判委员会通过了《最高人民法院关于废止 2007 年底以前发布的有关司法解释（第七批）的决定》，废止了《最高人民法院关于以侵犯姓名权的手段侵犯宪法保护的公民受教育的基本权利是否应承担民事责任的批复》。中国的多数学者认为，"齐玉苓案"中的司法批复在性质上属于司法解释，而不是严格意义的宪法解释，最大的理由是宪法解释权限已经由《中华人民共和国宪法》第 67 条第 1 款授予了全国人大常委会。自"齐玉苓案"司法批复被废止后，宪法司法化（Judicialization of the Chinese Constitution）的呼声日渐式微。虽然"齐玉苓案"不是中国版本的"马伯里诉麦迪逊案"（Marbury v. Madison）②，但是，该案所涉及的基本权利保护问题、宪法实施问题、宪法和民法的关系问题却深刻影响到相关的理论和学说。

"潘洪斌案"的全称为"潘洪斌诉杭州市拱墅区交警大队行政强制与行政赔偿案"③，是一起涉及杭州居民潘洪斌所骑行的电动自行车（湖州市南浔区牌照）于 2015 年 10 月被杭州交警依据《杭州市道路交通安全管理条例》扣留的案件。在经历杭州市拱墅区人民法院、杭州市中级人民法院两次审理的败诉后，潘洪斌一方面向浙江省高级人民法院提起再审申请，另一方面于 2016 年 4 月致信全国人大常委会，请求撤销《杭州市道路交通安全管理条例》第 48 条违反《行政强制法》设立的行政强制措施。

2016 年 9 月 23 日，浙江省高级人民法院经审理认为，《杭州市道路交通安全管理条例》系现行有效的地方性法规，杭州市公安机关交通管理部门制定的《关于实施外地电动自行车限行措施的通告》是为了落实《杭州市道路交通安全管理条例》。在本案中，再审申请人潘洪斌驾驶湖州市南浔区 26990 电动车驶入环城北路莫干山路口，被申请人拱墅交警大队认为其驾驶外地电动自行车驶入限行区域，对其作出扣留车辆的行政强制措施，符合上述法规的规定。④

2016 年 12 月 22 日，全国人大常委会法制工作委员会发出了《关于潘洪斌

---

① 《最高人民法院关于以侵犯姓名权的手段侵犯宪法保护的公民受教育的基本权利是否应承担民事责任的批复》，法释〔2001〕25 号。

② Robert J. Morris, China's Marbury: Qi Yuling v. Chen Xiaoqi – The Once and Future Trial of Both Education & Constitutionalization, 2 Tsinghua China L. Rev. 273 (2009-2010); Daniel Sprick, Judicialization of the Chinese Constitution Revisited: Empirical Evidence from Court Data, 19 China Rev. 41-68 (2019).

③ 浙江省杭州市中级人民法院行政判决书（2016）浙 01 行终 45 号；浙江省杭州市拱墅区人民法院行政判决书（2015）杭拱行初字第 94 号。

④ 浙江省高级人民法院行政裁定书（2016）浙行申 384 号。

对《杭州市道路交通安全管理条例》提出的审查建议的复函》，认定《杭州市道路交通安全管理条例》第 48 条与《行政强制法》相关规定的立法原意不尽一致。2017 年，杭州市第十三届人大常委会第三次会议通过关于修改条例的决定。在"潘洪斌案"中，全国人大常委会法工委备案审查室受理了公民的审查请求，启动了针对地方性法规的合法性审查程序。《全国人大常委会法工委关于十二届全国人大以来暨 2017 年备案审查工作情况的报告》中显示，法工委目前已经根据公民提交的审查建议对多个地方性法规和司法解释进行了审查，并且已有多个地方性法规和司法解释进行了修改或者停止执行。其中就包括 2016 年 4 月，杭州市民潘洪斌向全国人大常委会提出审查建议，建议对《杭州市道路交通安全管理条例》进行审查，请求撤销该条例中违反行政强制法设立的行政强制措施。①

全国人大常委会法工委就法规抵触问题与杭州市人大常委会进行沟通，要求制定机关进行研究，对条例规定进行修改。2017 年 7 月 28 日，杭州市人大常委会将《杭州市交通安全管理条例》第 70 条第 2 款删除，将第 1 款修改为："违反本条例第三十二条规定，驾驶燃油助力车、正三轮摩托车、营运人力三轮车以及市和区、县（市）人民政府规定的其他车辆在禁止其通行的道路上行驶的，由公安机关交通管理部门对非机动车驾驶人处二十元以上五十元以下罚款，对机动车驾驶人处五十元以上二百元以下罚款。非机动车驾驶人拒绝接受罚款处罚的，可以扣留其非机动车。"修改后，该规定与《道路交通安全法》第 89 条一致。

在全国人大常委会法工委复函和杭州市人大常委会修改条例后，潘洪斌不服杭州中级人民法院此前作出的判决，向杭州市检察院提起监督申请，但杭州市检察院认为，法不溯及既往，所涉及的规范性文件的修改对法院裁判不具有溯及力，因此作出了不予监督的决定书，潘洪斌的权利最终没有得到有效的保护和救济。②

---

① 王锴、王蔚：《潘洪斌等就有关规范性文件提请全国人大常委会审查评析》，载明德公法网 http://www.calaw.cn/article/default.asp? id=12518（访问时间：2022 年 12 月 21 日）。

② 关于"潘洪斌案"以及相关的备案审查制度研究的论文可参见梁鹰：《备案审查制度若干问题探讨》，载《地方立法研究》2019 年第 6 期；郑磊、赵计义：《备案审查制度基本功能的语词展开——基于全国人大常委会工作报告以及备案审查年度报告的梳理》，载《法治现代化研究》2019 年第 5 期；梁洪霞：《备案审查的人权保障功能及其实现路径——潘洪斌案的再思考》，载《人权》2020 年第 2 期；严海良：《论我国司法解释的备案审查及其制度完善》，载《法治现代化研究》2022 年第 2 期。

纵观"潘洪斌案"之全貌，我们可以发现，法律法规和规范性文件的制定和实施在很大程度上会涉及基本权利的保障问题。但是，基本权利的保护和救济却仰赖一定的"制度设施"加以落实。目前，中国的实践和做法侧重于从立法的角度在一开始的源头就进行基本权利保护，若在地方立法的实践中出现基本权利保护问题，则主要依靠较为抽象的备案审查制度来促使地方立法主体进行"自我纠错"。

从 2001 年"齐玉苓案"到 2016 年"潘洪斌案"，基本权利的保障问题始终与架设在基本权利制度之上的国家权力结构问题紧密相关。换言之，基本权利不可能依靠其本身的规范内容和解释内容而自动得以实现，理论和实务界还必须深刻体察和研究基本权利的"赋权结构"问题。中国古代思想家孟子斯言不谬——"徒善不足以为政，徒法不足以自行"[1]。

第二节　基本权利的司法救济问题

诚然，基本权利的救济途径应该而且必定是多元的。但是，在所有的救济途径之中，司法制度发挥着无可替代的功效。其理由就在于：任何抽象性的基本权利都必须从纸面走向生活，从理论走向实践，从制度走向落实。从比较基本权利的视角看，大陆法系和普通法系在基本权利救济上的一个重要方面就是司法保护。在基本权利的立法保护和行政保护不足的情况下，司法权作为正义的最后一道防线，往往发挥着无可替代的作用。

依据正当的权利请求、法律保证或道德原理，将某物归属于某人……依据法律而使某人获得权利、特权与豁免……法律上可行使、要求他人作为或不作为的权利请求；已受确认且受保护的利益，侵害该利益将构成不法行为。[2]基本权利最大的生命就在于实践，海内外学术和实务界逐渐认识到：基本权利不仅需要通过立法具体化，而且必须受到切实有效的司法保障。按照《德国基本法》第 1 条第 3 款规定，基本权利对立法机关、行政机关和司法机关具有直接约束力，其中，法院确保对基本权利的保护。又依据《德国基本法》第 19 条第 4款，凡基本权利受公共机关侵犯的人，均有权诉诸法院。基本权利不仅具有直接

---

① 《孟子·离娄上》。

② ［美］艾伦·德肖维茨（Alan M. Dershowitz）：《你的权利从哪里来？》（Rights from Wrongs: A Secular Theory of the Origins of Rights），黄煜文译，北京大学出版社 2014 年版，第 14 页。

效力，而且对立法机构有约束力，对法规的适用也有影响。在对其作出解释时，必须依据受到宪法保护的基本权利。这一点适用于所有法规，因此立法机构、政府机构和法院始终与对这些权利的保护直接相关，并受其约束。因此，尊重基本权利不仅是成文宪法的核心，也是国家实际开展的各项活动的中心。①

基本权利的侵害可能来自国家公权力，也可能来自除国家公权力以外的第三人。德国联邦宪法法院在 1975 年的第一次堕胎判决（Schwangerschaftsabbruch I）中把基本权利的保护义务界定为："基本权利的保护义务不仅禁止国家本身侵害基本权利法益，而且要求国家保护和促进基本权利法益，尤其是要求国家采取措施防止基本权利法益遭受他人的违法侵害。"② 在基本权利的司法救济中，基本权利的侵害者、要求保护者、国家三个主体之间形成一种特殊的三级法权关系（Rechtsdreieck Staat-Störer-Opfer）。解决上述三级法权关系有两种主要的思路，一种是受害者视角，其问题在于"哪些人可以依据什么向哪一家法院提起司法诉讼"，另一种是法院视角，其问题在于"何种法院、在满足什么条件下、可以依据何种标准来审查基本权利侵害案件，最终应当提供何种形式的赔偿或补偿"。第一种视角非常类似于私法中的请求权基础思考方法，第二种思路则属于典型的公法案件的思考方法。不得不说，两种思考方法均有其合理之处，公法案件可以借助私法中请求权基础思考方法，但是需要明了公法法律关系的根本特性。在 21 世纪初，汉语学术界对基本权利的研究还主要停留在"权利是什么、权利的性质、功能是什么，国家保护义务的要素是什么"等问题上，未能深入从公法案件的运行机理角度加以深刻探索，本节主要从公法案件本身的特征来回答以下问题，即"何种法院、在满足什么条件下、可以依据何种标准来审查基本权利侵害案件，最终应当提供何种形式的赔偿或补偿"。

一、司法权的性质

司法权有广义和狭义之分，狭义的司法权就是指法院依据宪法和法律的授权而拥有的对案件或者争议进行裁判的一种权力。通说认为，司法权在本质上属于一种判断权。司法权区别于其他国家权力的最显著特征就是它的被动性，即司法权的运行必须遵循不告不理、不得诉外裁判的原则。继受了英格兰普通

---

① Common core document forming part of the reports of States parties—Germany, UN Doc. HRI/CORE/DEU/2016（14 December 2016），paras. 143-144.

② Schwangerschaftsabbruch I, BVerfGE 39, 1；［日］小山刚：《基本权利保护的法理》，吴东镐、崔东日译，中国政法大学出版社 2021 年版，第 44 页。

法传统的澳大利亚高等法院的两则标志性判例可以较好地展示本书所谓的司法权的性质问题，兹分述如下：

1909 年，在"赫达特·帕克股份有限公司诉摩尔黑德案"（Huddart，Parker & Co Pty Ltd v Moorehead）中，澳大利亚第一任首席大法官萨缪尔·格里菲斯爵士（Sir Samuel Griffith，1845—1920）援引了 1822 年英国王座法院在"Cox v.Coleridge 案"① 中的判决法理。在判决书中，格里菲斯大法官一针见血地指出了司法权的本质：

> 司法权力是指这样一种权力，它意在裁决争议主体的纠纷，或者裁决该种争议与主体之间的纠纷，不论其权利涉及生命、自由或财产。司法权力的行使只有在那些有约束力的和权威的裁判机构被动采取行动时候才会发生。②

在著名的"凯布尔诉检察局长案"（Kable v. Director of Public Prosecutions）中，一位名叫格里高利·凯布尔（Gregory Kable）的人因杀害其妻子被判处 5 年监禁。1990 年，在狱中服刑的凯布尔写信警告那些试图阻止他与其孩子见面的亲人（包括其前妻的亲属），此后，凯布尔被加刑 16 个月。1994 年，凯布尔提前出狱，此时，新南威尔士议会正好引入了一种预防性羁押（preventive detention）的制度。根据新南威尔士 1994 年《社区保护法》（Community Protection Act 1994），为了防止罪大恶极的犯罪威胁社区的治安，新南威尔士最高法院（Supreme Court of New South Wales）可以预防性地将那些有人身危险性的人员进行羁押，以维护社区的安全。③ 1994 年 12 月 9 日，新南威尔士 1994 年《社区保护法》正式生效并实施。1995 年年初，新南威尔士最高法院基于凯布尔（Kable）对其前妻亲属的威胁事实而裁定凯布尔（Kable）继续被羁押 6 个月。对于这项裁决，凯布尔（Kable）不服，于是提起了司法诉讼。在终审阶段，莫里斯·拜尔斯爵士（Sir Maurice Byers）为凯布尔提供了法律辩护。

1996 年 9 月 12 日，澳大利亚高等法院就"凯布尔诉检察局长案"作出终审判决，认定 1994 年的《社区保护法》的相关规定违宪。事实上，在 1995 年的

---

① Cox v. Coleridge，1 B. & C. 37，49-50，107 Eng. Rep 15（01 January 1822）.
② Huddart，Parker & Co Pty Ltd v Moorehead（1909）8 CLR 330，357.
③ 新南威尔士 1994 年《社区保护法》实际上借鉴了维多利亚州 1990 年的《社区保护法》（Community Protection Act 1990），维多利亚州根据这项立法对加里·戴维（Garry David）实施了"预防性羁押"。

"Grollo v. Palmer 案"中，法院判定立法授权法官作为指定的人行使一些非司法职能不一定会造成宪法上的不相容（constitutional incompatibility），当时法院的推理主要基于"权力分立"的宪法原则。在本案中，法官主要从司法权本身的性质来进行推理，从而发展出了所谓的"机构一致性"（Institutional integrity）的判断标准。在多数法官看来，该法案导致新南威尔士州最高法院所行使的非司法职权与它所应当承担的宪法之下的司法职权不相容。如果允许州最高法院像这样行使非司法职能，则它会使公众对州最高法院的司法信心削弱。因而，1994 年的《社区保护法》的相关规定违反了澳大利亚联邦宪法。同时，高等法院指出各州议会仅可以在宪法第三章之下制定具有防护性质且用于预防性的羁押立法。①换言之，即使获得州立法的授权，州法院也不能被赋予那些与其作为司法机关的角色不一致的职能。

二、法院管辖权问题和案件可受理性问题

（一）司法管辖权（Jurisdiction）

中国关于管辖的问题一般是指级别管辖、地域管辖、移送管辖、指定管辖。②管辖权（Jurisdiction）一词源于拉丁语的"iurisdictio"。在罗马法中，"iurisdictio"意指"为确立公正及宣告正义的必要而生成的权力"（potestas de publico introducta cum necessitate iuris dicendi et aequitatem statuendae）。③

就国际人权法而言，所谓的管辖权是指每个国家根据国际人权法执行其国内法的权力或者某国际法庭执行其规约的权力。正如 O'Keefe 所说："一个国家的'管辖权'……是指该国根据国际法监管自然人和法人行为以及根据其国内

---

① Kable v Director of Public Prosecutions（NSW）（1996）189 CLR 51. In Kable，the High Court held that state parliaments may not confer functions on state courts incompatible with the exercise of federal judicial power under Ch Ⅲ of the Constitution.

② 中华人民共和国民事诉讼法（2021 修正）（1991 年 4 月 9 日第七届全国人民代表大会第四次会议通过，根据 2007 年 10 月 28 日第十届全国人民代表大会常务委员会第三十次会议《关于修改〈中华人民共和国民事诉讼法〉的决定》第一次修正，根据 2012 年 8 月 31 日第十一届全国人民代表大会常务委员会第二十八次会议《关于修改〈中华人民共和国民事诉讼法〉的决定》第二次修正，根据 2017 年 6 月 27 日第十二届全国人民代表大会常务委员会第二十八次会议《关于修改〈中华人民共和国民事诉讼法〉和〈中华人民共和国行政诉讼法〉的决定》第三次修正，根据 2021 年 12 月 24 日第十三届全国人民代表大会常务委员会第三十二次会议《关于修改〈中华人民共和国民事诉讼法〉的决定》第四次修正）第二章。

③ 苏宇：《权力概念的变迁与反思》，载《北大法律评论》2018 年第 1 期。

法监管财产的权力。管辖权可包括民事管辖权和刑事管辖权。"①国际人权法上的管辖权并不一定意味着普遍管辖权，相反，除了其特殊的事项，国际人权法并不存在普遍管辖权。②《公民权利及政治权利国际公约》第 2 条第 1 款非常明确地规定："本盟约缔约国承允尊重并确保所有境内受其管辖之人……一律享受本盟约所确认之权利。"从这条规范来看，国际人权的保障首先而且必须是"在其管辖"（within its jurisdiction）范围内实施的，否则，一个国家可能以人权为借口侵犯另一个国家的主权，这就违反了"平等者无管辖权"（par in parem non habet imperium / par in parem non habet jurisdictionem）的国际关系准则。③ 国际性的司法裁判机关在处理涉及人权的纠纷时往往会在程序审理阶段对管辖权问题先行作出判断，只有管辖权问题解决了，这些机构才能进入下一阶段的审理，如果管辖权不存在，即便再权威的国际机构也不能对实体问题作出判断。2021年 2 月 4 日，国际法院下达"卡塔尔诉阿联酋案"的初步异议判决，在此案中，国际法院大法官们以 11 票对 6 票的多数意见认为，法院没有管辖权受理卡塔尔国于 2018 年 6 月 11 日提出的诉讼请求。④

就宪法而言，国家的管辖权有三种行使方式，分别与政府的三个部门相对应。首先是立法管辖权，它是指宪法将立法权授予特定的立法机关，立法机关可以在权限范围自行立法。其次是司法管辖权，它是指法院根据宪法和法律之规定对某一类司法问题享有判断的权力。最后是执行管辖，它是指国家行政机关忠实地依据宪法实施法律的权力。

在诉讼或者诉愿的语境中，学者们所说的"管辖权"通常是指"司法管辖权"。概括而言，司法管辖权可以分为两类：对人管辖权（jurisdiction ratione personae）和对物管辖权（jurisdiction ratione materiae）。前者是指法院具有的在诉讼中确立双方当事人权利和义务的权限，并且其本身具有约束当事人的权力。

---

① O'Keefe，Roger：《普遍管辖权：澄清基本概念》，载《国际刑事司法杂志》，2004 年第 3 期；另参见 Yee，Sienho：《普遍管辖权：概念、逻辑和现实》，载《中国国际法论刊》 2011 年第 3 期。

② 希金斯、科伊曼斯和比尔根塔尔法官在"逮捕令案"的联合个别意见中认为，除了对海盗行为，国际社会的实践中尚不存在普遍管辖权。See Judges Higgins，Kooijmans and Buergenthal，Joint Separate Opinion in the Arrest Warrant of 11 April 2000（D. R. Congo v. Belgium）case，2002 I. C. J. 63，76，para. 45.

③ 涂云新：《经济、社会、文化权利论纲》，中国法制出版社 2020 年版，第 373 页。

④ Application of the International Convention on the Elimination of All Forms of Racial Discrimina-tion（Qatar v. United Arab Emirates），Preliminary Objections，Judgment，I. C. J. Reports 2021，p. 71，para. 115.

后者是指法院具有的通过裁判诉讼标的物的法律地位从而决定与该物有关的所有当事人权利义务的管辖权。①

　　在以英美为代表的普通法系国家，如果普通法上对损害基本权利的某种特定行为不能提供充分的救济时，受害人有权在衡平法上申请禁制令（Injunction）来作为补救，在此种情况下，法院所获得的管辖权在学理上被称为"衡平管辖权"（Equitable jurisdiction）。②"衡平管辖权"的用意在于防止将来某种损害行为的发生，而不是对已发生的损害给予补偿，当然，这种管辖权在很多时候也会适用于那些非金钱损害赔偿。在基本权利侵权案件诉诸司法后，法官可以应当事人的请求发出临时性禁制令（Interim Injunction）或者永久性禁制令（Permanent Injunction），防止侵权危害的进一步扩大。衡平管辖权赋予了法院极大的自由裁量权，法官可以基于自己的良心和正义观念结合案件具体的情况来决定是否提供救济。但这是否意味着法官所享有的衡平管辖权就不受限制呢？答案是否定的。针对禁制令的"对世效力"（Effect Contra Mundum），英国最高法院在 2023 年的"伍尔弗汉普顿市政委员会诉伦敦吉普赛人和游居者"（Wolverhampton City Council v. London Gypsies and Travellers）一案中从法理上给予了澄清。三位大法官 Lord Reed, Lord Briggs 和 Lord Kitchin 认为，法院在公平和正义理念指导下应该从以下几个方面来判断是否行使衡平管辖权：（1）只有当普通法上的救济不足时，法院才可以触发衡平管辖权；（2）法院行使衡平管辖权之后，应当审查实体问题而非形式问题；（3）法院可采取灵活宽松的方式（flexible approach）提供救济；（4）衡平管辖权的法律原则和实践需要在不断变

---

① 李庆明：《论美国〈外国人侵权法令〉诉讼中的管辖权》，载《美国研究》2012 年第 1 期；William M. Richman & William L. Rieynolds, Understanding Conflict of Laws（3rd ed., Matthew Bender & Company, Inc., 2002）, p. 121；Bryan Garner（eds.）, Black's Law Dictionary（8th ed., West Group, 2004）, p. 870.

② 在中国现行的法律体系中，民事强制措施的典型表现有二，一是家庭暴力案件中的人身安全保护令，例如，《中华人民共和国反家庭暴力法》第 25 条规定："人身安全保护令案件由申请人或者被申请人居住地、家庭暴力发生地的基层人民法院管辖。"二是人格权禁令。例如，《中华人民共和国民法典》第 997 条规定："民事主体有证据证明行为人正在实施或者即将实施侵害其人格权的违法行为，不及时制止将使其合法权益受到难以弥补的损害的，有权依法向人民法院申请采取责令行为人停止有关行为的措施。"此一规定被很多中国学者认为是"人格权禁令"，相关论述参见王利民：《和而不同：隐私权与个人信息的规则界分和适用》，载《法学评论》2021 年第 2 期；张素华：《论人格权禁令的性质及司法适用》，载《比较法研究》2021 年第 6 期。

化的语境中"因时而变",此种管辖权的宽度和弹性不应该被类型化的概念限定死了。①

（二）案件可受理性问题（Admissibility/Zulässigkeit）

法院就一个案件享有司法管辖权并不意味着法官可以直接进入案件实体阶段的审判。在实体判决阶段之前,法院还必须确信它所审理的案件是可以受理的。案件的可受理性在英文中叫作"Admissibility",在德语中叫作"Zulässigkeit"。

耶路撒冷希伯来大学教授兼联合国人权事务委员会委员尤瓦尔·沙尼（Yuval Shany）严格区分了管辖权和可受理性两个概念。在沙尼教授看来,"管辖权规则"是一个基于类型的过滤装置（Category-based filter）,而"可受理性规则"允许法院在个案中享有更大的裁量自由。②

英国高等法院布彻法官（Justice Butcher）在 2018 年的"PAO Tatneft v. Ukraine 案"中指出了管辖权问题和可受理性问题的区分在于:

> 管辖权问题涉及法庭是否有权判断争议的是非曲直;可受理性问题则涉及法庭是否会就提交给它的诉求行使该权力。③

《欧洲人权公约》第 34 条（个人申诉）和第 35 条（案件受理标准）中规定的所有受案标准都需要在法院判例的背景下进行判断。一个个人申诉案件具有法律意义上的可受理性往往需要满足以下条件:（1）申诉人必须能够证明他/她是公约被违反的受害者;（2）申诉必须在"六个月时限"（six-month time-limit）内提出;（3）申诉人必须"穷尽国内救济"（exhaustion of domestic remedies）;（4）申诉人的诉求必须不得被认为是"明显无正当理由"（manifestly ill-founded）。同时,法院还必须对案件具有"属事管辖"（ratione materiae）或者"属人管辖"（ratione personae）。《欧洲人权公约》第 34 条明确规定:"欧洲人权法院可以接受任何个人、非政府组织或个人群体声称其为缔约国违反公约及其议定书所规定权利的受害人而提起的申诉……"在"Loizidou v. Turkey 案"

---

① Wolverhampton City Council and others（Respondents）v. London Gypsies and Travellers,［2023］UKSC 47, paras. 21 & 238.

② Yuval Shany, Jurisdiction and Admissibility, in Cesare P. R. Romano, Karen J. Alter, and Yuval Shany（eds.）The Oxford Handbook of International Adjudication（Oxford University Press, 2014）, p. 800; Yuval Shany, Questions of Jurisdiction and Admissibility before International Courts（Cambridge University Press, 2015）.

③ PAO Tatneft v. Ukraine［2018］EWHC 1797（Comm）（13 July 2018）, para. 97.

和 "Mamatkulov and Askarov v. Turkey 案" 中，欧洲人权法院判定：《欧洲人权公约》第 34 条规定的个人申诉权利，赋予了个人在国际层面采取法律行动的实在权利，同时也是欧洲人权公约体系有效性的基本保障之一，是人权保护机制的关键组成部分。公约作为活的法律文件（living instrument），应当按照当今社会情势（present-day conditions）来进行解释。[1]

第三节　宪法裁判机构的管辖权和可受理性问题

从比较宪法的角度来看，全世界的宪法裁判机构的主要类型大致可以分为以下几种类型：（1）普通法院模式（典型代表是美国、印度、英国、澳大利亚、加拿大等国）；（2）宪法法院模式（典型代表是德国、俄罗斯、奥地利、南非、意大利、西班牙、韩国等国）；（3）专门委员会模式（典型代表是法国）。在很多情况下，宪法裁判机关在普通法系国家或地区一般表现为普通法院模式，在大陆法系国家或地区主要表现为非普通法院模式。当然，上述规律也有例外，比如，南非属于以普通法系传统为主的混合法系国家，该国也建立了宪法法院。

一、普通法系中基本权利案件的管辖权和可受理性问题

在许多普通法系国家，普通法院有权通过审理具体诉讼案件的司法程序来审查有关立法、行政是否合宪，进而引发对宪法条文和宪法精神的阐释。[2]美国联邦最高法院在著名的"马伯里诉麦迪逊案"中确立了由普通法院对法律的合宪性进行司法审查的宪法监督模式。所谓司法审查是指法院通过司法程序来审查和裁决立法和行政机关制定的法律、法规和命令，以及政府和官员的行为是否违反宪法的一种权力行使方式。

《印度宪法》第 3 编在罗列了一系列的基本权利之后，明确将基本权利视为一种可以直接通过司法救济而得到实现的权利。按照《印度宪法》第 32 条第 1

---

① 欧洲理事会/欧洲人权法院：《欧洲人权法院案件受理标准实践指南》，2014 年 8 月，第 7 段；Council of Europe/European Court of Human Rights, Practical Guide on Admissibility Criteria（1 August 2021）https：//www.echr.coe.int/Documents/Admissibility _ guide _ ENG.pdf（2022 年 12 月 27 日访问）

② 陈国飞：《美国宪法解释机制的运行模式》，载《人民法院报》，2015 年 12 月 4 日，第 6 版。

款和第 2 款之规定①，印度最高法院能够直接对基本权利的侵害提供司法救济，法院有权下达它认为对实施基本权利而言适当的命令或者令状，这些令状包括人身保护令状（Writ of Habeas Corpus）、强制令状（Writ of Mandamus）、禁止令状（Writ of Prohibition）、权利开示令状（Writ of Quo warranto）以及调卷令状（Writ of Certiorari）。②在"苏尔塔纳·米尔扎诉北方邦案"（Sultana Mirza v. State of Uttar Pradesh）中，印度最高法院判定它作为宪法性的审判机构有义务监督宪法道德和公民基本权利的保障。③

在普通法系国家或地区，司法机关在处理基本权利侵权案件时所采用的司法技术大体相同。在确立了法院拥有对相关基本权利案件的管辖权后，法官还必须从以下几个方面判断案件是否具有可受理性。第一，必须穷尽司法或者非司法救济途径后，当事人的基本权利仍然无法得到保障。第二，时限条件必须成就。当事人必须在规定的诉讼时限内将基本权利案件提交到法院。当事人在这一点上要负担举证责任。第三，所提交的案件需要符合"一事不再理"原则。若法院已经就该案件作出判决或该案件正由另一法院审理，法官会宣布此案为不可受理的事项。第四，案件所涉及的实体权利不得为不可受理的属事（ratione materiae）。第五，当事人必须排除证据明显不足的情况（manifestly ill-founded）。

二、大陆法系中基本权利案件的管辖权和可受理性问题

在建立宪法法院的国家，宪法法院专司宪法解释，通过审理具体诉讼案件的司法程序来确保宪法得以实施。奥地利宪法法院开创了世界宪法法院制度的先河。奥地利宪法法院最早是 1920 年在宪法学家汉斯·凯尔森（Hans Kelsen, 1881—1973）的倡导和主持下设立的，凯尔森本人即为宪法法院的法官之一，并一直任职至 1929 年。针对宪法法院的功能，凯尔森曾言："宪法法院是消极的立法者。"④

---

① The Supreme Court shall have power to issue directions or orders or writs, including writs in the nature of habeas corpus, mandamus, prohibition, quo warranto and certiorari, whichever may be appropriate, for the enforcement of any of the rights conferred by this Part. 印度最高法院有权签发它认为适当的一切指令、命令或者令状，包括人身保护令状、强制执行令状、禁止令状、权利开示令状以及调卷令状，用以实施本编所赋予的任何权利。

② Constitution of India（As of May, 2022），Art. 32（1），（2）.

③ Sultana Mirza v. State of Uttar Pradesh, Writ-C No. 17394 of 2020（2 November 2020）.

④ Hans Kelsen, Wesen und Entwicklung der. Staatsgerichtsbarkeit, VVdStRL 5（1929），S. 30（55 f.）；Allan R. Brewer-Carías, Constitutional Courts as Positive Legislators: A Comparative Law Study（Cambridge University Press, 2011），pp. 497-520.

"二战"后，《德国基本法》将解释宪法、监督宪法实施的职能赋予了联邦宪法法院（Bundesverfassungsgericht/ BVerfG）。在实践中，宪法法院的宪法解释与宪法审查职能是重合的，即在宪法审查的过程中对宪法进行解释，并据此审查立法、行政和司法机关的行为是否合宪。根据《德国基本法》第 93 条及第 100 条之规定，德国联邦宪法法院的管辖权主要包括：（1）宪法诉愿（Verfassungsbeschwerde）；（2）抽象法规审查（Abstrakte Normenkontrolle）；（3）具体法规审查（Konkrete Normenkontrolle）；（4）联邦机关之间的争议事项（Organstreitigkeiten）；（5）联邦与州之间的机关争议事项；（6）联邦选举争议事项；（7）弹劾案件；（8）政党违宪解散案件。在德国联邦宪法法院的实践中，公民大多数情况下通过宪法诉愿来寻求基本权利的救济。在法院认定它具有管辖权后，还需要审查这些诉愿的可受理性条件，主要包括：（1）主体条件，申请人必须是拥有基本权利的适格主体；（2）申请标的，国家公权力机关违反了基本权利保护义务的行为才能成为申请的标的；（3）时限条件，申请人必须在合理的诉愿期限内提起；（4）穷尽了防御基本权利侵害在程序法上的其他救济方式；（5）形式条件，申请人必须以书面的方式提请。

在法国，合宪性（constitutionnalité）审查职能由专门的宪法委员会（Conseil Constitutionnel/CC）来行使。宪法委员会的判决通常有两种，一种是普通法律之合宪性审查判决（Contrôle de Constitutionnalité/ DC），这是 1958 年法国宪法授予宪法委员会的传统职能。另一种是合宪性先决问题（Question Prioritaire de Constitutionnalité/ QPC）判决，这是 2008 年宪法修正案授予宪法委员会的新型职能。《法国宪法》第 61-1 条规定："如果在法庭诉讼过程中，有人主张立法规定侵犯了其宪法保障的权利和自由，该合宪性问题可以由最高行政法院或最高法院提交给宪法委员会在确定的时间内决定。本条适用的条件应由组织法决定。"目前，宪法委员会处理的"合宪性先决问题"已经远远超过了普通法律之合宪性审查判决（DC）的数量。

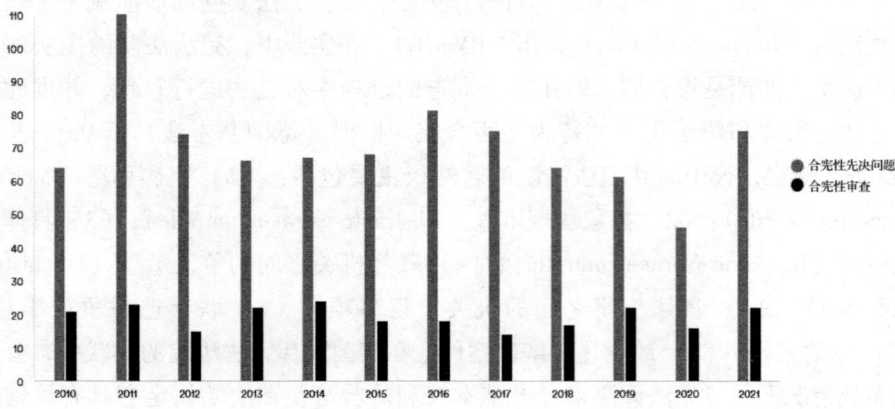

图6-1 宪法委员会受理案件类型对比图（2010—2021）

（资料来源：法国宪法委员会，2021年12月31日）①

表6-1 法国宪法委员会受理案件情况统计（1959—2021）

普通法律之合宪性审查（Saisines DC）	数量（1959—2021）	合宪性先决问题（Saisines QPC）	数量（2010—2021）
总统提请	14	行政法院提请	437
总理提请	203	普通法院提请	541
国民议会主席提请	49	—	—
参议员主席提请	52	—	—
国民议会代表提请	465	—	—
参议员提请	330	—	—
总数	1113	总数	978

（表格来源：法国宪法委员会，2021年12月31日）②

1. 普通法律之合宪性审查的可受理性标准

普通法律之合宪性审查是1958年宪法颁布之后宪法委员会最为传统的职权。它在本质上是一种事前审查（le contrôle de constitutionnalité a priori）。宪法委员会在对一项法律进行事前的合宪性审查时受到两个方面的限制：第一是提诉方式（saisine）上的限制，即并非所有人都有资格向宪法委员会要求对某一

---

① https：//www. conseil-constitutionnel. fr/bilan-statistique.

② https：//www. conseil-constitutionnel. fr/bilan-statistique（访问时间：2022年5月3日）。

部法律是否符合宪法进行审核。自 1959 年宪法委员会成立后，起初按规定只有总统、总理、国民议会议长、参议院议长这四位国家最高政治人物才有权提请合宪性检查；1974 年起，提诉人扩大至 60 名联署国民议会议员或 60 名联署参议员；公民不能直接或间接向宪法委员会提诉。第二是"事先审查"（a priori）的限制，即合宪性审查的对象只是已获得议会两院最终表决通过，但还没有经总统签署正式颁布的法律；宪法委员会须在一个月内作出裁定；任何法律一经正式颁布后，便不可能再送交宪法委员会请求审查其是否符合宪法。①

2. 合宪性先决问题中的可受理性标准

2008 年 6 月 23 日，在法国萨科齐政府（Nicolas Sarkozy）的推动下，法国议会通过了 2008 年宪法修正案，在原宪法中增订了第 61-1 条，引入了"合宪性先决问题"（Question prioritaire de constitutionnalité/ QPC）② 制度，该项制度允许法国公民以及在法国生活的外国人在诉讼过程中对适用于案件的法律本身是否符合宪法进行质疑，若符合宪法委员会（CC）的可受理性条件，则宪法委员会可以对系争案件所依据的法律的合宪性先行做出裁判。法国宪法委员会的"合宪性先决问题"（QPC）于 2010 年 3 月 1 日正式开始运行。

在"合宪性先决问题"（QPC）运行之后，任何"归法院管辖的人"（justiciable）③ 均有权在普通司法诉讼程序中对系争案件本身的法律的合宪性进行质疑，当事人提出"合宪性先决问题"（QPC）的范围涵盖了除法国重罪法院（Cour D'assises）以外的任何法院所审理的案件。也就是说，在法国，任何"归法院管辖的人"（justiciable）都可以在各级普通法院、行政法院、专门法院提起"合宪性先决问题"，而当事人亦可以诉讼的初审、上诉、最高上诉阶段以及在任何诉讼程序（包括紧急审理程序和普通程序）中提出"合宪性先决问题"。④

法国宪法委员会（CC）审理"合宪性先决问题"必须满足一定的可受理性条件。在宪法委员会的实践中，上述可受理性条件一般包括三个：

第一，案件本身的性质适合于"合宪性先决问题"，它不会造成宪法委员会

---

① Dominique Rousseau,《 L'art italien au Conseil constitutionnel 》, Gazette du Palais, édition générale, 20 octobre 2010, p. 12-15.

② 英文可以翻译为"Priority Question of Constitutionality"

③ 法国法中的"justiciable"意指"归法院管辖的人"，不仅包括法国公民也包括任何在法国的外国人。

④ Anne-Marie Le Pourhiet, La limitation du pouvoir politique : la garantie des droits subjectifs face à la démocratie politique, Revue française de droit constitutionnel, 2015/2（n° 102）, pages 277 à 286.

处理一个先行判决问题（question préjudicielle）①。为此，在第 2009-1523 号《宪法委员会组织法》② 的约束下，"归法院管辖的人"（justiciable）必须在普通案件的审理中撰写单独的书面司法文书，说明当事人向宪法委员会提交的申请不是一个先行判决问题（question préjudicielle），而是一个"合宪性先决问题"。

第二，新颖性要求（être nouvelle）。按照 2009 年修订后的《宪法委员会组织法》第 23-1 条的规定，"归法院管辖的人"（justiciable）必须向宪法委员会证明其所提交的"合宪性先决问题"是之前"从未被提出的"（inédite, jamais posée）。③例如，法国最高行政法承认，当事人诉诸的原则，若是共和国法律所承认，但尚未经宪法委员会承认该原则存在者，该问题仍然具备新颖性，而得申请释宪。④在使用这个规则时，宪法委员会也承认了有限的例外，即如果情势变迁（changement de circonstances）后，之前已经处理过的问题仍然可以被宪法委员会受理。在 2010 年 7 月 30 日的第 14/22 号"合宪性先决问题"（QPC）中，宪法委员会判定，法国刑事诉讼法（Code de Procédure Pénale）中警察羁押（garde à vue）的问题虽然已经被宪法委员会处理过了，但是由于法律修改（changement de droit）和事实的变化（changement de fait），宪法委员会仍然可以对系争案件所依据的相关法律进行合宪性问题的先行判断。（que ces modifications des circonstances de droit et de fait justifient un réexamen de la constitutionnalité des dispositions contestées.）⑤

第三，严肃性要求（présenter un caractère sérieux）。按照 2009 年修订后的《宪法委员会组织法》第 23-2 条的规定，"归法院管辖的人"必须向宪法委员

---

① 此处的先行裁判问题类似于欧盟法院的"先予裁决"。See Millet, F., & Perlo, N. (2015). The First Preliminary Reference of the French Constitutional Court to the CJEU: Révolution de Palais or Revolution in French Constitutional Law? German Law Journal, 16 (6), 1471-1490.

② Organic law no . 2009-1523 of December 10, 2009 relating to the application of article 61-1 of the Constitution.

③ Article 23-2, Ordonnance n° 58-1067 du 7 novembre 1958 portant loi organique sur le Conseil constitutionnel.

④ 林庆郎：《法官在人民申请释宪程序之新角色：最高行政法院之选案权》，载《司法周刊》2015 年第 1758 期。

⑤ Conseil constitutionnel, Décision n° 2010-14/22 QPC du 30 juillet 2010；ECLI：FR：CC：2010：2010. 14. QPC, para. 18.

会证明其所提交的"合宪性先决问题"具有严肃的性质。①法国学者 Sébastien Brameret 认为最高行政法院必须避免造成两个对立矛盾的极端，一端是照单全收式的转送（transmettre systématiquement），如此会造成违宪审查的阻塞，失去宪法改革之效率目标；另一端是若阻碍先决问题之转送也会"中和"掉应有的筛选功能（la neutralisation），而剥夺了新制度的真正效果，危及 QPC 制度之长久存续性。② 2012 年，时任法国最高行政法院副院长的 Jean-Marc Sauvé 和 Bernard Stirn 在报告中指出了当事人提交申请"不具备严肃性"的几种典型情形：（1）怪诞且纯粹拖延；（2）考量个别诉讼之目的，违反宪法保障自由之情形并非严重；（3）立法者对于不同主体间之差别待遇并非明显不公平；（4）立法者并未违反其权限。③

在保障基本权利的司法实务中，世界上许多国家的宪法裁判机构都尝试以一种"司法对话"的方式来寻求某种一致性的原则。现在世界上已经形成了一些区域性的宪法法院的对话协会，例如，欧洲宪法法院协会、法语国家宪法法院联盟、英联邦法院协会、葡语国家宪法审判机构协会、非洲宪法法院协会、欧亚宪法审查机构协会、亚洲宪法法院暨等同机构协会、阿拉伯宪法法院及委员会联盟、伊比利亚美洲宪法机构协会。在威尼斯委员会的推动下，2011 年 5 月 23 日，世界宪法法院协会（World Conference on Constitutional Justice/ WCCJ）在布加勒斯特（Bucharest）正式成立。该组织聚集了 118 个国家的最高法院、宪法法院、宪法委员会作为其成员。协会建立的目标是促进全世界各国宪法裁判机构的"交叉生殖"（Cross Fertilisation）。按照协会章程，它的秘书处设置在威尼斯委员会。④

---

① Article 23-2, Ordonnance n° 58-1067 du 7 novembre 1958 portant loi organique sur le Conseil constitutionnel.

② Sébastien BRAMERET,《La motivation des décisions d'irrecevabilité des questions prioritaires de constitutionnalité par le Conseil d'État》, in《Un an de QPC》, Dossier réalisé sous la direction de F. Chaltiel et L. Guilloud, LPA, 5 mai 2011, n° 89, p. 18 et s. 转引自林庆郎：《法官在人民申请释宪程序之新角色：最高行政法院之选案权》，载《司法周刊》2015 年第 1758 期。

③ 林庆郎：《法官在人民申请释宪程序之新角色：最高行政法院之选案权》，载《司法周刊》2015 年第 1758 期。

④ CDL-WCCJ-GA（2017）010-e, Revised Statute of the World Conference on Constitutional Justice, as amended by the 2nd General Assembly, Vilnius, 12 September 2017, Art. 4.

表 6-2　宪法裁判机构联盟或协会

组织名称	英文名称
世界宪法法院协会	World Conference on Constitutional Justice（WCCJ）
欧洲宪法法院协会	Conference of European Constitutional Courts（CECC）
法语国家宪法法院联盟	Association of Francophone Constitutional Courts（ACCF）
英联邦法院协会	Commonwealth Courts
葡语国家宪法审判机构协会	Conference of Constitutional Jurisdictions of the Portuguese-Speaking Countries（CJCPLP）
非洲宪法法院协会	Conference of Constitutional Jurisdictions of Africa（CCJA）
欧亚宪法审查机构协会	Eurasian Association of Constitutional Review Bodies（EACRB）
亚洲宪法法院暨等同机构协会	Association of Asian Constitutional Courts and Equivalent Institutions（AACC）
阿拉伯宪法法院及委员会联盟	Union of Arab Constitutional Courts and Councils（UACCC）
伊比利亚美洲宪法机构协会	Ibero-American Conference of Constitutional Justice（CIJC）

（表格来源：作者自制）

第四节　起诉资格问题（locus standi）

在基本权利的司法救济方面，司法机关首先要确定的是"谁可以提起诉讼"的问题，一般说来，只有基本权利受到侵害的受害者才享有这种起诉资格。按照 1985 年的《为罪行和滥用权力行为受害者取得公理的基本原则宣言》（Declaration of Basic Principles of Justice for Victims of Crime and Abuse of Power）[1] 之规定，"受害者"（Victims）一词系指个人或整体受到伤害包括身心损伤、感情痛苦、经济损失或基本权利的重大损害的人，这种伤害是由于触犯会员国现行刑事法律，包括那些禁止非法滥用权力的法律的行为或不行为所造成。基本权利的受害者一般会遭受身体或精神伤害、经济损失，受害者可以是个体性的，也可以是集体性的，它包括直接受害者和间接受害者两种情形，直接受害者的家庭成员或被抚养人也可以成为间接的受害者。《欧洲人权公约》第 34 条规定："法院可以接受任何个人、非政府组织或者个人团体提出的声称自己是公约和议

---

① UN Doc. A/RES/40/34（29 November 1985）.

定书所保障的权利遭到一个缔约方所侵犯的受害人的申诉。缔约方承诺不以任何方式阻止有关当事人有效地行使此项权利。"在"瓦利安纳托斯等人诉希腊案"（Vallianatos and Others v. Greece）中，欧洲人权法院判定"受害人"一词是指那些直接或间接受到所宣称的违反公约的行为影响的个人或群体。因此，公约第 34 条不仅关涉受到侵犯的直接受害人，同样也关涉任何因侵犯而至损或最终有切身相关利益的间接受害人。①

一、"案件"或"争议"的确立

在比较法学中，所谓的"争端"是指当事方之间"在法律或事实问题上的分歧，法律观点或利益的冲突"②。司法所处理的法律争端意味着当事人之间就一项或者多项事实问题或法律问题的观点或者利益存在分歧和不一致（disagreement）。③对于一个初步证明（prima facie）的案件或争议，原告必须提供足以支持其诉讼请求的证据来证明此种法律争端确实存在，如果被告不能够提出相反的证据予以反证，则拥有管辖权的法院有义务判决被告败诉。

《美利坚合众国宪法》第 3 条第 2 款第 1 项规定：

> 司法权的适用范围包括：由于本宪法、合众国法律和根据合众国权力已缔结或将缔结的条约而产生的一切普通法和衡平法的案件；涉及大使、公使和领事的一切案件；关于海事法和海事管辖权的一切案件；合众国为一方当事人的争议；两个或两个以上州之间的争议；一州和他州公民之间的争议④；不同州公民之间的争议；同州公民之间对不同州让与土地的所有

---

① Vallianatos and Others v. Greece - 29381/09 32684/09 - Grand Chamber Judgment［2013］ECHR 1110（07 November 2013），para. 47.

② Mavrommatis Palestine Concessions, Judgment No. 2, 1924, P. C. I. J., Series A, No. 2, p. 11.

③ Obligations concerning Negotiations relating to Cessation of the Nuclear Arms Race and to Nuclear Disarmament（Marshall Islands v. United Kingdom），Preliminary Objections, Judgment, I. C. J. Reports 2016, p. 849, para. 37（quoting Mavrommatis Palestine Concessions, Judgment No. 2, 1924, P. C. I. J., Series A, No. 2, p. 11）.

④ 在"奇泽姆诉乔治亚州案"［Chisholm v. Georgia, 2 U. S.（Dallas 2）419（1793）］中，联邦最高法院裁定，由于宪法第三条中给予最高法院司法管辖权，因此各州并不能从公民的起诉中享有豁免。1795 年 2 月 7 日生效的《美利坚合众国宪法第十一条修正案》推翻了"奇泽姆诉乔治亚州案"这一判例。按照第十一修正案之规定："合众国的司法权，不得被解释为可以扩展到受理由他州公民或任何外国公民或臣民对合众一州提出的或起诉的任何普通法或衡平法的诉讼。"

权的争议；一州或其公民同外国或外国公民或国民之间的争议。①

联邦宪法第 3 条第 2 款第 1 项所谓的"案件或争议"界限到底是什么呢？在司法实务中，法院认为，当事人之间的争议可能因事实的发展和变化而停止。假如双方起初存在争议，但是随着时间的推移，这种争议已经被化解了的话，则法院就会丧失管辖权。

一般说来，当事人之间的争议和分歧应当在特定时间段内真正形成之后诉至法院，法院才会受理。如果当事人之间的争议和分歧还处在急剧的发展和变化中，此时的争议还未真正成熟，法院不应该贸然审理或者介入当事人提交的诉讼，这就是案件的成熟性原则（Ripeness Doctrine）。相反，如果当事人之间的案件或争议在立案时存在，但是在案件审理中又消失或者停止了，法院原则上也会终止案件的审理，因为此时法院继续审理已经对当事人的权利义务没有实质影响。这就是著名的"案件过熟原则"（Moot Doctrine），或者可被称为"继续审理已无意义"。

一项纠纷或者争议如果在立案时存在，但是在司法审理中，双方当事人的纠纷或者争议已经消失或者停止了，在这种情况下，法院是否必须一概适用"案件过熟原则"（Moot Doctrine）而终止案件的审理呢？这取决于法律上的争议是否还继续存在。虽然当事人在案件审理中的纠纷停止了，但是，该案件仍然在法律上是"有争议的"，法院可以继续对法律上的争议作出裁决。在这方面，著名的案例是 1973 年的"罗伊诉韦德案"（Roe v. Wade）。在此案的审理中，化名为珍妮·罗（Jane Roe）的诺玛·麦科威（Norma McCorvey）实际上已经被允许实施堕胎了，但是，联邦最高法院仍然继续审理了该案件中"法律上的争议"。正如哈利·布莱克蒙大法官（Justice Harry Blackmun）所言，此案中的法律问题依然"能够重复，但是却可躲避司法审查"（It truly could be "capable of

---

① The judicial Power shall extend to all Cases, in Law and Equity, arising under this Constitution, the Laws of the United States, and Treaties made, or which shall be made, under their Authority; to all Cases affecting Ambassadors, other public Ministers and Consuls; to all Cases of admiralty and maritime Jurisdiction; to Controversies to which the United States shall be a Party; to Controversies between two or more States; between a State and Citizens of another State ; between Citizens of different States; between Citizens of the same State claiming Lands under Grants of different States, and between a State, or the Citizens thereof, and foreign States, Citizens or Subjects.

repetition, yet evading review"① ）。哈利·布莱克蒙大法官在判词中写道：

> 怀孕状态是本案中的重要事实，通常 266 天的妊娠期相比司法程序是短暂的，它使得有怀孕总是会在上诉审理完成之前进入一个新的阶段。如果这会使得一个案件继续审理无意义（moot），则孕妇诉讼就极少会超越初审阶段，进一步而言，上诉审查也将会被事实上驳回……怀孕状态提供了一个得出继续审理仍然有意义（nonmootness）的典型正当化事由。②

在著名的 1911 年"马斯克拉特诉美国案"（Muskrat v. United States）中，美国国会通过了一项法案，该法案允许美洲原住民提起针对联邦政府的诉讼，从而由法院决定原住民土地分配的法律是否符合宪法。该法案还规定，在这类诉讼中，案件双方的诉讼费用应由美国财政部承担。马斯克拉特（David Muskrat）等人由于对国会通过的这项法案不满而直接向法院提起了司法诉讼。③经过一系列司法程序，怀特法院最终审理了此案。法院认为，尽管本案以合众国作为被告，但是，马斯克拉特和合众国之间并不存在真正的争议，如果法院对此案进行判决，那么这就意味着法院在没有真正司法争议的条件下提出了咨询意见（advisory opinion）。怀特法院最终判定驳回该诉讼，其理由是马斯克拉特和合众国之间尚未形成真正的司法争议，从而未能满足宪法第 3 条第 2 款第 1 项所规定的"案件或争议"（Cases or Controversies）。

---

① Southern Pacific Terminal Co. v. ICC, 219 U. S. 498, 515 (1911). See Moore v. Ogilvie, 394 U. S. 814, 816 (1969); Carroll v. Princess Anne, 393 U. S. 175, 178–179 (1968); United States v. W. T. Grant Co. , 345 U. S. 629, 632–633 (1953). See later cases such as Kingdomware Techs. , Inc. v. United States, 136 S. Ct. 1969, 1976 (2016); Turner v. Rogers, 564 U. S. 431, 439–41 (2011); Davis v. FEC, 554 U. S. 724, 735–36 (2008); FEC v. Wis. Right to Life, Inc. , 551 U. S. 449, 462 (2007); Norman v. Reed, 502 U. S. 279, 287–88 (1992).

② Pregnancy is a significant fact in the litigation, the normal 266-day human gestation period is so short that the pregnancy will come to term before the usual appellate process is complete. If that termination makes a case moot, pregnancy litigation seldom will survive much beyond the trial stage, and appellate review will be effectively denied…Pregnancy provides a classic justification for a conclusion of nonmootness. Roe v. Wade, 410 U. S. 113, 125 (1973).

③ Muskrat v. United States, 219 U. S. 346 (1911).

二、斯卡利亚大法官和"起诉资格原则"

在 1990 年的"Whitmore v. Arkansas 案"① 中，联邦最高法院指出，宪法第三条之中的"案件"（Cases）和"争议"（Controversies）条款旨在"识别适合通过司法程序解决的纠纷"，这就要求司法部门确立一种起诉资格原则（Standing to Sue Doctrine）。所谓的起诉资格原则是指在司法审查中当事人对某一被诉行为提出异议和挑战，请求法院进行审查和救济的一种资格。在 1984 年的"艾伦诉赖特案"（Allen v. Wright）中，联邦最高法院裁定公民无权根据联邦政府机构的裁决可能对第三方产生的影响提起诉讼。②在此案中，法院进一步区分了谨慎性的起诉资格（Prudential Standing）和核心起诉资格（Core Standing），其中，核心起诉资格要么由宪法规定，要么由制定法限定。如此一来，起诉资格就可以被分为三类："宪定的起诉资格"（Constitutional Standing）、"法定的起诉资格"（Statutory Standing）和"谨慎性的起诉资格"（Prudential Standing）。

在 1992 年的"卢汉诉野生动物保护者协会案"（Manuel LUJAN, Jr., Secretary of the Interior, Petitioner v. Defenders of Wildlife, et al.）③ 中，根据 1973 年《濒危物种法》（*Endangered Species Act*）第 7（a）（2）条之规定，政府保护濒危物种的法律责任被委任给内政部长（Secretary of the Interior）和商务部长（Secretary of Commerce），而且，两部门有义务在任何政府资助的项目中确保不得危及、破坏或者损害濒危物种的生存。起初，美国内政部和商务部在其制定的政府规章中将《濒危物种法》第 7（a）（2）条的适用范围扩大到所有美国政府资助的项目（国内项目和海外项目）中。1986 年，美国内政部和商务部公布了修订后的政府规章，改变了之前的做法，仅仅将《濒危物种法》第 7（a）（2）条的适用范

---

① Whitmore v. Arkansas, 495 U.S. 149, 155, 110 S.Ct. 1717, 1722, 109 L. Ed. 2d 135 (1990).

② Allen v. Wright, 468 U.S. 737, 751, 104 S.Ct. 3315, 3324, 82 L. Ed. 2d 556 (1984).

③ Lujan v. Defs. of Wildlife, 504 U.S. 555, 559, 112 S.Ct. 2130, 2135, 119 L. Ed. 2d 351 (1992). 注意：1992 年的"卢汉诉野生动物保护者协会案"不同于 1990 年的"卢汉诉全国野生动物保护联盟案"，See Lujan v. Nat'l Wildlife Fed'n, 497 U.S. 871, 873, 110 S. Ct. 3177, 3180, 111 L. Ed. 2d 695 (1990).

围限定在美国领土及国际公共水域上。① 包括野生动物保护者协会在内的多家环保组织认为内政部和商务部公布的政府规章豁免了政府在《濒危物种法》第 7 （a）（2）条之下政府境外项目的环保法律责任，这种豁免会导致美国政府所资助的境外项目逃脱《濒危物种法》的规制，极有可能对境外项目中的濒危物种的栖息地造成威胁，因而，政府的这种行为极有可能会对动物环保组织中打算出国欣赏这些濒危动物的两位成员构成损害。因而，野生动物保护者协会对美国内政部部长、商务部部长提起了环境保护公益诉讼，请求法院判令政府修改其最终公布的政府规章，以更好地履行政府的环保义务。此案经过一系列复杂的诉讼程序最终到达美国联邦最高法院。1992 年 6 月 12 日，联邦最高法院以 6∶3 的绝对多数司法意见书驳回了上诉人野生动物保护者协会等环保组织的起诉，判定上诉人（初审原告）并不满足宪法所要求的起诉资格。联邦最高法院斯卡利亚大法官代表法院撰写了多数司法意见书，轮奎斯特大法官、怀特大法官、苏特大法官、托马斯大法官和肯尼迪大法官加入了多数司法意见书，奥康纳大法官、斯蒂文斯大法官和布莱克曼大法官加入了少数司法意见书。斯卡利亚大法官在判词的第 560 页至 561 页中写道②：

多年以来，我国的司法判例已经建立起了不可削减的宪法上的起诉资格的包括三个要素的最低要求。首先，原告必须遭受"事实上的损害"，即原告受到法律保护的利益必须遭受到侵犯：（a）这种损害必须是具体的且特定的（"concrete" and "particularized"）③；（b）这种损害必须是实际的或者即刻的（actual or imminent），而不是推测的或者假设的（"conjectural"

---

① Section 7 （a）（2）of the Endangered Species Act of 1973 divides responsibilities regarding the protection of endangered species between petitioner Secretary of the Interior and the Secretary of Commerce, and requires each federal agency to consult with the relevant Secretary to ensure that any action funded by the agency is not likely to jeopardize the continued existence or habitat of any endangered or threatened species. Both Secretaries initially promulgated a joint regulation extending § 7 （a）（2）'s coverage to actions taken in foreign nations, but a subsequent joint rule limited the section's geographic scope to the United States and the high seas. See Lujan v. Defs. of Wildlife, 504 U. S. 555, 112 S. Ct. 2130, 2133, 119 L. Ed. 2d 351 （1992）.

② Lujan v. Defs. of Wildlife, 504 U. S. 555, 560-61, 112 S. Ct. 2130, 2136, 119 L. Ed. 2d 351 （1992）.

③ Allen v. Wright, 468 U. S. 737, at 756, 104 S. Ct. , at 3327; Warth v. Seldin, 422 U. S. 490, 508, 95 S. Ct. 2197, 2210, 45 L. Ed. 2d 343 （1975）; Sierra Club v. Morton, 405 U. S. 727, 740-741, n. 16, 92 S. Ct. 1361, 1368-1369, n. 16, 31 L. Ed. 2d 636 （1972）.

or "hypothetical")。①其次，损害和被诉的行为之间必须存在一种因果关系上的联系（a causal connection），即此种损害必须在相当程度上可以追踪到被告的行为，而不是由那些缺席庭审的第三方的独立行为所导致的。②最后，此种损害可以通过一个有利的司法判决加以救济（redressed by a favorable decision），而且必须具备这种高度的可能性（likely），而非仅仅具备猜测性（speculative）。③

在"卢汉诉野生动物保护者协会案"中，野生动物保护者协会等环保组织提出了各种不同的理论来支持他们的起诉资格。首先，他们基于生态系统联结理论（ecosystem nexus）认为，任何一个使用了受到政府资助行为不利影响的相邻生态系统（contiguous ecosystem）的人都具备资格起诉，即使政府资助行为位于非常遥远的地理位置。其次，他们基于动物联结理论（animal nexus）认为，任何一个对世界上任何一类濒危动物有研究或者观赏兴趣的人都具备起诉资格。再次，他们基于专业联结理论（vocational nexus）认为，任何一个对濒危动物有专业兴趣的人都具备起诉资格。斯卡利亚大法官斩钉截铁地指出了上述起诉资格理论的谬误。首先，正如1990年的"卢汉诉全国野生动物保护联盟案"所昭示的法理，主张环境损害的原告必须证明他们使用的是被诉行为活动的区域，而不能是大概在该区域范围内（not an area roughly "in the vicinity" of it）。据此，以生态系统联结理论（ecosystem nexus）来主张起诉资格的理由是不成立的。其次，允许任何一个对濒危动物有欣赏兴趣或者专业兴趣的人来起诉政府的海外环保项目是明显不合理的，那样会造成诉权的滥用，也会对政府的海外环保项目造成不公平的对待。据此，以动物联结理论（animal nexus）或专业联结理论（vocational nexus）来主张起诉资格的理由也是不能成立的。

斯卡利亚大法官在判词中写道：

> 起诉资格不是一种"臆想出来的天才性的学术创造"（an ingenious aca-

---

① Whitmore v. Arkansas, 495 U. S. 149, at 155, 110 S. Ct. , at 1723（quoting Los Angeles v. Lyons, 461 U. S. 95, 102, 103 S. Ct. 1660, 1665, 75 L. Ed. 2d 675（1983））.

② Simon v. Eastern Ky. Welfare Rights Organization, 426 U. S. 26, 41-42, 96 S. Ct. 1917, 1926, 48 L. Ed. 2d 450（1976）.

③ Simon v. Eastern Ky. Welfare Rights Organization, 426 U. S. 26, at 38, 43, 96 S. Ct. , at 1924, 1926.

demic exercise in the conceivable)①，正如法院在之前的简易判决阶段所言，起诉资格要求可感知损害在事实上的呈现（a factual showing of perceptible harm）……下述的说法已经超越了合理的界限而成为一种纯粹的揣测或者幻觉（pure speculation and fantasy），即，在世界上的任何地方，那些观察或者致力于从事保护濒危动物的人士都遭受到了那些影响一部分濒危动物的政府环保项目的损害，且这些人士与政府项目并不存在特定的联系。②

我们一致性地认为，一个对政府提出一般侵权之诉的原告，主张政府伤害了他和每个公民按照宪法和法律所拥有的权益，并且寻求不多于普通公众可以获取的利益更直接更具体的利益，此种情形不构成宪法第3条意义上的案件或者争议。③

……

"法院的职责范围"，正如首席大法官马歇尔在1803年的马伯里诉麦迪逊案（Marbury v. Madison）中所言，"只是裁决个体的权利"。④捍卫公共利益（包括政府遵守宪法和法律意义上的公共利益）乃是国会和行政机关的职责。这里的问题是：执行法律的公共利益（尤其是政府部门遵守特定的法律规定的程序）是否可以通过制定法转化为个人权利，而该制定法允许所有公民（或者，就此事而言，那些遭受了非具体损害的一部分公民）起诉。如果说，起诉资格原则所要求的具体损害事实对于权力分立而言如我们所强调的那么重要，那么答案必定是明显的：允许国会将行政执法人员遵守法律的抽象意义的公共利益转化为可以在法院起诉的具体个人权利意味着这一点，即允许国会把总统最重要的宪法职权——宪法第2条第3款⑤所要求的"确保法律的忠实执行"——转移给法院。这将导致法院，在国会的允许下，扮演监督行政机关和平等政府部门的角色，进一步而言，这

---

① United States v. Students Challenging Regulatory Agency Procedures（SCRAP），412 U. S. 669, 688（1973）.

② Lujan v. Defs. of Wildlife, 504 U. S. 555, 566–567（1992）.

③ We have consistently held that a plaintiff raising only a generally available grievance about government—claiming only harm to his and every citizen's interest in proper application of the Constitution and laws, and seeking relief that no more directly and tangibly benefits him than it does the public at large—does not state an Article Ⅲ case or controversy. See Lujan v. Defs. of Wildlife, 504 U. S. 555, 573（1992）.

④ Marbury v. Madison, 1 Cranch 137, 170（1803）.

⑤ Art. II, § 3. Clause 5：He shall take care that the Laws be faithfully executed.（Faithful Execution Clause）

将使法院成为事实上的行政行为合理性与科学性的持续监督者。我们一直拒绝法院扮演该种角色的理念。①

司法实务和理论界大都认为，斯卡利亚大法官在本案中所撰写的判词对于"起诉资格原则"具有里程碑意义。该案至今仍然是美国司法和学术界关于"起诉资格原则"最为经典的宪法判例。学术界对"卢汉诉野生动物保护者协会案"所树立的起诉资格原则通常概括为三个要素：（1）当事人必须遭受到具体的损害，此种损害是实际上的或者即刻的（concrete, particularized injury that is actual or imminent）；（2）当事人的损害具有可追踪性（traceability），当事人的损害是由于被告方的非法行为造成的，即被告方的非法行为与当事人的损害结果存在

---

① To permit Congress to convert the undifferentiated public interest in executive officers' compliance with the law into an "individual right" vindicable in the courts is to permit Congress to transfer from the President to the courts the Chief Executive's most important constitutional duty, to "take care that the Laws be faithfully executed," Art. II, § 3. It would enable the courts, with the permission of Congress, "to assume a position of authority over the governmental acts of another and co-equal department," Massachusetts v. Mellon, 262 U. S., at 489, and to become "'virtually continuing monitors of the wisdom and soundness of Executive action.'" Allen, supra, at 760 (quoting Laird v. Tatum, 408 U. S. 1, 15 (1972)). We have always rejected that vision of our role…See Lujan v. Defs. of Wildlife, 504 U. S. 555, 577 (1992).

因果关系；（3）当事人的损害在司法上具有可填补性（redressability）。①

---

① John G. Roberts Jr., Article Ⅲ Limits on Statutory Standing, 42 DUKE L. J. 1219 (1993); Cass R. Sunstein, What's Standing after Lujan——Of Citizen Suits, Injuries, and Article Ⅲ, 91 MICH. L. REV. 163 (1992); Christopher T. Burt, Procedural Injury Standing after Lujan v. Defenders of Wildlife, 62 U. CHI. L. REV. 275 (1995); Theane Evangelis & Bradley J. Hamburger, Article Ⅲ Standing and Absent Class Members, 64 EMORY L. J. 383 (2014); John S. Haddock, Articulating a Rational Connection Requirement in Article Ⅲ Standing, 66 Stan. L. REV. 1423 (2014); Tara Leigh Grove, Standing outside of Article Ⅲ, 162 U. PA. L. REV. 1311 (2014); Daniel Townsend, Who Should Define Injuries for Article Ⅲ Standing, 68 Stan. L. REV. ONLINE 76 (2015-2016); Megan Dowty, Life Is Short: Go to Court: Establishing Article Ⅲ Standing in Data Breach Cases, 90 S. CAL. L. REV. 683 (2017); Standing, 131 HARV. L. REV. 894 (2018); Justin W. Aimonetti & Christian Talley, What's the Buzz about Standing?, 88 GEO. Wash. L. REV. ARGUENDO 175 (2020); James E. Pfander, Scalia's Legacy: Originalism and Change in the Law of Standing, 6 Brit. J. Am. Legal Stud. 85 (2017); Evan E. Smith IV, The Standing Requirements of Third Party Intervenors, 40 Am. J. Trial Advoc. 581, 581 (2017); Heather Elliott, Congress's Inability to Solve Standing Problems, 91 B. U. L. Rev. 159, 161 (2011); Juliet Johnson Karastelev, On the Outside Seeking in: Must Intervenors Demonstrate Standing to Join A Lawsuit?, 52 Duke L. J. 455 (2002); Evan Tsen Lee, Josephine Mason Ellis, The Standing Doctrine's Dirty Little Secret, 107 Nw. U. L. Rev. 169 (2012); Thomas R. Lee, The Standing of Qui Tam Relators Under the False Claims Act, 57 U. Chi. L. Rev. 543 (1990); Brian Charles Lea, Situational Severability, 103 Va. L. Rev. 735 (2017); Zachary D. Clopton, Justiciability, Federalism, and the Administrative State, 103 Cornell L. Rev. 1431 (2018); Slade Mendenhall & Brian Underwood, To Sever or Not to Sever: Mixed Guidance from the Roberts Court, 69 Drake L. Rev. 273 (2021); Edward Whelan, The Presumption of Constitutionality, 42 Harv. J. L. & Pub. Pol'y 17 (2019); Tyler B. Lindley, Justiciability and Remedies in Administrative Law Challenges, https://lawreviewblog.uchicago.edu/2021/04/01/lindley-justiciability/. 另外，海内外关于公益诉讼的代表性文献资料可参考 Ann Southworth, What Is Public Interest Law: Empirical Perspectives on an Old Question, 62 DEPAUL L. REV. 493 (2013); Michael A. McGregor, When the Public Interest Is Not What Interests the Public, 11 COMM. L. & POL'y 207 (2006); Maija Dahlberg & Daniel Wyatt, Is There a Public Interest in Knowing What Is Going on in Society: A Comparative Study of the European Courts, 26 Maastricht J. Eur. & Comp. L. 691 (2019); Edward Berlin, Anthony Z. Roisman & Gladys Kessler, Public Interest Law, 38 GEO. Wash. L. REV. 674 (1970); Weisbrod, Burton A., Handler, Joel F. and Komesar, Neil K., Public Interest Law: an Economic and Institutional Analysis (University of California Press, 1978), pp. 26-28; 巩固：《美国原告资格演变及对公民诉讼的影响解析》，载《法制与社会发展》2017 年第 4 期；朱晓飞：《公益诉讼语境下的"公益"涵义解析》，载《环球法律评论》2008 年第 3 期。

三、"起诉资格原则"的后续发展

在"戴姆勒克莱斯勒集团诉库诺案"(DaimlerChrysler Corp. v. Cuno)中,俄亥俄州托莱多市(Toledo,Ohio)于 1998 年 11 月 12 日与汽车制造商戴姆勒克莱斯勒集团(DaimlerChrysler Corp)达成了一项协议。依据这项协议,托莱多市将建造一个全新的吉普车装配厂,而且戴姆勒克莱斯勒集团可以在俄亥俄州享受大约 2.8 亿美元、为期 10 年的纳税收豁免。戴姆勒克莱斯勒集团于是计划用一笔纳税豁免的款项投资俄亥俄州的其他项目。协议达成之后,包括库诺在内的 18 名纳税人因反对上述巨额的纳税豁免,而在地区法院起诉戴姆勒克莱斯勒集团以及托莱多市政府,其理由是:托莱多市政府和戴姆勒克莱斯勒集团的税收豁免协议导致城市和州可用资金减少,因而,原告作为纳税人会承担"不相称的税收负担"(disproportionate burden),更进一步,这项托莱多市政府和戴姆勒克莱斯勒集团的税收豁免协议违反了俄亥俄州宪法(Ohio Constitution)以及联邦宪法第一条的"州际商贸条款"①,给予了本州内商业贸易活动不合宪的优惠待遇(preferential treatment)。

2006 年 5 月 15 日,联邦最高法院对此案下达判决书。罗伯特首席大法官(Chief Justice Roberts)撰写了多数司法意见书,金斯伯格大法官(Justice Ginsburg)发表了协同司法意见书。多数司法意见书驳回了库诺等纳税人的起诉资格。罗伯特大法官在判词中指出②:

> 联邦最高法院认为司法机关遵照"案件或争议"的要求对于维护宪法的分权原则是至关重要的,正如马歇尔大法官曾经在众议院的一次演讲中所言……如果司法权利扩展到宪法之下每一个问题,则它就会侵入那些本属于联邦政府立法部门和行政部门的在宪法下的适当权力③……
>
> 对于司法机构在我们的政府系统中的适当作用而言,没有什么原则比

---

① US Constitution, Article I, Section 8, Clause 3.
② DaimlerChrysler Corp. v. Cuno, 547 U. S. 332 (2006).
③ This Court has recognized that the case-or-controversy limitation is crucial in maintaining the "'tripartite allocation of power'" set forth in the Constitution. Valley Forge Christian College v. Americans United for Separation of Church and State, Inc. , 454 U. S. 464, 474 (1982) [quoting Flast v. Cohen, 392 U. S. 83, 95 (1968)].

联邦法院对实际案件或争议的管辖权的宪法限制更为重要①……

正如"卢汉诉野生动物保护者协会案"所显示的那样，"案件或争议"的法律要求在此发挥了关键作用……源于宪法的这一法律要求是如此被人们熟知：原告必须证明其所受到的损害是可以追溯到质疑被告的那些非法行为，并且它极有可能可以通过所要求的司法救济进行弥补。（A plaintiff must allege personal injury fairly traceable to the defendant's allegedly unlawful conduct and likely to be redressed by the requested relief.）

针对纳税人库诺等人的司法挑战，罗伯特大法官在判词中援引了肯尼迪大法官在"ASARCO Inc. v. Kadish 案"② 中的判决意见，并且明确说道③：

对于政府增加公共收入的处置方案，一个纳税人无权通过司法诉讼来减少其税负责任或增加其项目收益。相反，如何分配这些收入恰恰是一项立法者拥有广泛和合理自由裁量空间的政策判断，而法院不能够假设它可以去控制或者预测。

A taxpayer-plaintiff has no right to insist that the government dispose of any increased revenue it might experience as a result of his suit by decreasing his tax liability or bolstering programs that benefit him. To the contrary, the decision of how to allocate any such savings is the very epitome of a policy judgment committed to the "broad and legitimate discretion" of lawmakers, which "the courts cannot presume either to control or to predict".

在 2008 年的"戴维斯诉联邦选举委员会案"（Davis v. FEC）中，联邦最高法院判定原告必须在其诉讼请求的每一项中都能够证明其满足"起诉资格原则"的要求。④在 2017 年的"Town of Chester v. Laroe Estates, Inc. 案"中，联邦最高法院进一步指出，在多数当事人参与诉讼的情况下，只要共同诉讼中的一位起

---

① No principle is more fundamental to the judiciary's proper role in our system of government than the constitutional limitation of federal-court jurisdiction to actual cases or controversies. DaimlerChrysler Corp. v. Cuno, 547 U. S. 332 (2006). Also see Raines v. Byrd, 521 U. S. 811, 818 (1997) [quoting Simon v. Eastern Ky. Welfare Rights Organization, 426 U. S. 26, 37 (1976)].

② ASARCO Inc. v. Kadish, 490 U. S. 605, 614-15 (1989) (opinion of Kennedy, J.).

③ DaimlerChrysler Corp. v. Cuno, 547 U. S. 332 (2006).

④ Davis v. FEC, 554 U. S. 724, 734 (2008).

诉人达到"起诉资格原则"的要求，则该共同诉讼就可以进入法院的审理环节，而不论该起诉人是以单独原告、共同诉讼人（coplaintiff）抑或是第三人（intervenor）身份参与诉讼。① 在 2021 年的"加利福尼亚州诉德克萨斯州案"（California v. Texas）中，联邦最高法院延续了"戴姆勒克莱斯勒公司诉库诺案"以及"卢汉诉野生动物保护者协会案"中的判决法理，史蒂芬·布雷耶大法官（Justice Stephen Breyer）强调道：只有当一个当事人能够证明其所受损害可以合理地溯源到被告的非法行为并且极有可能通过司法救济弥补时，他/她才具有起诉资格。②

当一宗案件在宪法或法律上具有普遍重要性的争议时，当事人是否具有起诉资格的问题还取决于一定的法治语境。英国最高法院院长韦彦德（Robert Reed）大法官在"AXA General Insurance v. H. M. Advocate"中判定：对于一个特定的上诉人将一个特定的案件起诉到法院而言，什么是可以获得起诉资格的重要的法律利益还取决于语境，特别是那些能够更好地服务于司法审查的特定语境。③ 在"郭卓坚诉香港地政总署署长案"中，香港终审法院认为在公益诉讼案件中，当一名申请人在一个案件中并无直接利害关系，但仍寻求提出一个在法律或宪法上具普遍重要性的争议时，关键问题在于诉讼的持续是否符合法治以及司法复核的目的。④ 同时，司法复核须迅速提出的原则并非绝对，当有关司法复核涉及对某个法律或宪法原则具普遍重要性的争议时，延误（delay）对于个人造成损害或良好行政造成扰乱的机会较小，而解决相关争议对公众的重要性则较大。若一项政策实属违宪或非法，为公众利益起见，法庭须享有酌情

---

① Town of Chester, N. Y. v. Laroe Ests. , Inc. , 137 S. Ct. 1645, 1650, 198 L. Ed. 2d 64 (2017).

② A plaintiff has standing only if he can "allege personal injury fairly traceable to the defendant's allegedly unlawful conduct and likely to be redressed by the requested relief". DaimlerChrysler Corp. v. Cuno, 547 U. S. 332, 342, 126 S. Ct. 1854, 164 L. Ed. 2d 589 (2006); see also Lujan v. Defenders of Wildlife, 504 U. S. 555, 560-561, 112 S. Ct. 2130, 119 L. Ed. 2d 351 (1992). California v. Texas, 141 S. Ct. 2104, 2113, 210 L. Ed. 2d 230 (2021).

③ What is to be regarded as sufficient interest to justify a particular applicant's bringing a particular application before the court, and thus as conferring standing, depends therefore upon the context, and in particular upon what will best serve the purposes of judicial review in that context. See AXA General Insurance v. H. M. Advocate, [2012] 1 AC 868 at [170].

④ See KWOK CHEUK KIN v. DIRECTOR OF LANDS AND OTHERS V. HEUNG YEE KUK (INTERESTED PARTY) [2021] HKCFA 38; FACV 2/2021 (5 November 2021), para. 62.

决定权。①

第五节　基本权利合宪性审查的方法和基准问题

一、德国联邦宪法法院的审查框架和基准

德国联邦宪法法院在司法实践中判断某一基本权利或自由权利是否受到侵害时，通常遵循一种被称为"基本权利案件的审查框架"（Aufbauhinweise zur Grundrechtsprüfung）的三阶段模式：首先，判断基本权利的保护范围；其次，判断对基本权利的干预；最后，分析基本权利干预的正当化。②尽管包括德国公法学者在内的人士可能对三阶段审查模式的具体细节有不同见解，但该框架提供了一个非常简洁、清晰而又实用的结构，历来为德国司法实务界所青睐。中外学者在三阶段审查模式方面的研究大都没能超出该框架，故而，基本权利案件的三阶层审查框架具备了一定的法教义学普遍意义。③

表 6-3　德国基本权利案件的三阶段审查框架

第一阶层	基本权利的保护范围（Schutzbereich） 核心问题：谁之何种权利落入何种程度的保护范围	（1）属人的保护范围（persönlicher Schutzbereich）：请求人是否属于受基本权利保护之适格主体 （2）属事的保护范围（sachlicher Schutzbereich）：基本权利保护的客体是否受到影响

---

① Where the object of the proceedings is to obtain the decision of the court on some general issue of legal or constitutional principle, these consequences are less likely and the public importance of having the issue resolved is greater. Delay is therefore likely to be a less significant factor. See KWOK CHEUK KIN v. DIRECTOR OF LANDS AND OTHERS V. HEUNG YEE KUK (INTERESTED PARTY) [2021] HKCFA 38; FACV 2/2021 (5 November 2021), para. 54.

② Ricardo Lerch, Grundrechtsdogmatik in der Kritik. Der Gewährleistungsansatz zur Bestimmung des Grundrechtsgehalts in verfassungshistorischer Perspektive, GRIN Verlag, 2017, S. 11-15.

③ 在逻辑上呈现出一种递进关系，应逐级展开，只有通过了上一个阶层的审查，才有必要进入下一个阶层的审查。参见张翔、田伟：《基本权利案件的审查框架（一）：概论》，载《燕大法学教室》第 3 期；张翔、田伟：《基本权利案件的审查框架（二）：保护范围》，载《燕大法学教室》2022 年第 5 期；王锴：《基本权利保护范围的界定》，载《法学研究》2020 年第 5 期；柳建龙：《论基本权利竞合》，载《法学家》2018 年第 1 期。

↓

第二阶层	基本权利的干预或介入（Eingriff） 核心问题：基本权利的保护范围是否受到外部的干涉，此种干涉是否使得基本权利主体的权利无法实现或者部分无法实现

↓

第三阶层	对基本权利干预的正当化论证（Verfassungsrechtliche Rechtfertigung） 核心问题：对基本权利的干预是否可以被正当化，此种干预是否构成了阻却违宪事由	（1）限制措施本身（Schranken）：是否遵守法律保留原则、是否涉及本质内涵之保护、是否属于个案立法 （2）对限制的限制（Schranken-Schranken）：是否符合形式合宪性、是否符合实质合宪性（比例原则之适用）

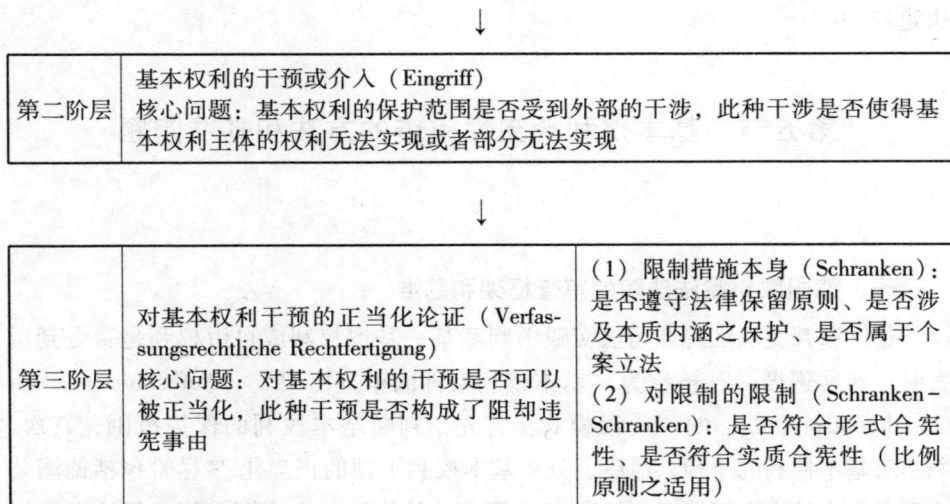

（图表来源：作者自制）

　　王锴教授根据耶林内克提出的自然自由和法律自由二分理论，将基本权利分为事实上形成的基本权利和法律上形成的基本权利。所谓事实上形成的基本权利，是指不依赖于国家的认可，甚至在国家产生之前就已经存在的权利。事实上形成的基本权利主要包括各种自然权利，如言论自由、人身自由、生命权、健康权、人格权等。法律上形成的基本权利是需经国家创设才能形成的权利，离开了国家行为，尤其是立法确认，该权利就不能或者不能有效地行使。比较典型的有财产权、继承权、合同自由、婚姻和家庭权利等。①

　　第一，"基本权利案件的审查框架"的第一阶段是通过宪法思维确定基本权利的保护范围。保护范围在英文中被翻译为"Sphere of protection"，具体又分为属人保护范围和事项保护范围。公法学者张翔和田伟认为，所谓属人保护范围，在理论上也可以抽象为"基本权利主体"问题，即谁得依据宪法规定主张基本权利。所谓事项保护范围，是指某些行为、生活空间或者制度受基本权利的保护，非经宪法上的正当化证成，国家不得干预。②

　　第二，"基本权利案件的审查框架"的第二阶段主要任务是判断国家公权力机关是否对某一系争的基本权利进行了干预。德国法中的"Eingriff"在中文中被翻译为"介入"或者"干预"，在英文中，被翻译为"Infringement"。第二阶

---

① 王锴：《基本权利保护范围的界定》，载《法学研究》2020 年第 5 期。

② 张翔、田伟：《基本权利案件的审查框架（二）：保护范围》，载《燕大法学教室》2022 年第 5 期。

段的实质是从事实上和法律上判断某一落入保护范围的基本权利是否受到了
"干预"。换言之，司法机关需要审查公权力机关是否对落入该基本权利保护范
围的行为、状态或制度进行了干预。王锴教授认为，传统的干预概念强调国家
作出的行为对基本权利造成了何种影响，审查的重点是该行为是否具有强制性、
直接性、最终性和法律形式性。随着干预概念外延的扩大，国家作出的间接地、
事实上影响到基本权利的行为，甚至对基本权利的行使构成威胁的行为，也都
被视为干预。此时，审查重点就转向了损害或威胁的可归责性，审查的内容具
体有：是否存在本国国家机关的行为，基本权利是否受到事实上的损害或者受
到威胁，该损害或威胁能否归责于本国国家机关的行为。[1]

第三，"基本权利案件的审查框架"的第三阶段的主要任务是审查国家公权
力机关对基本权利干预能否正当化。有的基本权利的干预、限制和减损是可以
被正当化的，有的则不能被正当化。司法实务中，双方争执的焦点就在于此。

第三阶段的审查又可以分为两个次级步骤：首先判断基本权利的限制措施
本身是否符合法律保留原则，是否遵循了必要的立法程序和立法权限；其次对
基本权利的限制进行实质合宪性审查，即按照正当程序标准即政府是否有正当
理由限制或剥夺某一自由权利，此一标准的实质就是根据比例原则对不同事物
性质的个案进行利益衡量，其具体操作是使某一立法（或政府措施）依次接受
比例原则的三个子原则，即适合性、必要性和狭义比例性的检验。[2]也有中外学
者将第三阶段审查分为"形式正当性审查"和"实质正当性审查"两个步骤，
其中形式正当性的要素包括是否符合立法权限、立法程序、形式要求、援引要
求；实质正当性的要素包括是否符合明确性要求、个案法律禁止、本质内涵保
障、比例原则。[3]

二、美国最高法院的审查方法和基准[4]

在美国著名政治史学家、宪法学家罗伯特·麦克洛斯基（Robert Green Mc-
Closkey，1916—1969）看来，联邦最高法院的司法审查历史经历了三个重大时

---

① 王锴：《基本权利保护范围的界定》，载《法学研究》2020 年第 5 期。
② 何永红：《中国乙肝歧视第一案的合宪性思考》，载《中南大学学报（社会科学版）》
2006 年第 5 期。
③ 王锴：《基本权利保护范围的界定》，载《法学研究》2020 年第 5 期；张翔、田伟：《基
本权利案件的审查框架（一）：概论》，载《燕大法学教室》第 3 期。
④ 涂云新：《教育公平视域下美国高校招生配额制的合宪性审查——以"公平录取学生组
织诉哈佛大学案"为核心的分析》，载《南大法学》2021 年第 5 期。

期：（1）1789年至1865年集中处理联邦权力和州权的关系问题（Nation-state problem）的时期，在这个时期，最高法院推动建立起了水平和垂直层面的联邦分权体系。（2）1865年到1937年的"最高法院革命"时期，在这个阶段，最高法院集中处理了"政府和商业关系问题"（Government-business Problem）并经历了"经济正当程序"（Economic Substantive Due Process）的兴衰；（3）1937年至"二战"之后的时期，最高法院则致力于处理个人与政府的关系问题（Individual-government Problem）。①

经由斯通大法官（Stone）在卡罗琳食品公司案（United States v. Carolene Products Company）② 中的第四脚注（Footnote Four）③，联邦最高法院在对立法机关的行为是否违宪进行审查时，确立了"双重审查基准"——"合理性审查标准"和"严格审查标准"，前者针对限制工商业活动的经济立法，后者则针对涉及"权利法案"、政治参与及少数族裔限制性等方面的立法行为。具体内容如下表所示：

表6-4　斯通大法官的"双重审查标准"

审查标准	适用领域	举例
合理审查标准	涉及经济管制方面的立法	限制工业、商业、农业活动方面的立法
严格审查标准	涉及"权利法案"禁止领域的立法	限制宪法第一到第十修正案基本权利方面的立法
	涉及限制政治参与过程方面的立法	限制投票权、信息传播、政治组织、和平集会等方面的立法
	涉及分离且孤立的少数族裔方面的立法	限制宗教上、国籍上、族裔上的少数群体方面的立法

（图表来源：作者自制）

基于联邦最高法院的判例发展，"双重审查标准理论"在合宪性争议的解决中已经捉襟见肘。晚近以来，联邦最高法院在特定案件中所适用的审查基准已

---

① Robert G. McCloskey, The American Supreme Court, revised by Sanford Levinson (6th Ed., University of Chicago Press, 2016), p. 262. 中文译本参见［美］罗伯特·麦克洛斯基著、桑福德·列文森增订：《美国最高法院》，中国政法大学出版社2005年版，第144页。

② Mississippi Umv for Women v. Hogan, 458 U. S. 718, 724 (1982)；Craig v. Boren. 429 U S 190. 197 (1976).

③ United States v. Carolene Products Company, 304 U. S. 144 (1938). 在本案中，斯通大法官的第四脚注成为美国宪法史上最伟大的一个脚注。

经大异于斯通大法官时代（Stone era）的固定和简单化的模式。不同审查基准之适用的不确定性，使得一般性地辨明特定的审查基准是否适用于具体个案需要经过大量的宪法论证。联邦最高法院在 20 世纪 70 年代以后逐渐发展出了"三重审查标准理论"，即将合宪性审查基准分化为合理性审查基准、中度审查基准、严格审查基准。①

　　在 1971 年联邦最高法院审理"里德诉里德案"时，法院判定爱荷华州法规定的在处于相同遗嘱继承顺位方面"男性优先于女性"（males must be preferred to females）之立法因抵触联邦宪法第十四修正案而无效。②在本案中，各方对法院应该适用何种审查标准产生巨大的争议，因为斯通大法官时代的严格审查标准并未明确限制女性权利的立法，而女性权利显然又不属于合理审查标准的"射程范围"。在 1973 年的"弗朗蒂罗诉理查德森案"中，为了处理空军中尉弗朗蒂的军人抚恤在家庭男性和女性成员之间的分享问题，布伦南大法官（William J. Brennan）判定以性别作为军人抚恤的分享标准属于宪法上的"嫌疑分类"，应该准用"严格审查基准"。在 1976 年的"克雷格诉博伦案"中，联邦最高法院首次确认了中度审查基准（intermediate scrutiny）。在该案中，俄克拉荷马州（Oklahoma）州法禁止任何人向 21 岁以下的男性和 18 周岁以下的女性出售酒精浓度超过 3.2% 的啤酒。联邦最高法院采用了"目的—手段"的宪法分析结构，认为州法若以性别为标准对规制对象作出区分，需要具备"重要的政府公共利益"，立法所采取的手段与其所欲实现的目的之间必须具有"实质的联系"。借此，联邦最高法院正式确立了一种独立的新型审查标准——中度审查基准。中度审查基准适用于"准可疑性分类"（quasi-suspect classification），例如，性别就是联邦最高法院判例中最常见的"准可疑性分类"。③

---

①　陈鹏："合宪性审查中的立法事实认定"，《法学家》2016 年第 6 期，第 8 页；何永红：《基本权利限制的宪法审查——以审查基准及其类型化为焦点》，法律出版社 2009 年版，第 85-95 页。

②　Reed v. Reed, 404 U.S. 71 (1971).

③　Mississippi University for Women v. Hogan, 458 U.S. 718, 724 (1982); Craig v. Boren. 429 U S 190. 197 (1976).

表 6-5　美国联邦最高法院的"三重审查基准"

审查基准	审查强度	审查要素	适用领域	举例
合理审查基准	最低	目的是否正当 手段与目的是否关联	涉及一般性经济管制、社会福利方面的立法	限制工业、商业、农业活动方面的立法
中度审查基准	中等	目的是否正当且重要 手段与目的的实质关联性	涉及"准可疑性分类"（quasi-suspect classification）	性别、婚姻家庭方面、优惠性差别待遇
严格审查基准	最高	目的是否正当且重大 手段是否满足"最小侵害" 手段与目的的密切关联	涉及"权利法案"禁止领域的立法	限制宪法第一到第十修正案基本权利方面的立法
			涉及限制政治参与过程方面的立法	限制投票权、信息传播、政治组织、和平集会等方面的立法
			涉及分离且孤立的少数族裔方面的立法	限制宗教上、国籍上、族裔上的少数群体方面的立法

（图表来源：作者自制）

　　合理性审查基准得以确立的最根本的司法理念就是尊重和维护正当的民主程序和民主决策。国会作为民意机关，在有合理的事实与理由支持的情况下，可以通过立法对某些行为进行规制，而法院作为司法机关也必须对立法予以尊重。合理性审查基准最重要的作用领域就是"商贸条款"（Commerce Clause）[1]。在哈佛法学院的劳伦斯·却伯（LaurenceH. Tribe）教授看来，自从 1937 年"国家劳资关系委员会诉琼斯和劳克林钢铁公司案"[2] 以来，美国联邦最高委员会在处理"商贸条款"的解释方面就采用了"合理性审查基准"。[3] 20 世纪末期，联邦最高法院再次重申和确认了在商贸领域的合理性审查基准。在著名的"合众国诉洛佩兹案"（United States v. Lopez）中，国会于 1990 年通过的《校区禁枪法》（*Gun-Free School Zones Act of 1990*）禁止任何人在校园及其周边 1000 英

---

[1] UN Const., Article I, Section 8, Clause 3. 根据这一条款，国会有权"管理与外国、各州之间和与印第安部落之间的商贸活动"（To regulate Commerce with foreign Nations, and among the several States, and with the Indian Tribes）。

[2] National Labor Relations Board v. Jones & Laughlin Steel Corporation, 301 U. S. 1 (1937).

[3] Laurence H. Tribe, American Constitutional Law (2d ed., Foundation Press, 1988), p. 309.

尺的范围内持有枪支，一位名叫阿方索·洛佩兹（Alfonso D. Lopez, Jr.）的学生因在德克萨斯州上学期间将枪支带进校园而受到刑事指控。在法庭上，洛佩兹声称《校区禁枪法》超越了国会的立法权限。联邦政府则认为，《校区禁枪法》属于宪法授权国会立法管理"州际商贸"（Interstate Commerce），而教育也属于一种和商贸相关的领域。联邦政府的论证依据在于：学生若持枪上学，那么校园及其周边的安全就会受到威胁，教育质量将无法保障，因此，《校区禁枪法》是国会根据"州际商贸条款"（Interstate Commerce Clause）而行使的立法权力。伦奎斯特大法官（William Rehnquist）在多数司法意见书中援引了多个重要的先例①，认为法院应当采取"合理性标准"审查国会的州际贸易管制权限是否合乎宪法。伦奎斯特大法官进一步判定国会管理州际贸易的立法权限范围包括以下三个方面：（1）国会有权规范州际贸易渠道的使用；（2）国会有权监管和保护州际贸易的工具，或州际贸易中的人员或事物，即使威胁可能仅来自州内活动；（3）国会有权监管与州际贸易有实质性关系的活动。②在"合众国诉莫里森案"③"冈萨雷斯诉赖希案"④"全国独立企业联盟诉西贝利厄斯案"（奥巴马医改案）⑤"加州诉德州案"⑥ 等一系列的案件中，联邦最高法院都适用了"合理性标准"来审查国会的州际贸易管制权限是否超出了宪法的许可范围。

在美国最高法院的违宪审查和宪法解释中，法院往往依据受限制的实体权利的位阶、立法（或政府措施）的利益重要性以及宪法权利受侵害的程度等因素的综合衡量，通常采取宽松不一的三重审查基准，即合理性审查、中度审查（日本学术界称之为"严格的合理审查"）和严格审查。⑦一般说来，只有当立法机关在规制基本权利时存在明显错误的时候，司法机关才会宣告立法因抵触基本权利而无效。⑧有时候，基本权利的严格审查基准也只是在抽象原则化的层面上化解了公法纠纷和争议，事实上，落实那些经过法院严格审查的基本权利

① Hodel v. Virginia Surface Mining & Reclamation Association, 452 U. S. 264, 276 - 280 (1981); Perez v. United States, 402 U. S. 146, 155-156 (1971); Heart of Atlanta Motel, Inc. v. United States, 379 U. S. 241, 252-253 (1964).

② United States v. Lopez, 514 U. S. 549 (1995).

③ United States v. Morrison, 529 U. S. 598 (2000).

④ Gonzales v. Raich (previously Ashcroft v. Raich), 545 U. S. 1 (2005).

⑤ National Federation of Independent Business v. Sebelius, 567 U. S. 519 (2012).

⑥ California v. Texas, 593 U. S. 659 (2021).

⑦ 何永红：《中国乙肝歧视第一案的合宪性思考》，载《中南大学学报（社会科学版）》2006 年第 5 期。

⑧ William B. Glidden, Regulating Our Constitutional Rights: Democratic Rule or Judicial Fiat? (Lexington Books, 2023), pp. 229-248.

还需要采取具体的步骤和行动，因此，即便是严格审查基准，在理查德·H. 法伦（Richard H. Fallon）看来，也是一种"不完全理论化合意"（Incompletely Theorized Agreement）。①

第六节　基本权利侵权案件的赔偿形式

从中外学者已有的研究来看，基本权利侵权案件的救济和赔偿形式是较少受到学者们关注的一个问题。合宪性审查结束后，如果某一合宪性审查机关判断构成了基本权利侵权，那么接下来还需要处理赔偿问题。在有的国家，宪法明确规定了基本权利遭受侵害之后的赔偿形式，然而在更多的国家，宪法并未明文规定赔偿形式。基于"无救济则无权利"（ubi jus ibi remedium）的古老法律原则，人们应当肯定这一点：忽视或者漠视基本权利侵权的救济和赔偿形式，极有可能造成"救济失败"。基本权利的侵犯可能源于一次即时性行为或者一系列的行为；在更多的情况下，基本权利的侵犯可能源于持续性的行为。如果基本权利的侵犯是由持续行为造成的，那么受害人可以在程序问题审判阶段向具有管辖权的法院申请"禁制令"（Injunction）。

从比较法的角度来观察，无论普通法系国家还是大陆法系国家，基本权利侵权的救济形式不外乎以下几类：停止侵害、恢复原状、补偿（Compensation）、康复（Rehabilitation）、满足（Satisfaction）、保证不再发生（Guarantees of Non-repetition）。当然，上述基本权利侵权的救济方式主要是指个体化救济（Individual Remedies），即司法机构在个案中对受害人提供的救济。除了个体化的救济，例如，南非等国家还存在着另一种形式的结构性保障（Systemic Remedies）。②基本权利的结构化保障通常针对的情形是大量的受害群体或者受影响的群体。在这种保障模式之下，司法机关与立法机关、行政机关形成了一种良性互动的对话关系。法院并没有直接介入那些棘手的社会资源重新分配和整合的具体事项；相反，法院通过个案推动立法机关和行政机关与权利请求人进行"商谈"，然后

---

① Richard H. Fallon Jr., The Nature of Constitutional Rights: The Invention and Logic of Strict Judicial Scrutiny (Cambridge University Press, 2019), pp. 40–67. "不完全理论化合意"最早由桑斯坦教授在20世纪90年代提出，参见 Cass R. Sunstein, Legal Reasoning and Political Conflict (Oxford University Press, 1996), pp. 35–61.

② Kent Roach, Remedies for Human Rights Violations: A Two-Track Approach to Supra-national and National Law (Cambridge University Press, 2021), pp. 73–127.

行政机关根据法院的指示向当事人提供权利救济。①2008 年，南非宪法法院在
"Occupiers of 51 Olivia Road" 一案②中改变了格鲁特布姆案（Grootboom Case）③
中的个体化救济路径，支持了更加具有民主正当性的"商谈"路径——法院指示
政府必须与经济、社会、文化权利未得到保障的当事人商谈（The administration
must develop processes for engagement with citizens affected）。

在韩国，如果公民基本权利受到侵犯，宪法和法律允许受害人获得救济和
赔偿。根据《大韩民国宪法》载明的原则，宪法上的侵权行为和相应的赔偿有
两种情况。第一种是国家官员侵害个人权利的情况；第二种涉及个人之间造成
的损害或伤害，这时国家须通过司法程序和行政补救措施来调解利益冲突。具
体如下④：

（1）无论是言论还是新闻均不得侵害人们的名誉和权利，或不得损害公共
道德或社会伦理。如果言论或新闻侵害了个人的名誉或权利，可以针对由此造
成的损害提出索赔（第 21 条第 4 款）；

（2）出于公共需要而没收、使用或限制私有财产的做法应受法律制约，而
且在这种情况下，应给予公正的赔偿（第 23 条第 3 款）；

（3）受到监禁的嫌疑犯人被告如不曾依法受到起诉或者已被法院宣告无罪
释放，则有权根据法律规定的条件向国家索取公正的赔偿（第 28 条）；

（4）个人如因公职人员执行公务过程中的非法行为而受到损害，则此人可
以根据法律规定的条件向国家或公共组织索取公正的赔偿（第 29 条第 1 款）；

（5）由于他人犯罪行为而身亡或受伤的公民，可以根据法律规定的条件获
得国家提供的援助（第 30 条）。

基本权利侵权案件的救济和赔偿也是国际人权法中的关键问题之一。从法
理上看，在行使人权和基本自由时，人人有权单独地或与他人一起援引有效的
补救措施并在这些权利遭到侵犯时得到保护。为此，联合国《人权维护者宣言》
（Declaration on Human Rights Defenders）第 9 条第 2 款规定："声称其权利或自由
受侵犯的所有人均有权自己或通过法律认可代表向一依法设立的独立、公正的

① 涂云新：《经济、社会、文化权利论纲》，中国法制出版社 2020 年版，第 335 页。
② Occupiers of 51 Olivia Road, Berea Township and 197 Main Street Johannesburg v. City of Jo-
hannesburg and Others (24/07) [2008] ZACC 1; 2008 (3) SA 208 (CC); 2008 (5) BCLR
475 (CC) (19 February 2008).
③ Government of the Republic of South Africa and Others v. Grootboom and Others (CCT11/00)
[2000] ZACC 19; 2001 (1) SA 46; 2000 (11) BCLR 1169; (4 October 2000).
④ HRI/CORE/1/Add. 125 (5 September 2003), paras. 55–56.

主管司法当局或其他当局提出申诉，并要求该当局通过公开听讯迅速审理申诉，依法作出裁判，如判定该人权利或自由确实受到侵犯，则提供补偿，包括任何应得的赔偿，以及执行最终裁判和赔偿，一切均不得有不当延误。"①

国际人权法和国际人道法上的救济主要包括五种形式的赔偿：恢复、补偿、复原、清偿和保证不再发生。②联合国大会于 2005 年 12 月 16 日第 60/147 号决议通过了《关于严重侵犯国际人权法和国际人道主义法行为的受害者获得补救和赔偿权的基本原则和准则》③。按照这份决议，充分、有效和迅速赔偿的目的是通过补救严重违反国际人权法或严重违反国际人道主义法行为伸张正义。赔偿应当与违法行为和所受损害的严重程度相称。国家应当根据其国内法和国际法律义务，就可以归咎于该国的作为或不作为的严重违反国际人权法和严重违反国际人道主义法行为，向受害人提供赔偿。个人、法人或其他实体被裁定对受害人负有赔偿责任的，应当向受害人提供赔偿；如果国家已向受害人提供赔偿，则应当向国家提供补偿。

表 6-6　严重侵犯国际人权法和国际人道法的五种形式的赔偿（Reparation）

赔偿形式	内容	举例
恢复原状 （Restitution）	尽可能将受害人恢复到发生严重违反国际人权法或严重违反国际人道主义法行为之前的原有状态	例如，恢复自由，享受人权、身份、家庭生活和公民地位，返回居住地，恢复职务和返还财产
补偿 （Compensation）	及时、公正和适足的赔偿，包括金钱形式和非金钱形式的多层次补偿	例如，补偿受害者的（a）身心伤害；（b）失却机会，包括就业机会、教育机会和社会福利；（c）物质损害和收入损失，包括收入潜力的损失；（d）精神伤害；（e）法律或专家援助费用、医药费用以及心理治疗与社会服务费用

---

① 《人权维护者宣言》的全称是《个人、群体和社会机构在促进和保护普遍公认的人权和基本自由方面的权利和义务宣言》。Declaration on the Right and Responsibility of Individuals, Groups and Organs of Society to Promote and Protect Universally Recognized Human Rights and Fundamental Freedoms, UN Doc. A/RES/53/144（8 March 1999），Art. 9（2）.

② Christian Tomuschat, Reparation for Victims of Grave Human Rights Violations, 10 Tul. J. Int'l & Comp. L. 157（2002）.

③ Basic Principles and Guidelines on the Right to a Remedy and Reparation for Victims of Gross Violations of International Human Rights Law and Serious Violations of International Humanitarian Law. UN Doc. A/RES/60/147（2005）.

续表

赔偿形式	内容	举例
康复 （Rehabilitation）	使受害者康复，其目标应该是，尽可能恢复其独立性、身体、心理、社会和职业能力，充分融入和参与社会	例如，各种医疗和心理护理以及法律和社会服务
满足 （Satisfaction）	终止持续违法行为，核证事实并充分和公开披露事实真相，通过正式宣告或司法裁判，恢复受害人和与受害人密切相关的人的尊严、名誉和权利，允许纪念和悼念受害人	例如，终止违法行为、寻找真相、寻找失踪者下落、找回及安葬遗骸、公开道歉、司法和行政制裁、纪念活动
保证不再发生 （Guarantees of Non-repetition）	采取有效的结构性措施，防止侵权行为不再重复	例如，国家需要确保文职政府能够有效控制军队和安全部队，确保司法程序符合正当程序、公平和公正的国际标准，促进公共事务、执法、媒体、工业和心理及社会服务领域内的人权标准

（表格来源：作者自制；资料来源：联合国文件①）

---

① Basic Principles and Guidelines on the Right to a Remedy and Reparation for Victims of Gross Violations of International Human Rights Law and Serious Violations of International Humanitarian Law, G. A. Res. 60/147, U. N. Doc. A/RES/60/147 （Dec. 16, 2005）; Committee against Torture, General comment No. 3 （2012）, UN Doc. CAT/C/GC/3 （13 December 2012）, paras. 6-18.

参考文献

一、中文类

（一）论著类

1. 陈新民：《德国公法学基础理论》（上、下卷），法律出版社 2010 年版。

2. 冯健鹏：《我国宪法基本权利的程序保障机制研究》，中国民主法制出版社 2023 年版。

3. 付子堂：《马克思主义人权理论与中国实践》，法律出版社 2012 年版。

4. 韩德培、李龙主编：《人权的理论与实践》，武汉大学出版社 1995 年版。

5. 韩大元、王建学：《基本权利与宪法判例》（第 2 版），中国人民大学出版社 2021 年版。

6. 何志鹏：《权利基本理论：反思与构建》，北京大学出版社 2012 年版。

7. 鲁广锦等：《中国式人权文明概论》，商务印书馆 2023 年版。

8. 彭超：《中国基本权利立法研究》，中国社会科学出版社 2022 年版。

9. 齐延平：《基本权利保护的中国探索》，法律出版社 2020 年版。

10. 孙谦、韩大元：《世界各国宪法》（全四册），中国检察出版社 2012 年版。

11. 孙祥生：《程序性基本权利法律保障研究》，法律出版社 2018 年版。

12. 石文龙：《基本权利的合理限制研究》，知识产权出版社 2021 年版。

13. 涂云新：《经济、社会、文化权利论纲》，中国法制出版社 2020 年版。

14. 涂云新：《比较公法总论研究——原理与案例》，武汉大学出版社 2021 年版。

15. 王世杰、钱端升：《比较宪法》，商务印书馆，2010 年版。

16. 夏勇：《人权概念起源——权利的历史哲学》（修订版），中国政法大学出版社 2001 年版。

17. 夏正林：《从基本权利到宪法权利》，法律出版社 2018 年版。

18. 杨代雄：《法律行为论》，北京大学出版社 2021 年版。

19. 张文显：《法哲学范畴研究》（修订版），中国政法大学出版社 2001 年版。

20. 张翔：《具体法治中的宪法与部门法》，中国人民大学出版社 2023 年版。

21. 张翔：《基本权利的规范建构》（第 3 版），法律出版社 2023 年版。

22. 张红：《基本权利与私法》（第 2 版），法律出版社 2020 年版。

23. 赵汀阳：《每个人的政治》，社会科学文献出版社 2010 年版。

24. 郑贤君：《基本权利原理》，法律出版社 2010 年版。

25. 郑贤君：《合宪性审查、宪法解释与宪法实施》，中国民主法制出版社 2022 年版。

（二）译著类

1. ［古希腊］柏拉图：《理想国》，郭斌和、张竹明译，商务印书馆 1986 年版。

2. ［古希腊］亚里士多德：《政治学》，吴寿彭译，商务印书馆 2009 年版。

3. ［德］福尔克尔·埃平、塞巴斯蒂安·伦茨、菲利普·莱德克：《基本权利》（第 8 版），张冬阳译，北京大学出版社 2023 年版。

4. ［德］赫尔穆特·科勒：《德国民法总论》（第 44 版），刘洋译，北京大学出版社，2022 年版。

5. ［德］卡尔·拉伦茨：《法律行为解释之方法：兼论意思表示理论》，范雪飞、吴训祥译，法律出版社 2018 年版。

6. ［德］卡尔·拉伦茨：《法学方法论》，陈爱娥译，商务印书馆 2003 年版。

7. ［德］卡尔·施密特：《宪法学说》，刘锋译，上海人民出版社 2005 年版。

8. ［德］康德：《永久和平论》，何兆武译，上海人民出版社 2005 年版。

9. ［德］罗尔夫·旺克：《法律解释》（第 6 版），蒋毅、季红明译，北京大学出版社 2020 年版。

10. ［德］马克思、恩格斯：《马克思恩格斯选集》（第 1~4 卷），中共中央马克思恩格斯列宁斯大林著作编译局译，人民出版社 2013 年版。

11. ［德］托马斯·M. J. 默勒斯（Thomas M. J. Möllers）：《法学方法论》（第 4 版），杜志浩译，李昊、申柳华、江溯、张彤校，北京大学出版社 2022 年版。

12. ［德］维尔纳·弗卢梅：《法律行为论》，迟颖译，法律出版社 2013

年版。

13. ［德］乌韦·穆尔曼（Uwe Murmann）：《德国刑法基础课》（第 7 版），周子实译，北京大学出版社 2023 年版。

14. ［法］卢梭：《社会契约论》，何兆武译，商务印书馆 2014 年版。

15. ［法］孟德斯鸠：《论法的精神》（全二卷），许明龙译，商务印书馆 2012 年版。

16. ［日］小山刚：《基本权利保护的法理》，吴东镐、崔东日译，中国政法大学出版社 2021 年版。

17. ［意］彼德罗·彭凡得：《罗马法教科书》，黄风译，中国政法大学出版社 1992 年版。

18. ［印］阿马蒂亚·森：《以自由看待发展》，任赜、于真译，中国人民大学出版社 2012 年版。

二、英文类

1. Antônio Augusto Cançado Trindade & Damián A. González-Salzberg, International Law of Human Rights（Oxford University Press, 2024）.

2. Aileen Kavanagh, The Collaborative Constitution（Cambridge University Press, 2023）.

3. Asang Wankhede, Affirmative Action for Economically Weaker Sections and Upper-Castes in Indian Constitutional Law：Context, Judicial Discourse, and Critique（Routledge India, 2022）.

4. Abdullahi Ahmed An-Naim, Decolonizing Human Rights（Cambridge University Press, 2021）.

5. Anne Carter, Proportionality and Facts in Constitutional Adjudication（Hart Publishing, 2022）.

6. A. V. Dicey, An Introduction to the Study of the Law of the Constitution（10th ed., Palgrave Macmillan, 1985）.

7. Berihun Adugna Gebeye, A Theory of African Constitutionalism（Oxford University Press, 2021）.

8. Carissima Mathen, Patrick Macklem, Richard Albert et al., Canadian Constitutional Law（6th ed., Emond Publishing, 2022）.

9. Calvin R. Massey & Brannon P. Denning, American Constitutional Law：Powers and Liberties（6th ed., Wolters Kluwer, 2019）.

10. David Harris, Michael O'Boyle, Edward Bates & Carla Buckley, Law of the European Convention on Human Rights (5th ed. , Oxford University Press, 2023) .

11. David Harris, Daniel Moeckli, Sangeeta Shah& Sandesh Sivakumaran, International Human Rights Law (4th ed. , Oxford University Press, 2022) .

12. Dimitrios Kyritsis & Stuart Lakin (eds.), The Methodology of Constitutional Theory (Hart Publishing, 2022) .

13. David S. Law (ed.), Constitutionalism in Context (Cambridge University Press, 2022) .

14. David M. O'Brien& Gordon Silverstein, Constitutional Law and Politics: Volume 2: Civil Rights and Civil Liberties (11th ed. , W. W. Norton & Company, 2020) .

15. Elias Buchetmann, Hegel and the Representative Constitution (Cambridge University Press, 2023) .

16. Francois Venter, The Language of Constitutional Comparison (Edward Elgar Publishing, 2022) .

17. Ilias Bantekas (ed.), The Cambridge Companion to Business & Human Rights Law (Cambridge University Press, 2021) .

18. Janneke Gerards (ed.), Fundamental Rights: The European and International Dimension (Cambridge University Press, 2023) .

19. Jan M. Smits, Jaakko Husa, Catherine Valcke & Madalena Narciso (eds.), Elgar Encyclopedia of Comparative Law (3rd ed. , Edward Elgar Publishing, 2023) .

20. Jaakko Husa, Introduction to Comparative Law (2nd ed. , Bloomsbury Academic, 2023) .

21. Jeffrey A. Lenowitz, Constitutional Ratification without Reason (Oxford University Press, 2022) .

22. Jiyong Jin, International Regimes in Global Health Governance (Routledge, 2022) .

23. John Stanton, Blackstone's Statutes on Public Law & Human Rights (32th ed. , Oxford University Press, 2022) .

24. Jaakko Husa, Interdisciplinary Comparative Law: Rubbing Shoulders with the Neighbours or Standing Alone in a Crowd (Edward Elgar Publishing, 2022) .

25. John Burgess, Political Science and Comparative Constitutional Law, Volume I: Sovereignty and Liberty (Legare Street Press, 2022) .

26. Jamal Greene& Jill Lepore, How Rights Went Wrong: Why Our Obsession with Rights Is Tearing America Apart (Mariner Books, 2021).

27. Klara Polackova, Van der Ploeg, Luca Pasquet & Le Castellanos-Jankiewi (eds.), International Law and Time: Narratives and Techniques (Springer Nature, 2023).

28. Koldo Casla, Magdalena Sepúlveda, Vicente Silva & Valentina Contreras, Social Rights and the Constitutional Moment: Learning from Chile and International Experiences (Bloomsbury Publishing, 2022).

29. Leslie Green, The Germ of Justice: Essays in General Jurisprudence (Oxford University Press, 2023).

30. Lisa Sonnleitner, A Constitutionalist Approach to the European Convention on Human Rights: The Legitimacy of Evolutive and Static Interpretation (Hart Publishing, 2022).

31. Mathew John, India's Communal Constitution: Law, Religion, and the Making of a People (Cambridge University Press, 2024).

32. Mathias Siems & Po Jen Yap, The Cambridge Handbook of Comparative Law (Cambridge University Press, 2024).

33. Matthias Mahlmann, Mind and Rights: The History, Ethics, Law and Psychology of Human Rights (Cambridge University Press, 2023).

34. Mark D. Walters, A. V. Dicey and the Common Law Constitutional Tradition: A Legal Turn of Mind (Cambridge University Press, 2021).

35. Mitchell Berman & Richard Friedman, The Jurisprudence of Sport: Sports and Games as Legal Systems (West Academic Publishing, 2021).

36. Madhav Khosla, India's Founding Moment: The Constitution of a Most Surprising Democracy (Harvard University Press, 2020).

37. Matthias Klatt (ed.), Constitutionally Conforming Interpretation: Comparative Perspectives Theory (Hart Publishing, 2022).

38. Mathias Reimann & Reinhard Zimmermann, The Oxford Handbook of Comparative Law (2nd ed., Oxford University Press, 2019).

39. Richard Bellamy & Jeff King, The Cambridge Handbook of Constitutional Theory (Cambridge University Press, 2024).

40. Robert McCorquodale, Business and Human Rights (Oxford University Press, 2024).

41. Neha Jain & Mila Versteeg (eds.), The Oxford Handbook of Comparative Human Rights Law (Oxford University Press, 2022).

42. Ngoc Son Bui & Mara Malagodi (eds.), Asian Comparative Constitutional Law, Volume 1-Constitution-Making (Bloomsbury Publishing, 2023).

43. Russell A. Miller, An Introduction to German Law and Legal Culture: Text and Materials (Cambridge University Press, 2024).

44. Russell Sandberg, A Historical Introduction to English Law: Genesis of the Common Law (Cambridge University Press, 2023).

45. Richard Albert (ed.), The Architecture of Constitutional Amendments: History, Law, Politics (Hart Publishing, 2023).

46. Randy E. Barnett & Josh Blackman, An Introduction to Constitutional Law: 100 Supreme Court Cases Everyone Should Know (2nd ed., Aspen Publishers, 2022).

47. Steve Peers & Catherine Barnard, European Union Law (4th ed., Oxford University Press, 2023).

48. Sanja Dragić, Post-Backlash Human Rights Law Caribbean (Brill Academic Publishers, 2022).

49. Stephen Meili, The Constitutionalization of Human Rights Law: Implications for Refugees (Oxford University Press, 2022).

50. Satvinder Juss, Human Rights in India (Routledge, 2021).

51. Tomasz Gizbert-Studnicki, Francesca Poggi& Izabela Skoczeń (eds.), Interpretivism and the Limits of Law (Edward Elgar Publishing, 2022).

52. Tom Ginsburg & Benjamin Schonthal (eds.), Buddhism and Comparative Constitutional Law (Cambridge University Press, 2022).

53. Vicki C. Jackson & Yasmin Dawood (eds.), Constitutionalism and A Right to Effective Government? (Cambridge University Press, 2022).

54. William B. Glidden, Regulating Our Constitutional Rights: Democratic Rule or Judicial Fiat? (Lexington Books, 2023).

三、德文类

1. Andreas Voßkuhl, Grundgesetz für die Bundesrepublik Deutschland (C. H. Beck, 2018).

2. Christoph Gröpl, Kay Windthorst & Christian von Coelln, Studienkommentar

zum Grundgesetz（2. Auflage. Verlag C. H. Beck München, 2015）.

3. Dirk Ehlers & Claas Friedrich Germelmann, Europäische Grundrechte und Grundfreiheiten（5. Auflage, De Gruyter, 2023）.

4. Daniela Schroeder, Grundrechte（5. Aufl. , Müller Jur. Vlg. C. F. , 2019）.

5. Emanuel V. Towfigh & Alexander Gleixner：Smartbook Grundrechte（Nomos, Baden-Baden, 2022）.

6. Markus Krajewski, Völkerrecht（3. Auflage, Nomos, 2023）.

7. Paul Kirchhof & Charlotte Kreuter-Kirchhof, Staats- und Verwaltungsrecht Baden-Württemberg, C. F. Müller（41. Auflage, 2019）.

8. Rudolf Streinz, Verfassungsrecht Ⅲ：Die Einbindung der Bundesrepublik Deutschland in die Völkerrechtsgemeinschaft und in die Europäische Union（Springer, 2023）.

9. Ralf Altevers, Basiswissen Grundrechte（8. Aufl. , Alpmann und Schmidt, 2021）.

10. Stefan Korioth & Klaus Schlaich, Das Bundesverfassungsgericht（9. Auflage. C. H. Beck, 2012）.

11. Tolibek Junuskanov, Modernes Verfassungsrecht（Verlag Unser Wissen, 2023）.

12. Thomas M. J. Möllers, Juristische Methodenlehre（4. Auflage. C. H. Beck, München, 2021）.

13. Thomas M. J. Möllers, Juristische Arbeitstechnik und wissenschaftliches Arbeiten（10. Auflage. C. H. Beck, München, 2021）.

14. Theo Öhlinger & Harald Eberhard, Verfassungsrecht［12. Auflage, Facultas（Verlag）, 2019］.

15. Volker Epping, Sebastian Lenz & Philipp Leydecker, Grundrechte（9. Aufl. , Springer, 2021）.

后记　一段徐行探索的旅程

1

　　方法论和认识论的问题在很大程度上影响着当下海内外的大部分法学学术研究。有的执着于"规范程式"，有的执着于"问题领域"，也有的执着于罗纳德·德沃金所言之"唯一正解论"……凡此种种，都是对希腊罗马以降的科学方法论的坚守和执着。然而，正如庄子所说"道术将为天下裂"，东西方传统中都蕴含了弥足珍贵的真正见解。事实上，我的学思旅程常常在东方和西方、历史和现实中往复徘徊。庚子初春雨夜，我曾在笔记中写下这样一首小诗：

　　几载西学通语辞，震旦何处藏珍宝？

　　小学形下谓之器，大学形上称曰道。

　　初入小学辨文字，复次大学研经教。

　　拙作始成初婴啼，更许余生究法奥。

　　徜徉于东西之间，我更有感于在工业化和后工业化时代交错的今日，人类所面临的权利难题几乎和他们过往的经验有着惊人的雷同。正所谓"后之视今，亦犹今之视昔，悲夫！"其实，那种认为古代社会必定是残酷的观点是不真实的，也正如托尔斯泰所言："那个时代的特征，也像每个时代的特征那样，在于最高阶层同其他阶层的格格不入，在于占统治地位的哲学，在于教育的特点……"[①]

　　不管是驻足上海长阳路 62 号的摩西会堂还是久久停留在南京雨花台烈士陵园，抑或是一个人静静走过新德里尼赫鲁大学旁边的那条曼德拉路（Nelson

---

① ［俄］列夫·托尔斯泰：《战争与和平》，草婴译，上海文艺出版社 2007 年版，第 1238 页。

Mandela Marg),一切历史的记忆瞬间涌入我脑海,满满的都是人的命运的问题。马克思把 1776 年北美《独立宣言》看作世界上"第一个人权宣言"。德国公法学者耶林内克(Georg Jellinek,1851—1911)则将美国 1790 年"人权法案"视为现代基本权运动的发动机(Motor der modernen Grundrechtsbewegung)。权利的问题归根结底是人的问题,而人的问题就有必要从人本身加以解决。"只有当现实的个人把抽象的公民复归于自身,并且作为个人,在自己的经验生活、自己的个体劳动、自己的个体关系中间,成为类存在物的时候,只有当人认识到自身'固有的力量'是社会力量,并把这种力量组织起来因而不再把社会力量以政治力量的形式同自身分离的时候,只有到了那个时候,人的解放才能完成。"①从本质上说,德国问题(the German question)不仅仅是德国的问题,犹太人问题(the Jewish question)也不仅仅是犹太人的问题。要解决人的问题,我们面临的最大挑战就是"让人成为人"。意大利哲学家乔瓦尼·皮科·德拉·米兰多拉(Giovanni Pico della Mirandola,1463—1494)很早就宣告"人是自己命运的控制者"。在权利的世界中,解决人的问题就意味着"天国权利"逐渐走向"尘世权利","自然权利"逐渐走向"实证权利","规范权利"逐渐走向"现实权利"——所有这些底层逻辑层面上的思考构成本书写作最大的动力源泉。

2

古希腊语中的"作品"(ergon)一词,含义为"被置入无弊(aletheia)中的在场者"。后来的人类历史证明,作品的无弊只能通过无数次艰辛的论辩才能够被显现出来。

每一本用文字写作的书,无论长短,都尝试着向这个世界讲述故事或者故事的某一部分。但由于知识本身特质和理性的限定,任何一本书从最后一段话完结的那一刻起,就注定了它的命运——不断接受时光的考验,甚至是"酷刑"。在人类用符号和文字记载思想和观点的历史上,书籍数量的增加并不一定能为人们的思想行囊中添加新的"工具"。况且,许多作品措词冗长晦涩、朦胧深奥,使人们更容易逃避。②从这个意义上说,阅读过程本身就已经暗含了一种

---

① 中共中央马克思恩格斯列宁斯大林著作编译局:《马克思恩格斯文集》(第 1 卷),人民出版社 2009 年版,第 46 页。

② George Orwell, Politics and the English Language (Horizon, 1946).

人们在思想上的"拣选"。人们阅读书籍的历史，也是一部整理思想行囊的历史，人们这样做，为的是到达更遥远的未来……

《比较基本权利释论》所要讲述的故事，已经融入了那些由法律共同体人日常使用的学术语言、生活语言和实践语言浇筑的文字之中。新冠疫情期间，这本书从起意、构思到写作的每一个阶段，历经数次打磨，才得以在点滴积累中完成。

经历了几年或快或慢的写作旅途，待到快要收束全书时，我已经深深感到此番写作旅程占据了我全部的身心，令我精疲力竭。在那茫茫的真理海洋中，我仍旧是个不安分的在海滩上嬉戏的孩子（A child playing on the seashore）。正如科学巨匠牛顿（Isaac Newton，1642—1726/1727）所言，即便一个在海边捡拾贝壳的孩子偶有所得而欣喜万分，在他（她）前面，尚未被发现的石头、贝壳仍然多如大海。① 出版是一项凝聚众人智慧的事业，有幸的是我可以在漫漫探索旅途中，长久地获得多位老师的激励与鞭策。为此，我深深感谢唐贤兴老师、孙笑侠老师、董茂云老师、潘伟杰老师、刘志刚老师、秦前红老师、赵宗荃老师、江国华老师、周叶中老师、陈晓枫老师、张翔老师、张龑老师、张永和老师、周伟老师、周力老师、陈鹏老师等许多人权法学、公法学研究同行的教诲、启发和无私帮助；我还要深深感谢复旦大学人权研究中心提供的支持。

3

作者、文本和社会之间有着极为丰富的关系。一本书完成后，对作者而言，这本书的写作旅程就"宣告"结束；但对作品而言，其实还存在着另一种形式的"旅程"，这一旅程更多地体现为读者和文本的对话以及作者和社会之间的对话。20世纪后半叶起，文本仅仅被当作一个事件。按照法籍保加利亚裔文学评论家朱莉娅·克里斯特娃（Julia Kristeva）的说法，一个文本的意义，是由诸多其他文本传递给作者和读者的符码（codes）所过滤出来的。② 这种互文性（Intertextuality）的特质，使得这本书所要讲述的故事，只是那些更为庞大和复杂故事的一个侧影而已。

---

① Louis Trenchard More, Isaac Newton: A Biography (Scribner's, 1934), p. 664.
② Julia Kristeva, "Nous Deux" or a (Hi) Story of Intertextuality, 93 Romanic Rev. 7–13 (2002); See also Julia Kristeva, Word, Dialogue and Novel (1966); Julia Kristeva, The Bounded Text (1966-1967).

　　作者写作旅程结束之时，也是读者批判旅程开始之时。作为一名学习者、研究者和实践者，我愿意以诚实和谦卑的态度，审视和面对一本书所必经的生命旅程。写作之初，本人虽发心在此一著作中力求做到彰往察来、阐幽发微，而行文落笔之时却往往过于谨慎、周密细致，故而，此书难免存在繁复或纰漏之处，期待理论与实务领域的各位智者惠予雅正。

涂云新

初稿壬寅年初春雨夜于沪上

定稿甲辰年初春梅花开时于沪上

（作者联系方式：chinatu@live.com）